中观哲学导论

An Introdution to
the Philosophy of the Middle View

胡伟希　著

图书在版编目(CIP)数据

中观哲学导论/胡伟希著. —北京:北京大学出版社,2016.4
ISBN 978-7-301-26919-0

Ⅰ.①中⋯　Ⅱ.①胡⋯　Ⅲ.①中观派—佛教哲学—研究　Ⅳ.①B946.9

中国版本图书馆 CIP 数据核字(2016)第 030139 号

书　　　名	中观哲学导论 Zhong Guan Zhexue Daolun
著作责任者	胡伟希　著
责 任 编 辑	魏冬峰
标 准 书 号	ISBN 978-7-301-26919-0
出 版 发 行	北京大学出版社
地　　　址	北京市海淀区成府路 205 号　100871
网　　　址	http://www.pup.cn
电 子 信 箱	weidf02@sina.com
新 浪 微 博	@北京大学出版社
电　　　话	邮购部 62752015　发行部 62750672　编辑部 62750673
印 刷 者	北京宏伟双华印刷有限公司
经 销 者	新华书店
	730 毫米×1020 毫米　16 开本　19 印张　335 千字 2016 年 4 月第 1 版　2016 年 4 月第 1 次印刷
定　　　价	48.00 元

未经许可,不得以任何方式复制或抄袭本书之部分或全部内容。
版权所有,侵权必究
举报电话: 010-62752024　电子信箱: fd@pup.pku.edu.cn
图书如有印装质量问题,请与出版部联系,电话: 010-62756370

国家社科基金后期资助项目
出版说明

后期资助项目是国家社科基金设立的一类重要项目,旨在鼓励广大社科研究者潜心治学,支持基础研究多出优秀成果。它是经过严格评审,从接近完成的科研成果中遴选立项的。为扩大后期资助项目的影响,更好地推动学术发展,促进成果转化,全国哲学社会科学规划办公室按照"统一设计、统一标识、统一版式、形成系列"的总体要求,组织出版国家社科基金后期资助项目成果。

全国哲学社会科学规划办公室

前　言

本书是本人试图从"中观"这一角度对哲学形而上学问题所作的思考，也是我对"哲学是什么"这一元哲学问题的叩问。我对元哲学问题的兴趣与关注不自本书之写作起。很早时候，当我阅读哲学元典并试图跟踪哲学先贤们的思路时，就被如下两个问题所困扰：1. 历史上具有思想系统性的哲学著作林林总总，而且彼此观点纷歧，这些不同的思想体系之间究竟是否具有内在的思想联系？2. 面对同样的哲学问题，为什么不同思想取向的哲学家给出的问题答案以及思考问题的方式方法会如此不同？如何来理解这些哲学见解之分歧及其方法论的差异？应该说，在相当长的时间里，我一直被这些问题所纠缠并为之苦恼。在我看来，哲学家们对哲学问题的解答简直是五花八门的，且不说在这些不同的问题答案中寻找不出思想的共同点，而且要将它们联系起来加以统一考察也是不可能的。于是，我放弃了将不同哲学家们的思想加以综合思考的想法，并且得出这样一种看法：历史上的哲学家们对于哲学问题的看法是主观性甚强的，简直就如詹姆士所说的：是不同精神气质的哲学家们的主观精神气质的流露罢了。

在一段时间内，我曾为自己获得了对这个问题的解释而感到释怀，于是视历史上不同的哲学问题之提出与解决方案为各种哲学家的精神气质的相互碰撞。但我精神上的这种解脱终究是暂时的。因为最初引发我对哲学兴趣的，与其说是哲学家们能对各种问题提供层出不穷的看法与答案，毋宁说因为它是一门"究天人之际，通古今之变"之学，可以满足我欲将宇宙万物与天地古今都囊括于一种统一的思想架构与学说中来加以理解的宏愿。换言之，吸引我对哲学感兴趣的，并非是哲学家们对某些具体哲学问题的看法与见解，甚至也不是他们为何作如此思考的方式与方法，而是哲学作为具有统一思想脉络及内在联系的理论系统及其言谈。一句话，不是历史上的哲学家们说了什么，为何如此说，等等，而是哲学之本体及其内在的运思逻辑如何通过不同的哲学思想环节得以展开。依此思路来看，历史上哲学家们对哲学问题的求解只是哲学这一主体的自我运动与思想逻辑之展开罢了。回想起来，当初正是这种追求哲学"大一统"的思想目标吸引着我走上哲学之路，并且决意将探索哲学是如何实现这种"大一统"的思想过程作为自己学术探究的目标。但如上面所说，当我接触哲学，并且在追求哲学之"大一统"的过程中"触礁"的时候，我的心境之如何沮丧可想而知。

说到此，事情还未完毕。虽然我初习哲学或者说引起我的哲学兴趣的思想读物开始是西方哲学的书籍，但由于某种机缘，我选择的学术专业却是"中国哲学"。换言之，从读研究生开始到成为"哲学教授"，我一直是在"中国哲学"这一学术领域中"跑马圈地"，这也就是说，与从事中国哲学研究的学者们打交道成为我学术交往的常态。但这样一来，引导我走上哲学之路的志趣问题不仅没有解决，哲学之内在问题的困扰反倒愈来愈大。因为大家知道，不仅从事中国哲学研究的学者们有各自不同的研究思路，而且就整体而言，中国哲学之问题意识、研究方法、思想观念与西方哲学之间彼此相差甚大；以至于假如站在较为"正宗"或"正统"的西方哲学的立场上来看问题的话，中国哲学甚至是不配称之为"哲学"的。这样，由于我的学术兴趣与学术专业正徘徊于西方哲学与中国哲学之间，这使我更深深感到西方哲学与中国哲学彼此之间裂缝之深与隔阂之大。而且，我深切感受到，这种裂缝与隔阂并不是由某些人的学术成见所造成的，而是来自于西方哲学与中国哲学各自不同的内在思想理路与问题逻辑。应该说，在刚开始研究中国哲学的时候，我就感到西方哲学与中国哲学彼此之间的这种对立与"成见"，而我恰恰是对西方哲学和中国哲学都同样有兴趣之人。不过，中国哲学与西方哲学给予我的学术满足感并不相同：从西方哲学中，我深深地体会到哲学思辨的乐趣，研读西方哲学之典籍时，我会为其对哲学问题剖析之深入，以及对问题分析之精微而陶醉其中；而读中国哲学之典籍，我获得的却是一种情感上的满足与审美的情趣：我仿佛不是在作哲学思考，而是在与古人作精神上的神遊。换言之，中国古代的哲人们告诉我的与其说是关于宇宙、人生的理论知识，不如说更像是在听德高望重的长者将其对宇宙与人生的感悟娓娓道来。这样一来，难怪在一些从事西方哲学研究的学者眼里（连追求哲学之"大一统"的黑格尔也这样认为），中国哲学其实并不配享有哲学之"尊荣"，而只是一些素朴的生活常识或者零散的隽言妙句罢了。但是，我对哲学的看法却与这种见解不同。在我看来，只要其思想中包含着关于天地万物以及宇宙人生之深刻洞见者，无论其言谈是以严整的理论体系与"思辨"的形式呈现，或者像中国哲学那样，以简赅的格言、警句甚至日常语言的形式出场，那么，它们就一无例外地具有哲学的品格，并且可以归之于"究天人之际，通古今之变"之学。看来，我的这种对于哲学的看法与其说来自于西方哲学的陶冶，毋宁说更受惠于我对中国古典哲学的研习。而后来当我最终走上中国现代哲学研究之路，接触到像金岳霖、冯友兰、熊十力以及牟宗三、唐君毅等人的哲学思想时,更加深和印证了我的这一学术见解。于是,也就在我研究中国现代哲学经年,然后又转过身来"回采"西方哲学时,我忽然意外地发现:当初曾经困惑并且苦恼过我的问题——哲学能否追求"大一统"这一问题似乎已然解决。

然而,虽说我自信已经获得了关于哲学能够实现追求"大一统"的思想目标这一答案,但对哲学是如何回答与解决这一问题的,问题的结论毕竟又与我当年设想的大相径庭。甚至可以说,同样是说"大一统",经过三十多年来对于哲学问题的持续探索,我的想法与当初的设想已经有了相当大的距离。假如说当初我追求哲学之大一统的目标是想从西方哲学进入,或者说是试图围绕西方哲学之范式来进行,并且深受像康德、黑格尔这样的哲学大师们的思想影响的话,那么,浸润于中国哲学经年,我想从西方哲学中寻找哲学大一统的念头已不再那么强烈,这并非我对西方哲学家们追求大一统的愿望与成就感到失望。在我看来,西方两千多年来一直有着追求哲学之大一统的强烈冲动,并且其学术成果累累,这体现在西方哲学形而上学始终围绕"Being"这一原点展开,是"Being"这个大一统观念引导着西哲们一代代持续不断地进行哲学形而上学的探究,并且其如何解释"Being"这一西哲之根本观念的学术著作也层出不穷,其中不乏出现丰碑似的人物与著作。故而,今天看来,西方哲学追求哲学大一统的思想目标虽不可说是完全实现,但至少其思想成就已历历在目,并且积淀下这方面相当多的经典。虽说如此,那么,仅仅从西方哲学思考之理路,能够最终实现哲学之大一统吗?或者说,循着西方哲学的路数,是否能一直通达哲学大一统这一目标之终点?浸润中国哲学多年,我发现:真正要追求与实现哲学大一统的目标,恐怕其出发之路径不在西方哲学,也不在中国哲学,而在中西哲学之会通。所谓中西哲学之会通,并非是以西方哲学之方法来治中国哲学,也并非是从中国哲学的眼光与视野来看待西方哲学,而是以哲学总体的眼光来对中西哲学作平行的观照。或言之,从真正哲学之"法眼"看来,本来既无西方哲学,亦无中国哲学。哲学只有一个,无所谓区分为中西。王国维云:学无分古今,亦无分中西。是为胜言。应该说,虽然我很早接触到王国维这一观点并且认同,但对于这个问题之有一点心得,却是我在哲学探究之路上寻觅探究多年,并且鬓发已白之后。嘻嘻! 哲学沉思之催人易老,岂非虚言!

此书就是我从论衡中西的角度对哲学"大一统"问题所作的思考。在我看来,哲学大一统的问题包括两个:1. 哲学大一统何以可能,2. 哲学大一统如何可能。对于这两个问题,我以"中观"一语来概括之。换言之,我认为哲学之追求与实现大一统的目标是以中观的形式展开的。中观可以说是哲学大一统的思想起点,但同时又是哲学思考的逻辑终点。"中观"一语来自于佛教,佛教各派经典关于它都有许多精辟的论述。但我这里使用中观一语与佛教哲学的中观涵义并不相同(虽然思想上有联系),对于佛教来说,中观意味着包涵与圆融,而在我看来,中观这一观念更多地包含着内在的张力。因此,中观并非圆融与调和,而意味着在彼此不同甚至于矛盾的冲突中加以权变与折中。从这种意义上说,我的哲学大一统观并非是以某种唯一的最高哲学范畴来统辖其他哲学观念,不如说,我是想借"中观"这一词语来表达我对不同哲学观念之间关系的理解,更想通过它来理解与解决宇宙万物以及社会人生的种种冲突。在我看来,中观哲学从本质上来说与其说是强调宇宙终极实在的绝对唯一,不如说更强调宇宙本体之二元结构。正是从这种本体之二元结构中间,派生出宇宙万物的种种冲突与对立。而依中观的观点,哲学之可以给人提供"安身立命"之所,并非依赖于它对存在唯一最高终极者的承诺,而是教人面对复杂纷纭的"诸神之争"中如何寻找中道与合作。此种对中观的理解决定了本书的问题意识与思想理路。依真正"中观"的观点,本来就无绝对的最高哲学范畴,假如说在本书中"中观"可以看作是最高哲学范畴的话,这里的"最高"也是作为一种形容词来使用,而并非是以它来代表作为最高终极者的实在。故而,本书的思路完全是问题式的,是以"中"作为一种终极观念或者说"观",来对宇宙终极实在以及复杂纷纭的世界诸现象加以理解与透视。

  以上这种对中观的理解决定了本书的写作思路与结构安排。本书的内容安排如下:第一章,梳理形而上学的两种学术传统,以为"中观"哲学之出场作铺垫。第二章,阐发中观哲学之基本涵义,说明"中观"是对世界的一种"中""观"。第三章,从中观的角度对形而上学基本问题加以思考与分析。从第四章至第七章,通过对道、象、言、器这四个基本哲学观念的考察与辨析,对中观哲学的具体内容与思想环节加以展开。以上从第一章到第七章,假如套用传统哲学术语来说明的话,可以说是对中观哲学本体论与认识论思想的阐发。对于本书而言,中观哲学不仅是世界之"观",而且是指导人类社会生活与个人生命活动的方法论与价值论原理,它意味着哲学本体论、认识论和价值论的合一,因此,从第八章开始,可以看作是中观哲学在价值论与人生哲学方面的展开。第八章是从价值论的角度对人类中心主义与非人类中心主义思想的分析,并从中观的角度加以论衡。从第九章到第十三章,从中观出发,分别对人类的道德生活、幸福生活、美丽生活以及宗教生活加以考察。之所以选择这四种人类生活加以分析,乃因为它们(德、福、美、信)体现人类社会生活追求的核心价值。本书最后一章是对"历史是什么"这一问题的追问。依中观的观点,人首先是精神性的存在,然后才是其他;而由于人的精神性存在成为人类的"记忆"然后才有所谓"历史",所以,人类从本质上说是"历史的存在"。故最后一章既属于"历史哲学"问题,同时亦是从中观的角度对"人是什么"这一问题的解答。从以上本书对各章节的安排可以看出,本书之内容展开完全是问题式的。本书并没有沿习康德"三大批判"中的学术框架与思想理路,但贯穿康德哲学思考的如下问题:"人能够认识什么""人应当是什么""人可以希望什么"以及"人是什么",却成为本书之论题并加以展开。故本书既可以视之为是作者对以上康德问题的求解与说明,同时亦表明了作者心目中的中观哲学的终极关怀之所在。此外,本书在"附录"中还特意收入了三篇文章,它们分别从元哲学与中西哲学史的角度对中观观念加以论列,以说明中观哲学之提出并非"空穴来风",而是据于哲学自身发展的内在逻辑,并且中西哲学史的发展似乎为它提供了印证。

总括以上,本书体现了作者关于哲学如何追求大一统的学术目标的看法与思路,同时亦可以说是表达了作者关于哲学是什么的见解。应当说,作者在哲学之路上攀登多年,至今为止,脑海中依然为"哲学是什么"这个问题所纠缠。因此,作者现在用中观来对"哲学是什么"这一问题加以解释,也许还只是一个"悬念",而悬念即梦想。看来,"哲学是什么"这个问题,也许只是给出了问题而无法有最终的答案。它对于追求哲学之梦的人来说始终是一个理念,是这个理念吸引着他在哲学崎岖之路上攀登。然而,当他攀登到高高的悬崖峭壁之上时,猛然回头一看,发现下面却是万丈深渊,这令他有"高处不胜寒"之感。但这条哲学之路一旦攀登上去,却再也无法"回头是岸"。也许,对于哲学的攀登者来说,他唯一的目标与出路,就是攀登、攀登、再攀登!

新哲学:"分际说""非分际说"与中西哲学的会通与超越(代序)

一、哲学方法:哲学史上的与近代学科意义上的

中国哲学作为一门学科,在某种意义上说,是由西方哲学所催生的。就是说,在中国的传统学术分类中,本没有哲学这一名称;而中国哲学这样一门学科的建立,是由于使用了西方哲学的学术观念、思想范式以及研究方法来整理与研究中国传统学术的结果。如果说,在中国哲学作为一门学科建立的早期,人们对于运用西方学术观念与方法来理解与研究中国哲学这一思想取向还处于"试验"与摸索阶段的话,那么,发展到今天,当研究的结果发现,中国哲学与西方哲学无论在思想观念,还是基本学术范式,乃至于研究方法上,都与西方哲学存在着极大差异的时候,人们不由得又对这样一个问题产生了疑问:运用西方哲学的观念与方法来整理与研究中国哲学是否必要,甚至于是否走上了"歧路"?

看来,这种哲学的"中西之争"不仅在西方哲学传入中国之初就已发生,到了今天,当中国哲学作为一门学科已经确立起来以后,争论非但没有停息,反倒以更为尖锐的形式提出。我这里要提出的问题是:中国哲学与西方哲学之研究方法的关系问题。就是说:运用西方哲学的方法来研究中国哲学是否可能?假如可能的话,其合理性与限度究竟如何?

我想,在讨论这个问题以前,首先要明确的是:什么是中国哲学,什么是西方哲学的方法。因为对于中国哲学以及西方哲学方法的不同理解,会影响到我们对于问题的思考与答案。

其实,关于什么是中国哲学这个问题,是与哲学究竟是什么这个元哲学问题联系在一起的。海德格尔在研究了一辈子哲学之后,最后发现"什么是哲学"还是一个有待于追问的问题。他后期的思想认为:哲学是思想;而且,西方传统的注重概念分析的方法不适宜于哲学思考;哲学的思考有待于"思"与"诗"。假如按照后期海德格尔的说法的话,那么,中国哲学无疑更接近于思与诗的传统。因此,所谓运用西方哲学的概念分析方法来研究中国哲学,看来就无此必要,或者至少是"不得要领"罢。然而,海德格尔的这种看法毕竟只是他的哲学观的表现。假如不囿于海德格尔关于哲学为何物的看

法,而证诸于西方哲学史之实际的话,可以说,海德格尔的确道出了西方学术将哲学理解为对哲学观念加以辨析与分析之真谛。就是说:在西方哲学史上,一位哲学家无论持何种哲学观点与立场,他都是以"分析"的方法来阐明他的哲学观点并为之辩护。而作为哲学方法论原则的所谓分析,就是如何通过对哲学概念的语义辨析与逻辑分析,来使哲学思考的问题及其内容得以展现,并且构成一种可以用"知性"加以理解与把握的哲学知识体系。从这种意义上说,西方哲学无论是经验论哲学还是观念论哲学,都是强调分析方法之运用的。因此,将分析法视之为西方学术传统进行哲学思考以及整理哲学观念的基本方法与思想工具,似不为过。

然而,将分析方法视为西方哲学的基本方法与思维工具,这点似乎已成常识的话,那么,为什么当人们运用这种西方式的分析方法来研究中国哲学,又会引起争议呢?看来,这与我们对于中国哲学究竟是什么的看法有关。假如我们将中国哲学视之为如同西方哲学那样的一套观念体系的话,那么,可能运用西方的分析方法来整理与研究中国哲学,是不会发生太大问题的。问题在于:人们研究的结果发现:中国哲学不是如同西方哲学那样的一套思想观念或思想理论的体系。因此,要运用西方分析方法来理解中国哲学的内容,未免不得要领。这种看法,随着对于中国哲学研究的深入,以及对于西方哲学方法的反省,其影响也愈来愈大,以至于只要一谈起中国哲学,人们就会不约而同地说:中国哲学是中国哲学,西方哲学是西方哲学;用西方哲学的分析方法来整理与研究中国哲学问题,完全是"隔靴搔痒"。云云。本文不拟涉及这个问题的所有方面以及问题的细枝末节,而只想对这个问题作一下语义澄清,即我们是在何种意义上谈论中国哲学不同于西方哲学,又是在何种意义上承认中国哲学与西方哲学皆属于"哲学"这个范畴。

关于中国哲学有不同于西方哲学之处,这种看法不自今天始。当年,从严复介绍与引进西方哲学思想观念与方法到中国来之时,这个问题就已为严复所认识。到了20世纪20年代以后,随着对于中国哲学研究的深入,它更成为一种哲学史上的常识。然而,常识尽管是常识,对于这种常识的理解,尤其是运用这种常识来处理中国哲学问题时,在方式方法上,却有着天壤之别。比方说,以梁漱溟、熊十力为代表的现代新儒家,就非常强调中国哲学与西方哲学的差别,并且视之为本质区别之所在。既然是本质区别,因此,采用西方哲学那样的分析方法来研究中国哲学,肯定是不适宜的。反之,同为强调中国哲学与西方哲学之本质上的不同,金岳霖与冯友兰却仍然运用西方哲学的语义分析与逻辑分析方法来研究中国哲学。这说明,认识到中西方哲学有根本上的不同或者说本质差别,不等于说不能运用西方的分析方法来研究中国哲学。反过来，对于金岳霖与冯友兰等人来说，正因为中国哲学有许多不同于西方哲学的区别所在，要将这些区别展现出来或者说传达他人，才需要运用西方的分析方法。这样看来，强调中国哲学有不同于西方哲学的区别，并不成为可以拒斥西方分析方法的理由。

这里，要分清哲学的内容(实质)与形式(方法)方面。事实上，当我们谈论一种哲学的时候，有时是强调它的内容，有时又是关乎其形式的。比如说，当研究西方哲学的时候，我们常常只会关注西方哲学史上某个哲学家的哲学思想的内容，而不会过多地涉及它的形式与方法。这是因为：对于西方哲学来说，分析方法是它惯常的一种思考哲学问题的方法与手段。我们是在这种方法论背景下来理解西方哲学的。因此，无须再过多地追问西方哲学的方法论问题。但对于中国哲学来说，我们发现：即使承认中国哲学可能会有如同西方哲学那样的普遍性哲学问题，但是，中国哲学对于这些哲学问题的体认，甚至于思考问题的方法，却与西方哲学迥异。而后者，才是人们认为中国哲学自有它不同于西方哲学那样的方法，采用西方哲学的分析方法无助于了解中国哲学的根本原因。

然而，在我看来，以上区别并不构成西方哲学的分析方法不适用于中国哲学研究的理由。道理在于：以上我们谈论的是哲学史上的事实。从历史上看，中国哲学的各家各派，无论其具体学术观点如何，在对哲学问题的思考，以及研究方法上，的确与西方哲学构成重大差异。然而，哲学史上的事实是一回事；哲学作为一门学科，它是否应当有它自己的一套研究方法，又是另外一回事。而作为一种学科或者说学术，哲学是应当具有它自己的普适性方法论原则的。至于这种普适性的方法论原则是什么，这里姑且不论，但承认哲学应当有它自己的区别于其他学科的方法论原则，这点是应当肯定的。而承认哲学史上，中国哲学有不同于西方哲学的方法论，这并不构成西方哲学的分析方法不适用于中国哲学研究的理由。

因此，现在的问题集中在这点上：哲学作为一门学科或者说学术，是否应当具有共通的方法论原则呢？在这里，首先涉及如何理解"哲学"。其实，当我们说哲学一词的时候，是既可以将它理解为一种"学问"，又可以将它理解为一种"学术"的。假如是前者，那么，我们可以说这种思想的表达可以是无关乎形式，而仅仅关乎其内容的。但假若是后者的话，那么，"学"(学科，学术)则意味着方法。看来，将哲学理解为学问与学科，对于如何理解哲学的方法论原则来说，干系甚大。我这里的意思是：假如将哲学理解为一种学问的话，从历史上看，中西方哲学的确各自有它们不同的问题意识乃至于表达哲学观念的方法。但假如视哲学为一门学科或学术的话，那么，哲学都有它们须遵循的共通学术规范乃至于学术方法,此无论中国哲学还是西方哲学皆然。因此,假如是在哲学作为一种学术或学科的意义上来谈论问题的话,那么,可以认为:对中西哲学的研究,在方法论上就不应当局限于它们的历史形式(这仅仅具有历史发生学的,或者说哲学之"史"的意义,而不具有严格学科的"哲学"的意义),而应当建立一种既适用于西方哲学,同时亦适用于中国哲学的普适性哲学方法论原则。

那么,作为一门学科意义的哲学研究,其普适性的方法论原则应当是什么呢?一旦如此发问,我们发现:作为一种学科,哲学不同于其他人文学科,例如文学艺术以及史学,也不同于宗教神学的根本方面,恐怕就在于它从本性上说是一种"观念思维"。哲学既然是观念思维,因此,对哲学观念进行语义辨明与逻辑分析也就成了哲学研究的题中之义。或者说,为了"理解"哲学之义理,有必要对哲学的各种思想观念进行分析。从这种意义上说,语义澄清与逻辑分析既可以说是哲学思维的特征,亦可以说是它的一种重要方法论原则,是它决定了哲学之"学术"是什么,以及什么不是哲学之"学术"。也正是在这种意义上,将语义分析与逻辑分析作为哲学方法是无关于中西的。所以,金岳霖提出:写中国哲学史可以有两种根本的态度,"一个态度是把中国哲学当作中国国学中之一种特别学问,与普遍哲学不必发生异同的程度问题;另一态度是把中国哲学当作发现于中国的哲学"①。这里,金岳霖所讲的以前一种态度来研究哲学,是将中国哲学作"历史"的研究;而后一种态度,才是对中国哲学作"哲学"的研究。他主张,假如将中国哲学看作"哲学"的话,那么,是应当采取第二种态度的。事实上,即使对中国哲学作一种历史的而非纯粹哲学义理的探讨,只要这种研究是属于"哲学"的历史的话,那么,在整理与研究历史上的中国哲学资料时,将分析方法作为一种"哲学"方法是无法避免的。即言之,当我们在谈论中国传统哲学时,只要是运用了这种语义分析与逻辑分析的方法,就意味着我们是在采取"哲学"的学术方法在研究中国传统学问。否则的话,中国的传统哲学在我们眼里就还不是中国传统的"哲学",而纯粹是一种"国学"。

说到这里,问题似乎已经清楚:要区分两种中国哲学:一种是历史上的中国哲学及其形态(包括思维方法);另一种是作为具有普遍之义理与方法的中国哲学。前者,属于国学研究的范畴;后者,则是哲学作为一种近代学科意义上的中国哲学研究。

---

① 刘培育选编:《金岳霖学术论文选》,中国社会科学出版社1990年版,第280页。

二、哲学义理的表达：哲学语言与文学艺术语言

但问题至此并没有完全解决。即我们还要继续追问：为什么要将中国传统哲学限制在哲学作为一种学科意义的范围来研究呢？还有就是，为什么作为学科意义的哲学研究离不开分析方法？应当说，这个问题较之于前一个问题，即将中国哲学区别为历史上的或学科意义上的来说，要更为严重得多。因为在这里，要拷问的已不是历史上的中国哲学抑或是作为哲学学科意义上的中国哲学，而是要对作为哲学学科之存在的普适方法论原则加以反省。即要问：分析法作为哲学之学术活动或者说哲学作为一门学科存在之意义来说到底如何。

看来，对于作为学科意义上的哲学之哲学方法论的反省，是不能从哲学史上来寻求答案的，甚至也不能从比较中西哲学之方法论之不同来获得一种满意的解答。它从根本上取决于我们对于哲学这一门"学科"的认识，即当我们说哲学是一门学科或者说学术研究来说，它意味着什么。究竟哲学是什么，而不是历史上或者过去的哲学曾经是什么，一旦如此发问，我们发现：哲学作为"爱智"的学问，其实包括两种含义：一是可以给人提供"安身立命"之所（即"智慧"）；一是理性之运用（这里"爱"乃理性追求）。这说明：同样是提供安身立命的学问，哲学的方式与宗教、文学等其他许多学科部类不同，它不基于信仰，也不借助于情感的调动，而诉诸理性。一旦如此明确问题，我们可以如此来下定义：哲学是一种借助或者说运用理性思维来给人提供安身立命之所的学问。

关于安身立命之所，容易理解，此即人的意义与价值世界。但何为理性呢？应当说，所谓理性，是指人特有的一种思考与判断事物的能力。而这种所谓理性思考，是不限于知性或者说理论理性的。通常人们将理性理解为知性或者说理论理性，这是对于理性的一种狭义的，然而却未必正确的理解。其实，人的理性不限制于理论理性与知性，假如说理论理性与知性只要有助于人们对于客观事物，或者说现象界的认识的话，那么，对于超出现象界的认识，尤其是像对于本体，以及形而上学的领域，就不是人们的知性或者说理论理性所能范围的了。从这种意义上说，康德认为人的知性无法达到物自体的认识，深有道理。然而，人的知性虽然无法达到本体或物自体，但人通过其他理性之运用，却仍然可以认识物自体。这种超出知性的能力，康德称之为"实践理性"，牟宗三称之为"智的直觉"，熊十力称之为"性智"，姑无论说法如何不同，就承认人有超出知性的理性来说，此点是一致的。这说明，中西哲

学家,从不同的角度或途径都不约而同地达到这样的认识:哲学不仅仅是知性的活动,作为安身立命之所的学问来说,与其说它凭借知性,不如说更要强调超知性的直觉或其他理性。这也就是为什么现代新儒家,像熊十力、牟宗三等人,要大力提倡中国哲学,并且认为要发扬中国哲学的精神,包括其哲学方法的道理。

但除此之外,对"哲学"一词却还可以有另一种理解,即强调哲学是对世界之终极存在以及人生之意义与价值进行理论思考的学问,此即将哲学理解为一种如何诠释哲学之义理并且如何加以表达与传授的学问。为了与前一种关于哲学的看法相区别,我们这里将对哲学的后一种理解称之为作为学术活动或学科意义上的哲学。

至此,我们看到了有两种哲学观及其方法论原则:假如将哲学视之为给人提供安身立命之所的学问,那么,哲学的方法,或者说主要的方法论原则,恐怕就不是知性或理论理性,以及作为其方法论基础的逻辑分析方法,而应当包括像直觉、体证、实践理性等方法论原则之运用;但假如承认哲学是一种近代学科意义上的学术活动的话,那么,哲学为了达到其表达与传授哲学思想的目的,无疑应当重视对于哲学观念的分析。在这一种意义上,分析方法可以说是哲学作为一门学科或者说学术活动的普适方法论原则。

当然,在讨论这个问题之前,我们说:通常所谓学科意义上的哲学方法,乃为了便于哲学思想观念的表达与传授。当然,说起哲学思想的表达与传授,也并非一定要通过语义分析与逻辑分析。像中国哲学关于义理的传授,常常就诉诸直觉,而且强调体证与实践。从这种意义上说,身体力行与体认,无疑是领会哲学思想观念的重要方式。然而,我们也不能由此而否定语言在表达与传播哲学思想观念方面的重要性。也许,由于语言文字的发明,以及种种语言文字传播介质的发现,迄今为止,通过语言来传播观念(不仅是哲学观念,也包括人类需要的其他种种思想观念)是人们彼此交往的非常重要的手段与方式。更何况,人类其他方面的活动,在在都受到语言的制约与影响。就是说,人们对于世界的认识离不开语言。从这种意义上说,海德格尔说"语言是存在之家",实在深有其道理。既然思想观念的传播离不开语言,因此,就哲学作为一种思想观念的传播来说,也就需要语言。当然,说起语言,未必是像西方哲学那样的重视与强调逻辑分析的语言;像文学作品中的形象语言,往往也能很好地表达哲理。然而,能够很好地表达哲理是一回事,运用逻辑分析的方法来传达哲理又是另一回事。虽然像文学艺术等等也可以借助于具象语言或形象语言来表达哲理,但同时无可否认的是:采用逻辑分析的方式,也不失为表达哲理的一种可取的方式。这可以王弼之注《庄子》为证:《庄子》是采取形象语言的形式来表达其哲学义理,而王弼对《庄子》的解读,则采取了逻辑分析的方式。就表达庄子式的哲学义理来说,我们很难说到底是庄子的做法可取呢,抑或是王弼的做法更好。或许,它们两者都是运用语言来表达哲理的方式,孰者为优,孰者为劣,本无从比较,也无法衡量。然而,虽然无法比较,但从学科的意义来看,假如说除了有运用形象语言来表达哲理的文学艺术形式之外,我们还可以采用一种运用逻辑分析的方式的语言来表达哲理,这不是比仅仅只采取一种形象语言来表达哲理的方法更好吗?

看来,采取逻辑推证的语言方式来表达哲理,并不意味着与诉诸形象的方式来表达哲理的文学艺术语言相排斥,它们只不过是在如何表达哲理方面,各有其语言运用的不同特征罢了。就表达哲理而言,它们可以是"并行而不悖""异曲而同工"。也就是说:就哲理的传授与表达来说,它们各有其学科的分工。既然是学科的分工不同,为了与文学艺术采用形象语言来表达哲理的方式相区别,我们就将采取逻辑分析的方式来表达哲理的语言称之为"哲学语言"。所谓哲学语言,并不是说表达哲理的语言只有唯一的一种,更不是说其他语言方式(如形象语言)无法表达哲理,这里只不过是为了强调彼此的区别,才将在表达哲理时运用逻辑分析技术的语言称之为哲学语言罢了。

由以上所论,我们看到:除了运用形象的方式来表达哲理的文学艺术语言之外,还可以有一种强调采用逻辑分析技术来表达哲理的哲学语言。这两种语言在表达哲理时,不仅彼此不相悖,而且可以起到相互补充的效果。就是说,有时候,我们可以运用文学艺术的形象语言来表达哲理,而在另一些时候,我们又可以采取哲学语言的方式来表达哲理。运用形象语言还是运用哲学语言来表达哲理? 这皆取决于我们的目标与需要。在某种场合下,也许采取文学艺术式的形象语言为宜,在另一种情况下,也许采取逻辑推证的哲学语言为宜。由于这两种表达哲理的方式以及对于语言的运用在规则方面皆有极大不同,为了更好地运用不同的语言形式来表达哲理,所以,我们才会有不同的学科设置,以适应于不同的学科特点在表达哲理方面的要求。这也许就是为什么近代以来,哲学学科会作为一种独立学科而设立的原因。看来,哲学作为一门学科之根据,主要还不在于它是研究义理的,而在于它研究与表达义理的方式,尤其是语言方式。

三、"语义分析"与"存在真理"

以上,我们谈了近代哲学语言之不同于文学艺术语言之方面,在于它是采取逻辑分析的方式来表达哲学义理。现在,我们要进一步追问:为什么哲学义理的表达需要采取逻辑分析的方式?所谓逻辑分析的方法到底是什么?

哲学义理的表达之所以须借助逻辑推证的方式,首先在于它来自于人性的内在需要。我们说人是有理性的动物。这理性尽管不限于知性,但无可否认,知性在任何情形下都构成理性的一个重要方面的内容。也即是说,我们对于周围世界、他人以及宇宙终极实在的理解,都常常求助于知性。也正因为如此,从知性的角度展开对哲学义理的探讨,就不纯粹是历史上某位或某些哲学家的主观想象,而反映了人类本性深刻的内在冲动与需要。换言之,运用知性对于宇宙终极实在以及周围世界的了解,有其人性上的不得不然。而所谓知性的运用当然就包括逻辑分析的运用,以及思维要遵守形式逻辑等等要求。因此,逻辑分析也自然而然地成为运用知性进行哲学思考的必要工具。

其次,哲学义理之所以采取逻辑推证的方式,还在于它符合人们的思维习惯。我们知道,人们除了进行哲学思考之外,还希望将这种哲学思考的结果加以表达,甚至于以证明的方式来说服别人,对于哲学家来说更是如此。而一旦要将这些哲学思考的结果加以表达与证明,我们发现:逻辑分析是不得不用的基本工具。这也就是为什么愈想说服别人接受自己观点的哲学家,以及愈是会给人们带来思想冲击力的哲学观念,就愈得采取逻辑分析的方法的道理。原因无他,人类既然是有知性("知性"属于广义的"理性"中之一种)的动物,他接受何种思想观念,如何接受思想观念,在很大程度上,都会诉诸知性。从这种意义上说,一种哲学观念要为人们在思想上所能普遍接受,舍逻辑分析的方式之外,实无其他更好的途径。这也就是为什么历史上不少哲学家,在其哲学论著,除了其思想观念具有原创性之外,都要讲究方法论的技术,并且在逻辑分析与逻辑论证上下工夫的原因。

再次,迄今为止,逻辑分析的方法大概还是人类传播哲学观念的最有效、最常用的思维工具与方式之一。前面谈到,人类进行哲学思维及其表达,除了采取逻辑分析的方法之外,还可以运用形象语言,甚至于体证的方式,以获得哲学义理。但是,我们发现:形象语言对于哲理的表达具有暗示性,往往采取象征或者联想的方式,但惟其如此,这种暗示性也带有不确定性。就是说,对于同一个表达哲理的文学象征,不同的人从中所感受到的哲学"义理"可能并不相同。而且,运用形象与暗示性的语言来传播哲理,往往受限于环境与语境。也就是说,即使是同一个人,在不同的语境下,他对于这种形象语言所包含的"哲理"的理解也可能不同。因此,为了使哲学义理的内容能够更精确地传达,尤其是为了消除文学形象语言在传达哲学义理时可能会造成的

"歧义",人们在表达与传达哲学观点时,还是不得不使用哲学语言。哲学语言虽然可能缺乏形象语言的感染力,但它的好处是传播意义的精确性与简明性,以及可以脱离具体语境而固定的语义。这就是为什么通常人们在表达哲学观念,尤其是发生哲学观点的争论时,首先会想到运用逻辑分析与逻辑论证的方式来表达意思以及说服对方的原因。至于体证等方式,虽然不失为获得哲理的一种方式,但这种方式往往只可意会,难以言传。就是说,虽然有的人通过体证的方式获得了某些哲理,但当他要将这些哲理告诉其他人的时候,就不得不采取逻辑分析与逻辑论证的方式,否则,他的体证来的哲理将无法传达。尤其是,当别人不相信他的体证时,他为了说服别人,更是不得不采取逻辑论证的方式。由此看来,以逻辑分析作为特点的哲学语言,不能不是迄今为止人们还必须采用的基本哲学思维与表达工具。

既然如此,那么,以逻辑分析与逻辑论证为标志的哲学语言,是如何展开其哲学论证的呢?这里,要避免对于逻辑分析方法作简单化与片面化的理解。一说起逻辑分析与逻辑论证,人们常常以为这就是强调形式逻辑。的确,人们在思维过程中,必须遵守形式逻辑的基本规律,就哲学思维来说也是如此。但是,遵守形式逻辑对于哲学思维来说仅仅具有消极的意义。也就是说:哲学思维是在不违反形式逻辑的前提下采取的一种思维方法。作为哲学思维的逻辑分析方法的积极意义在于:它从根本上说是一种澄清语言的歧义,并且将语言蕴含的各种意义予以展示的思维艺术。当海德格尔说"语言是存在之家",谈到语言与存在的关系的时候,这句话可以有两种含义:一方面,存在是通过语言才能加以揭示;另一方面,语言又是对语言的某种遮蔽。因此,所谓逻辑分析,就是通过语义分析,将通过语言表达的哲学观念中所包含的对于存在的真理加以揭示与彰显。同时,由于语言的使用会对存在的真理造成遮蔽,因此,还必须通过哲学的语义分析来对这种语言的遮蔽或"蒙蔽"加以揭露与清除。总之,通过语义分析来揭示存在的真理,这大概才是作为哲学分析方法的语义分析的目的与真谛。从这里可以看到,由于语义分析涉及语言与存在的关系,语义分析是通过对语言的分析来揭示关于存在的真理,因此,真正的哲学语义分析就不以逻辑实证主义所说的"语义分析"为限,更不排除形而上学。

问题在于:通过语义分析可以获得存在的真理吗?应当说,这不是语义分析本身所能解答的问题,而是一个超出语义分析本身,而牵涉到哲学立场的元哲学问题。对于逻辑实证主义来说,语义分析仅仅是对于语言意义的澄清,这就是所谓的"辨名"。但按照冯友兰的说法,语义分析或者说逻辑分析的功用除了是"辨名"之外,根本的目的在于"析理"。而通过辨名可以达到析理的目的,其前提条件是承认语言与存在有着彼此"照应"的关系,因此,通过辨名可以使存在得以呈现;或者说,存在通过语言的活动才向人呈现。这也就是海德格尔所说的道言通过人言呈现,是"语言在说"而非"人说语言"的意思。谈到这里,我们看到,真正的所谓语义分析或逻辑分析绝不是逻辑实证主义者所说的那种狭义的语义分析,而是通过对语言的分析来达到存在的真理。从这种意义上说,凡是以语言形式来表达存在的都可以说是"存在语言",这种存在语言表达的是关于存在的真理。但同是存在语言,却有形象语言与观念语言之别。而真正的语义分析是对观念语言而说。所谓的语义分析,准确地说,是对于语言表达的关于存在的观念的分析。

关于此说,有人会提出问题:语言能表达关于存在的观念吗?像康德等人,不是否认语言有这种可能性吗?对此,我们的看法是:唯唯否否。说语言无法表达关于存在的观念,是因为从究竟义来说,存在是超出名言范围的,因此,假如将语言限定于名言的话,用这种名言的确是无法表达关于存在的观念的。但是,假如说关于存在的观念的言说不限于名言,而且可以是非名言的话,那么,我们还可以用一种非名言的语言来言说存在本身。这种非名言不同于文学艺术语言那样的形象语言,而是一种观念语言。这种观念语言就是金岳霖所说的"本然陈述"。金岳霖说:本然陈述像通常的概念命题那样,在文法上有主词与谓语,但没有逻辑上的主词与谓词。就是说:关于存在的真理的表述,表面上看来是采取了主语与谓语的形式,但这只是从文法上来说的;从表达的意义看,它是关于存在的观念,无所谓主语与谓语。举例来说,在金岳霖的哲学中,"能有出入"就是这样的关于存在的本然陈述,这其中,"能"并非主词,"有出入"也并非谓词。要注意的是:金岳霖还谈到,像"能有出入"这样的关于存在的本然陈述其实并不太多。这也就意味着:用观念语言来表达关于存在的真理,这种本然陈述或本然命题(这里姑且称之为"命题")不可能太多。哲学家除了是提出关于存在真理的本然陈述或本然命题之外,其重要的工作还在于对这些本然陈述加以论证。否则,如果他仅仅提出了一些关于存在的本然陈述,而不去加以论证,或者论证得不充分,那样的话,他就还不能称之为哲学家,或者只是一名"蹩脚的"哲学家。从这种意义上看,无论是金岳霖也罢,冯友兰也罢,甚至连熊十力也罢,都强调哲学与论证有关。依我看,这所谓哲学与论证有关,是指的哲学作为一种学术活动,假如它要表达或者传达义理的话,应当将论证作为它主要的任务。而这种哲学论证,不是像自然科学那样借助于科学实验,也不是像文学艺术那样诉诸形象与感觉,甚至也不是求助于实践与体证,更不必凭借于信仰。虽然后面种种都可以用来达到对于哲学观念以及关于存在的把握,但它们无疑不是哲学的方法而是其他。概言之,哪怕是通过其他方法与手段也可以达到关于存在的认识,但这些却并非是通过哲学的途径而是采取了其他途径。

四、哲学的"分际说"与"非分际说"

讲到这里,容易给人一种错觉,似乎在哲学的意义上,关于存在的真理,可以而且必须通过对语言作语义分析与逻辑分析就可以达到。其实,这只讲了问题的一个方面,即作为学科或者说近代学术意义上的哲学,通过对哲学概念的语义分析与逻辑分析有助于揭示关于存在的真理。但是,哲学不仅仅是近代意义上的学科或者说学术活动,从究竟义看,它应当是对于世界与存在的终极思考与追求,一旦如此来看待哲学,我们发现,以上所论仅只回答了问题的一半,即作为近代学科意义上的哲学是如何进行的,但哲学作为对于世界与存在问题的终极追问与探究,不仅仅限于近代学科意义上的理性思考,而是对于世界终极存在的理解、领会与证悟,而这后一个问题则超出了近代哲学学术语言之运用本身。从这种意义上说,不仅近代的西方哲学语言,甚至任何语言对于存在的表达与诠释都是"方便法门"。从究竟义上说,对于存在的绝对的领悟与把握,是超出语言本身的。一旦意识到语言,包括哲学语言的这种局限性,这时候,我们应当努力的,并非是放弃语言的运用,而是如何通过其他方式来弥补语言之局限。这也就是为什么除了重视语言的语义分析与逻辑分析之外,关于存在的领悟,我们常常还强调体证与实践的道理。通过体证与实践来达到关于存在的领悟与采用哲学言说来表达关于存在的真理并不相矛盾,毋乃说,它们其实是相反相承、相互补充。只不过前者(实践与体证)不是我们方才所论说的内容。我们上面要谈论的问题是:何以哲学的语义分析与逻辑分析可以表达关于存在的真理,而不是这样的一个问题:通过哲学的语义分析或逻辑分析,是否足以穷尽关于存在的真理? 或者说,哲学作为追问世界以及存在的学问,是否只限于西方哲学式的分析为限? 对于此后一个问题,我们是持保留态度或者说存疑的。这也是在谈论作为学问而非仅仅是学术或学科的所谓"哲学方法"时,我们的视野不能只停留于西方哲学,而有必要向中国哲学延伸,并从方法论上将中西哲学加以沟通的原因。

这样看来,就作为学科或者说学术意义的哲学活动来说,西方哲学所擅长的语义分析或逻辑分析固然有助于我们达到关于存在的真理的认识,但另一方面,它仍然有着不可克服的局限性。这也就是说:对于存在问题的追问,取了像上面所说的采取其他非哲学的方式,比如说文学艺术的方式来达到对于存在的把握与认识之外,就哲学思维本身来看,还要认识到它有"分际说"与"非分际说"之别,而西方哲学之所以采取逻辑分析的方法来试图究尽宇宙的秘密并达到对于存在的认识,皆由于其采取了分际说的方式来把握世界的方式使然。这里所谓的"分际说",是指将世界以及存在予以"分别"的理解。当然,对于世界与存在的最大分别是"二分"。比如说,本体与现象之二分、形上世界与形下世界之二分、主观与客观之二分,等等。而在这种二分的基础下,我们周围的世界还可以再作分别与细分。以形下世界为例,可以分别为不同的对象领域,如伦理世界、法律世界、美学世界、经济世界,等等。而在形上世界中,也可以分别为本体世界(先验世界)、宗教世界(超验世界),等等。可以看到,这种二分法思维是西方哲学普遍采取的看待与理解哲学问题的方式。由于采取"分际说",本来统一与相互联结的世界被视之为一个个可以相互分离且彼此没有联系的世界。因此,这些彼此不同的世界,各有其不同的哲学问题与研究路径,但无论这些哲学问题与研究路径如何不同,它们的关注点是这些不同的世界各自不同的特点,因此强调要对表述对象的语言作语义的辨析与澄清。看来,所谓的逻辑分析,其根据就在于这种分际说的西方哲学思维方法。以对本体论的研究为例,既然对于分际说来说,本体界是与现象界分离的,因此,其思维对象不涉及现象界的经验知识,而唯一可以思维的就是其理念世界,因此,通过对理念的分析,就可以获得关于本体论的知识(这就是为什么西方哲学的本体论要以对"being"的分析来展开其哲学论证的道理)。同样,对于形下世界的各个领域,例如伦理世界,西方哲学也强调要对伦理界中的种种伦理道德规范作语义的澄清与分析,以明析它在现象界中的意义到底如何。

但是哲学思考除了采取"分际说"的方式之外,还可以采取"非分际说"的方式。这种方式以中国哲学最为典型。所谓"非分际说",就是不将世界作形上世界与形下世界的划分,也不作主观与客观的区分,等等。由于是非分际说,因此,对于哲学问题,也就无所谓分解为各个不同的哲学部门,例如本体论、认识论、伦理学、宗教神学、法哲学,等等。对于非分际说的哲学思考来说,不仅形上世界与形下世界密不可分,而且,本体论、认识论、伦理学、宗教神学、法哲学等等,它们彼此之间也密不可分。既然如此,对于哲学问题的思考来说,就很难将其完全用语义分析来范围,甚至于也无法通过逻辑分析的方法来对其研究内容加以条分缕析,而对这种无法分别与分析的世界把握,中国哲学强调要采取直觉与体证的方法确有其道理。

假如将哲学语言分别划分为"分际说"与"非分际说"可以成立的话,那么,可以看到,前面所强调的关于作为学科意义上的哲学,以及哲学语言以语义分析与逻辑分析为特征的说法,其实仅仅适用于西方哲学式的"分际说"。而哲学对于世界之把握以及存在之领悟来说,它既可以采取"分际说",当然也可以采用"非分际说"。而且,就迄今为止对于哲学的探究来说,我们不是采取分际说,就是采取非分际说。分际说与非分际说在历史上虽然以中西方两大哲学传统的方式得以展现,其实,它们是两种探究哲学的方法论类型或者说方便法门。而且,既然是方便法门,它们皆不可缺少,而且可以彼此相互补充。

尽管彼此不可缺少,且可相互补充,但是,在不同的场合下,到底是采取何种哲学言说方式为宜呢?对此,我们的看法是:对于西方哲学传统来说,由于它向来是以分际说的方式,强调对于语义分析与逻辑分析,因此,对于西方哲学而言,引入一种非分际说的哲学言说方式,对于西方哲学的发展来说是有裨益的,它可以避免西方哲学在言说方式上过于强调逻辑分析,甚至视逻辑分析为哲学研究之"唯一法门"所带来的偏颇。反之,对于中国哲学而言,由于它向来注重非分际说,对于这种非分际说带来的好处,它已获得其赐;而对于哲学的分际说的好处与成果,它尚未能很好地领略与吸收,因此,从中国哲学自身发展的需要来看,为了使它在思维方式上能够更完善和变得多元,引入西方式的非分际说方法自有其必要。引入西方式的非分际说,不意味着抛弃中国哲学传统的非分际说,而只不过是说:在继承中国哲学的非分际说的传统的同时,我们还可以对中国哲学中的问题作分际说的思考与探讨。这当中既包括以分际说的视野来对中国哲学史上的哲学问题重加审视与分梳,也包括以分别说的方式来对中国哲学的非分际说的话语作语义分析与逻辑分析,等等。

可以看到,西方哲学通过引入中国哲学式的非分际说话语方式,将有利于催生西方哲学新一轮的开展,同样,对于中国哲学来说,引入西方哲学式的分际说话语方式,也有利于中国哲学未来新一轮的发展。这大概是今后中西方哲学不同的发展方向与展望。而通过这种中西方哲学在方法论上的彼此互动与交会,一种既包融了中西方哲学,同时又超越了历史上的中西方哲学形态的新哲学将有望诞生。

目　录

前　言 …………………………………………………………………（ 1 ）
新哲学:"分际说""非分际说"与中西哲学的会通和超越(代序) ……（ 6 ）
　一、哲学方法:哲学史上的与近代学科意义上的 …………………（ 6 ）
　二、哲学义理的表达:哲学语言与文学艺术语言 …………………（10）
　三、"语义分析"与"存在真理" ……………………………………（12）
　四、哲学的"分际说"与"非分际说" ………………………………（16）

第一章　形而上学的两种思想传统…………………………………（ 1 ）
　一、什么是哲学思维 …………………………………………………（ 1 ）
　二、什么是哲学—形而上学 …………………………………………（ 4 ）
　三、西方形而上学的传统 ……………………………………………（ 8 ）
　四、中国形而上学的传统 ……………………………………………（11）

第二章　世界从"观"开始……………………………………………（16）
　一、形而上学与"观" …………………………………………………（16）
　二、世界乃观 …………………………………………………………（19）
　三、观与生活世界 ……………………………………………………（23）
　四、生命的十字架打开方式 …………………………………………（25）

第三章　形而上学基本问题…………………………………………（27）
　一、观乃超越 …………………………………………………………（27）
　二、形而上学的先验本体:"一即一切" ……………………………（30）
　三、形而上学的超验本体:"一切即一" ……………………………（32）
　四、外在关系与内在关系 ……………………………………………（34）
　五、两个世界的哲学问题与终极原理 ………………………………（38）

第四章　原道:中观作为形而上学何以可能………………………（40）
　一、大观与人观 ………………………………………………………（40）

二、中观五式 …………………………………………………（42）
　　三、中观作为世界观与人之实践 ……………………………（47）
　　四、中观哲学的价值实践原理：经权、时中与度 ……………（50）

第五章　原象：中观把握形上世界如何可能 ……………………（56）
　　一、问题的提出：形上世界是否可达 ………………………（56）
　　二、关于"象思维" ……………………………………………（58）
　　三、象思维之机制 ……………………………………………（63）
　　四、从"现象"到"筑象" ………………………………………（67）
　　五、形上姿态与筑象类型 ……………………………………（72）
　　六、两种象思维之个案比较："四因说"与"元亨利贞说" ……（74）

第六章　原言：中观言说形上世界如何可能 ……………………（78）
　　一、引论：从象到言 …………………………………………（78）
　　二、量言与对象性思维 ………………………………………（79）
　　三、性言与自象性思维 ………………………………………（84）
　　四、关于"日常语言" …………………………………………（88）

第七章　原器：中观呈现形上世界如何可能 ……………………（94）
　　一、论"形而下者"之器 ………………………………………（94）
　　二、器的形上之维 ……………………………………………（99）
　　三、道器关系之紧张及其消解 ………………………………（101）

第八章　人类中心主义与非人类中心主义 ……………………（108）
　　一、人在宇宙中的位置 ………………………………………（108）
　　二、人类中心主义与非人类主义之价值观 …………………（109）
　　三、合内外之道 ………………………………………………（113）

第九章　人文性道德何以可能 …………………………………（118）
　　一、社会性道德与宗教性道德 ………………………………（118）
　　二、两种道德的人性论基础 …………………………………（120）
　　三、两种道德的困境与现代人的道德宿命 …………………（125）
　　四、人文性道德何以可能 ……………………………………（128）
　　五、人文性道德如何可能 ……………………………………（132）

第十章　幸福生活如何可能 (140)
　　一、幸福生活进入哲学的视野 (140)
　　二、美为幸福的形而上学奠基何以可能 (141)
　　三、幸福感的两种形式——日神与酒神 (145)
　　四、幸福人格与"游戏精神" (149)
　　五、幸福的沉沦、痛苦与崇高 (152)

第十一章　美丽生活如何可能 (158)
　　一、日常生活中美丽生活与幸福生活之区分 (158)
　　二、作为美丽生活的高贵 (162)
　　三、作为美丽生活的优雅 (167)
　　四、美丽生活的理念 (171)
　　五、简论：美丽生活与人类历史之"合目的性" (174)

第十二章　信念生活如何可能 (178)
　　一、纯粹信念的观念 (178)
　　二、宗教信念的现象学分析 (181)
　　三、定然力类型：他力与自力 (187)
　　四、从纯粹信念到宗教信念：超验、潜验与经验 (190)

第十三章　悲悯与共通感 (195)
　　一、问题的提出：基督教中的"爱人"与"爱上帝" (195)
　　二、爱的分析 (197)
　　三、论悲悯 (201)
　　四、悲悯与共通感 (204)
　　五、宗教信念与救赎之意义 (208)

第十四章　纯粹历史何以可能 (211)
　　一、前论：关于人的精神实在问题 (211)
　　二、"历史的人" (213)
　　三、历史的"记忆" (216)
　　四、人作为"精神性存在"及其意义 (220)
　　五、历史的"真实"如何可能 (223)

附　录 ··· (228)
　　一、哲学的中观视域 ··· (228)
　　二、康德与海德格尔哲学的中观之维 ······················ (245)
　　三、中国哲学的中观思维 ······································· (263)

参 考 文 献 ·· (276)

第一章　形而上学的两种思想传统

一、什么是哲学思维

(一) 哲学与其他人文学科的区别

1. 何为人文学科？

人文学科，英文称之为"humanities"。但 humanities 有多种理解与涵义。这里从"精神科学"的角度来对"humanities"加以理解，即将"人文学科"视之为"精神学科"。① "精神学科"也即关于"精神"的学科。说到"精神学科"，这里先要对"精神"一词加以解释。"精神"一词的含义，既指人类精神，也指一种普遍的"精神"。这种关于普遍的精神的说法，黑格尔在《精神现象学》一书中专门谈过。普遍的精神包括人类精神，但不限于人类精神，或者说，人类精神可以是普遍精神的某种具象形式。为了与一般的人类精神（精神在时空中特殊化存在的形式）或某个别人的当下精神相区分，人文学科的研究对象可称之为"纯粹精神"。纯粹精神虽然纯粹，但却有其现实表现形式，是乃"精神现象"，这是具象化的精神存在，如文学艺术作品、某某人的思想（思想也属于"精神现象"），等等。以这些具象化的精神存在形式作为研究对象，而探究其普遍精神或纯粹精神的学问，乃"人文学"。人文学有各种各样的科目，而"人文学科"则是这些科目的集合。

2. 关于"意味"(taste)

人文学科以"精神"作为研究对象。但要防止对"精神"作实体化的理解。所谓"精神"，其实就是事物或世界存在的"根据"。它在不同的人文学

---

① 英文"humanities"，汉译作"人文学科"，但它还有一个英文近义词"human sciences"，即"人文科学"。而在德语中，"human sciences"实乃"Geisteswissenschaften"（"精神科学"）。"精神科学"一词的出现源自英人穆勒《逻辑学》的德译。在《逻辑学》中，穆勒认为自然科学的经验方法也适用于像"道德科学"(moral science)这样的人文学科，德人 Schiel 在翻译穆勒《逻辑学》一书时，则用"Geisteswissenschaften"一词来表达"moral science"的意思，即关于"精神"(Geist)的"科学"(Wissenschaft)。而德语"Geisteswissenschaften"后来被转释成英文时，则往往被译为"人文科学"(human sciences)。其实，在具有重视"精神世界"传统的德语思维中，更能彰显英文之"人文学科"或"人文科学"这两个术语的本质含义，即人文学科或人文科学原是以"精神"作为研究对象的学问。关于德语"Geisteswissenschaften"一词的由来及其涵义变迁的说明，见伽达默尔《真理与方法》上卷（上海译文出版社，1999年版），第3—10页。

科语境中,有不同的说法,如"本体""本质""本性""依据""自性""人文价值""生存意义""灵魂""上帝""道""涅槃""梵",等等。以上这些,无不是对"精神"的不同说法与指material;它们分别突出了精神的某一特征或维度,但都无法概括作为人文学研究对象之"精神"之全。任何具体的人文学科的研究,就是通过某种人文学科的视野与角度,去"以管窥豹",以求得作为人文学研究对象之普遍精神之领会与体悟。这种对于从某一具体的人文学科视域来求得普遍精神的领会与领会的表达,称之为"意味"。古人所谓"得象忘言,得意忘象"中的"意",指的乃是人文学研习过程中的"意味"。意味是对普遍精神或纯粹精神(或用中国哲学术语来说,是"道")的领会与表达。

3. 关于"领会"(understanding)

人文学科是人类把握与理解世界的方式之一。这种方式与自然科学(指作为实证科学的自然科学)对于世界的理解与把握不同,它不是对于世界中的自然现象作出因果性的说明,而是要对世界何以如此作出一种存在性的领会。这种存在性的领会离不开作为存在领会的主体的人,并且受作为存在领会的主体的人的精神气质、生存境遇所制约与决定。从而,人文学科的存在领会与其说是像自然科学一样的讲究客观方法,不如说更有赖于人的主观精神向度。从这种意义上说,人文学科不是一门严格的、像自然科学那样精确与可以定量研究的科学,而是一门由研究者主体的精神气质所制约,并且需要调动研究者的主体情志去介入,它属于牟宗三所说的"生命的学问"。换言之,人的生存境况,它对于生命的领悟,直接决定了人对于精神有何种理解与把握,从而也决定了人文学研究的旨趣与内容。

4. 作为人文学科的哲学思维

哲学作为人文学科之一种,除了具有一般人文学科的共性之外,它还有一个很重要的特点:它是哲学思维。这是它不同于其他人文学科的思维,也不同于自然科学思维之所在。所谓不同于其他人文学科的思维,是指许多人文学科,比如说文学艺术,是借助于"形象"或"想象"来思维,一般称之为"形象思维";而哲学思维则属于一种"观念思维",即运用与借助于观念来作思考。这种观念思维也不是像自然科学的研究那样对经验事实加以归纳或者强调概念之间的逻辑联系,而是强调对观念的"直观"。为了与文学艺术中的形象思维或想象思维以及自然科学的逻辑思维相区别,我们将哲学运用观念来思维的方式称之为"超越性思维"。正是这种超越性思维的方法,将哲学与其他人文学科,也与自然科学区分开来。

(二)何为"超越性思维"

1. 观念思维是超越性思维

当进行观念思维的时候,它指向的"对象"("对象"这个词在这里是借用的说法)是超越具体时空的。这种超时空的领域,就是普遍存在的精神领域。故当黑格尔说哲学以思想为对象,哲学是思想的思想时,其意指哲学以精神为对象。由于这种精神不存在于特定的时空之中,故哲学的观念具有超越性:超越了具体的时空现象。

2. 超越性思维以存在为对象

前面谈到,人文学科以精神作为研究对象。但精神是一个相当含糊的说法,它的涵义不一。对于哲学来说,精神的确切说法应当是"存在"。就是说,对于哲学来说,精神是一个超越于人类经验与现象界的世界("超越"不等于"超离")。而这也意味着,对于哲学来说,观念指向存在。通常人们总是说:哲学以存在作为对象。但存在又是什么呢?要问存在是什么,首先要问我们是如何追问"存在"的。哲学对于存在的追问是通过观念来进行的。哲学的思考过程就在观念之中,通过观念而进行哲学思考。因为观念乃超越者,超越了具体对象的所然,因此哲学的追问是"超出一切 modus specialis entis[存在者的种]之外,同时又是任何一个无论是什么的东西都必然具有的"①。这也说是我们前面所说的追问事物(存在者)之"根据"(或理由)。这种对于根据或理由的追问,把它与科学对于原因(因果律)的追问区分开来,也与历史发生学的事件的原因区分开来,并且这种根据或理由的追问也不是认识论或心理学意义上的,而是"先验"意义上的,②从这种意义上说,康德的"先验哲学"的哲学意义才得以彰显(它超越了传统的认识论,研究的是认识论的哲学基础问题),胡塞尔后期之所以转向"超越论现象学"也可以得到理解。胡塞尔这样谈论他的"超越论现象学"说:"超越论现象学的现象可以被描述为非实在的现象。其他的还原,尤其是超越论的还原将会对心理学现象进行'纯化',使它们不再带有实在所赋予它们的并因此而使它们被纳入到实在'世界'之中的那些东西。我们的现象学不是实在现象的本质论,

---

① 孙周兴选编:《海德格尔选集》(上),上海三联书店1996年版,第43页。
② 海德格尔在《形而上学的存在—神—逻辑学机制》一文中,对何为"先验的思考"作了讨论,指出:"对黑格尔来说,思想的事情乃是:思想之为思想。……此处所谓所思之所思状态,我们只能从康德的角度来了解,即从先验之本质方面来了解;而黑格尔则是绝对地——对他而言即抽象地——来思考这种先验的。黑格尔说这种对思想之为思想的思考'纯粹是在思想的要素中'展开的(《哲学全书》导论,第14节),这时候,他的目标即在于思考这种先验。"见《海德格尔选集》(下),上海三联书店1996年版,第820—821页。

而是经过超越论还原的现象的本质论。"①

二、什么是哲学—形而上学

（一）哲学的根本问题

哲学研究的对象很广，但只有追问存在之存在，才是哲学的根本问题或者说首要问题。因为只有这个问题才是所有其他问题中最普遍、最基础、最始源的问题。

海德格尔在解释"为什么在者在而无无反倒不在"这个问题为什么是最广泛的问题时说："这个问题是最广泛的问题。它不会为任何一种在者的制限。这个问题涵括所有一切在者，即是说，不仅涵括最广义的、现在的现成存在者，而且涵括以往的曾在者和未来的将在者。这个问题的区域仅以非在者和绝不存在者，即以无为界。一切非无者，都落入这个问题，甚至最后包括无本身，这并不因为由于我们谈到它，它就成了某物，成为在者，而是因为它'是'无。我们的问题广泛到不可能再广泛了，我们所询问的既不是这，也不是那，也不是按位序逐个询问全部在者，而是辟头就询问在者整体，或者，从后面将要讨论的奠基问题着眼，我们说：询问如此这般的一个在者整体。"②

关于这个问题又是最深刻的问题，海德格尔说："究竟为什么在者在……？为什么，这就是说，根据是什么？在者由何根据而来？在者处于何根据之上？在者照何根据行事？这个问题不在在者身上询问这，询问那，询问它一向——无论在这里还是在那里——是什么？有何性质？由于什么而变动？有何用处？以及诸如此类的问题。此一追问是只消在者存在着就要为在者寻求根据，寻求根据，就是说：奠基，追溯到根据处。然而，既然还成问题，那么，下列问题就都还悬而未决：是否这根据真正起奠基作用，设立根基，是元根据（Ur-grund）？是否这根据舍弃了根基，成为深渊（Ab-grund）？是否这根据既非此也非彼，而仅仅是伪装成根基的某种或许必然的假象，从而是一种非根据（Un-grund）？无论是上述何种情况，总之这个问题要在根基上起决定作用，要为在者作为它所是的这样一个在者起来建立根基。为什么的问题并不为在者寻求原因，寻求与在者本身同属一类并处于同一水准之上的原因。这个为什么的问题不浮荡在任何一种表面和表层，而是要渗入到奠基性的区域，并且直至极限；它离弃所有的表面和浅层，而深入底层，所以，这个最

---

① 转引自叶秀山、王树人主编：《西方哲学史》第七卷（上），第354页。
② 海德格尔：《形而上学导论》，商务印书馆1996年版，第4页。

广泛的问题同时也就成为一切深刻问题中最深刻的。"①

关于这个问题是最原始的问题,海德格尔说:"如果想要就'究竟为什么在者在而无反倒不在?'这个问题的本来意义展开这个问题的话,我们必须摒弃所有任何特殊的、个别的在者的优越地位,包括人在内。因为这个在者有什么稀奇!让我们设想一下处于广阔无垠的黑暗宇宙空间的地球吧,它犹如一颗微小的沙粒,与另一颗最近的沙粒相隔不下一公里。在这颗微小的沙粒上,苟活着一群浑噩卑微的、自问聪明而发明了认识一瞬的动物。(参见尼采:《论道德外的真理与谎言》,1873 年,后记)在千百万年的时间长河中,人类生命的延续才有几何?不过是瞬间须臾而已。在在者整体中,我们没有丝毫的理由说恰是人们称这为人以及我们自身碰巧成为的那种在者占据着优越地位。但是,只要在者整体进入了上述问题,这一发问与在者整体,以及在者整体与这一发问之间便有了一种独特的、因而也就是特殊的关系。因为,通过这一发问,在者整体才得以作为这样一个整体,以及向着其可能的根基展开并且在发问中保持其展开状态,这一问题的发问涉及在者作为这样的在者整体,这样的发问不是在者范围之内随意发生的一种事件,譬如落下的雨点之类。这个'为什么'的问题仿佛直面在者整体,仿佛从这一在者整体事脱出,尽管决不是完全脱出。它的特殊地位恰恰就是由此而获得的。由于这一发问迎向在者整体,然而它又并未与这整体完全脱离,这样,这一问题所询问的东西就返冲到问题本身上。为什么有这个为什么?这个为什么的问题本身如此胡搅蛮缠地对在者整体的根据提问的根据何在?这个为什么不仍旧还是在询问进一步的根据吗?这样下去,所询问的根据者不还总是在者吗?然而,如果就存在问题的内在等级和它的演变而言,这一最先问出的问题不就在等级上是第一的吗?"②

总之,海德格尔认为,存在问题,"这个问题在这样三重意义上是第一位的,即:在这个问题以给出尺度的方式敞开的奠基性的领域内,这个问题依其等级而论在发问的秩序上是第一位的。我们的问题是所有一切真正的,即自身向自身提问的问题的问题。这一问题,无论有知还是无知,都必定会在提问时被提出来。如果这一所有问题的问题没有得到把握,即没有被询问,那么,任何发问因而就是任何科学'疑问'都是自身不可透解的"③。

海德格尔还认为,哲学对于存在的询问与宗教不同,后者对存在的追问植根于信念。它在追问这个问题以前就已经有了答案:"站在这种信仰的基

---

① 海德格尔:《形而上学导论》,商务印书馆1996年版,第5页。
② 同上书,第5—6页。
③ 同上书,第8页。

地上的人,虽然能够以某种方式跟着我们并随同我们追问这个问题,但他不能够本真地追问,而又不放弃自身作为一个信仰者以及由此一步骤带来的一切后果。他只能用好像是如何如何的办法做事。然而再说那样一个人的信仰,即便他不是经常处于不信仰了的可能性中,也根本不是信仰,而只是一番凑合和一番自行约定,约定今后总遵循一种随便什么样的传统的教义罢了。"①

而哲学不然,"哲学的一切根本性问题必定是不合时宜的,之所以如此,是因为哲学或者远远超出它的当下现今,或者反过头来把这一现今与其先前以及起初的曾在联结起来。哲学活动始终是这样一种知,这种知非但不能被弄得合乎时宜,倒要把时代置于自己的准绳之下"②。

因此,海德格尔得出答案:"哲学本质上是超时间的,因为它属于那样极少的一类事物,这类事物的命运始终是不能也不可去在当下现今找到直接反响。要是这样的事情发生了,要是哲学变成了一种时尚,那就或者它不是真正的哲学,或者哲学被误解了,被按照与之无关的某种目的误用于日常需要。"③

"从这个意义上说,哲学也就不是一种人们可以像对待工艺性和技术性的知识那样直接学到的知识;不是那种人们可以像对待科学的和职业性的知识那样直接运用并可以指望其实用性的知识。"④

(二)"形而上学"析义

海德格尔认为,哲学"不仅所问的东西是超乎寻常的,而且发问自身也是超乎寻常的"⑤。"哲学活动就是对超乎寻常的东西作超乎寻常的发问。"⑥

从前面所论可知,超乎寻常的东西就是存在。那么,如何是"超乎寻常的发问"? 或者说,如何是哲学发问的方式?

哲学的发问是一种"超越",是超越式的发问。其实,以上所谓最普遍的、最根本的、最原始的东西,都是哲学发问的结果,是通过哲学追问才产生的。

要了解这个问题,还得从哲学最初的诞生——古希腊的哲学讲起。在古希腊,哲学与形而上学同义。在古希腊语中,"形而上学"一词由"自然"与

---

① 海德格尔:《形而上学导论》,商务印书馆1996年版,第8—9页。
② 同上书,第10页。
③ 同上。
④ 同上。
⑤ 同上书,第14页。
⑥ 同上书,第15页。

"超出"两个词合成,故从词源上看,形而上学乃"超出自然物"之意①。这是"形而上学"的最早含义。故形而上学就是超越式的发问,而对于存在的追问就是通过这种超越的发问而达到的。所以,海德格尔在《形而上学是什么?》一文中写道:"'形而上学'这个名称源出于希腊文 τά μετὰ φνσικὰ。这个稀奇的名称后来被解释成 μετά—trans—(超出)存在者整体的追问的名称。形而上学就是超出存在者之上的追问,以求返回来对这样的存在者整体获得理解。"②

虽说如此,但历史上,对超越的追问或者说形而上学的含义却有多种理解。海德格尔总结西方历史上出现的对于超越的不同理解时说:"超越首先是在存在者和存在之间的那种从存在者出发向存在过渡的关系。但超越同时也是那种从可变的存在者导向静止的存在者的关系。最后,与对'至高无上者'(Excellenz)这个称号的使用相符,超越还意味着那个最高的存在者本身,这个最高的存在者也被称作'存在'。它与前两个含义合在一起,就形成了一个奇特的混合物。"③

后期海德格尔对"超越"或"形而上学"作出了一种不同于西方传统形而上学的新的理解,认为"meta-physics"乃"去存在"之意。"去存在"的"去"有两种理解。一种是"去除"之"去",另一种是"去实现"之"去"。如果说西方传统形而上学,包括前期海德格尔,是在前一种意义上使用"形而上学"一词的话,那么,后期海德格尔则赋予"形而上学"以后一种意义。其代表说法就是"存在者显示存在,存在通过存在者呈现"。后期海德格尔虽然不再使用"形而上学"一词,但这后一种关于"meta-physics"("形而上学")词义的理解,仍然表明一种形上姿态。因为它无逃于对于"超越"的理解。(超越是指存在者与存在之差异。而对差异的肯定只能通过超越达到,否则无所谓差异)

康德在《未来形而上学导论》中指出:"形而上学是人的自然天性。"这句话换一种说法,说的是超越是人的自然天性。海德格尔说:"'超越'意指人之此在所特有的东西,而且并非作为一种在其他情形上也可能的、偶尔在实行中被设定的行为方式,而是作为先于一切行为而发生的这个存在者的基本机制。……超越乃是这样一种超逾,这种超逾使得一般生存之类的东西成为可以,因此也使一种在空间中的'自行'运动成为可能。"④

---

① 海德格尔:《形而上学导论》,商务印书馆 1996 年版,第 18 页。
② 《海德格尔选集》(上),第 149 页。
③ 同上书,第 619—620 页。
④ 同上书,第 169 页。

三、西方形而上学的传统

(一) 西方形而上学问题

西方主流形而上学对存在的追问有两个问题,代表两种不同的"超越",即"先验超越"与"超验超越"。① 这在亚里士多德的《形而上学》一书中得到反映。亚里士多德这本书是一本难读的书,原因是其中关于"终极实在"或者"第一因"(亚里士多德对形而上学问题的表述之一)的说法有多种,如"实体""个体""四因""形式""本质""神",等等。但抛开关于何者为第一因的具体答案不论,亚里士多德认为形而上学问题集中起来有两个:一是对于"普遍存在者"的追问,一是对于"最高存在者"的追问。亚里士多德的《形而上学》的主要篇幅以及《范畴篇》讨论的是前一个形而上学问题,而关于最高存在者(神)的讨论仅见于《形而上学》第 12 章的后 5 节。由于对前一个问题的讨论在亚里士多德的"形而上学"思想体系中占有绝大比重,后来人们普遍认为亚里士多德心目中的形而上学仅仅是指对于像"本体""实体"等等这样一些"普遍存在者"问题的讨论。这不确。如像黑格尔这样一位其形而上学观中具有深刻的宗教情怀的哲学家(如对"绝对理念"与"绝对精神"的强调),就相当重视亚里士多德的形而上学观中对于"神"的理解(这"神"当然不是后来基督教意义上的上帝,也不是希腊神话中的诸神那样的神,而是作为自我运动的神),甚至在其《哲学史》中,介绍亚里士多德的形而上学思想时,就仅仅取材于《形而上学》第 12 章的这后 5 节内容。

由于在亚里士多德的《形而上学》中,"形而上学"这个词第一次以书名的形式被命名(开始时仅作为一个"编纂学"的名称,其命名具有"偶然性"),加上他在哲学史上崇高地位的确立,无论是他关于形而上学的第一种看法还是第二种理解,都在后世引起极大反响并且得到回应。这其中,亚里士多德对于形而上学的第一种理解,长期成为西方哲学讨论形而上学问题的主流(无论是提倡、建造形而上学思想体系者,还是"拒斥"形而上学问题者,都将它视之为形而上学的普遍形态)。而他关于形而上学的第二种理解,后来被基督教神学所吸收,作为对于"上帝"的"神学论证"而被继承与发扬。

---

① 关于德文 Transzendenz(超越)、transzendent(超越的)、transzendental(先验的),国内学术界有不同的译法,译名的不同容易导致对西方两种形而上学传统的混淆。此处分别用 transzendental transzendenz(先验超越)与 transzendent transzendenz(超验超越)来指称西方关于普遍存在者以及关于最高存在者的这两种不同形而上学的发生机制。有关西方这两种不同形而上学发生机制的说明,详见《海德格尔选集》(上),第 834—840 页。

西方哲学史上这种对于形而上学的"亚里士多德式理解",由海德格尔在《形而上学的存在—神—逻辑学机制》中作了回顾与概括。他说:"形而上学思考存在者之为存在者,也即普遍存在者。形而上学思考存在者之为存在者,也即整体存在者。形而上学既在探究最普遍的东西(也即普遍有效的东西)的统一性之际思考存在者之存在,又在论证大全(也即万物之上 Grunden 的最高者)的统一性之际思考存在者之存在。这样,存在者之存在先行被思考为奠基性的根据了。所以,一切形而上学根本上地地道道是那种奠基(Grunden),这种奠基对根据作出说明,面对根据作出答辩,并最终质问根据。"①

应当说,在西方哲学史上,这两种对于形而上学的理解也常常结合在一起,并且以"你中有我,我中有你"的形态存在。同样是海德格尔,在描述西方哲学史上这两种形而上学理解的彼此瓜葛与纠缠时说:"因为作为根据的存在显现出来,所以存在者便是被奠基者,而最高的存在者就是第一原因意义上的论证者。如果形而上学着眼于其对于每个存在者之为存在者都共同的根据来思考存在者,那么它就是作为存在者之逻辑学的逻辑学。如果形而上学思考存在者之为存在者整体,也即着眼于最高的、论证一切的存在者来思考存在者,那么它就是作为神之逻辑学的逻辑学。"②

(二) 纵向超越与横向超越

但无论是亚里士多德对于第一因的两种看法也罢,西方哲学史上后来对于形而上学问题的种种不同看法也罢,都可以认为仅仅是对于"形而上学问题"的探究与追问,而非对于形而上学本身的追问。之所以如此说,是因为对于形而上学的追问本身,其实是一个"思维态势"的问题,即我们以何种思维方式来看待形而上学。较之于形而上学问题来说,形而上学的思维态势属于对于"形而上学"的"先行领悟",它是一个较之形而上学问题更先行性的问题。从思维态势的角度来观察,可以看出,西方哲学史上对于形而上学问题的探究与追问虽然各有其不同的问题指向;或者说,其无论对于形而上学或者终极存在者的看法是什么,它们无一例外地都据于西方形而上学的思想传统。这种西方的形而上学思维传统,也即"二分法"的思维传统。按照张世英的说法,二分法思维态势对于形而上学问题的思考属于一种"纵向超

---

① 《海德格尔选集》(下),第 831 页。
② 同上书,第 840 页。关于西方围绕"形而上学"这样两种理解而展开的形而上学问题史的回顾,可参考拙文《中观作为形而上学何以可能》(载《社会科学》2008 年第 10 期)中的有关内容,该文现将标题改作"康德与海德格尔哲学的中观之维"收入本书的附录。

越"。但从思维态势来看,对于存在的追问,或者说对于形而上学的探究,除了横向超越之外,还可以有"横向超越"。

张世英比较这两种不同的"超越"说:纵向超越"这种追根问底的方式,以主体—客体关系的公式为前提,其方向可以概括为由现象到本质、由个别到普遍、由差异到同一、由变化到永恒、由具体到抽象(包括黑格尔的'具体抽象'或'具体的普遍'在内)、由形而下到形而上,最终是以形而上的、永恒的、抽象的本质或普遍性、同一性为根底,或者说得简单一点,是以'常在'(constant presence)'永恒的在场'为底。"①关于"横向超越",他说:"它也要求超越当前,追问其根源,只不过它不像旧的传统哲学那样主张超越到抽象的永恒的世界之中去,而是从当前在场的东西超越到其背后的未出场的东西,这未出场的东西也和当前在场的东西一样是现实的事物,而不是什么抽象的永恒的本质或概念,所以这种超越也可以说是从在场的现实事物超越到不在场的(或者说未出场的)现实事物。"②显然,张世英关于纵向超越与横向超越的说法来自于海德格尔。海德格尔认为西方传统的形而上学都是一种关于在场的形而上学,而他要做的工作,就是对这种"在场形而上学"来一种摧毁廓清与拨乱反正。他后期提出的"存在通过存在者呈现,存在者显示存在"的说法,采取的就是这种"横向超越"的思路。其中,存在者与存在既相互"区分",又共为一体,即存在者既是存在,存在又是存在者。故存在者与存在的关系其实是在场与不在场的关系。(为什么一个事物可以在场而又不在场?海德格尔用存在的"开显"与"遮蔽"来表示。海德格尔这种对"形而上学"(形而上学是关于存在的学问,而非指某一种关于存在的看法)的新理解,直接受惠于其"现象学"的方法。按照现象学的理解,所谓"现象"并非像传统的西方哲学形而上学观所理解的那样指与"本体"相对立的现象,而是指存在通过存在者呈现自身,故"现象"乃是"去实现"或者说"去呈现"之意,此也是海德格尔运用现象学观念在解释"形而上学"一词的意思时,为何会将其理解为"去形学"。而所谓"去形学"就是研究存在如何通过存在者来呈现自身的学问,此乃后期海德格尔赋予"形而上学"的不同于传统西方哲学对于形而上学理解的另一种意义。

---

① 张世英:《进入澄明之境——哲学的新方向》,商务印书馆1999年版,第8页。
② 同上。

四、中国形而上学的传统

(一) 中国的意象语言

无独有偶,海德格尔这种在西方具有颠覆性的形而上学运思方式,却成为中国传统哲学形而上学的主流方式。之所以这样说,是因为一个民族的哲学形而上学思维,根植于这个民族的文化传统之中。而文化传统反映一个民族的生活样式。生活样式不同,其形而上学的"世界观"也就不同,生活样式体现在人们日常生活的方方面面,但它有一个总体结构。

人们的生活方式、生活态度会随着社会历史条件的变化而变化,但作为一种生活样式,这个总体结构具有相对的稳定性与持续性。体现这种生活样式的总体结构的最好样板就是语言。当海德格尔说"语言是存在之家"的时候,就是从语言一方面如何体现了人们的生活样式,另一方面又如何决定了人们的生活样式来揭示语言之本性的。而哲学作为观念思维,它离不开语言。于是,对于观念的反思,在这种意义上说,就表现为对于语言的反思。于此,我们明白:为什么西方哲学的形而上学探究,从一开始就要从对于语言的考察入手。由于作为西方形而上学的一个核心词汇——"是"(存在)来源于希腊语"einai"("是"),因此西方的形而上学又可以名之为"是论"。正是在这种意义上,海德格尔认为"哲学"本质上是西方的,而西方的哲学本质上又是希腊的。他还认为只有这种西方式的语言,才特别适用于形而上学的研究。

但是,由于生活样式不同,不同的民族在其语言的运用上各有特点,运用语言在进行形而上学思考的方式上也就有很大不同。尽管形而上学的运思离不开语言,但不同的语言类型不同,其不仅对于形而上学问题的表述,而且在形而上学的超越方向上有了重大不同。这里,我们从语言类型入手,来考察一下中西形而上学在观念以及思维方式上,究竟有何不同。

首先,在语法上,与西方语言在语法上讲究词性的分别不同,中国语言没有在名词、动词、形容词等在词性上作出严格区分,因此,名词可以是动词、形容词;反过来,形容词、动词也可以作为名词使用。以《论语》中"学而时习之"这句话为例,其中的"学"字既可作动词,亦可作名词用。就动词来说,中国语言在使用上也不像西方语言那样有人称与时态的区别。另外,从句法上看,中国语言不讲究主谓关系,即谓词可以置于主词之前;其他各种词类在一个句子中的秩序也可以根据不同语境随意排列。此外,最重要的是:从语用学来看,中国语言不讲究明确定义,而重视修辞;其一个词,或者一句话的意思,经常随语境的不同而有不同的意义。

总之,无论从构词法、句法还是语用学的观点来看,中国语言反映出中国人的一种总体生活态度与生活方式,即静动不分、内外不分、人我不分、物我不分的世界。这种生活态度与生活方式,用中国传统哲学的话来说,称为"天人合一"的生活态度与生活方式。①

由于这种语言跟属于印欧语系的西方语言有重大差别,我们将这种中国式的语言称之为"意象语言"②,而将西方以印欧语系为代表的语言称为"概念语言"。而无论是意象语言还是概念语言,都可以进行形而上学的超越性思考,因此作为哲学思考,尤其是进行形而上学问题探究的思维工具,它们统称为"观念语言"。所谓观念语言并非说是在形态上有不同于概念语言或意象语言的另一种语言,而是说在运用语言来进行超越性思维或者言说形而上学的时候,我们才将这种语言称之为观念语言。③ 但由于概念语言与意象语言无论在语言的结构上还是在语言的运用上都有重大的不同,这种不同导致这两种语言系统在形而上学的观念与思维方式上也有重大的区别。关于西方语言与形而上学思维的关系,海德格尔已有充分的论述,这里不拟重述。下面,我们来看中国的意象语言的运用,是如何影响、制约甚至决定了中国的形而上学思维方式。

(二) 从"道"字的使用看中国形而上学思维

与西方形而上学的核心词汇——"是"来源于希腊文"einai"一样,中国形而上学的核心词汇——道,也与这个词汇的词义与使用方法密切相关。道,在中国语言中,其最原始的意思是"道路",但它又是人与自然都必须遵循的法则(如所谓"天道""人道");此外,道既是可见的形而下之道,又深不可测,代表宇宙之最高本性与终极大全。金岳霖在《论道》中谈到作为中国哲学之最高范畴的"道"在词语运用中的复杂性时说:"中国思想中最崇高的

---

① 关于中国语言具有不同于西方语言的特点,由此决定了中国哲学具有不同于西方哲学的形态与特点,张东荪在《从中国言语构造上看中国哲学》(收入宋继杰编:《Being 与西方哲学传统》上卷,河北大学出版社 2002 年版)一文中有专门论述。
② 关于中国语言属于"意象语言"及其机制的研究,详见本书第六章"原言:中观言说形上世界如何可能"。
③ 此处关于"观念语言"中对"观念"的理解与张东荪的理解有别。张东荪认为西方语言中有"观念",而中国语言中则只有"概念"而无"观念",这是对观念与概念的一种较狭义的理解,而本文认为广义的观念包括概念与意象,它们分别代表中西方运用语言进行哲学思考的不同言语表述方式。张东荪的看法详见其《从中国言语构造上看中国哲学》一文(收入宋继杰编:《Being 与西方哲学传统》上卷)。

概念似乎是道。所谓行道、修道、得道，都是以道为最终的目标。思想与情感两方面的最基本的原动力似乎也是道。成仁赴义都是行道；凡非迫于势而又求心之所安而为之，或不得已而为之，或知其不可而为之原事，无论其直接的目的是仁是义，或是孝是忠，而间接的目标总是行道。"① 又说："道可以合起来说，也可以分开来说，它虽无所不包，然而它不像宇宙那样必得其全然后才能称之为宇宙。自有之全而为道而言之，道一，自万有之各有其道而言之，道无量。"② 综合"道"在中国语言，尤其是哲学语言中的用法，可以看到，道既是形而上之道，又是形而下之道，并且体现于自然与人事的方方面面。因此，中国哲学有"即道即器"以及"道即是器，器即是道"的提法，而老子关于"道可道，非常道"的说法，更是对道的这种哲学意蕴的最好表达。总之，从"道"这个中国哲学的核心观念来看，它与中国语言的特点密切相关。由于一个民族的语言不仅反映了这个民族的生活样式，而且集中体现了这个民族的形而上学思维方式。而从道这个词汇的使用来看，它说明中国哲学形而上学的思维方式是一种"非二分"思维方式。反过来，一旦将这种非二分思维方式运用于对于形而上学的探究，它就使中国的形而上学出现了与西方形而上学不同的面貌。

问题在于：中国的这种对于存在或者说道的追问，究竟是用超越性思维来表达呢，还是有其他更好的说法？或者说：中国式的这种非二分思维能否称得上是超越性思维？

回答是：唯唯否否。中国哲学的这种思维虽然具有超越性，但为了与西方哲学的超越思维相区别，准确的说法应当是"现象性思维"。这种思维方式的特点，可以用同一个圆心作出两个大小不同的圆来表达，并将它与代表西方二分法思维的同一个圆圈中的两个半圆形作比较。可以看到，西方哲学的"超越思维"是首先将作为世界之总体的"圆""一分为二"，而从"此半圆"过渡到"彼半圆"，方名之为超越。而中国哲学的超越不同：它是两个大小不同的同心圈，这两个圆并非将同一个圆分作两半而成。过去在没找到合适的词来表达中国哲学思维这一特点时，人们习惯将它称作"内在超越"。这种所谓"内在超越"究竟是何样的呢？其实，从图形上看，内在超越就是一种现象(性)思维：两个圆圈属于同心圆，本质上相同或同一，根本无所谓超越，也无须超越（这就是为什么慧能的偈"本来无一物，何处染尘埃"要比神秀所作的"时时勤拂拭，勿使染尘埃"更能传达出中国哲学超越性思维的义理，故慧能成为五祖的接班人实非偶然）。

---

① 金岳霖：《论道》，商务印书馆1985年版，第16页。
② 同上书，第17页。

由此看来,对于中国哲学来说,真正的"现象"不是超越,而是同一。故中国的形而上学是形上形下不分,道即器,器即道。

问题在于:这是否是一种"形而上学"?这里涉及对形而上学的理解。真正的形而上学应当是对于存在的终极追问:存在者何以如此,存在者与存在的关系如何?宇宙终极实在究竟如何?等等。这里,并非一定是"形而上之学"(这只是对"形而上学"一词的单义的或传统的理解),而应当是"去形学"。因此,将西语中的"metaphysics"视为"形而上学",是对西方形而上学一词翻译上的失误。或者说,是根据对于西方形而上学的一种理解(主流方式)来理解形而上学。通过中西哲学对于存在的追问,形而上学应当理解为"去形学"。这就包含了中西形而上学的两种含义。海德格尔已发现形而上学一词的词源义应当如此。他前后期分别采用了其中两种不同的含义,即"去形学"或形而上学的两种理解:一种是超越思维,一种是现象性思维。前者是外在超越,是超出;另一种是从现象观本体,以现象来呈现本体。这两种思维都是"去现象",或者说广义上的"超越"(故"超越"不限于"外在超越")。

总括以上,为了与西方传统的形而上学的超越思维相区分与比较,我们将中国的这种形而上学思维称之为现象性思维。其特点除了是形上形下不分,道即器、器即道之外,它还包括:天道与人道合一,外部世界与内部世界合一(内圣与外王合一)、群体与个体合一、物与我合一。即所谓合内外、合人我、合物我、合天人、合心物,等等。("吾心即是宇宙,宇宙即是吾心")

问题是:这种现象性思维能否达到对于宇宙之终在实在或者说最高本体的认识?这就涉及何为宇宙终极实在或者说最高本体的理解:对于中国人来说,宇宙的终极实在本来就存在于现象界中,因此,无须在现象界之外再寻找或确立另外一种绝对的本体或终极实在。在中国哲学看来,终极实在本来就在现象界或人的生活世界中呈现,此也即"平常心是道","砍柴吃饭,无非妙道"以用"日常人伦"是"道",等等。

我们看到:在中国禅宗哲学的"平常心是道"这一句话中,虽然也使用了与西方哲学本体论哲学中的"being"相当的"是"字,但要注意的是,这当中的"是"是指两个同心圆共有一个中心,并非说这两个圆是相同的(至少大小不同)。故这里的"是"不是完全相同,是相"通"(同心);其次,这里的"是"指达到最高境界(从小圆到大圆,"充实之谓美")的一种可能性,故代表"潜在性"。其三,"是"还意味着一种修养功夫或过程,而非纯粹思辨的游戏(是一种"实践的形而上学",或者说"道德的形而上学"。是通过体证而非思辨达到对"本体"的认知。最后,"是"代表双向过程或者说流动性,故"道"既可向上,亦可向下,它有顺行逆行之分)(这当中包含着中国哲学中修养论的核心问题与智慧)。

有人可能这样诘问:这种以"同心圆"为代表的哲学思维是否还有"超越"的成分？假如没有,则很难认为它是一种"形而上学"。但我们从上面看到,按照现象学观点的超越观,"现象"本身就是一种"超越":存在通过存在者呈现("呈现"不等于"相同",这里存在与存在者之区分仍在);而存在者显现存在(存在者与存在既同一又有区分)。故既超越又非超越,看在哪一种层次上理解超越。对于现象学来说,"现象"本身就意味着超越(胡塞尔与海德格尔的现象学关于超越的理解均如此)。

因此,对于这种"同心圆"的形而上学来说,仅仅说超越不够,还要说既超越又经验(现象界的实在),故"现"其实包含着超越与经验,是它们两者的合一与统一。于此,我们终于发现中西两种形而上学不同之真谛:中国形而上学走的是现象学的形而上学路数,西方形而上学走的是超越形而上学的路数。此两者皆追问终极存在:普遍存在者与最高存在者,但在思维方式与获致的结论上并不相同。

我们发现:中西哲学对形而上学的理解除在其语言表达中得以反映之外,这种思考还与其思维习惯有着密切联系。这方面,我们说西方的思考方式是逻各斯思维,其典型方式是亚里士多德的形式逻辑,这种思维遵循形式逻辑的三定律以及采取三段论的推论方式。其实,这种逻各斯思考也由西方语言中不可缺少的系动词"是"字而来。相比之下,中国哲学对形而上学的思考可以说是"即"思维:这里的"即"是"相通"而非"相同","即"既可以"是"又可以"不是"。故中国哲学的形而上学命题多有用"即"字来表达的,如"性即气,气即性",而不说"性是气,气是性"。这里,"即"与"是"的区别在于:"是"是一成不变的,非此不可的;而"即"是有弹性的,并非一定如此的。等等。

概言之,无论是从语言的运用或者逻辑思考的习惯来说,都可看出中西形而上学在方向上有重大不同,这种不同可以分别用"超越思维"与"现象性思维"来表示,它们是两种截然不同的形而上学形态,各自有其关注的不同问题(如西方形而上学关注的是超越的宇宙之终极实在或"物自体"问题,而中国形而上学关心的是如何从现象界以观本体,以及终极实在如何呈现为现象界与人的生活世界的问题)。而由于彼此关注问题的不同,导致它们在如何把握形上世界的认识方法以及观念上产生一系列的差异,这些容后进一步分梳。

第二章 世界从"观"开始

一、形而上学与"观"

(一) 康德的"第一批判"何以是为形而上学"奠基"之作？

上章中，我们主要从中西方不同的语言观入手，对中西形而上学的两种思想传统作了比较。现在，我们来对形而上学的发生机制作进一步的考察，以说明对形而上学的理解其实是一个"存在的先行领悟"问题。要了解这个问题，还得从康德的《纯粹理性批判》这本书谈起。

康德的《纯粹理性批判》向来被视为治哲学不可绕过的经典，然而，这本书的主题究竟是什么，却是一个让研究者，包括哲学大师们感兴趣的问题。从哲学史上看，康德以后，同样是继承康德哲学，新康德主义者却一分为二：一派重视康德哲学中对于认识论基础问题的探究思路，发展了从认识论入手讨论形而上学的新方向，是为新康德主义中的弗莱堡学派，另一派则强调康德对价值论与道德哲学的关怀，发展了价值哲学与文化哲学，是为马堡学派。以上两个学派都重视对康德的《纯粹理性批判》的研究，但对于《纯粹理性批判》的形而上学探究之路的理解却截然不同。20 世纪之后，具有欧陆哲学背景的海德格尔却独开蹊径，认为《纯粹理性批判》既非讨论认识论的基础之作，亦不是关于价值哲学之作，而是一本"为形而上学奠基"之作。此话怎讲？原来，海德格尔在读这本书的时候，真正关心的不是"康德说哲学"，也不是"康德哲学说"，而是"哲学说康德"。他是从哲学形而上学之纯义理的方面来理解康德这部著作的。于是，他发现：无论康德在这本书中对于哲学或形而上学言说了什么，其背后都有一套关于存在的"先行领悟"。因此，海德格尔专门写了《康德与形而上学问题》一书，宣称他这本书的主题是"通过把《纯粹理性批判》解释为形而上学之奠基而阐明一种基础存在论的观念"[①]。关于海德格尔如何从《纯粹理性批判》的阅读中发现了这样一个主题，不是本书要叙述的。这里，主要是借用海德格尔的观念，说明任何对于形而上学的理解，其实都是一种关于存在的先行领悟；而这种关于存在的先行

[①] 《海德格尔选集》(上)，第83页。

领悟,又由人的生存状态所决定。下面,我们来回顾海德格尔在此书中提到的关于"存在的先行领悟"的观点。

按照海德格尔的观点,哲学—形而上学意味着超越,而"超越"乃指看出"表象"之外的东西。① 而超越之所以可能,又在于作为超越者之主体的人,有一种对于存在的"先行领悟",此处我们名之为"观"。通常人们将康德哲学称之为"先验哲学",在《康德与形而上学》中,海德格尔写道:"先验知识不是研究存在者本身,而是研究先行领悟之可能,这同时也意味着:研究存在者的存在机制。这种存在机制涉及纯粹理性对存在者的超越(超越性),只有在这时,存在者才能作为可能的对象来使经验得到衡量。"②又说:"在康德的奠基工作中发生了什么呢?最重要的是:对存在论的内在可能性的证明使自己成为对超验,亦即对人的主体性的一种揭示。"③可见,对于海德格尔来说,《纯粹理性批判》之所以是一部"为形而上学奠基之作",就在于它通过对构成人的经验判断之条件的"先验范畴"的分析,揭示了人类认识之可能的"人类学"来源,即形而上学首先是人学形而上学,然后才是其他。但"人类学"又是什么呢?他接着说:"毫无疑问,只有一种哲学人类学才能接受为真正的哲学,为下属形而上学奠基的工作。"④从这种意义上说,关于形而上学的研究,就通过"为形而上学奠基"这一问题而转化为对于"人"自身、对于人的生存处境的分析。换言之,对于形而上学的讨论,一转而成为对于人的形而上学探究。形而上学,从某种意义上看,就是关于人的形而上学。

(二) 存在的先行领悟乃"观"

1. 关于"存在的先行领悟"问题

然而,"人"是什么?哪怕从人类学,或者哲学人类学的角度来探讨,关于人的定义仍然是五花八门的。因此,仅仅从人类学作为学科意义上的定义,来展开对于人的本性的研究,对于形而上学之奠基问题来说,仍然是未得要领的(此点已由海德格尔在同一篇文章中予以澄清)。从形而上学之奠基问题入手来展开关于人的本性的研究,首先必须回答这样一个问题:即人的超越问题。因为形而上学作为人的本性,意味着"超越"。按照海德格尔的

---

① 海德格尔:"形而上学就是超出存在者之上的追问,以求返回来对这样的存在者整体获得理解。"(《海德格尔选集》(上),第149页)又说:"托马斯从事的工作是获得超越者:存在的性质除超出存在者的一切可能的与事情相关而又可以归类的规定性之外,超出一切 modus specialis entis[存在者的种]之外,同时又是任何一个无论什么东西都必然具有的。"(同上书,第43页)
② 《海德格尔选集》(上),第94页。
③ 同上书,第97页。
④ 同上书,第99页。

研究,人作为有限性的存在者,是具有"超越性"的,这正是从人类学角度说明形而上学何以可能之问题的答案。

在《康德和形而上学问题》中,海德格尔对人的这种超越性进行了分析,他说:"当哲学思考'向内深入'到存在向时间作隐秘筹划这一古代和后世形而上学之存在领悟中最内在的过程时,从这里就给回复到形而上学基本问题产生了一个任务,即要展开由这一困惑所要求的返回到人的有限性的过程,使得时间性在此—在本身中显示为超验的原始结构。"①他还指出:"康德为形而上学奠基,作为对存在者之存在显露出来的内在可能性的第一次坚决的探讨,必然通过时间这个有限超验的基本规定,而另一方面,此在中的存在领悟仿佛是自发地把存在放到时间上来筹划。但与此同时,他为形而上学奠基也必然经过流俗的时间概念而被逼回到对作为纯粹自我激动(Selb-staffektion)的时间的超验领悟,这种时间本质上是与纯粹统觉一致的、并在这种统一中使某种纯粹的、感性的理性之完整性成为可能。"②

然而,我们认为,此处海德格尔所谈的从人的有限性出发,关于对于时间的超验性先行领悟,还只属于人的关于存在领悟的超验性的一个维度。这种维度的超验是科学知识可能的先验依据。按照海德格尔的理解,康德的《纯粹理性批判》关于存在的"先行领悟",谈的就是人的超验性这一维度。③ 但人对于存在的先行领悟除了这一维度之外,还有另一个维度的超验。这一维度的超越之所以可能,同样也植根于人的作为"此在"的超越性。这种超越性指向宇宙之终极大全与无限。换言之,它指向与科学世界相对峙的另一个世界——价值与意义世界。问题是:从人的这两种超越性,是如何过渡到超越世界,或者说形而上学世界的呢?下面,让我们来回答这个问题。

2. 析"观":人有两种直观能力

人之所以具有从形而上学方向把握世界的能力,是因为人有"观"。或者说,从人的超越性到作为人的天性的形而上学之建立,是通过"观"来实现的。所谓"观",是指人把握世界与宇宙本体的一种直觉方式。在《逻辑研究》《经验与判断》等著作中,胡塞尔对人的这种直觉把握世界的方式作了深入探讨。他认为:人对于外部世界的认识,是通过人的思维中的"意向性活动"来进行的。他否认人的认识对象是某种"客观的"、一成不变的存在者,认为所谓认识"对象"乃是人的思维建构与客体相互作用的产物,这种产物,

---

① 《海德格尔选集》(上),第130页。
② 同上书,第131页。
③ 在《纯粹理性批判》中,康德对超验的理解主要立足于对科学的界限之解释,而未对另一种超验维度作更多的展开,但此不意味着康德不承认人的另一种超验要求,只不过他不将对这种超验能力的研究纳入《纯粹理性批判》的范围。

他称之为"意向性对象"。换言之,在胡塞尔看来,一切对象都是以"意象性对象"的方式存在。而这种人的"意向性结构",在认识过程中,它比认识对象还要根本和重要,因为是它决定了客观存在物如何被人所认识,以及客观对象物向人呈现的方式。可以认为,胡塞尔所谓的人的"意向性",也即海德格尔所说的关于存在的先行领悟。从关于意向性对象的观点出发,胡塞尔认为,甚至像逻辑、数学等等这样一些精密的科学,也都以其"前逻辑判断"作为基础,它是构成逻辑的谓词判断的前提与条件。

但是,人除了具有这种关于建构科学世界的直觉能力或者说观之外,还有另外一种直觉能力与观,正是这种直觉能力与观,才使人能建构起与科学世界不同的另一个宇宙世界。这种直觉能力,也可以称得上是对于宇宙大全或者最高无限者的直觉能力。为了与西方形而上学所理解的人的直觉相区别,这里,我们将人所具有的对于宇宙大全的认识的直觉能力称之为"智的直觉",而将西方形而上学着眼于科学世界之奠基的存在者的把握能力称之为"知的直觉"。在《智的直觉与中国哲学》中,牟宗三对人的这种直觉能力进行了考察。他发现:与西方形而上学主要关注对于人的"知的直觉"何以可能的问题不同,中国哲学形而上学关心的是人的"智的直觉"何以可能的问题。但无论知的直觉也罢,智的直觉也罢,它们都是人对于世界的理解能力。人正是通过这样的直觉能力,才能获得关于世界是什么,以及世界如何向人呈现的样式。①

二、世界乃观

(一) 关于"世界"的概念

通常,人们将世界理解为一个"客观呈现"的、不以人的意志所左右而独立存在的世界,其实,这种关于"世界"的概念属于一种前哲学的或通俗意义上的理解,是对"世界"这一哲学概念缺乏反思的结果。② 假如从哲学反思的角度出发,关于我们周围的世界是客观的存在这一看法应当是存疑的,事实上,这一问题很早就由怀疑论者笛卡儿提出,循着笛卡儿的思路并且对这一问题加以深刻反省的是胡塞尔。按照胡塞尔的观点,世界首先是一种意向性建构,存在于人的意向性之中。从这种意义上说,世界的出现乃是人类的一

---

① 牟宗三关于"智的直觉"的研究与论述,参见其所著《智的直觉与中国哲学》一书。
② 海德格尔在讨论关于"世界"的这一概念时,就区分了"前哲学的通俗的意义上的"理解与"先验的意义上的"理解。见《海德格尔选集》(上),第171页。

个"精神事件"。(动物没有"世界",只有"环境"或者说"外界",即给定的物质世界。只有人,才有由人的"精神"所产生的世界)正因为如此,海德格尔将世界视之为人的"精神性存在"之特征。他说:"在保罗那里,[这个世界]并不仅仅而且并不首先意味着'宇宙'的状态,而倒是意指人的状态和状况,人对宇宙的态度方式,人对财富的评价方式。"①

其之所以这样说,是因为世界不是纯粹客观的、可以脱离开人的存在者。在《论根据的本质》一文中,海德格尔对这个问题作了专门的分析与讨论。他总结说:"一、世界所指的与其说是存在者本身,还不如说是存在者之存在的一种如何(Wie)。二、这种如何规定着存在者整体。它根本上乃是作为界限和尺度的任何一种一般如何(Wie uberhaupt)的可能性。三、这一如何整体在一定程度上是先行的。四、这一先行的如何整体本身相关于人之此在。因此,世界恰恰归属于人之此在,虽然世界涵括一切存在者,也一并整个地涵括着此在。"②

这里,海格尔指出了"世界"的两重特征:首先,世界不是先于人给定的"所与"(the given),而是与人的共在,即"人与世界共在"(既非可以脱离人而独立的存在者,也非人的主观的建构,而是人与世界共在)。其次,世界是一个总体性的概念。"世界因此意味着:存在者整体,而且是作为决定性的如何(Wie)的存在者整体,人之此在是按照这种如何与存在者相对待的。"③他引证了鲍姆嘉通的定义并且作出说明:"['世界(宇宙)乃是实际的有限事物的系列(多样性),不是一个它者的部分。'] 这里,世界被等同于现成者之全体,而且是在 ens creatum[受造物]意义上的现成者之全体。"④

(二) 观与世界的关系

世界既然是一种总体性的概念,那么,这种总体性概念究竟是如何形成的呢?所谓"总体性的概念",应该说,它不来自对现象界的归纳,而是一种先于现象界,并用以整理现象界之杂多的先行性存在领悟。

关于"世界"是什么的问题一直被视为哲学上的一道难题,此一问题也曾经困惑过康德。早在1770年的《教授就职论文》中,康德曾作过一个对他所理解的"世界"的规定:"世界根本上作为'terminus'[界定]是与'综合'(Synthesis)相联系的:In composito substantiali, quemadmodum Analysis non

---

① 《海德格尔选集》(上)第175页。
② 同上书,第175页。
③ 同上书,第178页。
④ 同上书,第179页。

terminatur nisi parte quae non est totum, h。e。Mondo[在某个实体性的复合物那里,分析只是通过某个并非整体的部分(亦即通过一个简单的本质)来完成的,类似地——这对我们来说是至关重要的——综合只是通过某个并非部分的整体(亦即世界)来完成的]。"①在后来的《纯粹理性批判》中,恰恰是这一"世界整体"成了问题,而且是在多重角度上成了问题。为此,康德试图区分出"现象"与"物自体":"但现象之统一性,由于它必然依赖于一种实际上偶然的被给予(Gegebenwerden),故在任何时候都是有条件的,而且原则上是不完整的。若现象之多样性的这种统一性被表象为完整的统一性,那么就产生了对一个总体的表象,而这个总体的内涵(实在性)原则上并不能在某个形象亦即某种可直观的东西中得到筹划。这种表象乃是先天必然的,那么,它尽管是超越的,但却依然具有先验的实在性。对这种特性的表象,康德称之为'理念'(Ideen)。它们'包含着某种完整性,任何一种可能的经验认识都达不到这种完整性,而理性在此寻求接近经验上可能的统一性,而不是任何时候都完全达到这种统一性,就此而言,理性仅仅具有一种系统的统一性'。"②

由此,康德提出了世界作为一种"理念"的思想,认为"作为对某个存在者领域的无条件的整体性的表象,理念乃是必然的表象。只要表象与某物的三重关系是可能的,即与主体的关系、与客体的关系——与客体的关系又是双重的,既在有限的方式中(现象)又在绝对的方式中(自在之物)——那么,就会形成三个理念等级,它们可与传统的特殊形而上学的三学科相对应,据此看来,世界概念就是那种理念,在其中,在有限认识中可通达的客体的绝对总体性先天地被表象出来。因此,世界无非是指'一切现象之总体',或'一切可能经验的对象之总体'。'我把一切先验的理念只要它们关涉到现象之综合中的绝对总体性,称为世界概念。'可是,由于有限认识所能达到的存在者可以在存在论中得到考察,即可以在其什么存在方面得到考察,或者在康德对这一区分的表述中得到考察——康德依此区分也划分了先验分析的范畴和原理,分为'数学的'和'动力学的'——,因此,就得出一种世界概念的划分,即把世界概念划分为数学的和动力学的。"③

对康德关于"世界"是一种理念的思想,海德格尔作过这样的总结:"我们可以把这种对世界概念的更为原始的存在论阐释描述如下:一、世界概念并不是自在之物的(存在论上的)总体。二、在世界概念中得到表述的不是

---

① 转引自《海德格尔选集》(上),第180—181页。
② 同上书,第182—183页。
③ 同上书,第184—185页。

客体的一种'并列关系'(Koordination),而恰恰是一种隶属关系,而且是综合的各种条件的'向无条件者上升的序列'。三、世界概念不是一个在其概念方式上无规定的'合理性的'表象,相反地,它被规定为理念,亦即被规定为纯粹综合的理性概念,并且与知性概念相区别开来。"①

总结康德和海德格尔的看法,我们说,"世界"其实是一个"二重性"的概念:"作为理念,世界概念乃是关于一个无条件的总体性的表象。但它并不表象绝对地和'真正地'无条件者,因为在世界概念中得到思考的总体性依然与现象相联系,即与有限认识到的可能对象相联系。作为理念的世界概念诚然总是超越的,它超逾现象,而且,它作为现象之总体性恰恰又反过来与现象相联系。而在康德的经验之超逾意义上的超越,却是有双重含义的。它一方面是说:在经验范围内逾越在经验中被给予者本身,即现象的杂多性。这适合于'世界'这个表象。而另一方面,超越也意味着:走出作为一般有限认识的现象,并且把一切物的可能整体表象为 intuitus originarius [原初直观]的'对象'。在这种超越中形成了先验的理想。与此相对,世界呈现为一种限制(Einschränkung),而且成了在其总体性中的有限的人类认识的符号。世界概念仿佛就处于'经验之可能性'与'先验理想'之间,并且因而在实质上意味着人类本质的有限性之总体性。"②

为了与传统意义上或日常用法上的"世界"概念相区别,海德格尔干脆将"世界"称之为"世界化",以突出"世界"之动态形成与生成的性质。他说:"世界决不存在,而是世界化。"③

所谓世界化,简单地理解,就是人在与经验现象界打交道的过程中,如何将这些现象之杂多通过人的思维活动与理性活动,将其整理为一种关于世界的总体结构,以使经验现象得以理解。而这种对于现象界的整理,属于作为超越主体的一种先验能力与先验结构。这也就是我们前面所谓的"观"。故世界化也就是通过观形成一种关于世界的观。海德格尔也正是在这种意义上将"世界化"与"世界观"之间画上等号的。他总结康德关于"世界"的概念说:"上文最后从康德那里引用的世界概念的生存状态上的含义,此后就显示在后继时代里出现的'世界观'这个术语中了。"④

总之,人通过"观"将世界化以后,世界作为总体性的概念,而非经验现象的杂多,就呈现为一个世界结构。这种世界结构表象的乃是人与世界共

---

① 转引自《海德格尔选集》(上),第185页。
② 同上书,第186页。
③ 同上书,第197页。
④ 同上书,第198页。

有,或者说"在世界中存在"的结构。海德格尔说:"世界属于一个关联性的、标志着此在之为此在的结构,这种结构被称为'在世界之中存在'。"①而此种世界之结构,离不开作为存在者的人的先行筹划。这里的先行筹划可以理解为人进入世界,或者与世界打交道的方式。"作为某个此在的为何之故的当下整体性,世界通过这个此在本身被带到这个此在本身前面。这种把世界带到自身面前(Vor-sich-selbst-bringen),乃是对此在之可能性的原始筹划,只要此在应当能够置身于存在者中间而与存在者相对待。但世界之筹划,就如同它并未特别地抓住被筹划者一样,同样也始终是被筹划的世界对存在者之笼罩(Uberwurf)。这种先行的笼罩才使得存在者之为存在者自行敞开出来。此在之存在于其中自行到时的这种筹划的笼罩事件,就是'在世界之中存在'。'此在超越着'(Das Dasein transzendiert)就是说,此在在其存在之本质中形成着世界(Weltbildend),而且是在多重意义上'形成着',即它让世界发生,与世界一道表现出某种原始的景象(形象)。这种景象并没有特别地被掌握,但恰恰充当着一切可敞开的存在者的模型(Vor-bild),而当下此在本身就归属于一切可敞开的存在者中。"②按照海德格尔这段话,可以理解世界是既非主观又非客观的。这种既非主观又非客观的世界,海德格尔提炼出这样一个术语,称之为"人与世界共在"。

总括以上,世界是人与世界之共在,那么,由于人与世界共在之方式不同,世界向人呈现的样式也就不同。而人与世界共在的方式却不是既定或僵固不变的,它取决于人的观。观不同,人与世界共有的方式也就不同。

三、观与生活世界

(一) **生活世界的二重性**

作为对于世界的看法,或者说人与世界共在的方式,并不是任意的。就人类作为一个类而言,无非有两种与世界共有的方式。这两种与世界共有的方式也可以说是人类的两种世界观。人之所以有这两种观,有其人类学的根源,即人是具有二重性的动物。这种所谓人的二重性,康德从哲学人类学的角度加以概括,称之为"人是有限性的理性存在"。其中的有限性,表明人与地球上其他动物体或生物体一样,他会死,需要生物式的存活;这种生物式的存在,表明人是一种工具性的存在。既然是作为工具性的存在,那么,它必然

---

① 转引自《海德格尔选集》(上),第190页。
② 同上书,第192—193页。

受有限性的限制;另一方面,人又是理性的存在。所谓理性的存在,是说人是会思考的动物;这种思考,属于观念式的思考,它思考的是存在者为何存在,为什么存在者在而无反倒不在,以及人从何处来,又往何处去,等等,这样的宇宙与人生的终极问题。可见,所谓人是理性的存在也就意味着人自身是具有超越性的,会追求那无限的世界。看来,人的生存境况就是由人的这种二重性本性所决定:一方面,作为有限性的动物,人的生命活动及其谋划,包括像如何进行代际之繁衍、人际关系之处理,以及如何征服自然、利用自然的活动,等等,这样一些活动及其谋划都是为了维持人的生物性生存的需要。在这种视域下,人的存活与其他生物体或动物的工具性存活其实并没有本质差别。这当中,人与世界包括与其他人的关系,都是作为对象物来打交道的。这种所谓对象式的与世界共在的方式,视世界(包括人自身)为一个可以供人作为生物体存活的客观环境与客观物。在这种人与世界共在的视域中,人作为一种生物体,它首先考虑的是个体如何存活下去,然后是作为他处于其中的这个具有自然属性的生物种类如何存活下去。但另一方面,作为理性的存在物,人还追求与终极存在者或最高存在者合一,也即追求与无限的合一。显然,这种追求与无限合一的冲动是以世界之非二分作为前提的,它据于人的一种非二分思维方式。在这种非二分思维中,人与周遭的世界被视为一个整体,其中既无人我之别,也无物我之分。这是一个天人不分,或者说天人合一的世界。

(二) 有观与无观

以上这两种关于世界的看法,或者世界在人的视域中呈现的样式,彼此之间都相差甚大。前一种以二分法思维为视角对于世界的先行领悟,我们这里称之为"有观";后一种以非二分法思维为视角对于世界的先行领悟,我们称之为"无观"。下面可以看到,有观与无观是人与世界共在的两种不同样式,据于不同的思维模式和呈现出不同的世界结构,并且在此基础上形成了与世界打交道的不同方式。

在"有观"中,世界呈现为一个有限性的世界,这种有限性的世界可以被人的知性能力所把握与认识。为了认识与把握这个有限性的世界,人发明了科学,并且运用数学与自然力学原理对这个世界加以解析。而贯穿这种数学与自然力学原理的,就是形式逻辑。所谓形式逻辑,是将世界理解为一个从高到低,由整体到局部,以及按照"种加属差"的原则加以归类的逻辑体系。在这个逻辑体系中,有一个最高的范畴,称之为"本体"。这种本体是世界存在的根据,同时也是世界存在的界限。在康德哲学中,这种本体称之为"物自体",它是自然科学之如何可能的前提条件。

但对世界的认识与把握也可以从无观出发。从无观出发,世界是一个无限性的世界。这种无限性不仅是指天人不分、大小不分、物我不分等等的无限,而且是指作为无限性的世界,它是超出人的知性认识能力的。虽然这个无限的世界是人的知性能力无法认识的,但是,对于这个无限的世界,人却可以去思考。换言之,人运用其智的直觉的能力不仅知道这个无限性的世界之存在,并且对于这个无限性的世界的本性(假如有的话)可以领会。这个无限性的世界的存在,对于人来说,也就是价值世界与意义世界。之所以说这个无限性的世界是价值与意义的世界,是因为通过这个世界,人才发现或者说获得了对于生活以及宇宙存在之意义的终极的理解。而这种所谓对于生活与宇宙存在之意义的终极理解,就是人发现:他除了是有限性的生物存在体之外,还具有无限性。人对于这种自身无限性的理解与把握,是因为它发现:世界归根结底是"无",因此他可以与世界齐一或合一。

四、生命的十字架打开方式

(一) 人之生存二重性

以上有观与无观,都是人的两种对于世界的领悟方式,它们是人的生存二重性的反映。然而,说人是具有二重性的动物,并非是说人的这种二重性是彼此分离的,即人或者是作为有限性的自然生物体而存在,或者是作为无限性的理性存在者而存在。对于人来说,这种二重性是集于一身,不可分离的。也就是说:人命中注定就具有这种二重性,它们共存于人之中,并成为人的本己属性。然而,既然这种二重性本来不可分离地集于人一身,为何人又可以或从有观,或从无观的视域来看待与理解世界呢?这是因为:作为一个生命体,人的这种二重性展现为一种"十字架打开"的方式。在这个"生命十字架"中,人处于"十字架"的原点或零点位置。但是,这个生命十字架呈现为横与纵两个方向的直线展开方式。这意味着:人虽然处于十字架的原点或零点,但当他从横坐标的角度来看周围的世界包括人自身时,这时候,他发现:世界中万事万物彼此之间皆有差别。这种差别表现为世界呈现为形形色色、这这那那。反过来,当置于零点的人从纵坐标来看待世界,包括人自身时,他发现:世界万事万物并无区别,它们都是"零"。所谓"零",并非是说世界是虚无,或者说万事万物并不存在,而是说:世界万事万物之有差别,仅仅对于"横坐标"来说才有意义。而换一个角度来看待的话,这些区别其实仅仅是世界之表象,而并非世界之"本然相"。就世界之真实或本然相而然,它就是"无"。这里,"无"意味着无区别或万物齐一。

总括以上,我们得出这样的结论:人对于世界的看法由观决定,而观又是人的二重性生存境况的反映。作为具有超越性的人这个主体来说,他处于宇宙生命十字架之原点的位置时,既可以从横坐标上来审视世界万物包括人自身,也可以从纵坐标上来审视世界万物与人自身。

(二) 人的自由意志与决定论之争

由此可以看到:通常所说的世界到底是有的世界还是无的世界,皆取决于人的观;而人观又不是既定或命定的,它取决于我们处于生命十字架的原点上,究竟是从横坐标上还是纵坐标上来看待与理解周围的世界。或者准确地说,是从横坐标上还是从纵坐标上来与世界共在。在这个问题上,人既是被决定的,又是具有自由意志的。在决定论与自由意志问题上,哲学史上曾有过长久的争论。决定论者认为:人的一切,包括世界上的一切,皆是被决定的,人无法加以改变。而自由意志论者则认为:人的一切,以及世界究竟如何呈现,都是由人所定,或者说是由人的自由意志所决定的,故人的命运以及世界的一切皆可依人而立。其实,这是分别从横坐标与纵坐标来看待世界的方式。从生命的十字架来看,人既是决定论的(横坐标),又是自由意志的(纵坐标);但同时,人又是既非决定论,也非自由意志的。总之,既是被决定的,又是自由意志的;既是非决定论的,又是非自由意志的。这就是人与世界打交道的方式,也是世界对于人而呈现出来的方式。

总而言之,对于人究竟是被决定的抑或是具有自由意志这个问题的解决,皆取决于人之审视世界之立场,即我们究竟是持有观抑或无观。通过以上的分析,我们看到,这两种观皆有其人类学的根据,并且是人面对世界的不得不然。但是,一旦意识到人的这种二重性生存状况,以及人的这两种世界观,我们就可以超越某种单一的世界观立场,即既站在某种观的立场,同时亦超越某种观的立场。现在的问题是:我们分别采取这两种不同的世界观或者形而上学立场的话,将赋予我们以何种世界的景象?或者说,这两种不同的形而上学立场,将导致何种不同的世界结构模式之建立?这是我们下章要讨论的。

第三章 形而上学基本问题

一、观乃超越

前面谈观,只是对观作一种静态或结构上的分析,指出它是一种意向性的思维活动。然而,观除了是人的一种思维能力或直觉能力之外,它还具有能动性,直接指向并建构起认识之"对象"。从这种意义上说,观意味着超越(作动词用):对于具体存在者的超越。而这一超越,也就意味着我们从生活常识进入哲学思维,从生活世界走向形上世界。

人的生活世界首先是一个日常化的、表现为形形色色、这这那那的世界。这个世界,康德名之为"现象界"。关于现象界,我们可以有感知,但是,即使在现象界中对于这些现象的感知,却有某种超越的东西存在,这就是康德在《纯粹理性批判》中提出的"先验范畴"。关于先验范畴,康德认为:时间与空间属于感性直观的经验形式,它们源自于人的内感知;但除了时间与空间之外,他还提出"十大范畴"。这十大范畴是自然科学建立的基础,它们不来自于经验,却适用于经验。或者说,它们是我们人类可以经验到现象界,并将现象界之杂多整理成可以认识的事实的条件。在《康德和形而上学问题》中,海德格尔对这种先验范畴作了分析,指出它们其实并非是先验的,而是来自于作为认知主体的人的超越。在《经验与判断》中,胡塞尔更是具体讨论了像逻辑、数学等这样一些作为自然科学先验原理的生成机制,而其中关键点仍是主体的超越。

人除了运用时空以及其他先验范畴来对日常现象中的经验材料进行整理之外,还要追求对现象界或者说经验世界获得一种总体的把握。这也即是要追问:我们经验到的这个有限世界(包括"宇宙")到底是如何构成的?这其中的终极原理究竟如何?人类能否认识这个经验世界之宇宙最高原理?而关于这类问题的解答,同样要求对经验现象的超越。海德格尔在《论根据的本质》等著述中,对这类作为自然科学之基础的先验原理的问题专门作了讨论,他说:"存在者,诸如最广义的自然,倘若没有机会进入一个世界,就绝不能成为可敞开的。因此我们谈论可能的和偶然的存在者之世界进入(welteingang)。世界进入并不是那个正在进入的存在者那里的过程,而是'随'这个存在者一道'发生'的某种东西。而且,这种发生就是作为生存者而超越着的此在的生存。唯当在存在者之整体中存在者以此在之到时(Zeitigung)的方式变得'更具存在特性',那才是存在者之世界进入的时刻。而且唯当这种原始历史(Urgeschichte)即超越发生时,亦即具有'在世界之中存在'之特性的存在者侵入存在者之中时,才有存者自行敞开的可能性。"① 又说:"超越就是世界筹划,而且筹划者也已经为它所超渝的存在者协调地贯穿并且支配了。随着这种归属于超越的为存在者所占取的状态(Ein-genommenheit vom Seienden),此在就在存在者那里取得了基础,赢得了'根据'。"②

总括以上,从胡塞尔与海德格尔的有关论述来看,我们可以得出这么一个结论:无论是对于作为整理现象界之杂多的先验范畴的认识,还是对于作为经验世界之整体的认识,都既不是先验的,也不来自于对经验材料的纯粹归纳与抽象,而是作为主体的人对于经验现象的一种超越。

然而,人对经验世界的超越除了表现为对经验世界的总体认识之外,还力图超越到经验世界之外去。这一点,康德在"第一批判"中已作了讨论。但他认为:人的知性认识只限于经验现象界,超出经验现象之外的世界,是人类无法认识的。康德认为人不具有认识超经验世界的知识,这与他否认人有"智的直觉"这一看法有关。但是,康德同时也认为,人虽然不具有认识超验世界的能力,但通过道德实践与宗教信念仍然可以对超经验的世界有所领悟,这说明:人从究竟义上看,仍然是具有智的直觉能力的;只不过,这种智的直觉能力不同于像运用归纳、抽象,以及逻辑范畴等等那样的知性能力而已,它的构成元素恐怕要复杂得多。但无论如何,康德其实是以一种"绕弯子"的方式,间接承认了人可以有领悟超经验世界的能力,只不过这种超验能力不属于传统的认识论研究的范畴。问题是:这如何可能?

在当代心理学的研究,比如说马斯洛的人本主义心理学的研究中,已经初步揭示了人通过直观把握超验世界的心理机制。这种直观的心理机制在某种意义上可以说是一种"静观",它要求排斥经验之杂多,并且通过排除精神之杂念,去体会与体验那神秘的境界。而这种对于经验杂多以及精神杂念之排除,意味着对于经验世界的超越。马斯洛描述这种带点神秘色彩的超越机制说:在"高峰体验中,'是什么样'与'应当怎么样'已合二为一,没有任何差异和矛盾。感知到的是什么,同时就应该是什么。凡实际出现的,便都是美好的"③。又说:"这种内投(introjection)意味着自我扩展到世界所包含的

---

① 转引自《海德格尔选集》(上),第193页。
② 同上书,第199—200页。
③ 马斯洛等:《人的潜能和价值》,华夏出版社1987年版,第374页。

各个方面,从而,自我与非自我(外部世界、他人)之间的分离就被超越。"①如果说,马斯洛关于"高峰体验"的说法还带有某种神秘性,并且其对于超越机制之探究还没有脱离属于经验世界的"心理经验"的话,那么,在《逻辑研究》中,胡塞尔则一反"心理主义"的研究取向,直接从"纯粹意识"入手,来讨论人对于世界的建构过程。这方面,他提出"意向对象说"。所谓"意向对象",完全是主体的一种"对象化建构",它是主体的对象化活动的产物。胡塞尔谈到在这种对象化建构活动中主体的超越时说:"在一种意义上,超越论问题的标题完全一般地涉及对一种客观有效的认识的可能性的'解释',这种认识一方面作为认识是'主观的';另一方面,它切中'客观'存在,切中内在的并独立于主体性的存在;就是说,它涉及对在所有科学的基本类型(自然科学、数学、纯粹逻辑等)中的客观有效的认识的可能性的相应'解释';即在自然科学形式中的客观有效的认识是如何可能的;客观有效的几何学是如何可能的等等。"②可见,主体对于对象的整体把握,完全同主体的心智结构有关,是主体的内在心智的一种"外投"或者说"外化"。当然,在《逻辑研究》中,胡塞尔讨论的主要还是作为先验世界之如何可能的问题,但他对于纯粹意识的超越功能与超越过程的描述,完全适用于"纯粹意识"对于超验世界的建构。

看来,真正对人如何从经验世界过渡到超验世界作了充分讨论的,还是中国哲学。这是因为:中国哲学不仅承认人有认识超验世界的"智的直觉"能力,而且认为哲学的使命就是对于这超验世界的探究。所以,中国人将哲学(在中国哲学中称之为"道学")视之为"究天人之际"的学问。这里的所谓"天",不是指自然之天,而是具有神秘感、超出于经验世界的"天";而人,则指生活于现象界、具有感性经验的人。问题在于:人如何能"究天人之际"?换言之,"天人合一"如何可能?

中国哲学认为人可以究天人之际的前提条件是:人是具有道心的。换言之,人虽然是感性的动物,但它不同于其他动物之处,就在于它具有感应天道之心。用中国哲学的话说,这叫做"天人感应"或"天人相应"。这无疑是承认人作为主体,具有认识超验世界的超越性。用《中庸》的话说,这叫做"诚者,天之道也;诚之者,人之道也"。因此,中国哲学认为:人如何把握天道或达到超验世界,就是一个如何成就天道(诚之者)的问题。关于中国哲学如何谈论这个问题,本书不可能详细展开与论证,这里仅从如何"超越"的角度来展示中国哲学关于这个问题的几个观点:第一,强调"静观",这点与马斯

---

① 转引自《海德格尔选集》(上),第216页。
② 转引自谢地坤主编:《西方哲学史》第7卷(上),第356页。

洛的观点相似。如《老子》中所说:"致虚极笃,万物并作,吾复以观。"①宋明理学也认为:"圣人定之以中正仁义而主静,立人极焉。"②第二,强调损与朴。如《老子》中所说的"为道日损,损之又损,以至于无为"③,"化而欲作,吾将镇之以无名之朴"④。这里的"朴"与胡塞尔所谈论的"悬置"("加括号")以及"本质直观""现象学还原"有相通之处。第三,强调主体的"修炼"。对于中国哲学来说,对于超验世界的把握,不完全是人的理性功能,而且是一个须全身心都投入才能实现的过程。因此,中国哲学对于超验世界的把握,非常强调作为主体的人的人格培养与精神修炼。第四,知行合一。对于中国哲学来说,超验世界不仅仅是理性思维的活动,更重要的是人的一种行为实践,因此,中国哲学对于超验世界的把握,强调知与行的合一。换言之,知是为了行,行当中贯穿知。关于"知行合一",一向是中国哲学讨论的热门话题。第五,功夫论。对中国哲学来说,超验世界之认识不仅讲究"知行合一",而且需要"功夫"。所谓功夫,意味着无时无刻的修行与磨炼。换言之,对于功夫来说,只有过程而没有终点。这也意味着:对超验世界的把握不是可以一跃而蹴的,而且它是一个持续不断的过程。从这种意义上说,人进入超验世界就意味着作为主体的人的不断实践与修炼。这就是中国哲学所说的"功夫所至,即是本体"的意思。

二、形而上学的先验本体:"一即一切"

通过以上关于"超越"的讨论,我们看到,形上之域其实出现了两个本体——先验本体与超验本体。先验本体与超验本体均为形上本体,但这两个本体作为存在者之"根据",其意义却完全不同。其中,先验本体是作为存在者之普遍存在者的根据,超验本体是作为存在者之最高存在者的根据。然而,作为本体,它们都是终极存在,或者说是"一"。虽然是"一",但在涉及存在者(一切)与终极存在(一)之关系时,它们的涵义并不相同。其中,作为先验本体的本体为存在者之存在提供先验原理,而作为超验本体的本体则为存在者之存在提供超验原理。然而,所谓先验本体为存在者提供先验原理与超验本体为存在者提供超验原理究竟是什么意思?这是我们下面要深究的。

一即一切:存在者的先验原理。我们将为存在者提供先验原理的命题表

---

① 《老子·第十六章》。
② 周敦颐:《太极图说》。
③ 《老子·第四十八章》。
④ 《老子·第三十七章》。

述为"一即一切"。其意思是说:由于有作为先验原理之根据的"一"(先验本体),这个现象界中的形形色色、这这那那才可以得到理解或者被人们所认识,可见。所谓"一即一切"就是康德"第一批判"中提出并且要解答的问题。对于康德来说,物自体有两种含义:先验本体或对本体,与超验本体或自本体。① 康德在"第一批判"中重点讨论的是作为先验本体或对本体的物自体。对于这种物自体来说,它有两种含义:第一,它是人类认识现象界的事物,并且整理经验现象之根据;第二,它是人的经验认识之界限。但是,对于经验认识来说,仅仅知道有这种物自体还不够,我们要问:作为先验本体的物自体与现象界到底是如何联结的? 换言之,在先验世界之"一"与感觉经验之现象界之"一切"之间,究竟是如何过渡的?

当我们将先验本体表述为"一",而将现象界之杂多表述为"一切"时,这首先说明:一(存在)与一切(现象界中之存在者)之间存在着差异。按照海德格尔的说法,所谓超越的前提首先是差异。但差异有存在者差异与存在论差异之别。这里首先要指明的是:对于先验本体与经验杂多来说,这种差异是存在者差异。当我们提到存在者差异的时候,首先要辩明的是先验本体与其他存在者的"共属"关系。这是说作为普遍存在的存在者也是存在者,只不过它是最高的或者终极的存在者,因此,作为"存在者"来说,它与其他存在者都属于同一个领域或"世界",只不过"共属"的层次不同。这个领域或世界,也就是我们通常所称的现象界或感觉经验界。但是,虽然处于这个现象界之内或者感觉经验之中,它却不为我们的感觉经验所能直接经验,对于这个物自体,我们可以通过感性直观的方法去把握。应该说,作为为现象界提供先验原理的先验本体虽然不是我们的感觉经验所能达到的,却是我们凭借感性直观所能把握的。从这种意义上说,先验本体虽然作为个别经验材料之整理之根据,是先于个别经验的("先验"一词的原始含义),但是,就人凭借感性直观可以把握它这点来说,它却又是属于经验世界或者说处于现象界之中的(作为现象界之"界限"而言)。因此,这里所谓存在者差异,是说先验本体与现象界其他存在者之差异,它们"共属"于现象界,在现象界的范围之内;但是,虽然共属于现象界,作为为经验杂多提供先验原理的普遍存在者却与其他形形色色的存在者存在着差异。这种差异是通过范畴的形式得以展开并且加以联结的。换言之,先验本体与现象界之杂多的关系,表现为范畴之间的联接关系。我们知道,除了时间、空间作为感性的先验形式之外,康德提出有十大范畴。先验本体与现象界之杂多就是通过这些范畴之间的关系

---

① 关于对本体与自本体,详见本人在《自本体与对本体:中西哲学的诠释学基础》(《孔子研究》2005 年第 3 期)一文中的论述。

与联接而成为一个整体的,感性的经验材料通过这些范畴的联接,可感觉的现象界才变得整齐而有条理,并可以为人类所认识。在这些范畴当中,像因果律、时间、空间等是最基本的范畴;而建立在"种加属差"关系基础上的形式逻辑,也成为整理经验杂多的重要工具。

以上对于一即一切的理解,还是从康德的先验范畴的角度加以理解的,在某种程度上,还有点"认识论"的味道。而作为形而上学的命题,对"一即一切"的理解不仅是认识论的,更重要的是本体论或者说存在论的命题。所谓本体论或存在论的命题,是指它不问这个存在论的命题究竟是如何认识或者把握的,而是追问它的内在思想结构与本质含义。只有如此,我们才发现:我们进入了形而上学问题本身。而对于形而上学问题的探究或讨论,属于本然陈述或元命题。金岳霖在《论道》中,就以本然命题的形式,揭示了作为先验本体的"一"如何过渡到现象界之"一切"的过程。他将一即一切视之为"道"的演化过程,指出"无极而太极之谓道",并且提出"具体化""个体化"等思想范畴,来对"一即一切"这一存在者的发生机制作出说明。①

三、形而上学的超验本体:"一切即一"

然而,我们说,就形而上学而言,除了有先验本体之外,还有超验本体。超验本体虽然超出于经验世界,但并非完全与经验世界无关。因此,形而上学同样要回答作为超验本体的"一"与作为现象界之杂多的"一切"的关系问题。超验本体与现象之杂多的关系,可以表述为"一切即一"。值得注意的是:虽然是"一","一切即一"中的"一"与"一即一切"中的"一"却有着完全不同的含义:对于"一切即一"来说,"一"是超验本体;而"一即一切"的"一",则是先验本体。为了与作为先验原理的差异区别开来,这里,我们将超验命题"一切即一"中的"一切"与"一"的差异,称之为"存在论差异"。之所以称之为"存在论差异",是指在这个超验命题中,"一"与"一切"处于完全不同的两个世界,即一者在经验现象界,一者在超验界或者说"纯粹本体界"。假如说对于处于两个世界中的存在物来说,这种存在论的差异是根本的话,那么,这"一切即一"中的"即"作如何理解?这里,我们用"即"来表示某种"同一关系"。所谓"同一",不是"相同",即"一"与"一切"不是同一个东西。但是,说它们是"同一",则表明它们又具有相通之处。这种相通之处,不是说它们彼此在性质、或者说形态上有相似之处,而是说,它们就其本

---

① 见金岳霖:《论道》,第61—67页。

质上来说,其实是相通的。然而,何为本质呢?

对本质的理解,涉及对西方形而上学问题的理解。长久以来,西方形而上学都使用本质一词,并且关注事物之本质。然而,对于西方形而上学来说,本质经常是一个实体化的概念,它或者指与事物之表象相对立的、深藏于其背后的"本质属性",或者理解为一种超出于现象界之外的最高存在者或者"本体"。然而,无论对于本质的看法如何,这种西方式的本质观都囿于一种二分法的思维方式,即将现象与本质、经验与超验一分为二,其结果,无论其具体含义如何,"本质"都成了脱离经验现象界,或者与现象界相对立的某种独立存在者。这并不符合这里我们对于"一切即一"中关于"即"的理解。当我们说一切即一的时候,表明的是"一切"与"一"之间是一种"本质的同一"。这种本质的同一,不是说两种东西在性状方面的相同或相似,也不是说两样东西有共同的本体,而是说:一切与一在根本上是"同一"。但是,如我们上面谈到,作为存在的一与作为存在者的一切既然处于不同的世界,如何可以说它们是"同一"?这里,我们用"同一"而不用"同一个东西",就恰恰表明:它们虽然不在同一个世界,却是"同一者"。这样,"同一"不是指经验现象界的同一,那样的话,就是"同一个东西"。我们所谓的"同一",是指在超越意义上的同一。这也就是说:本来,作为超验本体的本体处于超验界,作为现象之杂多的杂多处于现象处,它们本来"非一物",但是,经过彼此的超超,现象界的杂多可以成为超验的本体,而超验的本体也可以成为现象界的杂多。可见,所谓"同一"的前提是超越:彼此超验自身:由现象界之杂多成为超验本体,而超验本体也成为经验杂多。在海德格尔后期思想中,他将这种一切即一的存在论命题表述为:存在者呈现存在,存在通过存在者显示自身。这里,所谓呈现与显示,并不是说存在者就是存在,或者存在就是存在者;而是说:通过超越,存在者显示存在,存在呈现为存在者。这里,"超越"一方面是遮蔽,另一方面是开显,因此,一切即一作为存在显示自身,某种存在者呈现存在的过程,是既开显而又遮蔽。"一切即一"当中的"即"不是"是",而是既是又不是,即既开显而又遮蔽。

然而,一切即一除了可以从以上广义认识论方面来加以探讨之外,它本身作为一个超验命题,到底意味着什么呢?

首先,这是一个价值论的命题。我们知道,经验世界当中的现象界的知识,告诉我们的是"这个事物是什么"。作为现象界之先验原理的先验本体,哪怕它不直接陈述现象界的知识,却也构成现象界经验认识之前提。或者说,先验本体提供了经验陈述或者说事实判断之所以然,在这种意义上说,它仍然是一个求真、求是的形而上学命题。然而,作为超验世界的形而上学命题,"一切即一"却不告诉我们现象界之经验之构成,也不是用来整理现象象之杂多的先验原理,它告诉我们的是:现象世界并非现象,而超验世界也并非超验。本来,从"世界"之"二分"来说,我们知道:现象界就是现象,超验界就是超验世界,这两者不可通约,无法过渡。但是,这本来无法过渡的两者究竟又如何成为"同一"的呢?上面,我们曾提出过"超越":所谓超越,就是"从此到彼",或者"由彼到此"。然而,超越有两种方式:一种是存在者的差异的超越,另一种是对于存在论差异的超越。如果说,存在论差异的超越或者克服是通过运用种加属差的形式逻辑方式将不同的存在者差异加以克服,存在者差异的超越表现为种加属差的包含与被包含的关系的话,那么,存在论差异的超越则是通过意义的设定,视所谓的存在者在价值论上为"同一"。因此,它要克服的不是存在者的存在者差异,而是要达到所有存在者在价值论上的齐一。就这种意义上说,一切即一的意思是说:所有存在者都体现或包含着存在之价值整体,反过来,存在之整体价值也体现或呈现在每一个具体的存在者的价值之中。

其次,如前所述,对于"一切即一"来说,与其说它是一种本然的价值论的陈述,不如说它是一个实践论的陈述更为恰当。就是说,"一切即一"不仅仅是对于宇宙世界的一种理解,而且是人生的一种实践原则。人只有通过其具体的人生实践,才可以证成"一切即一"这一本然的形而上学命题。反过来,对于一切即一的理解或者说领悟,也要求我们将它付诸于人生的实践。这也就是康德为什么在"第一批判"中着重讨论了"一即一切"的问题,而将"一切即一"留待于《实践理性批判》中加以解决的道理。

四、外在关系与内在关系

从以上看到,一即一切与一切即一这两个形而上学命题或陈述都分别包含着一切与一。这里,假如将一切用来指称所有的存在者,而一指存在者之总体的话,那么,在这两种形而上学陈述中,存在者与存在者总体之间呈现出来的关系并不相同。这其中,"一即一切"意味着存在者与存在者总体的关系属于一种外在关系,而"一切即一"意味着存在者与存在者总体之间是以内在关系的方式加以联接。

所谓外在关系,是说宇宙间万物独立存在,个体与个体之间虽有联系,但个体的性质不受其关系的影响。显然,在一即一切的命题中,所讨论的就是这样的一种外在关系。这种外在关系论成为科学知识论考察与看待世界万物万事的一种基本态度与观点,也即所谓知识论的态度与观点。可以认为,知识论对宇宙万物之间关系的理解,就是从外在关系出发的。或者说,即使知识论承认有所谓"内在关系",这种内在关系也要以外在关系作为基础;假如离开了外在关系,则知识论上的内在关系也无从谈起。道理很简单:在现象界中,当我们一旦说事物与事物的关系时,总是以肯定事物之有,以及这事物不同于那事物作为前提条件;否则,我们无法说这事物与那事物的关系。换言之,事物之所以得以分别,就因为它们是一个一个的个体,这样的个体首先必得离开人的认识而独立存在,然后才能谈它们的关系。事实上,宇宙间万事万物皆处于相互联系之中,但我们之所以能说它们相互联系,是以万事万物之能相互区别为前提的;否则,我们无法说事物的相互联系,以及宇宙间万事万物皆处于不断变化之中。也即是说,我们之所以能觉察到事物的变动,是以个体的事物能相互区分为前提的,否则我们无法谈事物之变。总之,世界上之所以呈现为这这那那、形形色色,而且一切皆变,都是以肯定个体之殊相为前提的。而一旦肯定这这那那,形形色色之个体的独立存在,则说明世界是处于外在关系之中。正是在这种情况下,金岳霖不仅在知识论上持外在关系论的立场,而且从本体论的角度谈到何以有这这那那、形形色色的个体的问题。他说:"本然世界无不变的个体"①,而且,他认为"有的世界"(金岳霖在《论道》中称为"本然世界")也是一个体:"本然世界多数化后,它本身是多数个体中之一个体。"②

处于外在关系中的世界是在具体时空中的世界,它总有其时空的限制。金岳霖说:"在任何有量时间,任何个体不小到不可以有内,不大到不可以有外。"③由于再大总有其边界,故是大一;由于再小也总有其限度,故可能度量,是"一切"。这种本然世界多数化后的一,与现实世界当中的多数个体之间的关系,假如套用中国传统哲学的话来说,可以称得上是"一即一切"。即整个现实的有的世界是"一",为了说明这个"一"属于"有"("有"意味着有现象之呈现)的世界,我们也可以将这"一"称之为"有一";而这现实的有的世界呈现为万事万物,则是"一切"。

总之,存在的个体性与时空性,是"有"的世界之根本特征;而这个"有"的世界之中尽管也有内在关系,但由于承认个体在时空中的独立存在,个体与个体之间的根本关系就是一种外在关系。在这个体的世界中,我们能够观察到形形色色、这这那那的个体及其变动,,都是以外在关系为前提的。

然而,现实的个体的世界除了有外在关系之外,还同时存在着内在关系。

---

① 金岳霖:《论道》,第70页。
② 同上书,第73页。
③ 同上书,第75页。

这里的内在关系不同于一般知识论上所谈的内在关系,即不是指"从性质方面说,一个体受一部分个体底影响"①,而是从本体论上看,现实中的所有个体与其说是相互依存,不如说是彼此同一。这种现实中所有个体彼此同一,可以称之为"一切即一"。即宇宙万物尽管有形形色色,但它们无非是"道"这个"一"的呈现。为了与以上所说的"有一"相区别,我们也可以将这个不属于现象界而作为超验本体的"一"称为"无一"。

在《进入澄明之境——哲学的新方向》中,张世英将这种一切即一的宇宙结构比成一张大网,每个个体就是这张大网中的一个交叉网点。他说:"此交叉点无广延性,类似几何学上的点,但它是真实的而非虚构。……由于每一交叉点集全宇宙普遍作用与影响于一身,因此,我们也就可以说每一交叉点都反映全宇宙;或者说,就是全宇宙,类似莱布尼茨所说的每一'单子'都是全宇宙的一面镜子。"②又说:"我所说的交叉点本身就是全宇宙内部的相互作用、相互影响的结晶。张三是此一宇宙内部的作用、相互影响的结晶,李四亦然,草木瓦石鸟兽虫鱼亦如是。每一物、每一人、每一部分、一句话,每一交叉点都是一个全宇宙,但又各有其个性,因为各自表现了不同的相互作用、相互影响的方式,或者说,各以不同的方式反映了唯一的全宇宙。……相通的关键在于不同者所反映的全宇宙的唯一性。"③这里,张世英强调宇宙是一个彼此相通的统一体是很有道理的,但是,他用个体之间彼此相互作用与相互影响来说明这种相通,则还不太确切。其实,这种宇宙间万物之彼此相通或者同一,关键在于"道通为一"。即宇宙间每一具体个体都是道,既然是道,那么,它们就从本性上与道一的道相通。看来,对"道通为一"作了最好表述与诠释的还是中国传统哲学。程伊川在谈到万物相通于道的时候说:"天地人只一道也,才通其一,则余皆通。"④这种贯穿天地万物的道,张载又称之为"气"。他说:"气之为物,散入无形,适得吾体;聚为有象,不失吾常。太虚不能无气,气不能不聚而为万物,万物不能不散而为太虚。循是出入,是皆不得已而然也。"⑤换言之,宇宙万物之生成及变化,皆气之聚散而已。万物皆气,这才是它们能彼此相通的道理。

然而,万物皆由气组成,这只解释了万物之间可以相通,却还未说明它们彼此相通的机制。万物之所以相通,除了皆由气组成之外,还在于万物之气与大一之气是"分有"的关系。这种分有的关系,宋明理学家,像朱熹用个体

---

① 金岳霖:《论道》,第80页。
② 张世英:《进入澄明之境——哲学的新方向》,第41页。
③ 同上。
④ 同上书,第38页。
⑤ 张载:《正蒙·太和》。

与"太极"的关系来表示。他说:"物物有一太极。"①这种个体与太极的关系,也可以用"月印万川"之喻来表示。月亮作为太极本是一个,但倒映在水中,却出现无数多个太极;水中的每一个太极都是太极的影子。假如说这种月印万川的说法只是一种比喻的话,那么,在道理上,为什么会有月印太极,还可以用海德格尔的说法来辩明。他认为:存在处于时间之中,也即存在者(在时间中现实)通过自身来呈现存在。这说明存在者与存在是统一的,它们统一在时间中。在这种意义上,所有存在者具有内在关系,也包括天与人(即天人合一之道)。这也意味着"以在场来揭示不在场"成为可能。这里的不在场也是具体的存在。故存在是各种在场与不在场的统一。整个宇宙世界如此,此即天人合一或呈现为内在关系。

至于金岳霖,则专门写了《论道》一书,来展示这种物物各有一太极的宇宙洪流演化过程。他的结论是:"无极是道,太极是道,无极而太极也是道;宇宙是道,天地日月山水土木也莫不是道。本书(指《论道》)前此已经表示过,道可以分开来说,也可以合起来说;宇宙则仅是就道之全而说的一个名词,此所以我们可以说天道,说人道,说任何其他的道,而不能说天宇宙、说人宇宙、……等等。道之可以合可以分也是因为共相与共相底关联。任何一共相都是别的共相底关联,任何一套共相底关联总是一共相。就任何共相之为其本身而言之,它总是单独的,整体的,就任何共相之为其他共相底关联而言之,它总是牵联的、部分的。共相底关联或一整个的图案,这整个的图案是道,各共相也是道;此所以道可以分开来说,也可以合起来说。"②

说到这里,要提请注意的是:当我们从外在关系的角度来审视的时候,也可以将万物组成的世界冠以一个总名,如用"物质"甚至"宇宙"来表示。当我们这样说的时候,宇宙与形形色色的万物之间的关系是整体与局部的关系,它们之间是按照种加属差的分类原则来划分的,这就是"一即一切";而当我们从内在关系的角度来看万物与万物,以及万物与整个宇宙的关系时,它们之间就不是种加属差的关系,而是物物平等的关系,此即"一切即一";而且,这里的"一"的涵义也不同于前者。如果说前者的"一"是实体性的,这种实体性的"一"可以称之为"有"的话,那么,这里的"一"则是非实体性的存在,严格来说,是"无"。故而,外在关系的一即一切,是"有"生万物,或反过来说,万物统一于"有"。而对于内在关系来说,一切是一,是指万物统一于"无"。此处的"无",是指"无分别",也即金岳霖所说的"道无生灭,无新旧,

---

① 朱熹:《朱子语类》卷九十四。
② 《论道》,第204页。

无加减,无终始,无所谓存在"①。因此,虽然同称之为"宇宙",但外在关系的"一"(物质的宇宙)与内在关系的"一"(道的宇宙)却有明显区别。对于外在关系的宇宙来说,它无论如何之大,不出时空之外。而对于内在关系的宇宙来说,它却是超时空的存在。金岳霖强调这种内在关系的"宇宙"(大全的宇宙)与外在关系的"宇宙"(称之为"天文学家的宇宙")的区别时说:"'宇宙'是全,'全'表示整体。宇宙不仅是时空架子而且包含有时空架子里所有的一切。时空架子是宇宙底部分,而宇宙不是任何东西底部分。就宇宙之不是任何东西底部分而言,这里的宇宙不是天文学家所量的宇宙。天文学家所量的宇宙,无论其直径多么长,总不是包罗万象的宇宙。能够说直径多么长的宇宙根本不是'全',它总是某时期内的'世界',所以总是一部分。包罗万象的宇宙不是手术论所能表示的,而天文学家所量的宇宙是手术论之所表示的。'宇宙'不仅是全而且是大全。宇宙不可以有外。宇宙既是全,既是至大不可以有外的全,当然只有一宇宙,这就是说,宇宙当然是唯一的,宇宙虽然唯一,可是,它并不特殊。"②

五、两个世界的哲学问题与终极原理

人所面对的是两个世界——有的世界与无的世界。这两个世界各有其不同的本体,并且它们各自有相应的哲学问题。对于"一即一切"来说,其中的"一"是"对本体"(to-ontology),③它关心的哲学问题是:何以有"这样的一个世界"?"这样的一个世界"是如何构成的?这样一个世界的本质为何?等等。归结起来,这也就是"作为普遍存在者何以可能"的问题。对于这些问题,不同的哲学家会有不同的回答与思考。比如说,亚里士多德将何以会有这样一个世界的问题归之于"四因",用以说明宇宙万物何以存在以及如何存在的原因。他并且提出了各种范畴,用以解释宇宙间万事万物之所以构成的问题。同样,康德在"第一批判"中也专门研究了作为普遍存在者何以可能的先验范畴形式,这些范畴包括:时间、空间、因果性、等等。由于这些范畴适用于经验却又不来自于经验,我们将它们称之为先验范畴;而将通过这些先验范畴来解释宇宙万物之起源及其变化的原理称为先验原理。正是由于有了这些先验范畴与原理,宇宙万物之构成不仅成为可以理解的,而且现象界之种种变化皆获得可以理解的可能。

---

① 《论道》,第35页。
② 同上书,第201—202页。
③ 此处关于"对本体"的用法与说明,详见下文"自本体"的注释。

对于"一切即一"来说,这其中的"一"指的是"自本体"(from-ontology),①它关心的不是"这样一个"世界究竟是如何构成的,而是要问:人类生活于其中的"这一个世界"是如何可能的?这一个世界对于人类来说究竟意味着什么?这与其说是对宇宙世界之普遍存在者以及宇宙世界存在之本质的追问,不如说是对于宇宙世界之最高存在者以及宇宙世界之终极意义之追问。正是从这种追问出发,它发展出关于最高存在者的学问——其最有代表性的是各种宗教哲学,包括基督教神学、佛教哲学以及儒家哲学,等等。这些宗教哲学关心的与其说是世界之构成原理,毋宁说是关于宇宙世界以及生命存在之终极原理。为此,这些宗教思想发展出一整套神学范畴,用之解释宇宙世界之起源以及人生之价值,从而为人之生存提供意义与指导。由于这些范畴及对于人生的指导无法从现象界寻找根据,我们将其称之为超验原理。对于不同的宗教学说来说,这些超验范畴表现为形形色色,例如,在基督教神学那里,其基本的范畴是上帝、救赎、原罪、永生、世界末日,等等;对儒家而言,其基本的范畴是仁、诚、天理、心体、性体,等等;对于道家来说,像道、无为、虚静等成为基本范畴;而在佛教那里,则有涅槃、色空、破执等一系列基本范畴的提出。姑无论这些名词和术语有何种区别,其指向一个价值的世界则是共同的。或者说,对于"一切即一"的世界来说,其形而上学的观念与思想包含着价值论与本体论的合一,这正如"一即一切"的形而上学思想及其命题意味着认识论与本体论的合一一样。

---

① 早在1991年出版的《中西文化哲学的融通》一书中,成中英就从诠释学的角度提出有"自本体的诠释"与"对本体的诠释"的区分。本书关于"对本体"与"自本体"的提法受到成中英氏的启发,但与成中英从"本体诠释学"的角度对"自本体的诠释"与"对本体的诠释"的理解不同,本人认为"自本体"与"对本体"并非是诠释本体之"方法",而是"本体"。成中英关于"自本体的诠释"与"对本体的诠释"的用法见其所著《本体诠释学》(湖北人民出版社,2006年版)第24—25页。本人对"自本体"与"对本体"的理解与界定除见于本章之外,还可参见拙文《自本体与对本体:中西哲学的诠释学基础》(载《孔子研究》2005年第3期)以及拙文《从言道方式看中国哲学的未来走向》(载《学术月刊》2006年第3期)。

第四章 原道:中观作为形而上学何以可能

一、大观与人观

上章我们对中观形而上学的两个基本命题——"一即一切"与"一切即一"作了分析,指出它们是两种不同类型的形而上学命题,并且分属于两个不同的世界,即有的世界与无的世界。这两个世界之出现乃由于人之观的不同:从有观出发,世界向人呈现为有的世界;从无观出发,世界向人呈现为无的世界。然而,话说到这里,仅仅说了一半。因为只说"人观",容易引起误解,似乎是指人的"主观";另外,将观仅仅理解为人观的话,容易使人产生这样的印象:人观既然是人对世界之观,那么,这种人观就要么是有观,要么是无观。其实,当我们这样来理解人观的时候,已经是不自觉地陷入了二元对立的思维模式,是将主观与客观二分,并且强调有观与无观的对立。依中观的观点,主客并非二分,有观与无观并非截然对立,它们皆统一于或者从属于大观。

何为大观?《易传·彖上》云:"大观在上,顺而巽,中正以观天下。"可见,按照《易传》的理解,大观才是超越了人之主观性的对于世界之"正见",也是人所应当禀持的看待世界之"正观"。何为如此?从大观这个词的词源学来看:1. 它的始源义就是哲学形而上学之观,不是指从某种固定的立场去审视或者看待万物。换言之,它是绝对意义上的无观之观(在这种意义上,与有观对立的无观仍然是一种"有观")。2. 这种无观之观又不是纯粹的虚无,不是"没有观"。从这点上看,它又是有人在观。将以上两点合起来,这种大观对于人来说,意味着什么呢?首先,观意味着是人的观。观是对人而言;离开了人,无所谓观。其次,按照大观的说法,观又是不局限于"人"这种偶然性的历史存在物的。也就是说,它不是人所派生出来的观。在这种意义上说,大观类似于胡塞尔所说的"纯粹意识":①它是一种不以人的意志为转

---

① 对于后期胡塞尔而言,纯粹现象学的研究对象是普遍意识或"纯粹意识",这种意识不以人类的意识为限,或者说,人类意识只是纯粹意识的一种实例。胡塞尔谈到纯粹现象学与以人类心理为研究对象的普遍心理学的关系时说:"纯粹现象学不是心理学,而且既不是其领域的偶然划定,也不是其术语系统,而是本质的基础才使其不能被纳入心理学。不论现象学必定认为对心理学方法具有多大意义,不论它为后者提供的'基础'多么必不可缺,它本身(已经是作为一门观念科学)绝不是心理学,正如几何学不是自然科学一样。甚至前一区别比所类比的后一区别更为根本。纯粹现象学不是心理学这一事实,绝不为如下事实所改变,即现象学必须研究'意识',研究各种体验、行为和行为相关项。通行的思想习惯要想对此理解,须付出艰苦努力。摆脱一切迄今为止通行的思想习惯,认识和摧毁那类通行思想习惯借以限制我们思想视野的理智束缚,然后以充分的思想自由把握住应当予以全面更新的真正哲学问题,这才有可能达到向一切方面敞开的视野;这些都是难以达到的要求。但它们也都是最低限度的要求。"(见胡塞尔:《纯粹现象学通论》,中国人民大学出版社2004年版,第2页)

移之"观"。总括起来,可以认为:从大观的角度来看,我们所谓的"人观",应当是通过人去观,而不是人去观。通过人去观与人去观,一词之差,涵义却有天壤之别。后者突出的是人作为观者的主体性,而前者则意味着对于人的这种主体性的消解,将观之主体从人转移到"观"本身。这正如海德格尔认为对于形而上学来说,真正的言说(道言)应当是"语言让人说",而非"人说语言"。

这样看来,前面我们将观视之为人观,而又将人观视之为有观与无观,应当是一种分析的说法,是强调观要通过人去观。换言之,只有人才会有观,动物无所谓观。但对观的理解不能仅止于此。对于形而上学来说,即便我们使用"人观",或者"有观""无观"这样的说法的时候,它们其实只是观之"在场者",而决定这"出场者"的却是那"不在场"的"大观"。假如用通俗些的话解释,这里关于人观以及有观、无观的说法,其中人并不作为观之主体出现,毋乃说,作为观之主体的是观本身。问题的焦点就在这里:既然人不作为观之主体,作为观之主体的是观自身,那么,我们为什么又要使用"人观"这个词,并且在讨论观之形成时,又强调"人"才有观,甚至认为观由人的生存境况所决定呢?这岂非"自相矛盾"?一点也不。其实,当我们说大观是观自身(胡塞尔所说的"纯粹精神现象")并且是观之主体时,强调的是:作为形而上学的观,并不局限于现象界的某个或某类存在者,否则,它就不是超越的形而上学之观;但另一方面,当我们说观离不开人,只有人才有观时,这时候,我们强调的是人的形而上学本性,是认为只有人才有形而上学。所以,从中观的角度看,这两者并不矛盾:离开了人这个超越的主体,无所谓形而上学,因为对存在的追问失去了"存在者"之依托。但是,仅仅强调人观,甚至将形而上学之观与人观完全等同起来,则也消解了形而上学,因为这样的话,形而上学就成了具有偶然自然属性的人的主观思维的产物。综合以上所论,我们认为:作为中观的形而上学,既是大观,是超越了人的偶然性的纯粹形而上学之观;另一方面,这种大观又必落实而成为人观。换言之,大观的"现实化"脱离不开人之主体。或者分解来说:当我们说大观的时候,强调的是形而上学观的这种绝对性与超越性,而当我们说大观又是人观的时候,强调的是大观须通过人观的方式呈现。所以说,大观与人观并不矛盾,它们统一于中观。因此结论是:人观是实现与显示大观的方式,而大观假如通过人观加以实现了的话则谓之"中观"。中观,既由于其是大观的人间呈现方式而不同于一般的人观,同时又由于其必待通过人的能动性加以实现而可称之为人观。(这里,要注意的是区分两种"人观":纯粹诉诸人之主体性的人观与通过人来呈现大观的人观)

二、中观五式

所谓中观,①顾名思义,就是人从"中"的观点来看待世界的一种方式。"中观"这一用法保持在"中"之一字的原始含义中。"中"表示把握住旗杆的中部,也即后来所说的"执两用中"。作为一种观物或者观察世界的方式,"中"在中国哲学中受到相当的重视,又被称为中道。中国的哲学,无论是儒家、道家、佛教禅宗的形而上学观,在在都受到这种中观思维的强烈影响甚至被支配,而中国哲学本身对这种中观思维方式也作过深入的讨论。这方面,我们可以从中国古典哲学中找到许多的例子。下面,让我们来将中观思维的特征作一概括。

首先,分别"两边"。前面说到,西方哲学是二分法思维,而中国哲学是中观思维。其实,中国哲学的这种中观思维也是以承认二分之有为前提的。不同之处在于:对于西方主流哲学的二分法而言,世界有二而无一(如本体与现象的二分:本体是本体,现象界是现象界,彼此难以过渡),中国哲学的中观思维则是强调"一分而为二",所谓"分而为二以象两"②,"一分于二谓天地"③。因此,与西方哲学将世界"划界"之后,分别处理二分的世界不同,中国的中观思维以讨论两与一的关系作为重点。应该说,西方哲学中也有讲两与一的关系的哲学家,著名者如黑格尔,但他是从二分法走向"辩证法"。所谓"辩证法"是讲"正、反、合",通过否定的否定来达到新的统一,并最终消除正与反的对立;而中国哲学的中观思维则是从"中"的观点来把握两与一的关系,是要透过两边来看"中"。或者说,在中观思维看来,"两边"正是中的呈现方式,不能合并与消灭。此所谓"本一气也,生则为阳,消则为阴,故二者一而已矣"④。此外,黑格尔的辩证法与逻辑结合在一起,是客观辩证法与主观辩证法的统一;而中国哲学的中观主要讲形上世界与形下世界的关系问题,属于"康德问题"。中国的中观哲学即便有讲形而下世界的,也是将它置

---

① "中观"作为一个哲学名词或哲学概念,首先由佛教提出,并且出现了以提倡中道观为标识的中观学派。佛教中观学派的创始人是龙树,其阐发佛学中观思想的最著名著作是《中论》。依本书的思路,这只是对于中观思想的一种狭义解读。作为一种具有普适性的哲学观念,本书中对于中观义理的阐释并不囿于佛学的中观立场,而是从对元哲学问题的思考出发,并比照中西哲学的实际,对"中观"这一哲学名词加以重新定义,对其内容与涵义予以重新澄清(本书关于中观哲学思想内容的具体展开见后述各章,"中观哲学"这一问题提出的中西哲学思想背景见本书附录)。
② 《易传·系辞上》。
③ 〔隋〕杨上善:《黄帝内经太素注》。
④ 邵雍:《观物外篇》卷三。

于形而上与形而下这两个世界的关系中来考察的,是为了说明如何从具体的经验世界来呈现形而上的世界的问题。故中国的中观哲学与黑格尔的辩证法在问题意识上亦不同。

其次,执两用中。中观思维不仅分别两边,而且强调"执两用中"。所谓执两用中,一方面是说中依赖于两而存在;假如没有两,则无所谓中;另一方面,更为重要的,是说用中必体现为"执其两端"。这也就是说:执两是用中的一种表现方式,而不是说可以有脱离两之外的另一个"中"。故孟子反对片面的"执中",说:"执中无权,犹执一也。所恶执一者,为其贼道也,举一而废百也。"①中观思维的这种执两用中,也就是道家所说的"两行":"是以圣人和之以是非,而休乎天钧,此谓之两行。"②冯友兰氏解释这"两行"的意思说:"不废相对而得绝对,此亦是'两行'。"③这种执两用中的关系,宋明理学家称之为"一两"关系。所谓"两不立则一不可见,一不可见则两之用息"④。"一不可量,量则有二,曰有曰无,两端是也……尽天地古今皆二也"⑤,所说的皆是这种用中必体现为"执两"的关系。在中国的中观哲学看来,这种"执两用中"还有其本体论的根据,此即"一阴一阳之谓道"与"独亦有对"。朱熹解释说:"虽说无独必有对,然独之中又自有对。"⑥"凡天下之事,一不能化,唯两而后能化。且如一阴一阳,始能化生万物。虽是两个,要之亦是推行乎此一尔。"⑦

再次,否定。中观的用中虽然是执两,然而,却反对将两绝对化,而两的否定形式是一。但它不只是否定两,而对于一也否定之。换言之,在中观哲学看来,没有绝对的两,也无绝对的一。世界即是两,但又不是两;世界即是一,但又非一。这样看来,中观思维看待世界的方式,其实是立足于一种"否定辩证法":它刚刚肯定世界是两,却又看到了两的反面而对两否定之;它刚刚肯定世界是一,却又看到一的反面而对一否定之。总之,不断地肯定,否定,肯定,否定,……这就是中观的辩证思维。这种不断否定的辩证思维,也可以看作是思维的一种"动静"关系。即对于中观思维来说,"静"的思维结果是暂时的,而"动"的思维过程却是绝对的。而中观思维正是在这种动静不断转换的过程中实现的:"太极理也,动静气也。气行则理亦行,二者常相

---

① 《孟子·尽心上》。
② 《庄子·齐物论》。
③ 冯友兰:《贞元六书》(下),华东师范大学出版社1996年版,第759页。
④ 张载:《正蒙·太和》。
⑤ 方以智:《东西均·三征》
⑥ 朱熹:《朱子语类》卷九十五。
⑦ 朱熹:《朱子语类》卷九十八。

依而未尝相离也。……盖一动一静,而太极之妙未尝不在焉,此所谓所乘之机。"①这里的"太极"之理实即中观之理。

此外,经权。中观虽然对世界是不断地肯定而又复否定,但这暂时地肯定此也即是暂时地否定彼,而暂时地否定此也即暂时地肯定彼。那么,在何时或何种场合下暂时肯定此或彼,在何时或何种场合下又暂时否定此或彼?在中观看来,这是一个随机或权变的问题。因此,经权问题成为中国中观哲学讨论的重点。孔子早就说过:"可与共学,未可与适道;可与适道,未可与立;可与立,未可与权。"②这说明权对于立道的重要性,并且在具体践道的过程中处于最高层次。孟子也非常注意经权问题的辨析,认为"执中无权,犹执一也。所恶执一者,为其贼道也,举一而废百也"③。并对在具体做法场合下如何运用权多有所讨论。(如"援手救嫂"与"舜背父逃亡"的例子)

最后,时中。权是执两用中的具体运用,这说明中观不是一种教条,它不认可一种绝对的原则或不变的世界观,而必须在实践当中体现为权变。然而,无论如何权变,毕竟它受经的制约;假如脱离了经,则它也不再是权。因此,经权实质上相反相承,彼此成就对方。这种经与权的相依关系在现实时空中的表现,可以名之为"时中",也即中必须在现实中呈现,离开了现实的表现则无谓中。这有如海德格尔所说的"存在通过存在者呈现自身"。这样看来,中观思维的中,其实是强调要把握好具体时空中的中。这也就是中国哲学所说的"时中"的意思。孟子称孔子为圣人当中之最高者,即认为只有孔子才把握了时中。因此,将时与中联系起来也成为中国中观哲学的一个特点。故在《中庸》,"中庸"与"时中"其实是一回事:"君子之中庸也,君子而时中。"朱熹解释这种"时中"之意说:"君子之所以为中庸者,以其有君子之德而又能随时以处中也。……盖中无定体,随时而在,是乃平常之理也。"④

通过这种中观思维,世界在人的眼里呈现为一种中观的结构。所谓中观的世界结构,是指在中观的法眼看来,世界是既非二分的(现象与本体二分),亦非非二分的(即现象与本体不分),而且是既二分,又非二分;既非二分,又非非二分。问题是:这如何可能?其实,对于世界的总体看法,作为一种形而上学观,中观是先于经验知识的。就是说,它不来自于经验,但却可以解释经验。因此,中观的世界观是一种先验直观。这种中观的世界形相,我们可用太极图来表示之。

---

① 朱熹:《朱子语类》卷九十四。
② 《论语·万章》。
③ 《孟子·尽心上》。
④ 朱熹:《四书章句集注·中庸章句》。

太极图由黑、白两色鱼形图案组成,其中白色图形代表有(现象界),黑色图形代表无(形上世界);这是说明太极(宇宙之本体)由形上世界与形下世界组成(也即"分别两边")。不仅分别两边,而且要通过两边的相互关系来呈现道本体(即"执两用中")。但对于太极图来说,这阴阳两面又不是固定不变的(故黑白图形的交界处为"弧形曲线",此表示变动),阴阳老在变化之中;其中,阴可以否定自身而转化为阳,阳也可以否定自身而转化为阴,这也就是上面所说的不断否定。因此,对于太极图中的阴阳,我们既可以从静止的观点去看,也可以从运动的观点去看;而随着视点的变动,太极图的阴阳两边,是既变动而又不变的,此既动又不动的太极图,需要用一个系列的太极图来表示,此一系列的太极图,就是经权。当然,太极图何时是动,何时是静,这本身又有一个因时制宜的问题,此谓之时中。而作为时中的太极图,又是一系列的太极图中的"这一个";到底在何时可以画出这一个,而不是那一个太极图,实深不可测,这是现实世界中的势的问题,理性无法解决,而是一个实践哲学的问题。我们只能用《易传》中的一句话来表示:"阴阳不测之谓神。"①

以上是总体的说法。为了表示中观世界中现象界与本体界的复杂关系,我们还可以将太极图的哲学意蕴分解来看。这种分解的说法,称之为"中观五式":

A. 合式:所谓合,指形下世界与形上世界(有与无)合而为中。《易传》云:"一阴一阳之谓道",按照合式,它说的是"一阴一阳合而为道"之意。老子所说的"万物负阴而抱阳,冲气以为和"②也含有这个意思。

B. 别式:这是指形下世界与形上世界分别为中。《易传》的"一阴一阳之谓道",按照别式的解释,也即"阴为道,阳亦为道"之意。老子所说的"知其雄,守其雌,为天下谿"③与"知其白,守其辱,为天下谷"④也有这个意思。

C. 非式:这是指中既非有,亦非无。此即《易传》所谓"神无方而易无体"⑤之意。老子所说的"道常无名,朴"⑥以及庄子说的"泰初有无,无有无名"⑦也是这个意思。

---

① 《易传·系辞上》。
② 《老子·第四十一章》。
③ 《老子·第二十八章》。
④ 同上。
⑤ 《易传·系辞》。
⑥ 《老子·第三十二章》。
⑦ 《庄子·天地》。

D. 即式：指中有时候呈现为有，有时又呈现为无。这说法与别式有点相似，两者的区别是：即式是动态的描述，强调中不表现为有，即表现为无；而别式则是静态的说明，指中可以表现为中，也可以表现为无。故即式实际上是"时中"的概念。《易传》中所谓"阖户谓之坤，辟户谓之乾，一阖一辟谓之变，往来不穷谓之道"①说的就是这个道理。

E. 总式：指中是即有非有、即无非无。这也是动态的表述，指当中表现为有的时候，它立即否定此有；当中表现为无的时候，它也立即否定此无。这是强调中是一种不断肯定、否定、肯定、否定……的过程。此即《易传》说的"阴阳不测之谓神"②以及"生生之谓易"③之意。老子所谓"反之道之动"④也是这个意思。

那么，太极图又是如何来呈现这种"中观五式"的复杂关系的呢？我们说，在太极图中，有的世界（在场）以白色作表示，无的世界（不在场）以黑色来表示。在太极图中，有与无互为在场与不在场的关系，此说明存在通过存在者既显示自身而又遮蔽自身，故太极图呈现为黑白二元对立的统一结构，此也即"一阴一阳之谓道"之意。此太极图亦可用以表示有与无之间的多重关系：1. 一阴一阳合而为道（合式），2. 一阴一阳各自为道（别式），3. 道非阴道非阳道（阴道与阳道各自都不穷尽道，非式），4. 道即阴即阳（道有时为阴，有时为阳，即式），5. 一阴一阳总是道（道总呈现为阴阳之变化消长，此中奥妙无穷，总式）。总之，太极图不仅奥妙无穷，而且便于直观。如其中：1. 黑白分别表示在场与不在场，2. 弧型曲线表示动态变化，3. 黑中有白，白中有黑，此表示阴中有阳，阳中有阴。这也就表示阴非纯阴，阳非纯阳，才能实现彼此的转化。最后，从太极图中还可以看出：尽管世间事物林林总总，无非都是道，而作为存在之方式来说，道总呈现为阴阳。

通过以上对中观的分析，可以得出这样的结论：宇宙本体本来是"一"，但它在人类面前却总呈现为有与无。这才是存在之为存在的"本然相"。其实，老子早就说过：道生一，一生二，二生三，三生万物。假如翻译成中观的语言，这里的道即存在，一是有人观的存在；二指有与无，三指由有与无呈现出来的所有符号世界，而万物则是这符号化的世界中的形形色色与这这那那。老子哲学中还可以有一个更简明的说法来表示存在，即"道——有，无"。在儒家思想系统中，存在也可以这样来表达：一阴一阳之谓道。这里的阴指无，

---

① 《易传·系辞》。
② 同上。
③ 同上。
④ 《老子·第四十章》。

阳指有。《周易》有云："《易》有太极,是生两仪,两仪生四象,四象生八卦。"①这里的太极是人观的世界,两仪分别指有与无,四象指各种符号世界,而八卦则代表符号世界中的各种具体事物及其变化。

三、中观作为世界观与人之实践

中观不仅是观物方式,而且是存在论与人之在世方式,是宇宙终极存在之"天道"与作为人生实践的"人道"之合一。

如果说前面谈到由于人的二重性生存状态决定了人有两种观,这两种观属于人对于世界的先行领悟的话,那么,现在,通过中观形而上学的建立,人对于世界究竟如何存在终于有了一种哲学化的思考与把握。所谓哲学化的思考,就是超越人对于世界的直观的把握,而将对于世界的理解理性化。这也就是对于世界真正作一种哲学的思考。这种对于世界的哲学化思考,不仅要求把握世界的存在方式,而且要求对于世界的存在方式作出理性说明。这就是说,人要求运用理智去把握去说明世界。而中观哲学就是对于世界作出理解化认识的一种方式。

首先,中观哲学认为:世界的终极实在是道。道并非如西方传统哲学所理解的那样是隐藏在现象界背后的不变实体,而总是呈现为世界中的万事万物;反过来说,宇宙万事万物,亦无非道而已。这也就是中国哲学所总结出来的"道即器,器即道"的道理。

然则,按照中观思维,道虽然可以是器,器也可以是道,但这毕竟是两个不同的世界。当我们说道即器,器即道的时候,是强调道与器可以相互转化的关系;然而,这并不等于道必须是器,器也必须是道。事实上,说道即器,器即道,是以确立道与器这两个不同的世界的存在为前提的。

所谓器的世界,就是我们日常所见的经验世界。在这个世界中,有形形色色、这这那那。简言之,器的世界是一个有分别的世界,这也就是中观哲学所说的"有"的世界。所谓"有",首先是说有形形色色、这这那那,也就是说有区别。假如再问下去,为什么有的世界会有区分呢? 这是因为:有的世界是人为了物质性生存与社会发展而不得不面对的世界。按照康德的说法,人是具有二重性的动物:它一方面是有限性的;另一方面,又是有理性的。所谓有限性,就是说人受自然界的限制的一面:作为生物体的人,它与其他动物一样,假如要生存的话,就必须与外界环境打交道。而这种为了生物性生存而

---

① 《易传·系辞上》。

与外界打交道的方式,是一种利用外部自然的方式。在他眼里,自然界以及外部世界的一切,都是他可以利用来为了生存与发展的器物甚至工具。故而,在这种利用自然与征服自然与外部世界的关系中,人类发展了一种自我意识,即认为人是独一无二的,人可以并且应当凌驾于万物之上;而且,外部世界的一切也都是人可以利用与使用的对象。此也就意味着:在与自然交往的过程中,人不只是自在的主体,而且是自为的主体;是有意识的能够利用与改造自然的主体。由此,人与世界的关系成为主客对立之关系。正是在这种对象性的生存以及与外部世界打交道的过程中,人类发展了科学,而且掌握了各种各样有效地征服与利用自然的技术。与此相适应,人类对于自然以及外部世界的征服,是以群体的组织形式得以进行的,而在这种群体性的对外部世界的征服与利用过程中,为了维护群体的生存与发展,也必须建立起维系群体社会活动的社会规范与制度,社会道德与国家法律等形式也由之而起。此类规范与制度名目繁多,然而,无论其具体内容与形式如何不同,这些社会建制与社会规范的目的只有一个,就是用以调节社会中人与人之间的关系(这些社会建制与规范之建立都从有的世界寻找其"合法性"与根据,或者是从有的世界出发来建立其第一原理),以便更好地合作。然而,由于出于人类物质性的生存与发展的需要,尤其是出于调整社会上不同群体与个人的利害关系的需要,这种种社会建制的出发点如同科学技术的发明一样,都是强调人与人、人与物之间的区别。总之,讲究利用与分别,是人类的"有"的世界的根本特点。这个"有"的世界,也就是中国哲学所说的器的世界。

然而,人类除了是生物性的存在物之外,它还是一种理性的存在。所谓理性的存在,是说人有理性,它除了有物质性的生存需要之外,还有一种形而上的冲动:它要思考人是什么,人应当是什么,人能希望什么,等等。由于有这种形而上学的冲动,因此,人类还会用一种不同于生物性冲动的眼光来观察与看待周遭的世界。这时候,它会发现:人虽然在表面上与其他动物不同,甚至人与人之间彼此差别很大,但就其"生生之德"的本然天性而言,彼此之间其实并无差别。这也就是中国哲学所说的"民胞物与"、天人合一之类。此所谓无区别,也即中观哲学所说的无的世界。所谓无的世界,并非是说这个世界不存在或者是虚无,而是说在这个世界中,一切差别皆已消失或不存在。

尽管是无差别的世界,对于中国的中观哲学来说,这种无差别的世界却正是人类的价值世界与意义世界之源。换言之,在中国哲学眼里,所谓世界的价值与意义,就是无差别与无分别。对于这个无差别与无分别的世界,儒家、道家与中国佛教分别有不同的指称。如儒家称之为仁,而仁的涵义是

"仁者浑然与物同体"①。程颐解释为什么这无的世界可以成为价值之源时说:"所以谓万物一体者,皆在此理,只为从那里来。'生生之谓易',生则一时生,皆完此理。人则能推,物同气昏,推不得,不可道他物不与有也。"②可见,人与其他物类的区别是:虽皆为"生",但其他物类对"生"无此自觉,唯人有此自觉,故从此"生生之德"中能发现宇宙运行中寓存着的道德价值原理。老子也将无作为道德之最高境界,提倡"为道日损",回复到一无差别的婴儿状态,他称之为"朴",认为"道常无名,朴"③。而庄子更将生活在无差别的世界奉为人生最值得追求的理想,主张"齐生死","物无贵贱"④,提倡"天地与我并生,而万物与我为一"⑤。而佛教的最高境界——"涅槃",更是一个消除了任何差别的极乐世界。至于禅宗,则不仅要消除外部世界的对立,还提出"无念、无相、无住",要求从内心杜绝一切意念上的差别,将之作为最高的精神追求境界。

不仅如此,中观哲学虽然承认无的世界是人生的终极目标与生活的最高境界,它同时还认为,这种人生的最高境界并非遥远不可攀登之举,而可以在当下的生活中实现。换言之,理想的人生境界并不在彼岸而在此岸,不在来世而在今世。从中观哲学来说,此即无的世界与有的世界可以而且应当合一。因此,孔子说:"求仁而得仁,又何怨。"⑥"仁远乎哉?吾欲仁,斯仁至矣。"⑦孟子亦强调:"万物皆备于我矣,反身而诚,乐莫大焉。强恕而行,求仁莫近焉。"⑧王阳明更称"不离日用常行内,直造先天未画时";老子则提出"和其光、同其尘"⑨,庄子主张"游世",禅宗提倡"平常心是道",认为"担水砍柴,无非妙道"。此中道理,按照中观哲学自不难理解。以儒家提倡的"极高明而道中庸"为例,所谓极高明,是指无的超越世界极其高明;所谓道中庸,是说这种极高明又体现为日常生活的庸言庸行。而将这种极高明与道中庸相统合起来的,就是"中"。而对于中观哲学来说,中的运用本身也是极高明而中庸的。以仁为例,一方面,它有如孔子所说的那样,"仁"极其高远,能够做到"三月不违仁"⑩已是很高的境界,但另一方面,它又只不过是像"不迁

---

① 《二程遗书》卷二上。
② 同上书,卷三上。
③ 《老子·第三十二章》。
④ 《庄子·秋水》。
⑤ 《庄子·齐物论》。
⑥ 《论语·述而》。
⑦ 同上。
⑧ 《孟子·尽心上》。
⑨ 《老子·第四章》。
⑩ 《论语·雍也》。

怒,不贰过"①这样在日常生活中可以体现出来的小事。中的这种极高明而道中庸的统一,意味着不要将有的世界与无的世界实体化,因此,中观形而上学其实是一种境界形而上学。换言之,只有从人生境界的角度去考察,有的世界与无的世界之统一才有可能。

其实,中观哲学作为一种境界形而上学,与其说它是一种言说,不如说它是一种修行。因此,中国的中观哲学强调实践的重要。无论儒家、道家与佛教,都主张"知行合一"。此也即有的世界与无的世界的合一、极高明与道中庸的合一。然而,这种合一并非是说它必然如此。对于中观的人生哲学而言,有的世界与无的世界的合一是一个在不断的修行过程中逐渐达到的过程。中国哲学关于如何通过修行来达到这种两个世界的合一,提出过各种各样的理论,如宋明理学一方面区别天地之性与气质之性,另一方面提倡"存天理,去人欲",并且主张"居敬立己"与"格物穷理"。至于道家,则主张"吾丧我"②以及"致虚极,守静笃"③,并有"有之以为用,无之以为利"④之说。而佛教则提倡"明心见性""转识成智",有"八正道""渐修""顿悟"等修行方法。姑无论这些说法如何,主张通过践行而达到无与有的统一,其宗旨则一。故对于中国哲学而言,知行合一不仅仅是实现无与有这两个世界合一的方法与手段,同时也是对于无与有的世界相统一的一种证悟。换言之,无与有能否统一以及如何统一,一依于人生的修行如何而定。这或许就是中国古人所说的"即本体即功夫"⑤,或"功夫所至,即其本体"⑥。

四、中观哲学的价值实践原理:经权、时中与度

从以上所论可以看到,中观哲学虽然承认有两个世界,但作为人的生存论,却是追求这两个世界的合一。然而,就人之在世而言,这两个世界纵使不是说彼此难以过渡与转化,它们二者之间却难免构成紧张甚至对立。因此,中观哲学除了在理论上承认这两个世界可以合一之外,更重要的是:要为人生在世提供一种如何化解这两个世界之紧张与对立的方法。从这种意义上说,中观哲学不仅仅是存在论与人的生存方式,而且还应当对人如何处理两个世界的关系提供方法论依据。一旦如此,我们发现:在真实的现实世界中,

---

① 《论语·雍也》。
② 《庄子·齐物论》。
③ 《老子·第十六章》。
④ 《老子·第十一章》。
⑤ 张九成:《中庸说》。
⑥ 《黄宗羲全集》第七册,湘江古籍出版社2005年版,第3页。

无的世界的确立提供了现实生活的超越原理,而有的世界则提供了现实生活的构成原理。

所谓超越原理,是指它的超越世俗生活的品格而言。本来,说人生活在现实的世界中,就意味着人要过一种世俗化的生活。但是,对于世俗化可以有两种理解:一种是指人不只生活于世俗的世界中,而且人的一切,包括他的精神追求,都完全地世俗化。这里的人的精神的世俗化,是指人的精神维度完全以世俗的生活,也即有的世界的原则作为价值评价的标准。但世俗化除了这种狭义的理解之外,还可以有另外一种理解,即他虽然生活于世俗世界,他的精神追求,以及他对于世界万事万物的评价标准,却不来自于世俗世界,而来自于超出世俗世界的另一个世界。显然,对于生活于世俗世界的人来说,假如他仍然有超出于世俗世界的追求的话,那么,这种超越价值的来源,只能存在于无的世界,而不存在于有的世界。从这种意义上说,无的世界是人的价值与意义之所在。

尽管人有向往与追求超越价值的天性,而且这种价值的终极标准在无的世界,然而,人毕竟又是生活于世俗世界的动物。因此,假如人要真正地将这种超越的价值贯穿于世俗世界,而不是"坐而论道"的话,那么,他面临的真实问题就会是:如何将超越的价值落实与贯通于世俗世界?这其实就是上面所说的两个世界如何合一的问题。假如说两个世界何以可能是中观哲学的存在论的问题的话,那么,这两个世界如何合一,则属于中观哲学的方法论问题。显然,对于人的现实生活来说,中观哲学的方法论问题是较之中观哲学的存在论更为切己,也更为实际的问题。这也就是如何在世俗世界中将超越的价值原理加以贯通的问题。一旦如此地发问,我们发现:这个问题其实就是追问价值原理在世俗世界中实现的依据。为此,我们必须确立世俗世界中的价值构成原理。

所谓价值构成原理,它要追问的是:现实的世俗世界果真能为超越的价值原理提供现实的条件与支持吗?假如可以的话,这些条件与支持到底是什么?对于中观哲学而言,这个问题的回答是肯定的。首先,按照中观哲学:"一阴一阳之谓道",这说明:阴可以是阳,阳可以是阴。这意味着无的世界可以转化为有的世界,有的世界也可以转化为无的世界。这种有与无可以相互转化的可能性,就意味着本来存在于无的世界的超越价值可以落实与贯通于有的世界。然而,一旦贯通于有的世界之后,这种超越的价值就不再是它原来的样式,而只能是适合于有的世界的原先超越价值之变形。这种为了适应世俗世界的现实而变形了的价值体系,就是我们所谓的中观哲学的价值构成原理。这种价值构成原理既不同于仅仅存在于无的世界的纯粹价值原理,也非单纯从现实的世俗世界中所提炼出来。毋宁说,它是结合了无的世界的超越品格,同时又具备了有的世界的现实品格的价值原理。可见,对于生活于现实的世俗世界中,同时又向往着超越的价值原理的人来说,这是一个远较之无的世界中的超越原理更为重要的价值原理。

对于中观哲学来说,它不许诺或承诺有一成不变的价值构成原理。因为对于中观哲学来说,现实的世俗生活不仅仅是一个有的世界,而且是一个变动不居的世界。从而,任何适应于现实的世俗世界的价值构成性原理也必然不会是固定不变的。尽管如此,既然承认构成价值原理也是一种原理,而非任意的抉择,这说明:这并非一成不变的构成性原理作为价值实现原理,也有其不变的原理与原则在。这种作为构成性价值原理的不变原则,就是"经权"。或者说:任何现实中的构成性价值原理的实现,都必须以经权的方式才能体现。

何为经权原则?所谓经,是指价值原理中之不变的核心观念或价值。而权,则是指价值原理的现实境况中的具体实现形式。假如借用亚里士多德的哲学名词来说的话,可以认为:经是价值原理的质料因,而权则是价值原理的形式因。而对于现实的世俗世界的价值原理来说,这两者都是不可或缺的。而经权原则又不可完全简单化地用质料因与形式因来理解。因它除了是质料因与形式因之外,还关涉到这两者之间的相互为用关系。由于经权要面对的是人们在现实生活中的价值判断与道德抉择问题,而现实世界不仅是具体而且是复杂的,因此,对经权原则如何在现实中运用的解释也是五花八门。如汉儒的今文学派认为权比经重要,以"反经合道"为权;宋明理学中的程颐则一反汉儒说法,认为"权只是经"。朱熹则试图对汉儒与程颐的说法予以综合,认为"经,是常行道理。权,则是那常理行不得处,不得已而有所通变底道理"。"所谓权者,于精微曲折处曲尽其宜,以济经之所不及耳。所以说'中之为贵者权',权者即是经之要妙处也。"[1]这说明:在中国哲学史上,关于经权的讨论,曾经一度在经与权之间有孰重孰轻的争论,但依朱熹的说法,问题的解决仍然须返回于"道":"经者,道之常也;权者,道之变也。道是个统体,贯乎经与权。"[2]

从以上看来,对于经权关系的理解是相当复杂且充满歧义的。这事实上说明了在现实的世俗世界中,要贯彻超越的价值原理实不容易。而通过前面的"中观五式"的分析,我们也可以概知经权原则之运用于具体的现实情境中其实也就是"经""权"之相互转化。

---

[1] 《朱子语类》卷三十七。
[2] 同上。

按照中观哲学,在某种情况下,权可以是经。所谓权可以是经,是强调在某一时点,即使行权也体现了经。这也就意味着:在某种情况下,按照有的世界的原则行事,其实也体现了作为终极价值原理之经。(否则的话,很难理解孟子为什么会说"大人""言不必信,行不必果,唯义所在"①以及汉儒为何以"反经合道"为权)

此外,在某种情况下,又必须不折不扣地贯穿经的原理,甚至以经来代替权。这也就是为什么宋儒程颐反对汉儒"经即是权"的说法,而汉儒董仲舒主张"正其谊不谋其功,明其道不计其功"②的原因。

再者,有时候,或者有更多的情况下,现实世俗世界中要求我们既不以权代经,也不能死守经的原理,而必须在经与权之间进行折中。还有,在某些情况下,人们面临的是在终极价值原理之间的选择。就是说,人们对于何者为经的看法各不相同,在这种情况下,人们甚至可以在不同的经之间作出重新选择,或者在不同的经之间加以调和,以求得一种新经。当然,现实生活也不排除这样的情景:在遵守同一经的情况下,人们各有各的权,于是,原来作为价值共识的"经"之问题一变而为对于"权"的争论。

这样看来,经权的问题较之超越价值原理与构成性原理的关系问题更容易引起纷争而且难以在彼此之间加以取舍。而这正好说明了在现实的世俗世界中,进行价值选择与价值实践之难。因为作为一种原理,超越性的价值原理与现实世界的构成性原理的关系可以理解为理想与现实的关系,这种理解相当简单明了,惟其如此,这种理解也仅仅是理论上的。而一旦要将这种理论上简单明了的关系转化为现实生活中可以操作的方法论原则,我们立刻会遇到经权关系这样的复杂情况。而作为一种不仅仅是理论思辨的形而上学,而且是作为指导我们在现实世俗世界中进行价值选择与价值行动的中观哲学,它不回避这种复杂与矛盾,毋宁说,它将这种复杂性与矛盾充分的暴露之。也正因为如此,它认为:任何想一劳永逸地解决现实的世俗世界中的价值纷争与价值选择的想法永远是徒劳的,对于这个问题的解决,只能是"时中"。

所谓"时中",简单地理解就是一切行动与价值的选择都依时间与条件的具体情况来决定,这也即通常所说的"因地制宜",它要求我们在作价值行为选择时,要具体地分析与了解现实世界中的种种情况,把握其中的主要方面,同时不回避次要方面;要区分事情的轻重缓急,然后作随机处理;重要的是:它认为事物皆处于不断的变化与流转之中,因此,对具体价值的认定与行

---

① 《孟子·离娄下》
② 《汉书·董仲舒传》。

为之取舍的标准也并非是一成不变的,而要随时随地根据变化了的情况加以调节与修正。职是之故,中永远是与时伴随在一起;不仅没有可以脱离时的一成不变之中;而且中的落实亦必须待于时。由此看来,时中不仅是中这一终极价值在现实生活世界之实现,而且也是超越性的价值原理应用于具体的现实生活中的行为准则。

然而,作为指导现实世界中的人之实践的行为准则,仅仅局限于"时中"还不够。因为在复杂的现实情境当中,时中固然可以作为价值性抉择原理加以运用,而这种价值抉择之运用与结果却时时要根据经权之关系来加以调节。那么,如何保证时中之具体运用能够是现实中经权之具体运用而又不违背经权原理呢?显然,对此问题的解决不能一味地依赖与强调时中之时,它需要我们的行为与行动在变动不居的世界中永远地处于"中"之位置。但我们知道,中观哲学的中不是指一成不变的中,而是在变动不居的世界中保持的中,那么,我们如何知道我们的行为结果最后是处于中的位置呢?显然,时中作为行为之抉择原理无法担保,经权原理作为行为之实践原理亦难以保证,在此,我们必须引入另一条原理——"度"来承担。什么是度?通常人们理解的度是作为事情之标准或尺度的度,即将它作为衡量事物之标准来理解,比如说作为度量衡之应用的度。这是对于度一词的很浅意的理解。事实上,作为度量衡应用的度在运用之中,是根据变动的情况不断地找出中心或重点,以求得平衡,故度从本质意义上来理解,首先是一种调整或调节,是作动词用。故而,我们可以将度理解为:在不断变化的事态中,掌握与随时保证平衡,使之永远或不断处于中的一种本领或"本事"。这里,说使之永远保持在中,不如说中总是处于流动之中,因为根据中观哲学之中,无所谓永远之中,有的只是在某一时点的中;而时点是不断变化的,这就要求我们根据时点变化来不断调整,以保证不断变化的中。由于时点不断变化,因此中也就老处于变化之中,那么,我们如何在这变化过程中获得中呢?答案是:未有既定的或一成不变的中,一切都在随机之中;但这随机之中仍有天意或不变者在,这就是度。度与其说是灵活地运用中观的技巧,毋宁说更是一种修养的功夫。因为作为一种价值选择原理,仅仅凭借技巧的学习与训练是难以达到真正中观之中的,它需要对价值的认定与选择,还包括实践过程中的一整套超出技巧性之外的践履功夫,如"慎独""主敬"等等。在这种意义上,我们可以将度视之为价值选择的制约性原理。所谓制约性原理,是说凡事要把握好度,这是因为:我们在现实世界中随时随地进行各种选择,尽管这种选择可能是依据了时中原则,但时中原则提供的只是我们进行选择时的依据,这种依据可以告诉我们如何作出选择,但却不能向我们保证这种选择就一定符合中道。为了确保选择的结果符合或者不违背中道,从选择的后果而不是选择的决断或者动机说,我们必须掌握事物与变动之度。度作为制约性原则,也不是一成不变的,不是说凡事预先规定或设定了一个度,而是说,度本身也是一个时间性的概念,但与时中观念仅仅着眼于行动的选择不同,度则是着眼于对行动后果的价值评判与修正。因此,对于度的掌握寓于时中之中,脱离不开时中,是对时中的进一步限定与坐实。

综合起来看,度既是过程与手段,同时也是中在变动不居的现实世界中的展现形式,它以过程与变化的方式体现了现实世界中的质量互变原理。概而言之,"有"与"无"的世界的规定性及其相互转化,皆是一个度的问题。度(量)分为数量与质量。数量可测量,质量可感知。度即要求在时中的抉择过程中,把握好数量与质量的关系。

这方面,我们可以引李泽厚论"度"的观点作结。[①] 他谈到"度"的本体性维度时说:"度"就是"掌握分寸,恰到好处"。(《历史本体论》第1页,以下所引书同)又说"度""就是技术或艺术,即技进乎道。"(第2页)于此,我们可以看到,与中之观念相比较,度不是抽象原则,强调的是实践与应用,即技,是在实践中贯彻中道必须好好把握的"技艺"。

在谈到度与中的关系时,李泽厚认为中、和就是度的实现与对象化(客观化)(第3页);度是中、和的本义。笔者认为:此点或不确。正确的表达应当是:中为体,度为用,即"中体度用"。中体度用为道。度是在实践中体现中观之超越性原理与构造性原理的合一。假如采用亚里士多德式的表达方式,也可以认为:在中观的超越价值落实于形而下或者说现实生活世界之运动过程中,中提供了动力因,而度则成为目的因。

总而言之,度本是依据各种具体的天时、地利、人和(群体协作)而产生,从而,对天时、地利、人和等各种事物的性能、情境、状态的把握,便成为"度"和掌握、了解、认识度的具体内容。(第5页。按:故度除了实践性,还有认知性)

又:度具有某种不可规定性、不可预见性,有似于艺术创造(第7页)即"恰到好处"是一个变动的概念。

总之,度隐藏在技艺、生活中,它不是理性的逻辑(归纳、演绎)所能推出,因为它首先不是思维而是行动。它是本体的非确定性、非决定性。(第8页)此乃它是中观本体之"用"。于此,中观哲学便通过度而走向实践哲学。

---

① 李泽厚关于"度"具有本体性的提法是一个天才的创见,此处将李泽厚的观点加以引用,并参照本人的观点加以适当解说与补充。李泽厚关于度的论述,详见其所著的《历史本体论》,三联书店2002年版,第1—9页。

第五章 原象：中观把握形上世界如何可能

一、问题的提出：形上世界是否可达

哲学形而上学的探讨包含如下三个问题：形而上学是什么，形而上学如何可能，形而上学是否可达。本书以上各章对前两个问题已作了解答，本章转入第三个问题。在讨论以前，让我们先将历史上对此问题的几种看法概括一下：

1. 形而上学是运用观念进行超越的思考。以古希腊哲学为代表的形而上学传统，认为形而上学可以用观念（概念与范畴）来把握。其心目中的形上世界或是与现象界相对立的理念界（如柏拉图），或是作为现象界之本质的本体（如亚里士多德）。

2. 形而上学思维不可能。近代以来，西方出现了一种反形而上学的哲学思潮，维也纳学派可谓其代表。这种反形而上学将形而上学驱逐于哲学范围之外。如石里克称形而上学是"概念的诗歌"，这实质上是认为形而上学思考为不可能。

3. 理性思维无法把握形而上学，但通过"实践理性"可以达到。此说以康德为代表。康德肯定作为物自体的形而上学世界的存在，但认为它超出人的理性（知性）限度之外，因此必须借助实践理性（道德实践）去把握。维特根斯坦也认为：哲学最高境界无可言说。此外，金岳霖也持此种看法，不过不那么强硬而已（温和的可达不可说）。如金岳霖说治哲学最后必达一形上境界，此境界可意味而不可言说。

4. 形而上学可以借助诗性思维来把握。冯友兰提出可以运用"负的方法"来言说形而上学；而诗歌则是表达形而上学的最好方式之一。此说最有代表性的人物当为后期海德格尔，他认为：传统哲学的概念语言无法把握形上世界，对形上世界的表达必须借助于"诗"。

总括起来，以上几种关于形而上学的看法都存在思维的误区。其中，古希腊哲学将形而上学领域视之为在现象界背后或者现象界之外的最高本体，但凭借观念或者理性范畴仍然可以把握。此一看法具有本质主义与独断论的味道。维也纳学派从根本上取消了形而上学思维何以可能这一问题，此无足论。康德式的形而上学观将形而上学理解为作为现象界存在之根据的物自体或者超出现象界之后的物自体,其仍然继承着古希腊哲学二分法思维传统的遗产自是一目了然。后期海德格尔将形而上学问题归结为"存在"问题,并且强调存在通过存在者呈现自身。此说固然打破了形上世界与形下世界的界限,但其最后的结局却是否定形而上学思维。冯友兰突破了西方形而上学观的藩篱,其心目中的形而上学属于境界形而上学;然而,将形而上学归结为境界形而上学未免有化繁为简之嫌,无法涵盖西方形而上学思考所关心的终极存在问题,因此,其关于形而上学可以用诗歌来表达的说法,依然有一间未达。

　　但是,假如我们将目光从西方转向东方,可以看到:中国哲学关于形而上学思维如何可能这一问题,其中发表过不少真知灼见。中国哲学认为:哲学是"究天人之际"之学,也即是说,哲学应以人与形上世界("天")的关系问题作为思考的重点。对于中国哲学来说,形而上学问题的探究从来是不可脱离人而独立的思维存在,因此,人的出场就为形而上学问题的解决提供了一种新的路径与方向,即形而上学问题其实是人如何去把握天道的问题。从中国哲学史上可以看到,自从先秦的孟子提出"诚者,天之道也;思诚者,人之道也"①与老子提出"道可道,非常道"②问题以来,及至庄子,终有"意在言外"之说。自此之后,中国哲学史上关于"天人关系"问题的讨论一直不息于耳。所谓"言意之辩""心物之辩""理气之辩""道器之辩",等等,无非都是天人关系这一形而上学问题的历史展开形式。然而,集中起来,从形而上学思维的角度来看,关于天人关系问题争论的焦点应当在"言意之辩",而解决问题的根本在于如何理解"象思维"。可以认为,中国哲学关于有"象思维"的说法与思考,不失为在西方主流关于形而上学思维的看法之外,又提供了一种新的思考形而上学问题的方式。假如将西方哲学与中国哲学关于形而上学的运思方式结合起来,或许会为形而上学思维如何可能这一问题的解答提供一种新的视野,并最终获得一种合理的解决。但是,要说明这个问题,还得从何为象思维说起。

---

① 《孟子·离娄上》。
② 《老子·第一章》。

二、关于"象思维"①

(一)"象"的字源学及其意义诠释

传说中,象乃上古时的圣物,具有神性,是沟通人间与天之桥梁。当"象"这一名词转化为动词(如同西方哲学中具有本体论意味的"是"也有其名词形式"being"与动词形式"to be"一样)时,"象"解为"像",即"摹像"的意思。至于为何选取象这一动物来作为沟通天人之圣物,大概与象在上古时期的人类活动中所承担的重要功能有关。据记载,上古时期,河南乃产象之地(河南省的简称"豫"即以"象"作为偏旁),故殷人有"服象"之说。象不仅被用于战争与从事劳役工作,而且还用以祭祀。甚至连象牙也很早就被制作为礼器。总之,既与人类的日常生活相贴近,同时又在人类的社会活动中发挥着重大功能,可能是上古时人们选择象来作为圣物的原因。也正因为如此,一旦象具有这种沟通天人的功能,象作为一种象征意义,就似乎无往而不在,甚至无事而不能。乃至于人们认为各种事物都有其"象"(物象。如"宇宙万象""万象更新""气象万千"),而且通过动词性的"象"可以去摹状各种"象"。如《老子》:"大象无形"②"道之为物,惟恍惟惚。惚兮恍兮,其中有象,恍兮惚兮,其中有物"③(这里,可以区分"大象"与"物象"。"物"有其象,象成其形)。沿习渐久,象作为一种思维习惯和理解与建构世界图式的思维模式也就慢慢地被积淀下来。

作为理解世界的一种图式,象不仅有形,而且指涉"物自身",即有"生""质""神"等实质涵义。它不仅是空间性的形式,而且是时间性的绵延("四象")。象不仅可观,还可"想象",甚至还可意象,可表象,可味象。④ 从人们对象的理解可以看出,象其实是中国古人理解与把握世界的根本方式。

---

① 目前学界多将"象思维"等同于运用"具象"的"形象思维"或运用"意象"的"意象思维",此一看法见诸各种"文论"研究中;从哲学角度对象思维作了较深入探讨的是王树人,他认为象思维是与"概念思维"相对立的非实体性思维(见王树人:《回归原创之思》,江苏人民出版社2005年版)。本书中对"象思维"的理解与以上关于"象思维"的说法有异,认为形象思维或意象思维仅是象思维中的一种,广义的象思维除了形象思维与意象思维之外,还包括运用"抽象概念"的概念思维。换言之,象思维是人类普遍具有的思维方式,而它的表现形式分为两大类,即概念思维与意象思维。本章即是对这种人类普遍采用的象思维方式的论证与说明。
② 《老子·第四十一章》。
③ 《老子·第二十一章》。
④ 以上关于"象"的说法可参考贡华南:《中国思想世界中的形与象之辨》(载《杭州师范大学学报》2008年第5期)。

象不仅是思维方式,作为宇宙生成图式,它还具有本体论与存在论的意义。从构成上看,物与象皆源于气。气、象、形三者关系值得注意。张载:"有气方有象,虽未形,不害象在其中矣。"①"凡可状,皆有也;凡有,皆象也;凡象,皆气也。"②"所谓气也者,非待其蒸郁凝聚,接于目而后知之;苟健顺,动止,浩然,湛然之得言,皆可名之象尔。"③故有属于象,象不必有;象属于气,而气不必象。象既包括可状之形,也包含"未形者"。"象"的形态是"现"而"未形"。

"兆见曰象"(韩寿伯注《系辞上》)。"象"以"兆"的方式呈现("见"),不是已见而不变者。"象"的这种状态,张载称之为"几":"几者,象见而未形者也。形则涉乎明,不待神而后知也。"④

"象,能变化者也。形器,不能变化者也。形器以成既济言,象以变通言。"⑤故象不是确定、固定的东西,不是已然、已成之物。

作为言象之书。《周易》中的象由阴阳、乾坤、天地等二端相合的形式出现,而呈现出时空一体特征。此正是存在之本然中观相:"天象者,阳中之阴;凤廷者,阴中之阳。"⑥"一物而两体,其太极之谓与!阴阳天道,象之成也。"⑦

象又有幽明、显隐之维度:"盈天地之间者,法象而已矣;文理之察,非离不相睹也。方其形也,有以知幽之故;方其不形也,有以知明之故。"⑧天地之间的万象皆如此。

故《易传》中有"圣人观象"之说。道不可观,象可观;可通过观象以知意(道)。

尤可注意者,象总以"两"的形式呈现出来。王夫之:"天下无象外之道,何也? 有外则相与为两,即甚亲而亦如父之于子也。无外则相与为一,虽有异名而亦若耳目之于聪明也。父生子而各自有形,父死而子继,不曰道生象而各自为体,道逝而象留。"⑨"象者,理之所自著也。"⑩"由理之固然者而言,则阴阳交易之理而成象……象成而阴阳交易之理在焉"⑪"阴阳变通而成象

---

① 《张载集》,中华书局 2006 年版,第 231 页。
② 同上书,第 63 页。
③ 同上书,第 16 页。
④ 同上书,第 18 页。
⑤ 焦循:《易学三书·易通释》,九州出版社 2003 年版。第 540—541 页。
⑥ 《张载集》,第 121 页。
⑦ 同上书,第 48 页。
⑧ 同上书,第 8 页。
⑨ 王夫之:《船山全书》第 1 册,岳麓书社 1996 年版,第 1038 页。
⑩ 同上书,第 586 页。
⑪ 同上。

则有体,体立而事物之理著焉。则可因其德而为之名。"①

象内有道(形而上),又不脱离具体感性生命存在与质料,故执象即执了道:"无象外之理""无象外之道"②。

象无形上形下之分,但有象与象之别。每一象与象之间是"通而为一"的。对"象外之象"的追寻是为了"通象",即从象内到象外。从一象到另一象,最终通达作为整体与无限之大象。③

从以上看到,象既是存在论意义的象,亦是作为探究存在之真象的方法论的象。象思维作为把握形而上学的方法,即蕴藏于象的这一字源学以及诠释学传统之中。

(二) 中国哲学的象思维

下面再来看中国哲学是如何来理解这种象思维的。

(1) 如同其他民族的古老祖先一样,远古的中国人曾经经历过使用图画与形象来表达思想的史前时期(关于远古的人类最早是使用图画与形象来进行思维,可以从大量地下出土的远古时期的文物为证。人类最早的思维是图画思维或形象思维,不仅人类学家,包括像维柯、后期海德格尔等哲学家也持这种看法)。但自从"八卦"发明以后(传说伏羲作"八卦"),一种具有象思维特点的思维方式才逐渐形成。

按《周易》的说法,"圣人设卦观象,系辞焉而明吉凶"(《系辞上》)。又说:"圣人有以见天下之赜,而拟诸其形容,象其物宜,是故谓之象。"(同上)"八卦成列,象在其中矣。因而重之,爻在其中矣。"(《系辞下》)"是故易者,象也。象也者,像也。"(同上)伏羲作"八卦",八卦乃"象"(一种表达意义的形象符号形式)。《易传》关于"卦"的说法,总称"卦象"。可见,自从八卦等卦爻符号发明以后,中国人就运用象思维来探索宇宙之奥秘与社会人事等问题,而古代中国人对于象思维的理解,也反映在其对于《易经》的卦爻辞的解释之中。

以后,无论儒家、道家还是中国佛教,都广泛运用"象"来思维,如儒家"以玉配德";《论语》中大量修辞手法,用"象"作喻。老子以"水"喻道,《庄子》中大量以神话、寓言来阐发哲学义理。至于佛教禅宗,更是深谙象思维之道,除了设喻之外,还采用公案,以及"不落言诠"等方式,甚至将象与言对立,以破"言障"。

---

① 王夫之:《船山全书》第 1 册,岳麓书社 1996 年版,第 600 页。
② 王夫之:《周易外传·系辞下》。
③ 以上所引用者皆据贡华南:《中国思想世界中的形与象之辨》。

作为表达哲学义理的中国诗词,更是典型的象思维。诗词运用形象,有两种方式,一种是"止于技"之诗,一种是"进于道"之诗。后者是运用诗词中的形象来表达哲理,是哲学象思维的一种重要形式。①

总之,无论是采取散文的说理方式,还是运用诗词等象征语言,象思维都是中国哲学的主要思维手段与方法。那么,象思维的思维机制到底如何?它有哪些特点?

(2)"象思维"的含义

首先,对于象思维来说,"象"是"形象";形象指具体的、可见可感的具象,可以是视觉的、听觉的甚至是味觉的等等。总之,形象总与感觉联系,感觉器官通过接收外部世界的刺激来获得"形象"。而作为象思维的表达方式的语言文字,就是表达与传达这种形象的符号手段。

其次,作为哲学的象思维,形象主要表现与传达的,又并非是具体的感觉印象或形象。它要告诉我们的,是这种形象背后或者说形象之外的另一种东西。这种东西,可以称之为"意味"("意")。意味与通常的意义不同,通常所谓的"意义"指逻辑意义,如一种事物的定义,是一种"真值"意义上的意义;或者是价值论上的意义,如关于人生意义的某种见解,等等。而哲学象思维之"意"则指向存在,是对存在本身的追问。这点,古人早已指出,如强调要得其"象外之旨",得其"言外之意",等等。

问题在于:一方面是形象,一方面又要超出形象之外,以得其象外之旨,这如何可能?这也就是象思维研究中最重要的问题,即象思维如何可能的问题。

这方面,古人发表了大量的见解,如老子所谓的"道可道,非常道",庄子的"得象忘言,得意忘象",以及禅宗的"以指指月得月忘指"以及"当头棒喝"等等。这些说法归纳起来,无非是说不要局限于形象或者语言本身,而要透过形象或者语言去见其形象或者语言之外的东西。但是,究竟如何去获得这些言外之意或象外之旨,这些说法毕竟还显得简单甚至笼统。或者只提出了一些技巧层次上的方法论原则(如后期禅宗)。这样看来,从中国传统哲学中,我们虽然知道了象思维的含义,但其关于象思维如何可能这种问题,似乎还未有完全展开。

(三) 中国传统诗话中的"象思维"

倒是中国传统的诗论或"诗话",关于如何通过诗词中的形象去寻得其

---

① 关于以诗词等文学手法来表示哲学之最高义,近人王国维有非常自觉的意识,他说:"余自谓才不若古人,但力于第一义处,古人亦不如我用意耳。"(王国维:《人间词话》)

"象外之意",有许多值得回味的说法,可以为我们思考象思维如何可能这个问题提供某种启迪。

在中国的诗学传统中,对象思维中的象作了较为细致的分梳。这首先是区分出象的层次。如将象分为物象、心象。此两者合起来,称为意象。可见,意象其实是物象与心象的合一,或者说是客观之象与主观之象的合一。

其次,揭示了如何"由象得意"的机制。这问题可从两方面来谈:一是意象的形成。这是指如何从外物或外境中获得一种表达意味的意象。一是如何从作为寄寓有意味的意象(如文字意象)中得其意味。假如用哲学的话语来说的话,前者可以说是从现象中观其本体,或者从存在者中观存在;后者可以说是从作为呈现存在的形象或者语言符号中观存在本身。这两者既是相反的两个方面,同时又有着共通的思维机制,可以说是相反相成。

在讨论象思维如何可能这个问题时,中国传统诗论的一个最大突破,是提出了"境界"的理论。这当中,又以王国维的看法为胜。他的《人间词话》可以说是集中国传统境界说之大成,如提出有"有我之境,无我之境",指出境界有"隔与不隔"之分,以及意境有大与小之别,等等。

尽管中国传统的诗话或者诗论对于意象问题有相当丰富而且深刻的论述,但总的看来,还未完全上升到哲学思维的高度来考察这个问题。就是说,还未能点出作为哲学思维之象思维之根本特点到底在哪里。而且,在这些诗论中,往往是将止于技的诗与进于道的诗置于一块来讨论,结果混淆了问题,甚至转移了主题。而传统的中国哲学或者"义理之学"在论述这个问题时,虽然能扣紧主题(即知道要"得其意外"),但在论述上又显得笼统,或者说还没有能真正从理论上解决这个问题。因此,这个问题——象思维作为形而上学思维如何可能——还有待于在今天重提。

重新提出象思维如何可能这个问题,还得从对以往关于象思维或者说意象思维的看法的清理入手。不过,现在我们换了一个角度,即从文献梳理转入"思想批判"的角度。就是说,通过对以往这些关于象思维的说法的思考,看看它们可能给我们今天思考哲学问题提供什么;或者说,通过对历史上关于象思维的思想的反思,揭示它所可能包含的哲学意义是什么。一旦如此提出问题,我们发现:中国古人对于象思维的思考,往往关心要得其"象外之象"。这种象外之象需要通过有形之象来把握,但它却又是超出有形之象之外,是人的感觉经验所无法达到的。从这种意义上看,所谓象思维就是要通过形象去把握或者说达到那超出形象之外的、人的感觉无法达到的世界。这种超出形象之外的世界,也就是我们今天所谓的形上世界。

其次,这个象外世界是一个"总体性"的世界。也就是说:象思维要得到的,并不是现象界中某种具体的事物或东西,也不是超出现象界之外的一个个分离的形相,而是超出现象界的形相之总体。这种总体性的超验或先验之物,可以称之为"本体"。可见,用现在哲学的术语或行话来表述,所谓象思维就是对于本体的把握与认识。所以,哲学意义上的象思维,就是如何通过象思维来把握形而上学之本体。

三、象思维之机制

(一) 从胡塞尔的"本质直观"与"先验直观"说起:

在西方,也有着悠久的象思维传统。这种象思维不同于中国式的象思维的方面,在于其象思维的机制不同。这可以古希腊哲学为例。谈到这里,有人会提出问题:按照古希腊哲学传统,即使承认人可以把握本体,但对于本体的把握,是通过观念来达到的。而观念不属于象思维。但我们说:所谓观念思维,或者科学哲学中的概念思维,无不起源于象思维。或者说,从哲学思维的究竟义看,观念思维或概念思维就是象思维的一种。原因在于:进行观念思维或者概念思维的前提是要有各种范畴,而任何知性范畴,或者说对于世界的知性理解,包括以形式逻辑以及知性范畴去把握世界的认知方式,都有其前逻辑判断作为奠基。而这些前逻辑判断或先于主谓逻辑的范畴,就是一种以象思维方式去把握世界的方式。举例来说,作为形式逻辑之基础的主词的"这一个",就是运用象思维的结果。因为在现象界,我们通过各种感觉器官获得的只是感觉之表象,这些感觉之表象在空间上是零散的,在时间上是不连续的。要将这些在时空上不连贯的感觉印象或感觉表象"变成"一个可以客观认识的"对象",这当中就要借助于象思维。这里,象思维表现为将种种分散与分离的感觉印象加以统辖。而这种将种种感觉印象加以统辖或整合的能力,就是人的象思维能力。

这种象思维能力,康德称之为"先验的统觉"。按照康德的看法,假如离开了这种先于经验的对于感觉印象的统觉能力,人就无法去认识经验事物或者某种"个体"。或者有人会说:人之所以能认识外物或者某个个体事物,是因为有外物或者某个个别性的事物存在,这些外物或者说个别事物的存在是客观的,是不以人的意志为转移的。是因为先有了这些客观事物,然后人们才能去认识这些事物。其实,人们之所以承认有外物或者可以独立存在的客观事物,这一对于客观事物的承认,就是进行了象思维的结果。否则,我们无法断言为什么有客观存在的外物。因为我们通过感觉器官接触到的,只是一大堆的感觉印象。而要知道这些感觉印象不仅仅是感觉印象,而且是关于某物的感觉印象,则非预先肯定或者承认有客观的事物存在不可。否则我们通过感觉器官所感知的只不过是一大堆的感觉印象(感觉论的经验论者就是如此看问题)。所以,从逻辑推论上看,关于"有外物"这一知识论的命题,不来自于我们对于感觉印象的综合,而来自于一种经验直观。这种经验直观,也就是我们这里所说的象思维。

之所以不说经验直观,而说象思维,是因为经验直观的说法显得笼统,它基本上是一个修饰语,没有告诉我们这种经验直观到底是怎么一回事,以及关于象思维的经验直观与人类其他方面的经验直观究竟有何区别。对于我们而言,象思维作为经验直观,是对于本体或者说对于存在的一种直观认识与把握。它一方面是对经验的直观,是对经验从总体上"一下子"加以把握,而不是将经验材料运用通过知性的推理去作出判断;另一方面,它是关于本体的认识,而非对于事物的某种性质或个别方面的认识。在《经验与判断》中,胡塞尔仔细考察与分析了人类这种把握外物的象思维过程。以对于作为具体对象的"这一个"的认识为例,他说:"真正存在着的对象首先是我们认识活动的产物",另一方面,"对象总是已经预先给定了的,正如对我们来说一个对象性的周围世界总是已经预先给定了的一样"①。这话的意思是:我们之所以将事物视之"对象",是以我们将世界对象化为前提,然后任何作用于我们感觉器官的东西才会被我们视之为某一个具体的对象。这里,对世界的对象化理解,不来自对经验事物的归纳,相反,它是对于经验现象的一种直观,是先于对个别事物加以判断的"前谓词判断"。

在《经验与判断》中,胡塞尔研究的是科学思维之赖以可能的前提条件问题,即发现任何科学认识与判断都离不开本质直观或者说范畴直观。总括胡塞尔对于本质直观或范畴直观的说法,可以认为,这种本质直观具有如下特征:首先,认识的对象是作为外物的整体,而非个别感觉印象。其次,它超出了感觉印象。因此,它符合我们关于象思维的定义。

但胡塞尔这种本质直观对于世界的认识,是关于事物存在之本质的认识。它仅仅代表形而上学中关于"物"之含义中的一种。然而,世界对于人来说,不仅仅是以外物或者对象之形式而呈现,而且可以以其他样式呈现。假如用"物自体"来指称世界之本体的话,按照康德的观点,物自体至少可以有两种理解:一种是作为感觉经验之界限以及感觉经验之"根据"的物自体,另一种是作为超出感觉经验之外的物自体。这两种物自体,用我们的话来

---

① 胡塞尔:《经验与判断》,三联书店1999年版,第54页。

说,可以分别称之为"对本体"与"自本体"。① 显然,在《经验与判断》中,胡塞尔研究的仅是以对本体方式呈现的物自体。它既是现象界之限界,同时亦为人类对于世界的科学认知提供了先验的基础。

(二)"智的直觉"与"超验观念"

然而,人类除了具有认识外物之本质的本质直观能力之外,还具有认识世界存在之根据的另一种直觉能力,这也就是"智的直觉"能力。智的直觉与对于外物的直观认识能力不同,它不是关于外事的本质属性的认识,而是关于世界的另一种本然形态的认识。换言之,它不是问外物是如何构成,它具有何种属性等等,而是要追问:世界的本然真相究竟如何?它不仅对于"外物"是否具有它的本质或者说"自性"表示存疑,甚至认为:世界与其说是以具有"自性"的外物的形式存在,毋宁说:事物并无其自性。所谓事物的本质,皆是事物之"表象"。这里,假如将"有的世界"的本体归结为对本体的话,那么,智的直觉要追问的就是作为"无的世界"的最高本体——自本体。

人类对于自本体的认识,同样是通过象思维来达到的。与关于对本体的象思维不同之处在于:虽然同为形上之本体,对本体是现象界之界限与根据,而自本体却指向不同于现象界的另一个世界。对于象思维来说,这所谓不同于现象界的另一个世界,并不是说现象界是不存在的,而只是说:现象界的一切其实并非代表世界的"本然"的真实,世界的本然的真实不在现象界,而是那超出于现象界的世界。虽说如此,这种对于超出现象界的关于世界的知识,又仍然是从现象界出发的。就是说:虽然自本体超越现象界,但对于自本体的认识与把握,却仍然离不开现象界。故而,对于自本体的象思维来说,就是如何从感觉经验或感觉印象出发,去达到那超出感觉印象的自本体的认识;或者说,从可以经验到的现象界去达到超感觉的形上世界。这就是前面所说的"得意忘象"。问题是:这如何可能?

在中国哲学中,尤其是前面所谈到的中国诗学传统中,对于这个问题曾有过不少的阐述。这些有关论述的细节,此处不作多论。总括起来,中国哲学强调对那超越的形上世界的把握要通过破执与静观来完成的。所谓破执,就是将各种非本然的表象清除掉。我们日常生活中认识到的各种事物的性质,许多并非是事物的真相的呈现,相反,倒是对于事物本相的"遮蔽"。这些遮蔽事物真相的表象,包括各种感性表象与认知表象,它们来自于社会的、

---

① "对本体"是关于何以有"这样的一个世界"的本体依据,"自本体"是关于"这一个世界"是如何可能的本体依据,见本书第三章"形而上学基本问题"中"两个世界的哲学问题与终极原理"一节的解释。

历史传统的限制,甚至跟人作为生物体的存在而与生俱来。这种种遮蔽事物真相的表象,佛教教义中称为"执",它包括"法执"与"我执"。因此,所谓去执,就是去除这种种对于事物本然真相遮蔽的执著。

然而,对于自本体的认识,仅仅去执还不够。假如说去执是为了达到对于事物本然真相认识的第一步的话,那么,在去执的基础上,还必须静观。所谓静观,就是人的心灵在摒除各种杂念之后,集中主观意念于冥想之中。这种静观的状态,也称为"虚静"。中国哲学认为,人只有处于"虚静"的状态中,才能真正认识事物的本然真相。这种所谓事物的本然真相是什么?就是"天人合一"之境。中国哲学认为,人只有在天人合一的境界中,才能实现齐物我、齐生死、合内外。这种天人合一的境界,用海德格尔的话说,也可以称之为"澄明之境"。显然,这种泯灭一切差别的天人合一之境,也就是我们所说的"无的世界"。

问题在于:我们日常面对的总是有形形色色、这这那那的区别的"有的世界"或者说现象世界,它们并非是虚幻的;至少对人的感觉器官而言,它们是异常地真实。那么,到底如何才能达到去执与虚静的目标呢?这里,个人主观的心境是重要的。按照康德的说法,人对于现象界的知性认识离不开先验范畴,这些先验范畴不来自于经验现象界,但却适用于经验现象界。与此相似,人对于自本体世界的认识也有赖于运用"超验范畴"(与先验范畴相对立而言)来整理与规范现象界的各种感觉经验。如果说整理现象界的先验范畴包括像时空、因果律、同一律等等这样一些范畴概念的话,那么,用来整理现象界杂多的超验观念(这里不用范畴的说法,而用观念,以免在说法上与先验范畴相混沌),则包括超时空、自由律、互渗律,等等。① 这些超验观念并不神秘,它遍布于我们生活中的各个方面,甚至是我们人类生活中的原始意象或"原型"。只不过,在后来的历史发展中,它们逐渐地被遮蔽。但是,在文学艺术创造与审美活动中,在宗教实践与修行中,乃至于在人们最亲密、最贴己的两性交往中,人们仍然时时会体会与感觉到这种超验观念在发挥着作用与影响。心理学家马斯洛专门研究过人类特有的这种超验观念,他认为:当人被这种超验观念所支配时,就处于一种"高峰体验"的状态。在这种"高峰状态"中的人,他可以达到物我齐一、天人合一,会忘记了自我,也忘掉了周围的一切,也就是进入物我一如的浑然一体状态。可见,所谓"高峰体验"就是人用超验观念去"观"周围世界时所看到的一切,它既是达到天人合一的过程,也是把握自本体的结果。

---

① "互渗律"的说法来自于法国人类学家列维—布留尔。他在《原始思维》中首先提出这一观念,按照本文的说法,它其实是人类认识自本体的普遍思维原理与超验范式。

要提请注意的是:当人们运用先验范畴去观现象界时,必须借助于意志的力;而运用超验观念去观现象界时,却必须要摒弃意志力的作用,而诉诸情感。这也就是中国古人所说的"情志"的作用。与意志力一样,情志也属于"心"的功能,但它却执掌着与意志力不同的功能。当人们处于日常世界的时候,通常总会自觉或不自觉地运用先验范畴(最典型的如时空范畴)来观察与看待世界,这会造成对于世界真相之"遮蔽"。因此,情志的作用从消极方面看,就是对于来自于日常生活中的不自觉的运用先验范畴的意志力的消除。在这种意义上,它是破执如何可能的心理条件。然而,情志的另一种机制,而且是更重要的作用,就在于它是人类心象中潜意识原型的发动。在人的潜意识中,本来就有着天人合一、物我齐一的本然倾向,但在现实生活中,它往往被湮没,于是,人们往往就只会采取主客二分的方式来观物,世界于是向人们呈现为对本体的世界。而情志的作用使人能够敞开人的本然之心,采用"以物观物"的方式来观察世界,于是,世界就会以自本体的方式向人们敞开。故之,情志的作用实乃通过情的调动来激发本然之我的这种观物能力,以使人的心灵中的原象与外部世界合一,其最后达到的结果就是万物齐一、无人无我的自本体。①

四、从"现象"到"筑象"

(一) 对本体之象

以上,我们分析了象思维的机制,提出有两种直觉:知的直觉与智的直觉。这两种直觉依据的原理、心理机制都不相同。现在让我们来看,通过这两种不同的观象机制,最后会出现哪两种不同的象。

通常人们对"象"的理解,常常混淆了如下这几种象:物象、心象、意象。这里,我们要作出如下区分:所谓物象,其实是指日常生活中经验中的现象。根据我们前面所论,心象应指心灵之原象,它包括先验范畴与超验范畴。而心象与物象的结合则为意象。因此,所谓象思维,其实就是如何以心象观物象。它的最终结果是要达到意象。这当中,意象的形成过程可以称之为"筑象"。筑象的结果是获得意象,而获得何种意象的可能性则决定于心象。这

---

① 在《回归原创之思》(江苏人民出版 2005 年版,第 280 页)中,王树仁也专门谈到"情志"与"筑象"的关系。虽然其关于"象"的理解与本书的看法不同,但强调情志在象的形成过程中的作用,却与本书思路不谋而合。另外,本书作者在《语言与存在:中西方思维方式与心智深层结构》(《文化与中国》第二辑,三联书店 1986 年版)一文中,也专门讨论了情志在将潜意识中的心象过渡到意识层面的形象过程中的作用,可参阅。

样看来,通常人们将日常生活中与之打交道的种种感觉到的印象称之为"现象",这一说法并非准确。从"现象学"的眼光看来,真正的"现象",或者说所谓的"让事物呈现自身",就是我们运用心象去整理现象界之杂多的过程。任何离开心象去把握现象界的认识都是不可能的。换言之,所谓存在性的先行领悟,就是用某种心象(或者说先验范畴,或者是超验观念)去整理感觉印象的结果。故而,对于现象界的认识,或者要让事物呈现自身,筑象成为考察这一过程的重要环节。

从前面的分析,我们看到,通常先验范畴或超验观念去加工或整理现象界之杂多,我们会分别获得两种象,一种是对本体,另一种是自本体。这两种象,我们这里分别称之为科学象与人文象。之所以如此称呼,是因为通过对本体之象的构筑,我们的世界呈现为一种科学化的世界图景,而通过自本体之象的构筑,我们眼前出现的是一幅人文化的世界图景。那么,这两种象到底是如何形成的呢?

所谓对本体之象构成科学世界之图景,是说通过对本体之建立,世界被"科学化"。所谓科学化,按照海德格尔的说法,它首先意味着对世界的"对象化"。就是说,人与世界共在的关系,被理解为人站在世界面前,世界作为一个与人对立的表象世界而存在。这种世界对象化的过程,也就是人作为认识主体与世界相分离的过程。就是说,本来由于人与世界共在的关系,被理解为世界可以独立于人之外而被人认识。海德格尔说:"决定性的事情并非人摆脱以往的束缚而成为自己,而是在人成为主体(Subjectum)之际人的本质发生了根本变化。……但如果人成了第一性的和真正的一般主体,那就意味着:人成为那种存在者,一切存在者以其存在方式和真理方式把自身建立在这种存在者之上。人成为存在者本身的关系中心。"[1]这种所谓人的作为认识主体地位的确立,也就是我们所说的主客二分关系的确立。世界在被对象化的意义上得到了解。在这种情况下,"从本质上看来,世界图象并非意指一幅关于世界的图景,而是指世界被把握为图象了。这时,存在者整体便以下述方式被看待,即:唯就存在者被具有表象和制造作用的人摆置而言,存在者才是存在着的"[2]。而且,"作为一般主体,人乃是自我(ego)的心灵活动(co-agitatio)。人把自身建立为一切尺度的尺度,即人们据以测度和测量(计算)什么能被看作确定的——也即真实的或存在着的——东西的那一切尺度的尺度"[3]。

---

[1] 《海德格尔选集》(下),第897页。
[2] 同上书,第899页。
[3] 同上书,第920页。

其次,个别化。科学化是以个体化原则为前提的。所谓个别化,就是强调事物作为个体,个体与个体之间的区别。在前科学时代或者原初的生活世界中,无所谓真正意义上的个体,一切事物都相互联系并且难以区分,而世界的科学化首先就是要从世界中区别出各种各样的个体。而要区分出不同的个体,也就意味着要承认个体与个体之间有着根本上或者说"质"的区别。按照这种个别化原则,"物根本上应被当作何种东西,物首先应作为何种东西并且如何得到评价"①。这种个别化原则,后来在科学范畴中被定义为追问事物之"本质",它是作为"科学方法"运用之前提的同一律的根据。

再者,科学化还意味着寻找世界之规律。对于科学化的世界来说,世界上一切事物都是有规律可循的,而科学化的世界图景则视世界为一个被各种各样的规律与原理支配的世界。海德格尔谈到这种规律化的世界图象之建构时说:"如是被筹划的区域将成为对象性的,那就需要我们在其纵横交织的整个多样性中去遭遇它,与之照面。因此,程式必须为照面者的多变性备下自由的眼光。唯有在变化过程的始终不同性的视界内,才能显示出特殊性亦即事实的全部丰富性。……故程式必须在其变化中把变化之物表象出来,展示出来,同时依然让运动成其为一种运动。事实的恒定因素以及事实之变化本身的持续性就是'法则'(Regel)。在其过程之必然性中的变化的持续因素就是'规律'(Gesetz)。唯在规则和规律的视界内,事实才作为它们本身所是的事实而成为清晰的。自然领域中的事实研究本身乃是对法则和规律的建立和证明。"②

最后,科学化最为重要和根本的一点,是"数学化"。所谓数学化,是指将世界理解为一个可以用数字来加以分析与理解的世界。海德格尔在《世界图景的时代》一文中,对世界的如何被"数学化"作了详细而深入的分析。在他看来,以上三方面:对象化、个别化和规律化,都是为数学化作准备。或者说,它们最后都将通向数学化。因此,数学化也可以理解为运用知的直觉来筑象的必然归宿与结果。海德格尔提到数学化作为人对于世界的"先验超越"的一种"禀赋"时说:"作为心灵设想(mente concipere),数学因素是一种可说跳越了物的对物之物性的筹划(Entwurf)。这种筹划才开启了一个领域,物,也即事实,就在其中显示自身。"③为什么数学化在人对于对本体的建构,以及对于世界的对本体图象的建构中如此重要呢?这是因为:人之所以与世界打交道或者说与世界共在,其中有一个重要方面,就是人要作为生物

---

① 《海德格尔选集》(下),第 870 页。
② 同上书,第 889—890 页。
③ 同上书,第 870 页。

体而存在活下去,必须要去利用与驾驭周围环境与外部世界。而这种利用与驾驭环境的能力,只有通过数学化才能获得。因此数学化的好处是可以已知推知未知,从已经发生的过去推断未来,从此时此地发生的现象推知彼时彼地将要发生的事件。从人与世界打交道的方式来说,它同时是人对于存在的一种"先行领悟"。"数学因素也即对物的规定的设定就是基于这样一种要求;这种对物的规定并不是以经验方式从物那里抽取出来的,它却是对物的一切规定的基础,使后者成为可能并为之创造了空间。"①海德格尔在谈到这种数学化对于对本体的世界图景之出现的意义时说:"数学筹划作为公理筹划是对物的本质、对物体的本质的先行掌握。因此,关于每个物及其与任何物的关系的结构的基本轮廓就被先行勾绘出来了。"②按照海德格尔的理解,像时间、空间这样一些先验范畴以及把握世界的感性先验范畴,其中都是以数学化作为基础的,因为数学化"这一基本轮廓同时提供了一个尺度,以界定一个在未来将包涵具有这样一种本质的所有物的领域。自然不再是决定物体的运动形式和位置的物体的内在能力。自然现在是在公理筹划中勾勒出来的、均匀的时空运动关系到的领域,而物体唯在进入这个领域并固定于其中才成其为物体"③。换言之,假如世界没有被数学化,即使有对象化、个别化或者规律化,那么,世界还不会成为一个整体。只有经过数学化之后,世界才对人呈现为一个对本体的整个世界。这其中,世界中一切现象都被实体化与个别化了,并且相互联系,同时不断在运动与变化;但这种运动与变化以及相互联接的方式,由于数学化而显得可以理解和被人认识,从而,这个对本体的世界表象也才可以被人们所支配与控制。

(二) 自本体之象

如果说对本体的世界,或者说科学世界向人之呈现,是由于人借助知的直觉去将世界对象化的结果,其中,对象化原则、个别化原则、规律化原则以及数学化原则在其中起着关键作用的话,那么,自本体世界,或者说人文化世界向人之呈现,就是人借助智的直觉去将世界自象化。这种将世界自象化的过程,其机制与原理跟对象化世界之机制与原理恰成对比。

首先,自象化原则。如果说对象化原则是将人与世界共在的关系理解为人站在世界面前,世界作为一个与人对立的表象世界而存在,这种世界对象化的过程,也就是人作为认识主体与世界相分离的过程的话,那么,自象化原

---

① 《海德格尔选集》(下),第868页。
② 同上书,第870页。
③ 同上书,第870—871页。

则刚好相反,是将人与世界共在的关系理解为人在世界之中存在。所谓人在世界中存在,其意思不仅仅是说人不与世界相对立,人是生活于世界之"中"的,而且,其积极意义是说:人本身就是世界,世界也可以理解为人的存在。这如何可能? 这是因为,按照自象化原则,世界本来是无所谓人与世界之划分的。关于人与世界的划分,只是分析的说法,在真正的存在论意义上,是无所谓人与世界之二分,也无所谓人与物之二分的。因此,对于自象化原则来说,人就是宇宙,宇宙也就是人。宋儒陆九渊所说的"吾心便是宇宙,宇宙便是吾心"①当可在此种意义上理解。当然,所谓说人就是宇宙,宇宙就是人,这并非认为在现象界中,人与周围的事物以及环境完全是一回事。就现象界之杂多而言,既然是杂多,必须意味着人是人,周围的形形色色是不同于人的形形色色。因此,所谓自象化原则,并非是要消除现象界中这些现象之界限,而是说,对于超验世界来说,"本来无一物",也就从根本上无所谓人与世界的对立、人与物的对立。可见,所谓自象化是在承认现象界之杂多与区别的前提下,而去认识那超验世界的"齐一"与"无"。它其实是从现象界过渡到超验界的超越原则。

其次,齐一化原则。与对本体以及科学世界强调个体的存在,以及每个个体都有其与其他个体相区分开来的本质不同,人文化世界图景之建构,有赖于齐一化原则。所谓齐一化原则并非否认现象界中经验现象之杂多与"不齐",而是说,对于自本体的筑象来说,它认为:这些经验之杂多与不齐,仅仅属于现象界。而对于超验世界而言,万物皆一,本来就无所谓杂多,更何来不齐。因此,与自象化原则相同,齐一化原则也是对超验界而言。它要求的是如何透过现象界之杂多与不齐去观那超出现象界之齐一与无。它同样是从现象界过渡到超验界的超越原则。当然,齐一化原则是说人本来就具有这种超验的智的直觉能力,但这种智的直觉能力能否发生作用,何时发生作用,如何发生作用,则有待于人的心的发动。从这方面说,齐一化原则可以说是人的心灵的"本然"或者说"未发"状态。它的显现,不仅有一个过程,而且有赖于作为存在者的人的当下的状态。

再次,非规律化。与科学世界之呈现有赖于规律化原则不同,人文世界之呈现,恰恰是与规律化相反对的。这不是说:它否认现象界中的经验现象有其"客观规律",而是说,在自本体世界中,是无所谓规律的。这也就意味着在自本体世界中起作用的其实是自由律。所谓自由律,是说某物可以是某物,又可以不是某物;既可以不是某物,又可以是某物。显然,本来,对于现象

---

① 《象山集》卷二十二。

界而言,说某物是某物,就不能说某物不是某物;而在超验界,本来属于现象的此物可以是彼物,而本来属于现象界中的彼物也可以说是此物。固然,自由律一方面是超验世界中自本体的呈现方式,也可以说是从现象界之不齐与分别过渡到超验界的齐一与无区别时所遵循的一种超验机制。

最后,模糊性原则。与对本体追求数学化原则,从而使现象界之杂多显得有规律可循,并且事物之间的差别以及运动可以精确化地被测定不同,自本体之筑象遵循模糊性原则。这不是说它否认现象界中事物之不齐以及规律性的存在,而是说,对于自本体世界而言,它认为这些所谓的不齐以及区别,其实都是不重要的,甚至可能是人为的。因此,它要通过模糊性原则的运用,去破除这些强调区别的执。这种执可能是由于外部世界的刺激而作用于人之心灵的,而更多的是由于心象的主观幻相。因此,模糊性原则的运用主要是针对人的心象之幻相的。它要说明:世界中各种各样的事物之所以出现差别与区分,是由于我们引入知的直觉来观物的结果。因此,它要求的是转换观物之视角,从以我观物过渡到以物观物。人只有在以物观物的状态下,才能发现世界本来是齐一,并且是"无"。因此,模糊性原则其实是人如何从对本体世界过渡到自本体世界的超验原则。与自象化原则、齐一化原则以及非规律化原则相比较,模糊化原则由于更具有操作性,因此,在自本体之象的建构过程中,也就处于最根本与更基础的层次。

五、形上姿态与筑象类型

通过以上所论,可知对本体之筑象与自本体之筑象,实代表两种不同的形而上学进路。而人之究竟采取何种形上进路,实取决于不同的形上姿态。形上姿态不同于形上进路的方面在于:形上进路是筑象机制与筑象方式之自觉运用与实践,而形上姿态则具有更原初的性质。换言之,人是先有了某种形上姿态,然后才能自觉地或者有意识地采取某种形上进路去筑象,从而形成不同的象以及形而上学观念。通过对对本体之象以及自本体之象之形成机理的研究,可以看到:人在筑象时,可以采取对本体的形上姿态,也可以采取自本体的形上姿态。是这两种形上姿态方才导致了两种不同的象思维或者说筑象类型的出现。对于对本体之筑象来说,采取或运用的是正的方法或者说增的方式。对于自本体之筑象来说,采取与运用的是负的方法或者说减的方法。

所谓正的方法或者增的方法,是说在筑象过程中,人们通过象去思维或者说整理现象界之杂多时,对于现象界呈现之杂多与多样性予之强化与固化。所谓强化,就在说,对于现象界的杂多,我们认为它们是固定的,而且是一成不变的,从而,在把握经验现象界之杂多时,我们强调的是其不变的一面,即使现象界向我们呈现为杂多时,我们也倾向于认为这些杂多是不变的;因此,变化也成为不变之变。而这种正的方法或者说增的方法,使人类发明了范畴。所谓范畴,就是"以不变治变"。① 范畴除了是对于现象界之经验杂多的强化与固定化之外,它还有将本来就是复杂的现象再加以切割与分离的一面,而每一种切割与分离又伴随着对于它们的强化与固化。就是说,对于对本体形上姿态来说,现象界不仅是可以固化的,而且是可以无限细分的。而这些无限的细分,又都可以固定为某种不变的本质。惟其如此,我们发现,在对本体世界中,我们不仅面对现象界的杂多,而且总是与形形色色的范畴与概念打交道。这些范畴与概念,实质上是作为对现象界之杂多的固定与强化的手段而加以运用的。

反之,尽管面对的是现象界之杂多,自本体的形上姿态则对于这种现象界之杂多采取了负的或者说减的方法。所谓负的或者减的方法,是说对于现象界杂多不作彼此之区分,或者说尽量地减少或抹平这些差异。因此,与对本体之借助于范畴来强化与固化现象界杂多之区分相反,自本体借助于意象来揭示现象界的杂多之间的流动性与彼此转化的特性。正是由于这种负的方法或者说减的方法的引入,我们看到,在自本体思维过程中,现象界之杂多的界限渐渐地消失了,或者说变得不那么重要,乃至于被视为世界之不真实的幻相。

比较一下这两种不同的形上姿态,可以认为,对本体的形上姿态是一种将现象界之知识变得复杂且愈来愈多样化的形上姿态,而自本体的形上姿态则是将现象界之认识变得愈来愈简单的形上姿态。这两种不同的形上姿态,《老子》分别将它们归之为"为学"与"为道"的姿态。按照《老子》,从对本体形上姿态到对本体之象的建构,就是一个不断的"为学日益"的过程;而从自本体形上姿态到自本体之象的建构,则是一个不断的"为道日损"的过程。

这两种不同的形上姿态,不仅在中西哲学史上并行不悖,而且它们各自留下了不同的形而上学思维模式。其中,中国形而上学主要采取的是自本体的形上姿态,而西方形而上学的主流采取的是对本体的形上姿态。中西方这

---

① 金岳霖对"意念"(这里指"概念"与"范畴")如何能"以不变治变"有相当精到的分析,他说:"意念之所以能治变,笼统地说,就是它本身不变,分析地说,就是一方面它摹状,一方面它又规律。不摹状则意念也许落空,虽本身不变,然而不能治所与;不规律,则本身也许变,本身虽不落空,然而不能治所与底变。经验既是以得自所与还治所与,当然也是以不变治变;官觉既是以意念加诸呈现,当然也是以不变治变。"(见金岳霖:《知识论》,商务印书馆1983年版,第395页)

两种不同的形上姿态与形上思维的最好代表,分别是《周易》与亚里士多德的形而上学。下面来分别讨论。

六、两种象思维之个案比较:"四因说"与"元亨利贞说"

在《物理学》中,亚里士多德首创"四因说",认为事物存在的原因或根据有四种。亚里士多德解释这四因说:"原因或者指的个别特殊事物,或者是指它的'类',或者指一个偶性,或者指偶性的'类';并且这两组用法都或者用合成的,或者用单独的。"①可见,所谓"原因"对于亚里士多德来说,其实是他从某个或某些特殊的角度来看待事物的视角。而这些观察事物的角度,亚里士多德认为有四个。他提出观察事物的四种角度时说:"(1)事物所则产生的,并在事物内始终存在着的那东西,是一种原因。例如塑像的铜,酒杯的银子,以及包括铜、银这些'种'的'类'都是。(2)形式与原型。亦即表述出本质的定义,以及它们的'类',也是一种原因。例如音程的2:1的比例以及(一般地说)数是音程的原因,定义中的各组成部分也是原因。再一个(3)就是变化或静止的最初源泉。例如出主意的人是原因,父亲是孩子的原因,一般地说就是那个命名被动者运动的事物,引起变化者变化的事物,一般地说就是那个使被动者运动的事物,引起变化者变化的事物。再一个原因(4)是终结,是目的。例如健康是散步的原因,他为什么散步?他们说'为了健康'。说了这句话我们就认为已经指出了原因。由别的推动者所完成的一切中间措施也是达到目的手段。例如肉体的消瘦、清泻法、药物或外科器械也是达到健康成长的手段。所有这些虽然有的是行为,有的是工具,各不相同,但都是为了达到目的。"②

以上就是亚里士多德为什么会提出"四因"的根据。但分析亚里士多德的说法可以看出,当他如此提出四因时,已经是自觉或者不自觉地运用了我们在上面所提到的关于"对本体之象"之形成的四原则,即对象化、个别化、规律化与数字化。以形式因的确定为例,之所以将世界万事万物作各种"类"的划分,其实就是应用了"个别化原则"思维的结果,否则世界上各种事物无所谓"类"的区别。又比如亚里士多德为了说明有动力因,举先有父亲后有孩子为例;关于目的因,他又举诸如肉体的消瘦法、药物以及使用外科器械等皆为达到"健康"之手段为例。但我们看到,男女之结合,常常也并非为了生小孩,而现实世界中人们的不少"减肥运动",以及摄入药物等,也并不

---

① 亚里士多德:《物理学》,商务印书1982版,第52页。
② 同上书,第51页。

必然与"健康"相联系。如此看来,当我们说事物之变化皆有其引起变化的动力因以及目的因时,也是以承认世界上万事万物皆无逃于自然的因果律作为前提条件的,否则无所谓动力因与目的因。

亚里士多德不仅用四因来解释世界上万事万物的存在与变化,而且将其视之为世界的终极实在。由于四因中的动力因与目的因与形式因可以合并,后来,他将四因简化为质料因与形式因两种。认为世界上一切事物都以质料因与形式因相结合的方法存在。而这种强调质料因与形式因的做法,则直接导致亚里士多德式的本体论形而上学的建立。在《范畴篇》中,亚里士多德讨论了有两种本体——第一本体与第二本体。关于第一本体,他说:"就最本真、最本原和最优先的意义上而言,本体就是既不能用来述说(陈述)一个主体(主位者),也不存在于一个主体里面的东西,比如一个特定的人或一匹特定的马。"①又说:"除了第一本体外,一切其他东西或者是用来述说作为主体的第一本体,或者是存在于作为主体的第一主体里。……因此,如果第一本体不存在,那么就不可能有其他东西存在。"②从亚里士多德的论述来看,他所说的第一本体其实就是"质料"。关于第二本体,他说:"第二本体就是那包含着第一意义的本体的诸属,那包含着属的种也是第二实体。"③从亚里士多德的有关论述来看,他所谓的第二本体其实就是形式。问题在于:为什么亚里士多德会提出有两种本体呢?原来,他面对着的是世界上万事万物之变化这个问题。这个问题既是人们日常生活中最易感知到的最寻常问题,也是人们思考宇宙以及人生问题时遭遇到的最敏感问题。对于具有理性主义取向的希腊人来说,他们认为理性可以把握世界之变化。而理性之所以能够把握世界之变化,是因为它能够把握变化背后不变的东西。可见,正是这种试图要把握变动不居的世界背后之不变的东西的努力,才导致希腊人去寻找这种不变的东西到底是什么。这种恒常不变之物,也就是亚里士多德在《范畴篇》中确立的第一本体与第二本体——质料与形式。而也正是这种追求事物背后之恒常不变的东西的努力,也导致亚里士多德后来发现:将质料作为最高主体毕竟过于空洞,它甚至有流为变动中而丧失作为不变之恒常物的危险。因此,他也终于放弃了将各种性质之承担者的主体——质料作为本体的努力,取而代之的,是承认那在任何时候都可以保持自身之同一性的形式因作为最终的本体,这种以事物之形式因出现的本体,后来被称之为本质。考察亚里士多德从四因说开始到确立本质说的本体论的思想过程,我们看

---

① 宋继杰主编:《Being 与西方哲学传统》(下),第 780 页。
② 同上书,第 781 页。
③ 同上书,第 780 页。

到：贯穿亚里士多德形而上学思维的，就是那种寻找事物之恒常不变的终极原因的努力。

反过来，在中国哲学中，不仅从来没有出现过像希腊哲学那样追求世界背后之不变的本质的探索与努力，而且，中国哲人从来不仅承认变化，并且将变化视之为宇宙与世界上万事万物之恒常的法则。因此，假如将希腊人的以探究"不变"之形而上学称之为本质论的形而上学的话，那么，中国哲学的形而上学由于以探究变为目的，它可以称之为有机过程论的形而上学。这种有机过程论的形而上学的最好代表，就是《周易》。

说中国哲学以探究变为依归，不等于说中国哲学中没有不变的观念。事实上，就哲学思维来说，中国哲学中的变与不变的思想是共集于一身的。这种对于变与不变的关系的理解，以《周易》的"元亨利贞说"最为典型。《周易·乾卦》曰："乾，元亨利贞。"在《周易》六十四卦中，乾卦居首，表达的是对宇宙万物的一种总体性看法。对《乾卦》的意思作何理解？牟宗三认为，"元、亨、利、贞"四个字表示的是宇宙过程的四个阶段。其中元是开始，亨是通，利是往外通出去，贞是有所定，有所成。① 牟宗三看出元亨利贞的宇宙论是一个过程论的宇宙论，与亚里士多德讲宇宙过程是用分析的方法来把握并非相同，这是他的慧识所在。然而，牟宗三仍然要将《乾卦》的这种宇宙论与四因说相比，认为"假如拿亚里士多德'四因'（four causes）衡量，首先透显的是'动力因'和'目的因'。在元、亨那个地方显'动力因'，在利、贞那个地主显'目的因'。元、亨代表始，代表生；利、贞代表终，代表成"②。其实，将元亨利贞说来与四因说作比较是完全不必要的。这样做的结果，徒然增加了理解的困难。因为四因说与元亨利贞说从根本上看代表着两种不同的形而上学思维体系。而这两种形而上学思想体系又是由两种不同的形而上学思维方式所决定的。说这是两个不同的形而上学思想体系，是说四因说代表的是一种本质论的宇宙观与形而上学体系，而"元亨利贞说"代表的是一种有机过程论的宇宙观与形而上学体系。之所以说"元亨利贞说"代表一种有机过程论的形而上学体系，是说它不仅是过程论的，而且是有机的。因此，与其说像牟宗三那样将元、亨、利、贞理解为统一的宇宙过程的四个阶段，不如将它视为一个有机的宇宙体系更为恰当。而这个有机的宇宙过程是不可划分为阶段来加以把握的。既然如此，这个宇宙过程为什么又会有"元亨利贞"的说法呢？其实，从现象学的观点来看，所谓"元亨利贞"并非是宇宙过程的四个阶段，而是宇宙过程的四种呈现方式。这也就是为什么《乾卦·象辞》要说

---

① 牟宗三：《四因说演讲录》，上海古籍出版社1998年版，第5页。
② 同上书，第23页。

"大哉乾元！万物资始,乃统天。云行雨施,品物流形。大明终始,六位时成,时乘六龙以御天。乾道变化,各正性命。保合太和乃利贞,首出庶物,万国咸宁"的道理。假如要从思维方式上将乾卦及其象辞的内容与四因说作比较的话,可以认为:四因说采取的是一种分解性或者说构造性的形而上学思维模式,而元亨利贞说采取的却是一种现象学的形而上学思维方式。分解性的形而上学思维将宇宙过程分解为各个要素或阶段,而对于现象学的形而上学思维来说,宇宙过程是一个有机的统一体,是无法分解或分析地理解的,但是,它却可以通过现象界来加以呈现。一旦如此理解的话,我们发现,《乾卦·象辞》其实是对《乾卦》中的宇宙观的一种现象学描述而非其他。

与四因说中呈现的分解式的形而上学思维一样,元亨利贞说作为一种形而上学观,关注的也是宇宙过程中的变化问题。然而,与四因说对终极问题的探究转化为对变之背后的不变问题的探究不同,"元亨利贞说"的有机过程论的形而上学却视变为宇宙之终极实在。这也就是《周易》所谓的"生生之谓易"。假如说终极实在也非得用一个词来表达的话,那么,它可以是体。在《周易》中,这形上世界之体可以用《乾卦》中的"乾卦"来表现,但这乾体并不虚幻,它表现为现象界之"用",也即"元亨利贞"。可见,乾之本体与元亨利贞之用本是宇宙过程的一体两面。它们是体与用、隐与显之关系。假如套用海德格尔的说法,它们之间应当是存在(乾之体)与存在者(元亨利贞之用)的关系。

由以上所论可知,以四因说为代表的形而上学思维方式采取的是对本体的象思维模式,其根本特征是"以不变治变",其结果是导致了本质论的形而上学观的出现。而以"元亨利贞说"为代表的形而上学思维采取的是自本体思维方式,其特征是"以变应变",这种思维方式导致了《周易》的有机过程论的形而上学观的出现。以上这两种思维方式不仅彼此差异甚大,而且彼此所呈现出来的世界图景也迥然有别。然而,通过对象思维的考察可以看到,它们无不是人类"原象"之分化的结果。从人类象思维的演化史来看,也许原象之分化为对本体之象与自本体之象有其不得不然,并且这种分化也曾给人类文明带来了丰硕的成果。比如说,正是由于对本体思维的应用,人类的科学技术才取得长足的发展;而正是采取自本体思维,人类才发掘出他的价值世界之源泉。然而,对本体思维与自本体思维的长久分裂却也一直深深地困扰着人类。可以说,人类面临的种种问题尽管许多是来自外部的挑战,但从其形上思维中即也可以找到根源。今天,人类在对本体思维与自本体思维的长期分化与分裂之后,应当重新达成二者的和解。也就是说,未来的人类应当将对本体思维与自本体思维加以结合,以煅造出一种既包含了对本体思维与自本体思维,同时又超越了这两种思维的新的形而上学思维模式。

第六章 原言:中观言说形上世界如何可能

一、引论:从象到言

象思维是人类把握世界的普遍方式。康德说:"我们的知识来自于内心的两个基本来源,其中第一个是感受表象的能力(对印象的接受性),第二个是通过这些表象来认识一个对象的能力(概念的自发性)……所以直观和概念构成我们一切知识的要素,以至于概念没有以某种方式与之相应的直观,或直观没有概念,都不能产生知识。"① 这里的所谓"表象",所谓"直观",乃属于象思维的范畴。关于象思维,《易经》中有更为明确的说法:"圣人有以见天下之赜,而拟诸其形容,象其物宜,是故谓之象。"② 在上一章里,我们对象思维作了讨论,指出象思维有两种:对象性思维与自象性思维。通过这两种不同的象思维,世界呈现为两种不同的世界图景,即科学化的世界与人文化的世界。然而,尽管人类是通过象思维去理解与把握世界,但要将这种象思维的结果加以传达,还须借助语言。这是因为:语言是人类交流思想的工具。人们要表达对于世界的看法,最终还必须凭借语言。但是,一旦使用语言来表达对于世界的看法,语言本身也反过来影响甚至制约到人们对于世界的理解。从这种意义上说,世界其实又是通过语言构造出来的:有不同的语言,才有不同的世界向人们呈现。海德格尔将语言的这种作用与地位提到空前的高度,称"语言是存在之家"。中国古人关于言与象的关系也有深刻的论述。即一方面承认形上之道要通过象来表达,而象也必得通过言来言说。此即"尽意莫若象,尽象莫若言"③。王弼说:"夫象者,出意者也;言者,明象者也。尽意莫若象,尽象莫若言。言生于象,故可寻言以观象。象生于意,故可寻象以观意。意以象尽,象以言著……"但另一方面,又认为象不等于意,言与象之间有着距离。这就要求"得意忘象,得象忘言":"言生于象,故可寻言以观象;象生于意,故可寻象以观意。意以象尽,象以言著。故言者所以明象,得象而忘言;象者,所以存意,得意而忘象。犹蹄者所以在兔,得兔而忘蹄;筌者所以在鱼,得鱼而忘筌也。然则,言者,象之蹄也。象者,意之筌也。

---

① 康德:《纯粹理性批判》,邓晓芒译,人民出版社2004年版,第51页。
② 《易传·系辞上》。
③ 王弼《周易略例·明象》。

是故,存言者,非得象者也;存象者,非得意者也。象生于意而存象焉,则所存者乃非其象也;言生于象而存言焉,则所存者乃非其言也;然则忘象者,乃得意者也;忘言者,乃得象者也。得意在忘象,得象在忘言。故立象以尽意,而象可忘也;重画以尽情,而画可忘也。"①

这说明:象固然决定了人们对于世界的认识,同样地,语言也决定了人们对于象的理解。因此,当我们说有两种象的时候,就蕴含着有两种语言的看法,即对于两种不同的象来说,我们必须借助两种不同的语言:对应于对象的世界来说,我们有描述对象世界的语言;对应于自象的世界来说,我们有描述自象世界的语言。前者,由于与现象界相对应,我们称之为"量言";后者由于与本体界相对应,我们称之为"性言"②。

然而,何为量言,何为性言?它们与象思维究竟有着何种关系?这是我们下面要进一步探究的。

二、量言与对象性思维

(一)何为"量言"

量言是通过语言去对科学化世界图景的把握。科学化的世界是有分别与有限的世界。所谓有分别,是强调现象世界中事物与事物的区别,所谓有限,是指现象世界是有边界的,超出这个边界的领域,人的知性无法把握。但我们知道:现象界的一切都是变动的,假如一切事物总是处于变动之中,那么,事物与事物之间也就无法区分与辨别。因此,谈现象界的变动,总是肯定现象界中的事物有其不变者为前提。就是说:我们肯定任何事物都有其不变者在;而说事物总处于变动之中,是说事物的表面形态(这些表面形态可以是外观的,即人的感觉器官能够感觉到其变化的)。然而,在其表面现象的背后,任何事物总有其不变者在。因此,说事物的变化与变动,是说事物的表面形态的变化,而事物当中总有变化中不变化者在。这种不随事物的表面形态的变化而变化的事物的这个方面,称之为"本质"。因此,我们看到,用量言去把握科学化的世界,首先就是要强调对于事物本质的认识。

此外,当我们说事物的表面形态会发生变化时,这种变化总是对于不变化而言。就是说,当我们说事物的表面形态发生变化时,其意是说事物变化

---

① 王弼:《周易略例·明象》。
② 这一用法来自于熊十力关于"量智"与"性智"的区分。张岱年先生在谈到人在宇宙中的位置时,也说"乃以性言,不以量言",只不过这里"性言""量言"均作动词解。

后的表面形态与它变化之前的表面形态是不同的;而这所谓不同,也即意味着承认有不同的表面形态。这些表面形态虽然依附于个别的具体事物,但是,它们彼此之间却千差万别。这彼此不同的表面形态,称之为"性质"。因此,用量言去把握科学化的世界,就是要认识与区分出事物之各种不同的"性质"。(洛克有"第一性质"与"第二性质"的说法)正是由于事物之性质不同,才使我们认识到事物与事物之间的区别;也由于有各种不同的性质的区别,我们也才可以判断事物的变化。就是说,说事物发生了变化,不是说这个事物的"本质"变了,而是说,这个事物的性质发生了变化。

还有,现象界的变化不仅是事物性质的变化,而且还包括事物在具体时空中的变化。时空是现象界中各种事物得以存在的基本条件与形式。就是说:假如离开了时间与空间这样的基本"架子",则无所谓对于现象界事物的认识(康德因此将时空视之为人类感性直观的先天形式)。因此说,对于现象界而言,任何事物总是以时间与空间的形式存在着。当我们说事物变化的时候,是说事物的性质发生了变化;但是,现象界当中还有一种变化,是事物的性质没有变,但事物从它原来的"时空点"走到了另一个"时空点"。而当我们知道事物从一个时空点走到另一个时空点时,这意味着事物在时空中的"位置"发生了变化;还有,当事物在时空中的位置发生变化的时候,它与其他事物在时空中的相对位置也发生了变化。而我们之所以知道事物在时空中的位置发生了变化,以及这一事物与那一事物在时空中的相对位置发生了变化,说明我们是将时空分割为种种不同的位置。现象界中各种事物在时空中所处的位置,我们称之为"关系"。另外,当我们知道某一个事物会有"过去"与"现在"的区别,,以及它与其他事物的联系的方式不同,其实是说事物本身以及事物与事物之间的关系发生了变化。而承认事物之关系会发生变化,就意味着关系有不变者,否则我们无法知道关系会有变化。而用量言去把握世界,就是要认识事物之关系的变化。

总括以上,我们看到,运用量言去把握科学化的世界意味着有分。这里的有分,是指对事物与事物之不同的强调:个体与个体之间有本质上的不同,事物与事物之间有性质上的不同,以及事物与事物之间有关系上的不同。为此,用量言去把握现象界,也就意味着要引入本质、性质、关系诸如此类的认识现象界事物的各种范畴。这些范畴形式,由亚里士多德在《范畴篇》以及康德在《纯粹理性批判》中作了分类,此处不赘。要言之,假如用量言去把握现象界的话,就是如何运用这些范畴去把握对象。

（二）同构性四原则

但在这里,我们看到了一种奇怪的转换。按说,关于事物的本质也罢,性质也罢,关系也罢,都是人类运用理性的力量去把握现象界的一种方式,它们并不反映世界的全部真实,只不过是一种"筑象"而已。这种筑象是将现象界纳入人类理性的视野,让世界可以为人类所认识与理解。但通过对象性思维获得的这些象,还必须借助于人类的语言去传达与表征。而一旦运用语言来表示这些对象性思维之象时,人们常常忘记了象,而用语言直接来言说世界甚至世界之本体。这种将语言与世界直接挂钩的尝试与结果,就是西方发展了一种"逻各斯语言"。所谓"逻各斯语言"不是别的,就是否认由于人之观象才能让世界呈现本身,而认为世界向人呈现纯粹是由于语言。其实,"逻各斯语言"表面上虽然脱离了象,但是,它的建构性原则却又同样依据于对象性思维的原理,即强调有分与有限。不同于对象性思维的方面在于:它认为对于现象世界的把握无须通过象,人类的语言直接就可以承担起这种功能。而语言之所以具有这种功能,是因为语言与世界具有对应性:言说语言就是言说世界。世界与语言具有同构性。这种同构性在逻各斯语言的形成机制上,展开为如下四个方面的努力。

1) 对应原则：

强调现象界的事物与语言有一一对应的关系。由于一一对应,因此,现象界的事物与变化,包括本质、性质、关系等等,都可以一一地被"命名"。

2) 赋值原则：

现象界的事物除了以各种表面形态存在之外,还包含着可以脱离它的具体形态的意义部分。因此,逻各斯语言除了重视语言与对象之对应关系之外,还认为语言有意谓的功能。语言的这种意谓功能使语言可以言说事物之抽象意义,比如说"红",等等。

3) 关系原则：

逻各斯语言的一个特点是强调关系更甚于强调个体。它认为:现象界一切皆变,而无论如何变,都无逃于关系。或者说,个体的性质可以变,唯有关系是现象界中最重要且可以不变者。这种对关系的重视表现为逻各斯语言对不变的因果律的重视。它甚至认为个体的本质与性质也可以从共相之间的关系来加以考量。(比如说对于"人的脚"这句话的理解,它认为是"人有脚",而不认为是"人之脚")

4) 形式化原则：

逻各斯语言的一个重要特点是重视语言的形式化。它认为唯有通过形式化,语言才可以精确地被表达与传达关于对象的知识,因此致力于发展一种可以精确化表达的科学语言。这种形式化原则的极端倾向是将语言数学化。①

(三) 西方哲学史上的量言

早在古希腊时代,西方的这种逻各斯语言就有了端倪。如赫拉克利特就主张人类语言的结构反映了世界的结构。巴门尼德亦持相同的观点。罗素评论古希腊时代的这种语言观时说:"这种论证的本质便是:当你思想的时候,你必定是思想到某种事物;当你使用一个名称的时候,它必定是某种事物的名称。因此,思想和语言都需要在它们本身以外有某种客体……在哲学上,这是从思想与语言来推论整个世界的最早的例子。"②中世纪,对于语言与存在的看法得到进一步的深入讨论。如奥卡姆将语词作了如下分类:1. 自立的词与不自立的词。自立的词有具体所指,如"人""动物"等。不能自立的词单独不能表示任何东西,但它们与其他词结合起来,可以产生新的意义。这些不自立的词有"每一个""不""有些""只有""或""如果……那么……"等等。显然,这些不自立的词可以表示现实事物之间的关系。2. 绝对词与内涵词。绝对词直接指向客体,它除了指称事物之外,没有其他意义。如"动物"。内涵词除了有具体所指之外,还附带指别的东西。如"白色"这个词,它一方面指向颜色是白色的东西,但同时还间接地指一种白色的性质。像表示事物之性质、关系的词,都是内涵词。3. 第一赋予词与第二赋予词。第二赋予词是约定使用的符号,如"名词""代词""(词)格""时态"等等。这些可以说是用来指示词的词。第一赋予词则指所有不是第二赋予词的词。所有非自立的词,如"每一个""没有"等等,都属于这一类。4. 第一意向词与第二意向词。第一意向词用来指称外物,如"人""动物""实体""物体"等等。表示第一意向词的词称为第二意向词。如"种""属""差别""共相"等等。③从以上看来,尽管奥卡姆关于词语的分类不十分科学,这四种分类之间存在着混淆。但值得注意的是:通过这种对于词语的分类与使用,整个现象世界的事物及其相互关系,都可以得到表达与思考。

然而,真正试图用语言来对现象界的知识作明晰化与精确化表达的,还是维也纳学派。维特根斯坦说:"这本书(指《逻辑哲学论》)的主题是语言或

---

① 海德格尔在谈到数学化时说:"数学因素出自本身而趋于把它自己的本质确立为它本身的基础,因而也是一切知识的基础。"见《海德格尔选集》(下),第874页。
② 罗素:《西方哲学史》(上),商务印书馆1982年版,第79页。
③ 参见徐友渔等:《语言与哲学——当代英美与德法传统比较》,三联书店1996年版,第21—22页。

思想与实在之间的关系。这方面的主要论点是:句子,或它们的精神对应物,是事实的图象。"①"我的全部任务就在于解释语句的性质。这就是说,在于指出所有事实的性质,指出语句是什么东西的图象,在于指出全部存在的性质。"②关于语言与世界的对应关系,维也纳学派有一套繁复的理论。如罗素提出"原子命题说",认为"在逻辑上完善的语言中,对于每一个并非简单的东西由词的组合来表示,当然,这词组由代表那东西的简单事物的词组成,每个词表示一个简单构成部分"③。为此,他还构造了一种人工语言,其中最基本的单位叫"原子词句",句子之间的变化按照数理逻辑中命题演算的原则进行。由此,世界的构造就可以通过句子之间的逻辑关系而加以表示。作为逻辑实证主义之集大成人物的卡尔纳普,在《世界的逻辑构造》中,还试图将现象世界的一切加以逻辑化。这种构造系统分为三个层次,第一个层次为低层次,内容为自身心理对象。如原始经验、部分相似、性质类、感觉类、视觉,等等。第二层次为中间层次,内容为物理对象,包括视觉事物、知觉世界,等等。第三个层次是异体心理对象和文化对象。④ 总之,在卡尔纳普看来,现象世界的整个图象就是由逻辑的世界组成,因此可以用逻辑的方法去加以理解与把握。

从以上看来,无论在具体的内容与建构方法上有多大差异,西方哲学的语言观,都采取了语言与世界一一对应的原则。西方哲学中建立在语言与世界一一对应基础之上的这种量言,也就是我们通常所说的"概念语言"。概念语言的特点是有明确定义,可以进行严密的逻辑论证。(量言与概念语言的区别点在于:量言是从涵义上说,概念语言是从形式上说,它们都是从不同角度对西方的形式化语言的一种指称)应当说,概念语言本来是运用对象性思维把握世界的一种方式,然而,一旦将这种概念语言运用于解释世界,就很容易将这种本来存在于对象性思维中的世界图景予以实体化的理解,就是说,认为这种对象性思想中的世界图景是唯一真实的世界。因此,人的思维就是如何正确地认识这种客观的真实世界。它成为"科学实在论"的认识论的根源。

按照科学实在论,存在着一个符合形式逻辑构造的世界。因此,科学认识的使命就是如何认识这个具有逻辑构造的世界。由于人类对于世界的认识需要借用于语言来表达与诠释,因此,科学语言也就被缔造成这样一种严

---

① 参见徐友渔等:《语言与哲学——当代英美与德法传统比较》,三联书店1996年版,第52页。
② 同上书,第52—53页。
③ 同上书,第53页。
④ 同上书,第101页。

格符合逻辑规范的语言。按照科学实在论,就作为语言中最为重要的单位——概念来说,它固然具有规范客观事物的作用,但这种规范功能并不是凭空产生的,而必须有其客观的经验根据——外部世界本来就存在着具有逻辑构造的"共相",而概念则是对于这些具有客观实在性的共相的"摹状"。①

三、性言与自象性思维

(一) 本然陈述

按照西方哲学传统,概念语言无法把握形而上学。但我们看到,中国哲学中关于形而上学的理解与诠释,却运用了一种不同于概念语言的语言。这种不同于概念语言的语言,我们称之为性言,即用于言说"性与天道"的语言。虽然孔子"罕言性与天道",但不等于说他否定性与天道可以言说。比如说,他说:"天何言哉?四时行焉,百物生焉。天何言哉?"②这就是对于"天道"的一种言说。那么,中国哲学中用于言说天道等形上本体的性言有何特点呢?

在《势至原则》中,金岳霖谈到有"本然陈述",并且认为可以用它来言道。他说:本然陈述表达形而上学的"元理"。像他的著作《论道》中"能有出入"这样的陈述就是本然陈述。他谈到本然陈述在结构上不同于普通的概念命题的区别时指出:从本然陈述的结构上看,文法上有主宾词,而实际上没有主宾词。就是说,它是有点像"甲是甲"那样的逻辑命题,不过主宾词却不是概念而已。这样看来,作为本然陈述,主宾词是相互包含的,举例来说,像"能是纯活动"这样的话,是说"能"与"纯活动"是一而非二,以"能"为主词的本然陈述,无论宾词如何,都只陈述"能"本身。③

假如用金岳霖关于有"本然陈述"的思想来分析中国哲学的文本,可以看到,中国哲学中表达形上之道("元理")的不少句子,其实就是"本然陈述"。如《老子》中的"道可道",以及《中庸》《易传》中大量的句子,包括像"一阴一阳之谓道""生生之谓易",等等,无不是以"本然陈述"的方式对道的言说。不过,这里要补充一下的是,金岳霖认为本然陈述仅表达形上之元理,还有一种"本然"的"非元理"是用"先验命题"来表示的。这点恐怕不确。其

---

① 作为科学实在论者,金岳霖在《知识论》中,对于概念是如何摹状共相的过程作了极其详细的分析。见《知识论》,第354—364页。
② 《论语·阳货》。
③ 《金岳霖学术论文选》,第346页。

实,金氏所说的这类所谓"先验命题",像"现实并行不悖""时间是一现实的可能"等等,也应当属于"本然陈述"的范畴。按金氏的说法,它们是"老是现实的可能"。中国哲学文本中有大量这样的表达非元理的句子,如"克己复礼为仁""仁者爱人""不诚无物"等等。它们同样表达形上之元理。这类本然陈述之所以可能,乃因为它们本身是"道言",是"道自道",只不过以语言符号的形式出之。

看来,本然陈述在句式上很容易与概念语言的命题相混。不同于概念语言的方面在于:它不是使用概念,而是运用观念来表达其对于形上世界的思考;而且言说的是形上的本然世界。

(二) 意 象 语 言①

但除了本然陈述之外,中国哲学对于形上世界的言说,还大量采用另一种语言。这种语言不同于本然陈述的方面在于:本然陈述中的语言单位是表达形上世界的"观念"("观念"非"概念",如柏拉图的"理念"即非概念),而这种语言运用的是语言意象。广义的意象不限于语言意象,它包括以非语言形式来表征自本体的诸种符号载体,如各种视觉、听觉,甚至味觉之象(从这种意义上说,种种绘画、建筑、音乐、茶道等等皆属于意象),而狭义的意象则指语言意象。本书此处所说的意象指狭义的意象。

对于自本体的把握,必须采用意象。② 而在哲学思维中,语言意象则是把握与言说自本体的最普遍,甚至最佳的方式。这是因为:语言作为人类彼此交往的工具,在生活世界中广泛使用,其运用起来灵活方便,不像其他一些意象形式在使用时会受到某种环境与条件的限制;另一方面,语言作为言说本体的工具,它本身就有相当大的灵活性,较之其他一些意象形式,它在言说时具有更大的发挥空间,是最适合用来言说形上本体的思维工具。这是由意象语言的性质所决定的。那么,意象语言何以能言说自本体呢?

意象语言的根本特征,就在于它是言与象的合一。这里所谓言,是指作为表达或言说本体之象的语言;所谓象,乃本体之象。本来,就语言与本体之象的关系来说,言是言,象是象,言与象怎么能够合一,如何可以合一的呢?这涉及意象语言的特点。原来,在言说形上本体时,意象语言广泛地运用联

---

① 本节与下一节"比兴思维"主要从"言""象"关系的角度对意象语言的形成机制加以论述,并不过多地涉及中国意象语言的细节分析。中国语言以运用意象见长,不仅有各种关于意象的理论(这尤其表现在其"诗论"中),而且历史上还出现过不同的意象类型。关于中国语言意象的类型划分及其历史演变,详见拙文《意象理论与中国思维方式之变迁》(载《复旦学报(社会科学版)》1986 年第 3 期《文化研究专号》)。

② 关于象思维如何把握自本体的问题,详见上一章的内容。

想、想象、象征、隐喻等方式来对本体加以表诠,这与概念语言采取下定义,讲究语义精确、运用逻辑推理的方式来对本体进行思维适成对比。所谓联想,就是从一个词语表示的意指或意义,联系到与它相近似的其他事物与意义;所谓想象,就是从一个词语所表示的事物或意思,去想象超出它原来表达的事物与意思。所谓象征,就是用一个具体的事物去代表或代替其他一种事物或者意思。隐喻,作为一种修辞方式,则是以此言彼,说东道西;其中隐喻与其表达的意思的关系,有点像猜谜时,谜面与谜底的关系:假如作为语言形式的隐喻是谜面的话,那么,其表达的意思则是谜底。

(三)比兴思维

意象语言的这一特点,后人在研究时,不约而同地将其概括为"比兴手法"。说比兴手法,这是从文学修辞的角度来谈。其实,作为一种言说形上本体的思维方式与语言手段,意象语言主要是应用了"比兴思维"。下面,让我们来看意象语言作为一种哲学言说方式到底运用了哪些原则。

首先,情景原则。情景原则涉及兴与比的关系。在作为文学修辞的手法时,人们常常将比与兴并提,并且用比来代替兴。其实,作为一种哲学的形上思维,兴比比重要。或者说:兴是比的前提条件。兴是指通过情景的烘托来激发情感,达到情景交融。为理解这点,让我们来看看关于比与兴的说法。比是比喻,前人多有论及。如郑众说:"比者,比方于物也。"而"兴者,托事于物"[1]。故托事于物是比方于物的前提。为什么能托事于物?能托此事而不托彼事?这当中就有情感的寄托与调动。而兴则是通过情感的调动来达到情景交融、物我合一的境界。从字源看,"兴"有参与,合并之意。"兴"字,古写作"興",为四手或众手合托一物之象,又有"托盘而舞"的意思。也有人认为,兴是众人合力举物旋转时所发出的声音。还有人说兴指祭祀仪式,与祈求或欢庆丰产的宗教活动有关。[2] 姑无论兴是抬起重物也罢,是祭祀的一种活动也罢,看来,兴都是载歌载舞或众人参与的群众性活动场面,通过这种群众性的参与气氛,与周围合一的感情得以调动与形成。也正因为如此,朱嘉释兴为"感发志意"[3]。这种感发情志,还不是一般的情,而是与天地合一之情志:"所以兴起其好善恶恶之心,而不能自己者,必于此而得之。"[4]从这点看,与天合一是人对于存在的一种先行领悟,它本来就蕴藏于人的潜意识之

---

[1] 孔颖达:《毛诗正义引·》。
[2] 参见李健:《比兴思维研究》,安徽教育出版社2003年版,第9页。
[3] 朱熹:《诗经集传》。
[4] 朱熹:《论语集注·泰伯》。

中而不为人自觉。而兴的作用则在通过情的作用而将其调动与激发出来。故兴乃"起情",被称之为"兴体"。《文心雕龙》说:"毛公述传,独标兴体,岂不以风通而赋同,比显而兴隐哉!故比者,附也;兴者,起也。附理者切类以指事,起情者依微以拟议。起情故兴体以立,附理故比例以生。"①但这种情的兴起又须通过比来表达与传达,故比才与兴联用。可见,兴与比的关系,可以理解为体与用的关系。兴是体,比是用;兴是隐,比是显;或者说,天人合一、物我合一本是人的潜意识中之"无意识想象",而兴则是通过情将其激活与激发成为"在场";而比则是通过"比方于物"将其显露与外化为意象。意象是比与兴两者的统一。由于兴有激发情志的作用,故重视诗的诗教作用的孔子才说"诗可以兴"。②

其次,超越原则。比兴联用,其作用与其说是修辞的,不如说是认知的更为恰当。这种认知是对世界整体或者说"大全"的认知,而非对于个别事物的认知。故比兴是"称名也小,取类也大"。而最大的"类",无疑是宇宙总体与终极实在。故在表达哲理的意象语言中,比兴思维指向终极实在。这种超越原则在意象语言中的运用,是有"进于道"的诗。冯友兰谈到这种进于道的诗说:它"不讲形而上学不能讲,而直接以可感觉者,表显不可感觉,只可思议者,以及不可感觉,亦不可思议者"③。这种不可感觉,只可思议者或不可感觉,亦不可思议者,就是宇宙大全。

再次,联想原则。比兴有超越一般逻辑思维的特点,属于"诗性思维"。这种思维具有模糊性、多义性、发散性。所谓模糊性,是指它不一定有明确的所指;所谓多义性,是指其意义可以有多种;所谓发散性,是指其意指不仅多义,而且不固定,而不同的情景下会有不同的含义。而比兴思维正是借助于这种联想原则使意象语言具有一种"迁移能力",使其可以突破具体的所指或意谓而达到所指与意谓之外的东西。

此外,意味原则。意味原则指通过比兴的运用,其意象指向超出具体形象之"意"。此种意乃通过形象有所寄托,但不等于形象本身。故意味原则其实是通过形象之形而求其形外之意。这种形外之意的获得,与其说是一种认知,不如说更多地属于一种"体悟"与"体证",它有似于刘勰所说的"神思":"故思理为妙,神与物游。神居胸臆,而志气统其关键,物沿耳目,而辞令管其枢机。枢机方通,则物无隐貌;关键将塞,则神有遁心。"④

---

① 刘勰:《文心雕龙·比兴》。
② 《论语·阳货》。
③ 冯友兰:《贞元六书》(下),华东师范大学出版社1996年版,第960页。
④ 刘勰:《文心雕龙·神思》。

还有,象征原则。除了比喻与联想之外,象征在比兴思维中发挥着极其重要的作用。这是因为形上本体虽然要通过形象来表达,但它最终来说又是超绝具体形象的。而象征的运用,就是如何从这种具体的形象去体悟这形象背后的,或者超越形象的形上本体。朱光潜:"'拟人'和'托物'都属于象征。所谓'象征',就是以甲为乙的符号。甲可以做乙的符号,大半起于类似联想。象征最大的用处就是以具体的事物代替抽象的概念。……'诗有内外意,内意欲尽其理,外意欲尽其象,内外意含蓄,方入诗格'"①用作为象征的形象,既也有一定的约定俗成性,如中国传统文化中,常用"梅兰竹菊"作为美好品格的象征;此外,象征所欲表达的东西或意义,又会有一定的暧昧性,这才会给人无限的联想,从而通过具体的形象去体悟那形象背后要表达的义理。如南唐中主李璟的词:"青鸟不传云外信,丁香空结雨中愁",由于意思表达的模棱两可,这当中就给人无限的信息。

最后,道通原则。作为哲学思维,比兴思维最后要达到的境界是"齐物我""齐生死"的"天人合一"之境,这种境界也就是"合内外之道"。而合内外之道,从比兴思维的角度来看,其心理机制是"通感"。所谓通感,就是对于物与物、象与象、人与我、人与天之间彼此同一或者齐一的体证与感悟。这种道通原则的运用,与其说是认知式的,不如说更多地是体悟或体证式的。这种体证,指向最高存在与终极实在本身。其一旦证成,最后会有"天地一马也,万物一指也"②的觉悟以及"青青翠竹,尽是法身;郁郁黄花,无非般若"③的体验。

四、关于"日常语言"

(一) 日常语言的意义空间

以上我们所论的概念语言与意象语言,其实都是指语言的理想形态而言。在现实的日常生活中,我们很少使用这样的语言。比如说,严格的概念语言仅在科学理论与科学研究中使用,而典型的意象语言则见诸文学作品中。在平常生活中,我们使用的其实是日常语言。这种日常语言贴近我们的生活实际,与我们周围的生活世界密切相关。然而,正是通过对这种日常语言的研究,使我们发现:语言的使用其实是一种复杂的现象;而且,语言的功

---

① 《朱光潜美学文集》第1卷,上海文艺出版1983年版,第507页。
② 《庄子·齐物论》。
③ 静筠禅僧编:《祖堂集》。

能除了像以上所说的那样可以明确区分为现象界的言说以及形上本体的言说之外,它其实是一个结构。这个结构具有不同的意义空间,可以划分为不同的意味层次。下面,我们来对这种日常语言作一分析。

日常语言的意义空间可以分为四个层面:

1)实用性层面,或者说工具性层面。这是指语言承担着交流外部世界的真实信息,以及实现社会交往的功能。这种功能要求的是语言传递信息的明确性与精确化。在这种层面上,日常语言是作为概念语言来使用。它指称的是外部世界的现象,以及从现象界的层面来看待并规范人们的社会交往。以"这是一棵树"为例,当说这句话的时候,它要求我们看眼前这棵树,这棵树有树干、绿叶,有它的形态等等。又如"你走吧"这句话,就是要求一个人让开道路,此外不包含其他更多意思。

2)意谓层面。意谓层面仍然属于现象世界。现象界不仅仅有事实与东西,还包括对于这些事物与东西的观念理解。日常语言的意谓层面就是对于这些现象界事物与事件的观念把握与理解。与实用性层面相比较,意谓层面具有抽象的特点。比如说,当我们说"这是一棵树"的时候,它着重的不是这棵树的外观形态,而是关于树的知识,是根据树的知识,使我们能够知道眼前看到的东西是树,而不是其他什么(如不是"草""木头""电线杆"等等);甚至通过这句话,使我们想到眼前这棵树有很好的利用价值,如可以用来造纸浆、建造房屋等等。而"你走吧"这句话,除了说要你走开之外,还包含着要你走开的原因等信息。

3)意蕴层面。这是指超出眼前所见的感觉印象以及纯粹现象界的实用功能的层面;其中包含着历史、文化的内容。比如"这是一棵树",当说者说这句话,或者听者听这句话时,会联想起"树犹如此,人何以堪?"的名句。这种意味的获得,与仅仅是出于实用性或工具式的理解完全不同,它是通过对眼前这棵树的言说,表达一种对历史以及人生的感悟。而"你走吧",这句话出自不同的人之口,除了揭示出说话人与听话人之间的复杂关系,还可能使人联想到历史上某些相近或相似的情景,从而产生与古人神交共感的效果。

4)意外层面。这个层面的言说关心的,既不是现象界的具体存在物,也不是这些具体存在物背后的知识以及历史文化内容,而是存在本身。故当我们说"这是一棵树"的时候,它其实包括着对于这句话本身的存在论理解与诠释。它要透过这句话告诉我们:世界就如眼前这棵树这样存在着,而眼前这棵树也就代表整个世界存在的真实。而"你走吧"一句话,假如了解了说话者的个人心境以及他与听话人的境遇,也可能这句话包含着种种难以排遣的对于人生的无奈以及对于生命无常的慨喟,从而,它就远不止是一种命令句或祈使句,而成为一句哲学名言,有类似于哈姆雷特王子所说的"是还是不是,这是个问题"中包含的形上意义一样。

(二) 日常语言的意味层次

通过以上的分析,我们看到,同样的一句话,其实包含着种种复杂的意蕴,其意思远不止一种,而且这多种意思的语义层次各不相同。为此,我们需要将这些不同的语言含义从语言所指涉的意义层面再加以分解。这样一来,我们可以得到语言的如下几个层次,我们这里称之为"意味层次"。之所以称为意味层次,是要告诉我们:日常语言的种种歧义的产生,以及语言交流中的误解等等,多半是混淆了语言的意味层次所至。日常语言的意味层次如下:

1) 实用性意味层次。在这个层次中,语言主要执行着人作为生物性存在者的交往功能。故这种语言强调的是它的明确意义,其意思的表达也要求直接、明了。科学语言就存在于这个层次之中。

2) 社会性意味层次。这个层次的语言传达是人们在社会性交往中的信息。这个层次的语言除了要求把握语言中表达的客观信息之外,还要求听话人对社会生活的习俗、规范等有一定的了解。就是说,对于语言的社会性意味的把握,要求我们不止于接受语言中的信息,还要了解这些信息背后的其他社会性现象与知识。

3) 历史人文性意味层次。所谓历史人文性意味,是指任何话语除了有其实用性以及社会性的内容之外,还包括超出这些内容之外的历史文化内容。这种历史文化内容揭示的是我们不是作为当下存在的生物体,而是作为人类整体的存在者的内容。所谓话语的历史人文性意味,就是要我们通过语言去获得这种关于人的历史人文性向度的理解。

4) 超验性意味层次。超验性意味层次不仅超出了人的当下生存状态,而且也超出了人作为类的历史性存在状况。显然,这种超验性意味层次要求透过语言去感受的,是关于宇宙的终极实在或最高存在。

以上我们对语言的意味层次与意义空间作了分析。可以看到,语言的意味层次与语言的意义空间往往具有对应关系。比如说,意味层次中的实用性意味层次对应于意义空间中的实用性层面,而超验性意味层次则与意外层面相关联,等等。但是,语言的意义层面与语言的意味层次具有两种完全不同的含义。前者(语言的意义层面)指的是说话者所说的,或者话语作为客观存在所包含于其中的含义或意义;而后者(语言的意味层次)则是指听话人或者对于话语作分析与理解之后所获得的语言含义或意义。前者是对语言的客观意义而言,后者则包含着听话人对于语言的接收与理解。这二者之间可能一致,也可能不一致;而语言,尤其是日常语言交往中的误解的发生,就来自于这种不一致。

此外,以上的层次划分只是分析的说法,其实,在日常语言中,这几种含义常常会混淆在一起,有时很难截然划分语言表达的含义究竟是以哪一种为主。尽管如此,通过对日常语言所作的这种分析,可以使我们了解到:日常语言其实是一种异常复杂的语言。其所以复杂,是因为我们生活于其中的生活世界本来就是复杂的,是不能采取简单化的办法来截然划分为现象界与本体界的;甚至,当我们言说现象界与本体界时,这一现象界与本体界之间的"界限"其实也是异常模糊的。或者说,在我们的日常生活中,现象界本身就包含有本体界的意谓,而本体界的理念也常常体现或呈现于现象界之中。惟其如此,我们看到,日常语言,或者说来自于日常生活的经验语言,表面上只是对于现象界或者生活世界的陈述与表达,其实也可以包含着深刻的形上哲理与超越之思。也就是说,日常语言虽以日常的经验性陈述出现,却仍然可以视之为寓有形上意味的哲学命题。这就是为什么在中国哲学传统中,常常会采用经验陈述来表达形上之理的缘故。事实上,由于这种经验性陈述容纳有日常生活的实际内容,在表达与传达意思方面,较之抽象的观念性语言,它们往往会更亲切,也更好懂。而所谓好懂,是说当我们将它们视之为关于形上本体的言说看待时,根据意象语言的比兴原则,透过这些生活世界中的现象或形象,我们看到的,是一个本然的形上世界的呈现。这是因为:对于日常生活语言来说,形上世界与形下世界本来是合一的。因此,通过对于形下世界的陈述,可以感悟到形上世界;反过来,对于形上世界的体证,也可以诉之于日常性的生活世界。这是我们上面通过对日常语言作层次分析之后所了解的。

(三) 从"日常语言"到"经典语言"

然而,我们看到,由于日常语言的多义性以及不可避免的"歧义性",通过日常语言来言说形上本体往往会发生困难。就是说,人们常常仅仅是从工具性层次或实用性层次来理解与把握日常语言。这并非日常语言之错,甚至也非人们理解日常语言之错。因为人们之所以运用日常语言,在颇大程度上,还是为了日常生活的交往需要与生存。而这种交往需要基本上属于一种满足工具性生存的需要。这不是说:在日常生活中,人们仅仅是满足于工具性的存活;而是说:人们在运用与选择日常语言的时候,常常是从实用性层面来看待它的。而当人们向往与追求超越性生存的时候，就制造出或者说使用了一种超越性语言（观念语言、本然陈述或者意象语言）。然而，我们看到：所谓观念语言或者本然陈述、意象语言其实都来源于日常语言，只不过是日常语言的分化与"特异化"。从这种意义上说，日常语言才是真正的言说形上世界与形下世界合一的本体性语言。尽管如此，由于出于工具性生存或者实用性生存需要的考虑，人们将日常语言的丰富含义过滤了，将其完全限制于工具性与实用性的层次。然而，日常语言既然从本质上看，是一种言说形上本体与形下现象合一的哲学语言，它的现实境遇就不应当是它的宿命。我们看到，在中国哲学传统中，就往往大量地运用这种日常语言来言说形上世界。由于这种对于形上世界的言说，其基本指向体现了形上世界与形下世界的合一，这里，我们可以将其称之为"中观语言"，也即通过对形下世界的描述来表征形上之理的语言。中观语言的特点是具有经验性，但是，它表达的意义域则是超越日常经验层面的，而指向超验之域。以《论语》所说的"夫子之道，忠恕而已矣"①"我欲仁，斯仁至矣"②"仁者不忧"③等等为例，从文法上看，它们都似乎是关于日常生活的经验描述，与一般的经验命题并无差别，但由于它们是通过对经验世界的表达来另有所寄托，表达的是超出经验层面的形上哲理，故我们将它们视之为形上命题。这种形上命题与一般纯粹表达经验现象的经验命题在形式上相似，为了将它们与一般仅仅言说经验世界的现象为目的的经验命题相区分，我们这里可以将它们称之为经验陈述。

尽管在形式上，经验陈述与日常语言并无差别，但其语言含义完全不同：日常语言的含义具有丰富性与多义性（多种意义空间与意味层次）；而经验陈述却指向超越与超验的形上本体。那么，在现实生活中，我们究竟又如何知道哪些是经验陈述，哪些是日常生活中的日常语言呢？答案是：日常语言"经典化"之后，即成为经验陈述。所谓日常语言的经典化，包括历史上的日常语言经典化，以及后世以及当代的日常语言的经典化。举例来说，孔子与他的弟子们一块游学，当时，孔子说了一些日常性的话语；但这些话语经过孔门弟子的解释，尤其是它们被尊为"经典"以后，这些孔子所说的话就超出了它们原先的日常意义而被赋予了"经"的性质，从而成为具有宗教性的先知话语。当然，从历史上的日常话语到经典的形成，这当中有一个历史的过程；而且，当成为经典以后，这些包含在经验陈述中的经典意义也并非一成不变，

---

① 《论语·里仁》。
② 《论语·述而》。
③ 《论语·子罕》。

它们会在历史的流变中不断地生成新的意义,原先的意义也会发生变化,这就是经典的所谓历史传承与人文诠释传统。正是通过这种历史传承与人文诠释传统,历史上有愈来愈多的经验陈述就转变为经典语言,从而我们用以表达与传达形上哲理的哲学语言也就变得愈来愈丰富。重要的是:这些经典中的经验陈述典型地体现了中观式的形上思维,因而,它们才是言说中观形而上学的基本语言。

第七章　原器:中观呈现形上世界如何可能

一、论"形而下者"之器

(一) 器之特性

中国哲学有"器亦道,道亦器"①与"道不离器,犹影不离形"②的提法,足见器与道一样,是中国形而上学的重要观念。然而,器到底意味着什么,如何理解道与器的关系？这是我们这一章的话题。为此,我们先从器的特性谈起。

《说文解字》解释说:"器,皿也。"器原指可以用来容纳或储藏东西的物件;后来,大凡有具体形状的东西也可以称之为"器";在这种意义上,器与我们通常所说的"物"的意思接近。但实际上,器与物的区别仍然是明显的。因为物包括天地中的一切,其中既有自然物,也有人工制作的物。而器却专指"人工制作"之物。但除了是人工制定之物这点之外,我们也会将器称之为器具。器具的说法不仅指明了它是人工的产物,而且突出了它的工具性,即器是人工制作出来而且供人们利用的。总之,器有具体可见的形状,并且是人工制作用来供人们利用的物件,这可以说是人们从日常生活经验出发可以理解到的器的基本特点。此外,我们发现:器与人类生活有密切联系,可以说,人类社会从野蛮进入文明以后,主要是与器的世界打交道。对于人来说,一切离不开器,世界无非是器。(甚至于后来的人类社会屡屡把人也当作"器")但器除了是人工制作出来供人类生活需要,而且人类生活离不开器之外,器是否还有其他的属性呢？下面,我们以《周易·系辞》为例,看看中国哲学对器是如何理解的。③

1. 谈到《周易·系辞》关于器的说法,我们很快会想到下面这么一句话:"形而上者谓之道,形而下者谓之器。"④这也就是我们在上面所谈到的属于

---

① 《二程遗书》卷一。
② 章学诚:《文史通义·原道中》。
③ 《周易·系辞》分作上、下两篇,上篇主要论道,下篇着重说器,上下两篇合而言一,体现了中国哲学的形而上学将道、器结合起来思考的"中观"思路,故这里对器的解释也主要采自《系辞》这部解说"易理"之书。
④ 《周易·系辞上》。

现象界(形而下者)的器。但我们注意到,除了将器作为形而下者与形而上者的道对举之外,《周易·系辞下》在谈到作为宇宙运行之大道的"易道"时是这样说的:"一阖一辟谓之变,往来不穷谓之通;见乃谓之象,形乃谓之器。"可见,器虽说是形而下之物,但却又与形而上之道有着密切关联,甚至可以说它也像"象"一样,是那宇宙之终极本体(这里是"易道")之呈现方式。不过,到底它是如何呈现易道的,这是我们以后要回答的。总之,同属于形而下的现象界,它之不同于普遍的自然存在者("物")的地方,除了它是人工制定之物以外,还同它与易道有密切联系有关。

2. 器是人工制作的,但人类究竟是如何进行器之制作的呢?《系辞》中有这样一段话:"《易》有圣人之道四:以言者尚其辞,以动者尚其变,以制器者尚其象,以卜筮者尚其占……"这里除了将器之制作抬到很高地位,将其与辞、变、象、占作为圣人之四道之外,强调制器必须尚其象。我们从上一章已经知道,象是道之呈现方式,因此,"制器者尚其象",意味着器之制作离不开"摹象",即通过摹象来体会与表现那超越之易道。

3.《系辞》用了相当大一段文字来叙述人类社会从荒蛮进入早期文明的这一历史过程,①从中我们看到,是器的发明推动了人类社会的发展,反过来,器的进步与广泛使用也成为人类物质文明与社会进化的一种尺度与标志。我们还发现:不同时代与不同文明对器有着不同的需求,制作出来的器无论从外形或表达的内涵也有很大不同。重要的是:制器还包括"技艺",是一种社会实践的操作过程,其中包括工艺、生产力、经济发展水平等社会实践因素,因此说器的发明与制作反映了人类历史的进程。

4.《系辞》中给我们描绘的器之制定过程,以及器的样式、品种是多种多样的,它包括了人类生活的方方面面,可以说,人类之生活无逃于器,在某种意义上说,人类处于其中的世界是一个器的世界,这不仅是就器的使用的广泛性而言,更主要的是从器的性能以及对人类的用途、关系而言。换言之,器在人类生活中已远远不止于单纯满足基本生存与物质生存的需要,而且还承担着比这些更多更重要的功能。这我们后来从《尔雅》这部专门的辞书中有关器的分类的内容可以看见,更从后来的哲学家们,比如说王夫之等人认为"天下唯器"的说法中可以想见。

以上是我们从系辞中梳理出来的关于器的特性的说法,这些关于器的特

---

① 如《系辞下》中从"古者包羲氏之王天下也,仰则观象于天,俯则观法于地,观鸟兽之文,与地之宜,近取诸身,远取诸物,于是始作八卦,以通神明之德,以类万物之情。作结绳而为网罟,以佃以渔,盖取诸《离》。包牺氏没,神农氏作,斲木为耜,揉木为耒。耒耨之利,以教天下,盖取诸《益》"开始到后面的一大段文字描写。

点,我们在生活中也可以得以印证。其实,器的特性除了通过字源学以及历史中来寻找答案以外,我们发现,器的特性还可用亚里士多德的"四因说"来理解:质料因(要有材料)、形式因(各种器有不同的形式、形体)、动力因(满足人类社会生活的各种需求)、目的因(其中有"象",要符合"象"或"尚象")。故从"四因说"来看,器可以说是体现了亚里士多德式的实体的终极存在方式。

(二) 器 之 分 类

既然器与人类生活息息相关,下面,我们不妨再从功能的角度来将器加以考察。我们发现,从功能上来看,器可以分为三类:

1) 实用之器。各种生产资料与生活资料均包括其中。如各种农具、家具、衣物、房屋、厂房等各种建筑,船、车辆等交通工具。这当中有完全人工制作的,也有原属于自然物,后经过人工加工或者人力改良而成的。从这种意义上说,甚至于家畜、园林、作为运载工具的驮马等等,也属于此类。

2) 规范之器。除满足实用需要之外,人类作为一个社会群体,为了群体生活的需要,形成一整套的交往与社会规则,这些社会交往与秩序规则,要让人们遵守与践行,也必须通过器的形式予以公布,这属于规范社会生活的器。其对于人类社会生活之重要,一点也不亚于实用之器。这类器体现于各种规章制度、仪式等等,而语言假如执行这一功能的话,也属于规范之器。

3) 象征之器。在人类社会中,还有一类器主要不承担实用性功能与规范性功能,而作为"象征物"执掌着另一种功能。作为象征物的器又有两种,其中一种是表征意义与价值,还有一种起着传达与表达审美之用。前者如氏族社会中的图腾、现代社会中广泛使用的徽章、会标、旗帜,以及奖品、证书等等。后者如各种艺术造型、工艺品等等。(真正的艺术品不在此列。艺术品是天才创作,工艺品则是模仿作品。后者即使符合审美的尺度,也属于王国维所谓的"古雅美")

当然,为方便人们对器的认识与把握,器除了从功能上分类,还可从形态上进行划分。于是有如下几类:

1) 实形之器:指有具体形状之器。如各种生产工具、运载工具、居室、日常生活中的各种器皿等等。应该说,实形之器是人类与之打交道的最基本之器,也是人们最容易与最乐意与之打交道之器。而且,人类对器的发明与利用,也是从实形之器开始的。人类是在有了实形之器的基础上,才慢慢地发明与使用其他的器。

2）虚拟之器:典型者如当前网络世界中的种种"虚拟物",它们发挥着实物之器的功能,唯有在形态中不同,即没有具体可感知的形态(属于观念或想象中的世界,但并不虚幻,而是实有其物。这种虚拟之器,可以是实物之器的符号化代表,也可以脱离实物之器而独立存在,如时下之虚拟货币、虚拟婚姻等等)。

3）隐形之器:与虚拟之器不同,这种器以现象界之物的形态存在,但其功能的发挥却不通过它的形态,而通过与它相联系的其他之器来发挥作用。从这种意义上说,隐形之器是实形之器的一种变异形态:在形态上,它通常没有固定的形状,但从其功能性与本质来看,仍然属于器的范畴。此类器在现代生活中有很多种类,如各种社会职业、各种社会地位,以及人们在社会生活中形成的各种复杂关系。甚至人们在不同场合下出场的姿态、仪表等等,也可以说是隐形之器。隐形之器与虚拟之器有时容易相混淆,但区分这两者的标志是:后者之功能性是通过它本身发挥出来的,而前者之功能有待于其他的实形之器才能实现。

其实,以上分类,仅是相对的。从功能的区分来看,在实际生活中,往往很难将器之类型作截然不同的划分。这是因为同一个器,可能同时兼有各种不同的功能,或者在某种场合下,起着这种功能,在另一种场合下,又呈现出另一种功能与作用。而且,同一种器,在不同的人的眼里,可能其发挥的功能会有不同。对于器的形态的划分来说也是如此,有时实形之器与虚拟之器,尤其是这两者与隐形之器的形态很难明显区别开来。就是说,从形态上看,实、隐、虚其实是相对的。再如何虚的虚拟之器,也会通过其他实形表现出来,否则它只存在于思想当中或者现象界之外,让人无法认识。而隐形之器的功能的发挥,往往也通过不止一种实形之器的方式表现出来。这样看来,形态的分类对于器来说,仅具有相对的意义,属于一种"理想类型"的划分。

虽然如此,对于器作如上的区分还有其必然。通过这样的区分,可以使我们对于器如何发挥其实际功能会有更好的把握与了解。

以上讨论的器,是作为形而下之物的器。在这种意义上说,器乃现象界中"物"之一种。这是我们通常所十分熟悉,并常与之打交道的器。这种器可以具有形而上学的内涵,属于存在论研究的范畴。从存在论角度对它探究,既将器视作普遍存在的存在者,因此,它关心的是存在者差异这个问题。即这个存在者与那一个存在者为什么会被区分开来?作为这一个存在者,它为什么存在?从这种存在者差异角度对于器的研究,它自然而然关心的是器的本质和它的性质、功能以及此器与彼器之间的关系等等。这也就是我们前面有关章节所谈的现象界或者说"有"的世界中的器。从存在者差异的角度对器进行考察,器是作为有而存在的,而且是仅仅作为有而存在。然而,与一般存在者作为有的存在不同,器又是人工制作出来的有,从而,它就不是现象界之有。它除了具有现象界之物的属性之外,还具有超出现象界中一般自然物的属性。对于器的这种不同于自然物之性质的强调,甚至可以发展出一种世界观,用于解释人类社会的进化。

(三) 器与人类文明

通过以上的分析,可以看到,器的范围异常广泛。可以说,人类的生活世界有多广,器的范围就有多广。不仅如此,器也是人类展开其生活世界的根本方式。因为我们从上面看到:人类的一切生活,无论是物质性的生存,还是对于价值与意义世界的探索,甚至审美活动,都是通过器去实现的。从而,没有了器,也就无所谓人类的现实生活世界。

不仅如此,器的出现与衍化,也反映着人类文明与文化的进化。在人类生活的早期,人类制作、发明的器的种类并不多,器对于人类生活的影响与作用还不像后来那么广泛与深刻。比如,早期的人类曾经历过一个"茹毛饮血"的时代。那时候的原始人("史前人类")的生活方式,其实跟动物差不多。后来,人类发明了"石器",又学会了利用"火",从此才进入了自觉运用与制作"器"的时代。而石器与火的利用,标志着人类告别了动物时代,而走向文明时代。

然而,人类文明的进化是一个漫长的历史过程。而人类文明进化的每一步,或者说每上一个标志性的阶梯,都是以新器的发明与旧器的改造为标志的。比如,我们说人类经历过石器时代、农业社会时代、工业社会时代,现在正向后工业社会时代迈进。这其中的每一个时期,都以器的划分来作为标识。如农业社会的标志是运用自然动力与手工农具,工业社会的出现以运用机械工具,以及运用蒸汽动力和电力为标志,而后工业社会则广泛采用电子技术与信息为标志。之所以将器的进化作为人类社会进化的标志,是因为随着新器的出现与运用,人们的社会生活的方方面面,大至社会制度以及国与国之关系,小至个人的生活方式与消费方式,都发生了显著变化。因此说,是器决定了人们在现实生活中的生活方式乃至思想观念。

由此观之,我们可以将器作为人类社会文明与文化的代表或者说表征。这意谓着:考察人类的社会生活方式,就应当去考察人们使用器,以及与器打交道的方式。从这种意义上说,所谓历史唯物主义,或者说"社会本体论",其实是一种"唯器论"(与观念论相反对的一种哲学观与社会发展观)。

在当代,李泽厚可以说是这种"社会本体论"的代表人物。他宣称的"社会本体",其实是生产工具本体。他认为,是生产工具的变化决定了人们社会生活方式以及思想观念的变化。

但我们注意到:李泽厚所说的器,仅仅是指作为生产工具的器,或者说,他强调或者突出的是生产工具之器。这种器,按照我们对于器的理解与分类,其实仅只是实用之器。因此,即使承认人类的社会生活方式与思想观念由器所决定,到底它是否仅仅由作为实用之器的器来决定,还是一个问题。其次,即使承认人类的社会生活方式被器所支配与左右,但这种由器所支配与决定的人类社会生活方式,是否就是人类理想或者说可欲的一种生活方式,这仍是一个问题。

对以上两个问题的反思:关于人类的社会生活方式是否由生产工具所决定,以及由器所主宰的生活是否就是人类所理想与追求的社会生活方式,将我们带向另一个问题:对器的进一步哲学追问。

二、器的形上之维

其实,作为形而下之物的器,只显示出器的一个维度:纯粹形而下的维度。从形而上学的角度来探究,则器不仅仅具有形而下之物的属性,还应当具有形而上的超越性。因此,对所谓"形而上者谓之道,形而下者谓之器"一语不能作表面上或字面上的理解。它包含如下两重意蕴。首先,世界是"二分"的。从二分的观点来看,形而上者是道,形而下者是器。这其中,道是道,器是器,它们分别属于两个不同的世界,这是从存在者差异的角度对世界的一种理解。但除此之外,此语还可以有另外一种解释:世界本来是一个,但形而上者是道,形而下者是器。这里的意思是说,世界本来无所谓形上世界与形下世界的对立,但由于观之结果,世界对人或呈现为形而上的道的世界,或呈现为形而下的器的世界。假如这样来理解的话,可以认为:道与器都分别代表本然世界;或者说,本然世界是以道或器来呈现的世界。这种对于道与器之关系的理解,揭示的是器的形而上学机制,即道归道,器归器。但道为什么又可以转化为器,器为何可以呈现道。显然,这种对于器的探究不同于前面从存在者差异角度对器的探究,而是从存在论差异角度对器的探究。换言之,其要追问的是:既然说道是道,器是器,为什么又可以说"道即器,器即道"?或者说,当我们说"道即器,器即道"的时候,其确切含义究竟如何?

首先,器是道的呈现方式。此语包含两个意思:其一,是指在人的生活方式中(人的生活世界是具体的感性世界,而非思辨的理念世界),道必须通过器体现出来。何以言之?这是因为道属于形而上的世界,这个世界是人的感觉不可达到的。但是,人又是具有超越性的动物,他有超越的价值诉求,这种超越的价值必得通过具体的、可感可知的形而下的现象界中的事物体现出来,而器则是表达与传达人的这种形上追求的最好方式之一。因为器有人工制作的成分,而非纯然自然之物,而一旦采取人工制作的方式,人就可以将其理想、理念,通过造型(赋形活动)加以表达。这就是前面讲的"见之谓之象,形之谓之器"以及"制器者尚其象"。① 这里的象,不只是形象,更不是对象,而可以是自象。当人从自象性思维去观象与把握了这种自象,并通过人的技艺活动,就可以将这种自象中包含的形上之思("意")以器的方式表达出来。故器不仅仅是形器,更重要的是通过形器来体现超越其形,也超越其实用性功能之器的形上之道。

其次,技进于道。器毕竟不是自然之物,它是人工的制作。既然是人工的制作,这种制器的过程就受到人工制作的影响与制约。即使器是道的呈现方式,或者说道要通过器表达出来,但器能够体现道,与具体的制器关系,包括制器的工具运用技术、工艺水平,以及制器所掌握的知识有关。从这点上说,古人有"技进于道"的说法。以"庖丁解牛"为解。庖丁要达到"以神遇而不以目视"(通过神遇而见其道体),以及解牛动作"若于桑林之舞"的自由境界,与他解牛的熟悉技巧以及对牛刀的保养、使用手法有关。这样,表面上是解牛(也是"制器"之一种:将活牛变成牛肉)的技艺与制器活动,其实其中蕴涵着"道理"。而这种解牛活动在庖丁看来,也不只是纯粹的解牛或者为了获取牛肉的制器活动,而是一种审美以及自由创造的活动。通过这种解牛活动,他达到了与天同体的境界,获得了对道之大全的体验。怎么能说,这不是一种成道的活动呢? 其实,马克思也说过:"劳动创造了人。"这里所谓"劳动创造了人"的人,是指自由的人,能够自我实现的人。而劳动,也即制器的活动,也成为人获取自由的重要方式之一。从这种意义上说,将劳动定义为人的本质,这种劳动绝不止是工具意义上的劳动(工具意义上的劳动是劳作、工作),而是实现人的自由的方式。这方面,马尔库塞通过对弗洛伊德精神学说的研究,提出"力比多工作关系的可能性",这是对马克思关于"劳动是人的本质"这一命题的出色发挥。②

再次,人之主体性。制器涉及人的主体性问题。因为器是人工的制作。人如何去制作器,为什么要去制器,制器以后如何去运用器,器出现问题以后,如何去更新或改革器等等,都同人的主体性有密切联系。从这种意义上说,人的主体性的确立,对于器能够呈现道来说具有决定性意义。而所谓人

---

① 《周易·系辞》。
② 具体内容见马尔库塞:《爱欲与文明》,上海人民出版社1987年版。

的主体性的确立,是指人首先对制器的活动有明确的认识。既然制器是为了让道呈现出来,或者说制器是呈现道的方式,那么,对于道在制器过程中的主导作用,就要有充分认识,即制器是为了达道,而不是就器制器。后者也是制的一种方式,甚至也是我们生活中不得不为之的一种制器活动,但从器亦道这个层次上考量,就器而器无疑不是我们的目标,毋乃说甚至是我们在制器过程中要克服的干扰因素。人的主体性还体现在对于制器过程的理性认识。任何制器过程都是现象界之事,都受现象界的因果性的限制与支配。人只有认识与掌握了这种制器过程的规律与理性知识,才能很好地由技进于道,即让道在现象界中呈现。否则,道要么是无法落实于现象界,要么在制器过程中发现变形。人的主体性还表现于制器之后,对于器的运用与掌握。制器是为了使用它。器必须通过人来使用与运用。离开了人,器只是器械或器具,它自身无法让道呈现。器必须通过人的应用来让道呈现,哪怕再好的良器,假如使用不当,或者在使用过程中不能因时制宜,良器也会变为"劣器",无法让道呈现。因此,作为道之具的器的运用,离不开人的主体性的发挥。

三、道器关系之紧张及其消解

然而,说器呈现道,仅仅讲了道器关系之一面。事实上,在现实生活中,当我们希望器尽其道的时候,就会发现:通常的器很少有能完美地完成这一任务的。相反,现实生活中在在遇到的是器与道相对立,器与道相互排斥的例子。这说明:说器呈现道仅仅说明了器之本质的一个方面,这就是"器亦道,道亦器"的方面。这个方面体现了器的形而上学的维度。然而,器的形而上学维度不代表器的全部本质。因为器除了可以体现形而上的超验之维之外,它毕竟属于形而下之器。既然如此,它不具有道的纯粹形而上学性,而是形而上学性与形而下学性的合一。所谓形而上学性,就是它与形上之道合一的道性,而形而下学性则是指其与形上之道相分离的器性。器的道性在上面已作了分析,现在来看器的形而下之器性。

说器的形而下的器性,假如用一句话来概括,可以说它就是指器受现象界的因果律或必然律所支配。现象界与本体界,或者说形而下世界与形而上世界之划分,对人而言,在价值层面上看,形而下世界是工具性的生存世界,形而上世界指向价值与意义世界。从认识论层面上看,形而下世界受因果律与必然性支配,而形而上世界是自由律与自由意志在起作用的世界。因此,既然说器受形而下世界的因果性与必然性所支配,也就意味着它与形而上世界的自由律与自由意志是相反对的。这也就是说:尽管按照形而上世界的自由律与自由意志出发，我们希望器能够让道呈现，但在现实生活中，器的器性却总会与它的形而上的道性相反对。

无论在历史上还是在现实中，我们在在都观察到这种器的器性与道性相对立的例子。以工业文明的出现与发展为例。按说，工业文明中各种技术的发明与运用，原是为了提高劳动生产率，将人从繁重的体力劳动中解放出来，让人有更多的自由支配的时间用于休闲以及从事其他自我实现的活动。但我们发现：各种工业技术的发明与运用，除了提高劳动率之外，从事劳动的人并没有从工业技术发明中有更多获益，劳动在某种程度上反倒被异化，即由可以自由运用肢体的手工劳动者，变为机器的"奴隶"：劳动者的肢体活动更加受机器与工作场所的限制。马尔库塞说："劳动完全被异化了。……在这个虚幻的表面现象背后，整个工作世界及其娱乐活动成了一系列同样甘受管理的有生命物和无生命物。在这个世界上，人类生存不过是一种材料产、物品和原料而已，全然没有其自身的运动原则。这种僵化的状况也影响了本能、对本能的抵制和改变。原来的动态本能现在变为静态的了，自我、超我和本我之间的相互作用关系凝聚在了机械反应。超我的僵化伴有自我的僵化，它的表现就是在不恰当的时间和地点产生了僵化的性格和态度。意识越来越缺少自主性，它的任务范围缩小了，它只须使个体与整体相协调。"①又比如，科学的进展极大地拓展了人类认识自然世界的范围，但随之而来的，是科学运用其"知识的力量"对自然的无限征服与榨取。这种对自然的无限征服与榨取已引起自然生态的危机与能源的枯竭等等，反过来影响到人类的生存与可持续发展。再如，原子物理学的进展使人对于自然的认识进入微观世界的领域，但同样是原子物理学的成就，却可以用于制造原子弹等核武器。这些核武器随时有将人类数千年的文明积累毁于一旦的危险。海德格尔谈到原子弹作为"科学知识"之过度延伸给人类带来的灾难时说："科学知识在它的区域里，即在对象的区域时，是强制性的。早在原子弹爆炸之前，科学知识就已经把物之为物消灭掉了。原子弹的爆炸，只不过是对早已发生的物之消灭过程的所有粗暴证实中最粗暴的证实：它证实了这样一回事情，即物之为物始终是虚无的。物之物性始终被遮蔽、被遗忘了。"②海德格尔这段话之所以深刻，在于它从本质上揭露了科学与技术发明之器与作为自然存在者的"物"性之间的对立。

看来，人类发明了器，而器的无限制开发与利用使器从物中分离出来，使其脱离了宇宙天地之道，而让人类的命运完全交由这种无道之器来支配，终

---

① 马尔库塞：《爱欲与文明》，上海译文出版社1987年版，第72—73页。
② 《海德格尔选集》（下），第1170页。

至会危害到人类的生存自身。正因为如此,有识之士对于人类之发明与运用器历来深具戒心。从最早的老子与庄子开始,哲学家们就开始了对于器的批判。如老子说"大道废,有仁义;智慧出,有大伪"①,主张"绝圣弃智"②。庄子则以"浑沌七日开窍而死"的寓言来警示"制器"给人类带来的厄运。当然,随着器的地位与作用在近代以来的无限扩张,对其批评的呼声也愈益增加与强烈。马尔库塞是一个典型的例子。他宣称:是器使人的劳动发生了异化。对于他而言,器不仅仅是工业器械之器,而且表现为资本主义一整套生产方式与劳动制度,因此,整个现代社会就是器对于人的自由的一种控制与征服。马尔库塞不仅对器加之于人的奴役予以批判,同时还力图为人类如何摆脱器的奴役开出药方。这方面,他提出要对器的使用和范围加以限制。应当说,马尔库塞对于工业文明的批判具有空想性。因为现代人类生活毕竟离不开器;对器的使用与应用范围加以限制,无异于是人类物质文明的倒退。

相比之下,海德格尔对器的反思要深刻得多。这不仅因为他看到与器打交道是人类无法逃离的宿命。他还认为:对于器给人类带来的负面影响与危机的克服,还是要借助于器。换言之,器的危险是人类无可逃避的命运,而要让人类从这种危险中解救出来,仍然取决于器。海德格尔用了一个生动的比喻,他将器比作"座架"。他说:"按通常的含义来看,Gestell(座架)一词意指某种用具,譬如一个书架。它也有'骨架'的意思。"③看来,人类之无可逃避之命运是必得生活于这样一个座架之上。这个座架是充满危险的,因为座架如何行驶,是人类无法预料与控制的。尽管如此,他透过这个危险的座架,却发现它又是存在之展开自身的方式。他说:"座架意味着对那种摆置(Stellen)的聚焦,这种摆置摆置着人,也即促逼着人,使人以订造的方式把现实当作持存物来解蔽。座架意味着那种解蔽方式,此种解蔽方式在现代技术之本质中起着支配作用,而其本身不是什么技术因素。"④他认为座架具有两重性:一方面是开显,另一方面又是隐蔽。这无疑是说:座架既有器性,同时这器性中仍然体现着道性。然而,座架究竟如何通过器性来体现或者实现道性呢?海德格尔的"座架之说"毕竟只是一个比喻。

其实,从哲学形而上学来思考,说器是"座架",不如将器理解为一种"象器"。所谓象器,是说器的本质是象。这所谓象不是后来的人类科学技术进步中强调的对象之象,而是一种本然之象或"原象"。这从器的字源学起源

---

① 《老子·第十八章》。
② 《老子·第十九章》。
③ 《海德格尔选集》(下),第938页。
④ 同上书,第938页。

中可以得到解释。所谓"见之谓之象,形之谓之器"(系辞),"制器者尚其象",这其中的象是原象,故按照现象学的观点,由象而器(即由"见"而"形"),就是原象呈现或开显自身的过程。这样看来,象与器的关系,就有如存在通过存在者呈现自身一样的关系。只不过作为器来说,这种存在者是人工的制作。虽然是人工的制作,但不妨碍这种人工制作的存在者可以呈现存在。既然如此,所谓人工制作不是其他,而是让存在者呈现存在的意思。

人工制作如何能让存在者呈现存在?这涉及对于人工制作的理解。人们通常以为:人工制作总是与"自然"相对立的。这里所谓"自然",作动词解,即"自然而然"。按这种理解,凡人工制作之物,都是违背自然本性的,而且是强加于自然物,是对自然物本性的一种改变。其实,这是对于人工制作的一种狭义的,然而未必正确的理解。从"制器者尚其象"这句话来看,"制器"虽然是通过人工,运用人力去完成的,但这种所谓人工与人力的运用,并非是随意的,而是要"尚象"。这意味着:在制器过程中,人工或人力的运用,其实是要起到协助由象而器的作用。这就好比接生员替产妇接生一样:接生员的作用只是帮助产妇产下婴儿,但不能代替产妇生下婴儿。而且,在接生过程中,产妇何时产下婴孩,要由产妇当时的生理条件与生理状态决定,不可"拔苗助长",更不可能"越俎代庖"。

一旦作如此理解,我们发现:器尽管是器,它具有器性;但这种器性其实是道性的呈现与体现。这不是抽象地说器性就是道性,而是说,对于器来说,器性与道性不仅集于一身,而且器性就体现道性。这样,我们可以得到"形而上者谓之道,形而下者谓之器"的第三种理解:对于器而言,它具有形而上的超越层面,这就是道;对于器本身来说,它处于形而下世界,这种道性就表现为器性。因此,器的道性与器性,在器中获得统一。这种道器统一观,就"制器"来说,具有如下三层含义。

其一,道在器中。"道在器中"与"器是道的呈现方式"的说法不同,后者强调的是道要通过器来呈现,在这里,道与器的关系是体与用、隐与显的关系。因此,道是器之为器的前提条件。前者则强调以器为本位。换言之,舍器则无所谓道。不仅如此,道在器中还包含着器本身即体现道的观点。其所以如此,是因为道属于虚,而器属于实;器与道的关系是物质存在及其功能的关系。故先有物质,然后有其功能。功能须通过其物质性的存在加以体现。这种道在器中的观点,还蕴含着无永恒不变的道的观点,即认为道随器变。这也说明价值与意义世界会随着现象界的改变而改变。从而,它将永恒不变的、脱离人间生活的价值与意义世界拉回到现实世界。王船山以"洪荒无揖让之道,唐、虞无吊伐之道,汉、唐无今日之道,则今日无他年之道者多矣。未有弓矢而无自射道,未有牛马而无御道"①来说明道随器变的观点。因此,他提出:"道者器之道""无其器则无其道"以及"物与道为体,而物即道也"②。之所以要强调道在器中,是因为我们生活的世界是一个器的世界,而谈论道,也要立足于这个器的世界。可见,道在器中不是否定道的存在,而是在一个更高,从而也更具有现实可操作性的层次上对"道器为一"观点的强调。看来,"道在器中"这一说法蕴含着中观哲学的时中原理。

其二,技进于道。正因为立足于现实世界之道,因此,如何制器与治器,也即制作什么器,如何运用器,就成为器道如何统一的根本问题。这方面,古人提出"君子之道,尽夫器而已矣"③。表面上看,它也是强调人的主体性,但假如说这也是一种人的主体性的话,那么,这种主体性与认识器世界的客观规律的认知主体性不同,而是如何体认器中之道的主体性。这也就是古人所讲的"闻见之知"与"德性之知"的区分。因此,尽管也是制器,在制器过程中,人作为制器的主体,表面上有为(通过人工、人力的运用去制作器),实际上是无为(人工、人力的活动只是顺应器的自然生成,是顺其然),这种"有为而无为"的制器过程与活动,也即"技进于道":技本身就是道。按照易经的中观说法,这就是"阳即阴,阴即阳";它也是中观哲学中"经权原则"在制器过程中的具体运用。

其三,由器观象。"制器者尚其象",这其中的象,不是作为对本体形式存在的对象,甚至也不是作为自本体形式呈现的自象,而是在象尚未分化为对象与自象的原象。了解这一点,对于我们理解制器过程的本质,以及器之所以然,具有根本的意义。"制器者尚其象",说的是制器要遵循原象,因此,是原象,而非对象或者其他象,成为制器的本体论"根据"。这一点不仅有助于我们理解制器的过程,而且也有助于我们对于科学语言以及科学思维的反思。迄今为止,我们对于现象界的把握,通常都是根据科学的概念语言,并且囿于一种讲究逻辑推理,以及遵循因果律的科学思维方法。这种科学的概念语言与科学思维方法,影响了我们对于真实的生活世界的感受与理解。于是,生活世界变得愈来愈理性化与平面化了,它也不再那么充满诗思与五光十色。因此,概念语言与科学思维成为我们生活世界的"囚笼"。而器的世界则告诉我们:人们生活于其中的真实生活世界是一个器的世界,而非概念语言与科学思维编织的世界,因此,应当通过器来认识真实的生活世界。而器是什么呢?如上所述,由于道在器中,技进于道,因此,通过器向人们呈现

---

① 王夫之:《周易外传》卷五。
② 王夫之:《老子衍》。
③ 章学诚:《周易外传·系辞上传》。

出来的才是道与器尚未分化、对象与自象也尚未分化的本然世界,这才是我们应当生活于其中的生活世界。但自从对本体思维与自本体思维这两种思维产生以后,人们在日常生活中要么是沉迷于仅仅由对本体形式存在的对象世界,要么是试图逃离这个对本体的世界,而进入另一个超越世界。假如说前一个世界是太过实的话,那么,这后一个世界则太过虚。太过实的世界使人活得太过枯燥与平庸,太过虚的世界让人活得太过虚幻与不真实。看来,只有器的世界是使人能活得既不那么平庸,也不那么虚幻的生活的世界。这是因为:既然"制器者尚其象",因此,唯有借助于这种尚象而成之器,人们才能够超越语言的局限,从而由器以观象。而这种象,才是自然的合目的性与自然律的统一。人的自由意志与自然的客观规定性的统一。在这种意义上,器除了有其实用的功能之外,同时还承担着审美的功能。也是在这种意义上看,真正的制器活动,其实也应当是艺术创作的过程。因此,海德格尔才将技术与艺术同视为道的开显与解蔽方式。他说:"技术是一种解蔽方式。技术乃是在解蔽和无蔽状态的发生领域中,在 ἀληθεια 即真理的发生领域中成其本质。"①

通过以上的分析,可以得出如下结论:对于人类面对的生活世界来说,"天下唯器"。② 即人类面对的经验界与自然界,无非都是器,或者说都以器的方式呈现。对于自然界来说也是如此。此即马克思所说的"人化的自然"或者"自然的人化"。这不是说自然界不存在,而是说,自然在人的眼中已成为器之化身,被人当作器来对待。广义的自然界也包括人自身,因为人也是自然界中之存在,因此,人也是器当中之一种。当我们说人也是器的时候,并不意味着对于人的主体性的排斥。相反,当人成为器的时候,也只有当人真正成器的时候,他才会消除他那与自然之物相对立的主体性,而获得一种与自然界融为一体的主体性,这种主体性,是自然物的主体性。只有这样,他才会在与其他器打交道的时候,可以"随心所欲而不逾矩"。在这个时候,他才获得了真正的自由,一种自由律与自然律合一,主观的合目的性与客观的合目的性合一的自由。这个时候,人在制器,以及使用器的过程中,才真正是审美的与艺术的,属于一种"游戏"。而只有当人成为器,并与其他器一块进入游戏状态的时候,他才是真正意义上的人:不是与自然界相对立,而是道与器合一,形而上与形而下合一的人。假如说形而上的向度使人具有超越性的话,那么,形而下的向度则给人提供了这种形而上向度的具体性与丰富性。

问题在于:它可能吗?以上我们通过对"器"这个哲学观念的分析,说明

---

① 《海德格尔选集》(下),第932页。
② 王夫之:《周易外传》卷五。

作为一种世界观以及人与世界共在的方式,具有这种可能性。然而,要将这种可能性展现为现实世界之中,既需要现实世界中器的物质方面的条件(这是一个人类历史进化以及历史境遇的问题),就个人作为器来说,更需要我们的"修行"(俗话说的"玉不琢,不成器")。

最后,让我们引用青原惟信禅师的一段话作结:

"老僧三十前未参禅时,见山是山,见水是水;及至后来亲见知识,有个入处,见山不是山,见水不是水;而今得个休歇处,依前见山只是山,见水只是水。"①借用这位禅师的表述,我们也可以说:"道是道,见器是器;及至后来有亲知识,见道不是道,见器不是器;而今得个休歇处,见道只是道,见器只是器。"

---

① 《五灯会元》卷十七。

第八章　人类中心主义与非人类中心主义

一、人在宇宙中的位置

在前述第三章中，曾谈到人对存在的认识有两种：有观与无观。人之所以会有这两种观，乃由于人处于观察宇宙万物的"十字架"之中心。在这个十字架中，人处于两条直线的交点。从这点可以往横看，也可以往纵的方向看，此分别为有观与无观。

但是，除了往上下左右看周遭的宇宙万物之外，人作为有理性的动物，还可以"反观"他自己在宇宙中的位置。然而，当人反观自己在宇宙中的位置时，同样也可以有两种角度：一是从横观的角度看，这时，人会发现自己是宇宙万物中的一种，他与这周围世界中的万物万事有形形色色的差别。换言之，他看到的是人与周遭世界的区别。这区别点最大的在哪里？就是人是"零"，而周遭世界的万事万物是零之外的其他数字。这是人与世界主客二分的根源。一是从纵观的角度看，这时，由于宇宙中万事万物与他皆处于"零"的位置（从纵坐标来看），因此，他看到的是周遭世界与他的同一（同样为零）。这不是说周遭的万事万物与他没有差别，而是说，这些差别是非本相的，或者只是外在的区分，就本然相而然，人与他周围的宇宙万物是同一的。此即我们上文所讲过的无观中获得的无相。

以上这两种人与世界打交道的方式，假如将它们划分为思想类型，可以分别称之为人类中心主义与非人类中心主义。这两种思想传统，在人类思想史上曾长期存在甚至形成对立。假如要举出例子，我们马上可以想到中西文明这两大类型，即西方文明是以人类中心主义为主导的，中国文明是以非人类中心主义为主导的。金岳霖对中西方这两种不同传统作过这样的概括："西方有一种征服自然的强烈愿望。人们尽管把人性看成'卑鄙、残忍、低贱的'，或者把人看成森林中天使般的赤子，却似乎总在对自然作战，主张人有权支配整个自然界。这种态度的结果，一方面是人类中心论，另一方面是自然顺从论。这对科学的影响是巨大的。促进科学的因素之一，是获得自然所需要的力量。没有适当的自然知识，就不能征服自然。"[①]非人类中心主义又

[①] 《金岳霖学术论文选》，第355页。

可以称之为天人合一的思想模式。同样引金岳霖的话,他说:"多数熟悉中国哲学的人大概会挑出'天人合一'来当作中国哲学最突出的特点。……这'天人合一'说确是一种无所不包的学说;最高、最广意义的'天人合一',就是主体融入客体,或者客体融入主体,坚持根本同一,泯除一切显著差别,从而达到个人与宇宙不二的状态。"①总之,"中国和西方的态度不同,西方认为世界当然一分为二,分成自然和人,中国则力图使人摆脱物性"②。

对人类在宇宙中的位置的不同看法,还突出表现在中西方不同的宗教传统中。按照西方基督教传统,尽管上帝是全知全能的唯一者,人在上帝面前显得卑微,但人却是模仿上帝的原型制造出来的。因此,除了上帝之外,人就是宇宙万物中最高的存在者,具有按照上帝的意旨来看管世界的责任,此正如《圣经》所说的:"我们要照着我们的形象,按着我们的样式造人,使他们管理海里的鱼、空中的鸟、地上的牲畜和全地,并地上所爬的一切昆虫。"③而儒、释、道等为代表的中国传统文化是即哲学即宗教的,却一无例外地具有"天地与我并生,万物与我为一"的观念,尽管它们对这个观念的具体表述可以不同。

二、人类中心主义与非人类主义之价值观

人类中心主义与非人类中心不仅是两种看待宇宙的不同方式,而且反过来影响到人类对于自身的理解。假如说哲学除了关心宇宙的终极实在及最高存在的问题之外,还要追问人是什么,人应当是什么,以及人希望什么这样一些人生的价值与意义的问题的话,那么,分别从人类中心主义与非人类中心主义出发对这些问题会提供如何不同的答案呢?

1. 人的使命

人作为不同于其他动物的独特存在物,在于它会追问人究竟为何而活,如何去活,应当怎样去活等等这些生活的终极意义问题。这些问题假如归结起来,可以称之为人作为宇宙生物的使命是什么的问题。在这个问题上,人类中心主义与非人类中心形成根本对立:对于人类中心主义而言,人是宇宙中最高的存在物,所谓最高的存在物,是说人具有超出其他生物体与动物的理智;在宇宙的进化中处于最后、最高的层次。因此,人类与宇宙中其他的自然生物体在智力上是不平等的。不仅如此,人类在需要与欲望的层次上也与

---

① 《金岳霖学术论文选》,第355页。
② 同上书,第356页。
③ 《旧约·创世记》

其他生物体不等。从这种理智与欲望的不平等出发，人类中心主义不仅认为人处于宇宙的中心位置，而且认为宇宙中其他一切东西（包括生物与非生物）都仅仅是因为它而存在，并且是为了满足它的需要而存在的。因此，人类在宇宙中的作用，就是如何尽量地利用与驱使其他事物，让其尽管地满足人类的各种各样的欲望与需要。这正如歌德在《浮士德》这部作品中的第一部所说的：人的使命就是如何去利用与改造自然，以满足它无限度的欲望。

反过来，在非人类中心主义看来，虽然人在理智上高于其他宇宙中的其他存在者，但这不意味着人就可以在道德与价值上凌驾于宇宙中其他存在者之上。相反，由于人具有反思他自己在宇宙中的位置的能力，而且认识到人类纵然具有超出其他存在物的控制与利用自然的能力，但人类终究是宇宙中与其他存在物平等的一员。因此，人类在宇宙中与其说是运用自己的能力去征服与改造自然，不如说是应当利用自己的能力与智力去更好地保护与关爱自然。换言之，对于人与自然的关系来说，与其说是利用与被利用、征服与被征服的关系，不如说是关爱与被关爱、保护与被保护的关系更为恰当。因此，非人类中心主义认为人类在宇宙中承担着更多的道德义务与承担，即如何保护与爱惜自然，以与宇宙中的其他存在者和平友好地相处，这也就是中国古人所讲的"民胞物与"精神。

2. 人的行为模式

从对人在宇宙中的位置与使命的不同看法出发，人类中心主义与非人类中心主义分别发展出不同的对待自然与宇宙万物的行为模式。对于人类中心主义来说，既然人类承担有征服与利用自然与外物的责任，而自然界与宇宙万物只不过是供人类利用的资料与原料。因此，为了能达到利用与征服自然界的目的，人类中心主义强调对于自然以及外部世界的认识。换言之，在与外物打交道的过程中，人类中心主义采取与选择的是一种认知的模式。所谓认知模式，是将外部世界视之为仅仅是一种提供认知价值的存在。为此，人类中心主义视利用与发明工具的能力为人的最值得骄傲的能力，并且强调科学技术，对科学技术的作用无限地夸大，以至于发展为"科学万物论"，认为只要发展科学技术，提高人类利用与改造自然的能力，就可以解决人类面临的一切问题。与发展征服与改造自然的能力相适应，人类中心主义还强调效率原则，以效率之高低作为衡量人类活动之价值与意义的标准。

反过来，非人类中心主义从万物平等观出发，认为人类承担着照看与保护自然万物的责任，因此，人类与其说是去认识自然界的规律，不如说是去理解自然的平等本性。因此，与人类中心主义的认知模式不同，非人类中心主义与外部打交道的方式是价值观的。即是说，它不视外物为利用的对象，而视外物为与他自己平等的、友好相处的朋友。因此,与其说它强调人类利用与征服的能力,毋宁说希望对于人类的这种能力加以限制。因此,它对于人类由于生存之需要而发展的利用自然的能力并非加以鼓励,毋宁说是要加以限制。这就是儒家所说的"正其谊不谋其利,明其道不计其功"①。另外,与其说是去扩大利用自然的欲望,不如说是如何去将这种与生俱来的欲望加以限制甚至清除。这就是儒家所讲的"存天理、去人欲",以及佛教所提倡的"灰生灭智"。可以看出,即使人作为生物性存在有其不得不利用自然的一面,但对于非人类中心主义来说,这种利用自然的本性即使无法完全根除,也是要设法加以限制与控制的。因此,其追求的行为模式与其说是效率原则,不如说是节俭原则。

3. 人的价值观

对于人类中心主义来说,既然自然万物都是为了人类的需要而存在才有其价值,而且,人类的使命就是如何设法去利用自然与享用自然,这意味着人类中心主义的价值观是建立在"自利"基础上的。这种所谓自利,可以是整个人类,可以是人类中的某些群体,可以是个体的人,但无论其利的范围是大是小,其核心价值是"利"而非"义"。由于注重与强调对于外部世界的利用,人类中心主义的价值观还是实用主义的。即是说:它评价一件事物或者东西之是否有价值,就是看它对于人类是否有用。凡对于人类用处大者,则价值为大,否则价值为小。不仅对于外物的看法是这样,对于人自身的评价标准亦如此,就是说:衡量一个人之是否有价值,就看他利用外部世界的能力。凡能最有效地利用外部世界,在征服与利用外部世界的过程中愈得心应手者,则获得的评价与赞誉愈高,否则就小。总之,无论是对于外物以及对于人的评论,无不从其是否有用,以及用的能力大小而定。

对于非人类中心主义来说,宇宙间万物平等,而且人与物、人与人之间并非利用与被利用的关系,因此,衡量自然物与人之价值大小与高低,不是视其对于人类有用与否,以及对于某些人是否有用而定,而是承认与强调宇宙万物的内在价值。换言之,对于非人类中心主义来说,宇宙万物并非为满足人类的需要而存在,而是它作为宇宙中之一物而存在。这种作为宇宙中之一物的存在,有它的合理性与价值。这是一种超出了与人的利害关系,而完全由于它自然而然的存在而具有的价值。这种内在价值,可以用孔子的话来形容:"天何言哉,四时行焉,百物生焉,天何言哉!"②这种内在价值,庄子用"天地有大美而不言"来描写。它也就是《易经》里所说的"生生之德"的价值。

---

① 《汉书·董仲舒传》。
② 《论语·阳货》。

同时,正因此注重万物平等,众生平等,强调万物各有其存在之价值,因此,就作为整个宇宙之最高存在而言,它注重的是"和谐"与稳定,视宇宙间万物顺生、遂生,并且彼此和谐共处为宇宙间之最高价值。

4. 人与人的关系

金岳霖在谈到西方的人类中心主义时说:"有人类中心观的人不但有人类中心观,有时还有自我中心观。"[①]其所以如此,是因为人作为地球上的一个物种,是由一个个的具体个人所组成,所以,人类中心主义的所谓人观,乃是一个个具体的人的"我观"。这种"我观"的我是作为个体的"我"。因此,人类中心主义的我观是"以我观物",即从个体之我的角度来看待与理解世界,这当中也包括对他人以及对社会的理解。这样,在看待与处理人与人的关系上,人类中心主义必然是从作为个体的"我"出发的,即认为外部世界,包括他人与整个社会存在,都是因我而存在,并且为我而存在。因此,人类中心主义对于外部世界,包括社会中人与人的关系的理解,也是从作为个体的"我"出发的。换言之,人类中心主义的伦理观以及社会政治理论,都是建立在这种以我为中心的个体主义立场上的。这也是西方伦理学以及社会政治理论之所以强调"个体主义"的根源。

反过来,非人类中心主义认为物与物平等,人与物平等,人与人平等,这意味着作为个体的人与其他个体的人来说,是无差别的。因此,作为维系社会存在的社会伦理,就并非是要去解决社会上不同个体之间的差别与差异,而是要着眼于整体人类,甚至是整个宇宙世界的问题。因此,非人类中心主义的伦理观必然是整体主义的。这种整体主义不意味着它否认作为个体的人的存在,而是说,它认为,从根本上来说,个体与个体之间尽管在生理上、能力上,甚至社会地位上存在着种种差别,但作为道德主体以及价值主体来说,个体与个体之间并无不同。因此,非人类中心主义的所谓平等,准确地说,是一种价值尺度上的无差别。从这种价值意义上的无差别出发,非人类中心主义的伦理观与社会观与其说是强调个体与个体之间的差别以及利益上的不一致,毋宁说更强调人与人之间在本性上的一致与和谐。

5. 人与心灵的关系

人类中心主义与非人类中心主义的对立不仅表现在人与外部世界、人与人之间的关系的看法问题上,还表现在人对于自我"心灵"的理解不同。人类自从有了形而上学,也就开始了对于心灵问题的思考。然而,心灵到底是什么?这个问题却不容易回答。然而,尽管答案可能多种多样,从类型上看,

---

[①] 金岳霖:《知识论》,第 87 页。

却无非两种,即人类中心主义的与非人类中心主义的。人类中心主义强调人与外部世界的对立,这种人与外部世界的对立,其实也就是人的心灵与外部世界(包括人的肉身)的对立。从强调心灵与外部世界的对立出发,人类中心主义认为心灵的主要功能是如何去认知与控制外部世界。因此,人类中心主义的所谓心,主要是一种认知心,即强调心有认识外部世界的能力。除认识心之外,人类中心主义还强调心灵具有征服外部世界的欲望。对于人类中心主义来说,心灵是各种欲望的藏身之地。为了满足这种种欲望,心灵还产生与发展了为满足这些欲望的行为意愿,是为意志。总之,对于人类中心主义来说,所谓人的心灵,就是认识心、欲望心与行为的意志能力。不仅如此,人类中心主义将人的肉体也视之为与"心"相对立的外物,因此,对于人类中心主义来说,人的心灵与肉体也老处于"交战"之中,是谓人的心灵与肉体的对立。它要么表现为肉体之战胜心灵,是谓纵欲主义;要么表现为心灵对肉体的囚禁,是谓禁欲主义。

反过来,对于非人类中心主义来说,由于人与外部世界本无差别,因此,其心灵是"物物平等"与"人我平等"的"道德心"。而就心灵与作为外部世界之组成部分的人的肉体来说,此两者也并非对立而是合一。这种所谓合一,并非是说肉体可以是心灵,心灵可以是肉体,而是说:虽然肉体不同于心灵,它具有其生理性的需要与功能,但是,这种生理性的功能与生理性的满足,仅仅是为了维持其作为肉体的存在之需要,并不具有本质的意义。就肉体的本质而说,它是体现心灵的"自由意志"的工具。这种心灵的所谓自由意志,就是追求人与万物的齐一与合一。从这种意义上说,非人类中心主义的心灵与肉体的关系,可以理解为体与用、隐与显的关系,即心灵是体,肉体是用;心灵是隐,肉体是显。所谓人与天地合一,所谓物我交融的万物齐一之境,有待于人的心灵与肉体的共同参与。从这种意义上说,人的肉体与心灵不仅不相对立,而且相互为用,相辅相成。

三、合内外之道

以上,我们对于人类中心主义与非人类中心主义这两种人类的观物方式以及观照自身的方式分别作了考察。可以看到,无论是对于人的本性的理解上,还是在与外部打交道的方式上,人类中心主义与非人类中心主义都存在着尖锐的对立。然而,我们又看到:人类中心主义与非人类中心主义都根源于人的本性,是人的二重存在的反映。人类的这种二重性存在,使人类既要从横坐标的角度来看待与理解世界,同时又能从纵坐标的角度来看待与理解世界。但是,正是这种人类的二重性生存境况,给人类之反思造成了困惑。就是说,作为一种既需要满足其生物性存在,同时又具有超越性追求的理性存在,人究竟应当如何审视自身?应当如何将这种人的二重性生存加以统一或者至少加以调解?否则,人与世界、人与自身的关系将老处于矛盾与冲突之中。而人类之所以需要形而上学,不仅仅在于对宇宙终极存在以及人的存在本性的认识,而且在于:一旦认识到人的二重性生存是人与生俱来不得不背负的沉重"十字架"的话,那么,人还必得千方百计地将这种困境加以化解或调解。一部形而上学史,既是人类叩问宇宙终极存在与人之终极存在的历史,更是一部如何重建人与世界的统一,人的自身统一的精神反思的历史。

其实,从以上可以看到,在某种意义上说,人类中心主义与非人类中心主义分别代表着这种重建统一的努力,只不过二者的方向不同而已:对于人类中心主义来说,它是以有的观来统一或调解无的观。就是说:在人的现实生活中,任何强硬的或绝对的人类中心主义都是不可能的。所谓人类中心主义仅只是一种抽象的说法或者说理想类型。现实生活中的人,尽管以人类中心主义作为理想导向,却也会或多或少地容纳非人类中心主义的内容。就是说,人类现实生活中的人类中心主义常常以弱化的人类中心主义的形式出现。这种弱化的人类中心主义对于非人类中心的主张并非截然地排斥或与之对立,而是会对非人类中心主义的思想有所吸取。这表现在:1. 在看待与处理人与外部世界的关系问题上,以人类中心主义作为价值基本原则,而以非人类中心主义作为价值的辅助性原则。2. 在人类生活的重要或者说基本方面,采取人类中心主义的基本模式或设计,而在其他不那么重要或者较次要的方面,采取非人类中心主义的价值尺度。3. 在常规情况或正常情况下,采取人类中心主义的价值尺度,而在特殊或非常态的情况下,则按照非人类中心主义的尺度行事。如此等等。反过来,绝对的非人类中心主义对于人类来说也始终是一种理想或想象。在现实生活中,人们不可能完全按照非人类中心主义的原则行事。因此,在现实生活中,即使提倡非人类中心主义,我们看到的,也只能是一种软化的,或者说受限制的非人类中心主义。以佛教的非人类中心主义为例,尽管佛教在教化上主张物物平等,禁止"杀生",但我们看到:任何佛教徒都难以实践一种绝对意义上的非人类中心主义。因此,所谓不杀生,也就是限制于不杀动物,而对于其他生物,包括大自然中的花草等等,很难做到完全不加以伤害。因此,现实生活中的所谓非人类中心主义更多地采取的是如下方式:1. 在看待与处理人与外部世界的关系时,持一种非人类中心主义的姿态与立场,而在实践中,则根据不同的对象、不同的场合、不同的目的与需要,而采取灵活的做法,在这当中,不妨碍局部地,或者说在不妨碍非人类中心的基本原则时酌情采取或容纳一些人类中心主义的要求与做法。如此等等。

看来,既然人类从本性上是二元性的动物,那么,它注定了无法从根本上摆脱人类中心主义与非人类中心主义的困扰。要完全地兼顾二者,或者说同时容纳二者并非是容易之举,在现实生活中常常对于人类中心主义与非人类中心主义会有畸轻畸重之别。倒是梁漱溟,发现了人类之理想与现实之间的矛盾与困境,并提出一种新的解决问题的思路,即他将人类的哲学与文化视之为"生活的路向",提出了所谓"人生三路向说"。其中,他认为:西方的文化与哲学是一直向前看的,印度的文化与哲学是往后看的,而以儒家为代表的中国文化与哲学是既不完全向前,也不完全向后,而是返回内心的。

这里,梁漱溟的所谓西方式的向前看的人生路向,相当于我们这里所说的站在人生十字架的横坐标上看待世界的方式,即是人类中心主义的。而他所谓印度式的向后看的人生路向,相当于我们所说的站在人生十字架的纵坐标看待世界的方式,即非人类中心主义。他认为:人类在过去以及现实,其生活路向都是向前的;但从长远的发展来看,当人类的各种生物性的需要都得到满足以后,人类总还会有一种欲望是从根本上无法得到满足的,这种欲望就是人类要寻找"解脱"的欲望。所谓解脱的欲望,其实也就是我们这里所说的人寻找与宇宙大全完全地合一的欲望。按照梁漱溟的看法,从长远来看,人类终归要走上解脱之路。因为当一切生计的问题都得到解决之后,唯有剩下来的就是这种寻找解脱的愿望是难以满足的,因此,最后人类将以从根本上否定人生来解脱自己。这也就是作为非人类中心主义之范型的印度佛教之真谛。

当然,梁漱溟提出:人类要走上印度佛教式的解脱之路还相当遥远。因为当人类基本的生理性需要还没能得到满足的时候,作为整个人类,是不可能走这条路的,而只能采取西方式的向前看的路向,即采取向外征服与扩张,将外部世界视之为"为我所用"之物,尽量地加以利用而已。但梁漱溟同时预言:在当前,人类正面临着从第一条路向(向前的路向)到第二条路向的转向。这所谓第二条路向,就是以儒家为代表的既不完全一味地向前,也不是向后看的路向,而是返回内心的路向。这种返回内心的路向,其实是第一种路向与第三种路向的一种折中。因为这种第二种路向并不从根本上否定人的生理性的需要,即是说,它不提倡人作为一种生物性存在从根本上的灭绝。但是,它也不认为仅仅满足人的生理性需要就是人的全部欲望的满足。它承认人类从天性上还有追求与天地同体与合一的愿望。因此,这所谓第二条路向,其实就是根据目前所能具备的条件与情况,来对于人的行为方式采取一种兼顾有第一种路向与第三种路向的生活方式。这种第二种人生路向的方式,就是调和与折中。梁漱溟举孔子作为这第二种路向的代表。他说:"双、调和、平衡、中,都是孔子的根本思想;所以他的办法始终着眼在这上头,他不走单的路,而走双的路;单就怕偏了,双则得一调行平衡。"①

从以上看来,梁漱溟似乎是想从人类文明与文化进化的角度,来为人类如何从人类中心主义向非人类中心主义过渡提出一种看法。这种看法是历史主义的,即视人类中心主义向非人类中心主义的过渡为一个历史进化的过程。而且,除了视人类中心主义向非人类中心主义的过渡为一种历史的进程之外,他还为人类当前如何解决人类中心主义与非人类中心之间的紧张与困惑提供了一种新的思考与出路,即折中主义的解决问题的方式。尽管这种折中主义的方式在现实生活中很难掌握其标准与尺度,但作为一种思考模型,它却发人深省。

无独有偶,当代西方神学家蒂利希也提出过一种如何解决人类生存困境的看待与处理世界的方式。不过在他看来,人类中心主义与非人类中心主义的对立并非是历史性的,而是人类与生俱来的根本性困境与难题。他认为人生而"执",而"人执持双重态度,故尔世界于他呈现为双重世界"②,即超验的本体世界与可感觉的现象世界。针对为追求"永恒世界"而逃离现象界的看法,他说:"把感觉世界当作现象界面摈弃,这并不能引导我们抵达上述境界。没有现象界,仅有世界,即仅有因我们之二重态度而呈现二重性的世界。必须摈弃的只是分离这种阻碍。同样,我们根本不必'超越感官经验',因为,每一经验,哪怕是最具有精神性的经验,也只能为我们提供'它'。我们也不必求助于理念世界与价值世界,因为它们不可能转成我们之现时。凡此种种皆非必须。"③他提出有一种"我—你"关系。这种"我—你"关系不是说在"我—它"之外另有一种关系,而是说:"与世界中每一在者,每一生命的每一实在关系皆是唯一的。你之'你'自由无拘,卓然挺立,独一无二,与你相待。'你'充溢穹苍。这并非意指,除他而外无物存在;这毋宁是说:万有皆栖居在他的灿烂光华中。只要关系之现时犹存,它之普照性便不可得移。然一旦'你'转成'它',关系之普照性即刻威逼世界,关系之唯一性即刻排挤万有。"④这说明:绝对的天人合一亦是一种"我—它"关系。因为它以肯定天人相分为前提,然后才追求合一。按蒂利希之理解,真正的"我—你"关系是天

---

① 《梁漱溟全集》第1卷,山东人民出版社1989年版,第470页。
② 马丁·布伯:《我与你》,三联书店1986年版,第47页。
③ 同上书,第99页。
④ 同上书,第101页。

人合一在现实中的展开，它不能排除"我—他"关系，而是改造"我—它"关系；它也不停留于绝对的天人合一，而是追求动态的、在现实状态中的天人合一，即天人合一又具体化与现实化。其实，这正是中观的思维方法。换言之，所谓天人相分与天人合一，所谓人类中心与非人类中心，都还是一种分析与方便说法，在真实的世界中唯有中观关系或"我—你"关系。

这里所谓分析，是包含有个体性，同时又包含了同一性的天人关系。换言之，天人既是相分的，又是同一的。天人之间的这种我—你关系，是从动态的观点来对人的"生命十字架"的观照。这是因为人的生命十字架坐标的方向不是一成不变的，我们可以将横坐标视为纵，将纵坐标视为横。这也意味着将横坐标理解为纵，将纵坐标理解为横，它们是既非横亦非纵，亦横亦纵，即横即纵。这种中观方式，从道德观上，我们给它一个名词，就是"我—你"关系，以与横的"我—他"与纵的"我—我"关系相区别开来。

要达到此点，需要像弗洛姆所说的建立一种"自发人格结构"，来蕴盖两者以及保持两者之间的平衡。他说："如果人能藉着自发性活动，来实现他自己，并使自己与世界，建立关系，他便不再是一个孤独的微尘了。他与世界化成为一个有组织的整体的一部分。"①而且，"自我的独有特性与平等的原则，绝没有冲突"②。而且他重申："人就是他的生活的中心与目的；人类特有的个性的成长与实现是唯一的目的。"③人既是目的，同时人的自发活动又客观上有利于天地万物之化成，假如套用康德的话来说，此乃人的"无目的的合目的性"，也即是自由与必然的合一，有与无的合一，道德义务与自由意志的合一，等等。

但理论上说起来容易，实践起来不易，这是道德实践中的具体境遇问题，而远非伦理道德的理论逻辑问题。假如我们将以上试图解决人类中心主义与非人类中心主义对立的思考努力称之为"合内外之道"的话，那么，这种合内外之道不仅仅是道理，而且是道路，即它不仅仅是理念，更重要的是实践的过程。为此，下章我们将转入对于具体的人类道德实践问题的思考。

---

① 佛洛姆：《逃避自由》，上海文学杂志社1986年版，第124页。
② 同上书，第125页。
③ 同上。

第九章　人文性道德何以可能

一、社会性道德与宗教性道德

在《历史本体论》中，李泽厚提出有"两种道德"——"宗教性道德"与"社会性道德"。关于"宗教性道德"，他说："Kant 和一切宗教，也包括中国的儒家传统，都完全相信并竭力论证存在着一种不仅超越人类个体而且也超越人类总体的天意、上帝或理性，正是它们制定了人类（当然更包括个体）所必需服从的道德律令或伦理规则。因之，此道德律则的理性命令，此'天理'、'良心'的普遍性、绝对性，如'人是目的'、'三纲五常'，便经常被称之为'神意'、'天道'、'真理'或'历史必然性'，即以绝对形式出现，要求'放之四海而皆准，历万古而不变'，而为亿万人群所遵守和履行。这就是所谓绝对主义伦理学，也就是我所谓的'宗教性道德'。"[①]关于"社会性道德"，他说："所谓'现代社会性道德'，主要是指现代社会的人际关系和人群交往中，个人在行为活动中所应遵循的自觉原则和标准。"[②]"现代社会性道德以个体（经验性的生存）、利益、幸福为单位，为主体，为基础。个体第一、群体（社会）第二。私利（个人权利，human rights）第一，公益第二。而且，所谓'社会'和'公益'也都建立在个体、私利的契约之上，从而必需有严格的限定，不致损害个体。因为社会本由个体组成，它不能也不应高于个体。相反，社会只能服从、服务于个体（生存、利益、幸福）。但各个个体并不相同，生存、利益、兴趣和追求的幸福、快乐也并不一致，于是才有契约。基于个体利益之上的人际之间的社会契约，是一切现代社会性道德从而也是现代法律、政治的根本基础。"[③]李泽厚大刀阔斧，从林林总总的伦理道德学说中清理出道德思想发生的根基主干，这是他的慧识所在。而且，他所谓的"社会性道德"乃着眼于"现代社会性道德"的提法，而与各大文明历史上曾有过的各种"社会性道德"有别，这就使他关于"社会性道德"的内容更展现出时代与现代的特色。总之，李泽厚关于"两种道德"的提法，不仅是对世界各大文明传统中各种伦理道德学说的深度把握，而且，这种"两种道德"的区分极富时代性与现实

---

① 李泽厚：《历史本体论》，三联书店 2002 年版，第 47 页。
② 同上书，第 57 页。
③ 同上书，第 58 页。

意义。

而且,在进一步追溯两种道德之何以然时,李泽厚采取了一种历史溯源法的思路与观点。他认为:历史上各大文明传统中,早期的宗教性道德其实也只是一种社会性规范,这也即是"礼源于俗";而历史上各个民族与文明的社会性道德,也常常被宗教性道德所笼罩甚至取代。这样,历史上,宗教性道德与社会性道德其实是相互交融,很难截然区分开来的。他还认为:将宗教性道德与社会性道德严格加以区分,是现代社会的产物;也代表时代的进步。前者(宗教性道德),他称之为"高度道德";后者(现代社会性道德),他称之为"低度道德"。

本章同意李氏关于两种道德相区分的观点。本章试图要追问的是:这两种道德的区分究竟有何成立的根据?换言之,人为什么需要"两种道德"?它们究竟仅仅只是人类历史进程的偶然产物,还是深刻地反映了人性的内在需要,并且有其哲学形而上学的基础?与李泽厚在两种道德的起源问题上持一种历史发生学的观点不同,本章认为:两种道德的产生需要从人类学本体论上获得其说明。

关于有"两种道德"的说法,是可以从人的本体存在的考察入手来加以分析并寻其答案的。人是二重性的动物。这所谓人的二重性,应理解为人的生存论上的二重性。也就是说,人生在世,人与世界打交道的方式是二维度的。其中一个维度是:人作为有限性的生物存在,与世界上其他事物、物种,甚至人类其他成员均处于一种"竞争"地位;由此,人强化了他与其他事物、物种,包括人类社会其他成员的区别。但作为地球上的生物体,人类的生存又不得不依赖于其他事物,包括与社会中其他成员打交道,并且与之结合成一种"伙伴关系"。为了维持这种"伙伴"的合作关系,人类的社会性道德由此而生。就是说,社会性道德,首先是为了满足人类与社会其他成员的合作,以及与自然界的"合作关系"而出现的。尽管是为了保持和发展与其他社会成员,包括自然界的合作与交往关系,但这种交往关系却是建立在以识别人与人、人与物的基础之上;而且,协调彼此之间关系的最终着眼点是"利益"(包括个体的、社会群体的,以及整个人类的利益)。换言之,现代社会性道德以个体主义为原则,以协调利益为导向;它强调的是分配正义(包括人际分配正义、代际分配正义、物种间的分配正义,等等)。

但另一方面,人除了是生物性的存在,他还是具有无限性的精神存在。所谓无限性的精神存在,是指人作为精神存在,会去思考与发现生命存在之意义,以及宇宙之终极原理。而这种对于人生意义之发现,以及对于宇宙终极原理之追寻,必然会将人的精神引导到去发现与追求一个无限性的宇宙统一体。在这个宇宙统一体之中,不仅人与人同一,并且人与宇宙万物同一,人的身心亦合一。换言之,人只有在这样一个万物合一,我与宇宙合一的世界中,才会获得一种生命价值之永恒的意义。也就是说,只有承认有这样一个万物合一、人我合一的世界存在,才说明了人的无限的精神性存在之有。在对于神圣,尤其是在对于宗教(这里指普遍的宗教,不限于某种具体或现成的宗教)的追求中,人终会确证有这样一个无限性的世界存在。通常所谓的宗教性道德,其实就起源于这个无限的世界。对于有宗教精神性生活追求的人来说,这个世界不仅是真实的,而且是可以通过宗教实践去证成的。显然,宗教性道德的实践,就是证成这种超越存在的最普遍与最有效的方式之一。在宗教性道德实践中,人会体会到一种与终极存在者(可以是上帝、涅槃、梵天,等等)相通,甚至与之融合为一体的幸福。由于追求与终极者的相通或融合,这是一个无差别的世界:在宗教性道德中,人与人之间、人与物之间、人与宇宙之间一无差别。这不是说人与人之间、人与物之间、人与宇宙之间全无区别而无法区分,而是说:即使承认有这些区别,但这些区分仅只是外在的,属于"表象",就终极意义上而言,万物平等而且齐一。用庄子的话说,这是一个"天地与我并生,而万物与我为一"的世界。看来,宗教性宗教之成立的基础,就是这样一个无差别、万物齐同的世界(在不同文明传统中,宗教性道德对于终极者的表述形式不同;但都以追求无差别的世界为宗旨)。

二、两种道德的人性论基础

通过以上分析,可以得出这样的结论:社会性道德与宗教性道德之所以存在,是由于人同时面临着两个世界:有分别的世界(人与我别、人与人别、人与物别、物与物别,等等)与无分别的世界(人与我、人与人、人与物无差别,等等)。这样两个世界,可以分别称之为"有的世界"与"无的世界"。这两个世界之存在不仅导致两种道德的出现,而且使它们在对于道德观念的理解上也殊有差别。现在,让我们再来看这两种道德的人性论基础。

关于道德的人性论基础是一个复杂的问题。这个问题可以分为两个方面来讨论:首先,讨论道德问题是否需要预设某种人性论的基础;其二,道德究竟需要预设何种人性论的基础?显然,第二个问题是紧接着第一个问题而来的,假如对第一个问题的回答是否定的话,那么,也就取消了第二个问题。我们既然肯定第二个问题,说明我们的讨论是以承认道德有人性论作为前提的。问题是:为什么讨论道德问题要牵扯到人性论的基础?这里要提请注意的是:当我们说道德必须预设某种人性论基础时,是从理论上来谈的。就是说,伦理道德的人性论根据不来自于现象界的经验观察,它不是因果式的说明,而是理论或者说逻辑上的解释。因为从现象界来说,人性论问题是很难得出一个公认的答案的。也就是说,从经验现象中,我们既可以证明人性为善,也可以证明人性为恶(历史上孟子与告子就曾分别从经验上争论过人性善恶问题,结果他们彼此之间谁也说服不了谁)。既然如此,我们为什么还要将人性论作为道德的基础来加以讨论呢?这是因为:虽然从经验中不能证明人性善恶问题,但不等于这个问题不重要,更不等于这个问题不"真实"。所谓真实,有两种理解:一种是经验现象界中的真,这是可以通过经验去"证实"的;但还有一种是"道理"上的真实,这种真实服从于理论的需要。也就是说,假如缺乏了这样一种真实,那么,某种理论的建立就不仅缺乏逻辑的起点,而且无法获得理论上的圆融与自洽性。因此,从追求理论的圆融与自洽来说,任何道德理论都必须有其人性论上的预设。这种人性预设不来自于经验上的证实,相反,它对于现实中的伦理道德行为可以提供某种理论上的解释。

在第一个问题解决之后,现在让我们来看,究竟伦理道德需要何种人性论的预设呢?在历史上,我们看到:在讨论伦理道德问题或者争论人性论问题时,关于人性的看法有多种,其中,有认为人性是善的,有认为人性是恶的,有认为人性是兼善恶的,也有认为人性是无善无恶的,等等。如上所说,假如从经验层面上来看,那么,这个问题是很难获得解决的,就是说,假如从经验现象中寻找证据的话,那么,我们既可以认为人性是善,也可以认为人性恶,或者人性是兼有善恶,或者是无善无恶,等等。但是,假如从理论的自洽性来看,如上所说,既然人的伦理道德行为由人的生存二重性所决定,那么,从理论上说,人性其实就应该是兼有善恶,或者是有善有恶的。然而,这还只是一种总体上的认识,还不是对于伦理道德问题上人性论基础的最终说明。既然我们讨论的是作为伦理道德理论的人性基础,而根据我们所论,伦理道德理论无非是宗教性的或者是社会性的,这样的话,作为伦理道德理论的人性论基础,其实是针对宗教性道德与社会性道德而言的。即当我们谈论宗教性道德时,应当主张人性善;而当谈论社会性道德时,则应当承认人性为恶。而任何主张人性无善无恶,或者兼有善恶的说法,都难以运用到宗教性道德或者社会性道德理论上去,或者假如要运用的话,也将造成理论上的混淆。

说宗教性道德必须以人性善作为基础,这从宗教性道德之所以为宗教性道德本身,是可以得到一种理论上的说明的。所谓宗教性道德,是强调人与人、人与物之间的绝对平等,以及对人对物的无差别对待。这种无差别地对待其实就是一种"泛爱众生"与"泛爱万物"的观念,因此,从宗教性道德的内容——泛爱众,即可以说明宗教性道德蕴含着人性为善。或者说,宗教性道德之存在本身就是对于人性为善的证明。否则,宗教性道德将不可能。其次,从宗教性道德所遵循的道德原则,也可说明它蕴含着人性为善。道德原则无非两种:自愿原则与自觉原则。前者(自愿原则)是指道德行为出于个人内心的愿望,也即个人良知的"呈现"。也就是说,对于道德的自愿原则来说,道德是个体自愿去选择的行为,并且他自己这样做的时候,会获得一种内心的幸福感与满足。而任何宗教性道德的实践过程中,个体都会伴随着由于遵照自愿原则而带来的内心幸福与满足,而这也就证明宗教性道德建立在人的道德良知之上。而承认人有道德良知,也即说明人性为善。

看来,只有承认宗教性道德是以人性善作为基础,才能为宗教性的道德实践提供理论上的解释与说明。如上所述,既然宗教性道德出于自愿原则,其道德行为从人的本然良知出发,是发自本心的不得不然,因此,在道德实践上,宗教性道德强调人的自由意志,认为道德行为只能是出于良知的觉醒;从而,它反对任何道德上的强制,也反对仅仅将道德作为一种社会责任来承担。历史上,我们看到许许多多宗教性道德与世俗性道德发生冲突的例子。就是说:在宗教性道德看来,任何社会伦理道德要求假如与宗教性的道德良知发生冲突时,那么,从自由意志出发,人的道德应当服从的是道德良知,而非具有强制性的外在社会道德规范。

当我们说宗教性道德的人性基础是人性善的时候,首先遇到的挑战恐怕是来自于基督教神学自身。众所周知,基督教神学,也包括其伦理学理论,是强调原罪说的。所谓原罪,是说人生而有罪性,这种罪性是无关于现实的社会环境,以及种族的差异的。既然如此,这种原罪说不是谈的人性恶吗?不仅如此,基督教伦理学还认为:人由于有原罪,所以必须通过皈依上帝才能救赎自己。而基督教的伦理学之所以提倡爱邻人如己,以及做善事等等,也是因为爱上帝的缘故:"你由于爱上帝,所以必须爱人。""上帝告诉你,必须爱别人。"等等。这难道不是说明人性本来是恶的,但由于通过爱上帝或者信仰上帝以后,才会有了道德观念吗?应该说,以上这种理解,从基督教教义出发来看问题的话,并不为错;它符合基督教本身的理解。然而,假如进一步分析的话,可以看到,基督教教义之所以承认人有原罪或罪性,是以承认有一最高的造物者,以及人可以通过信仰上帝而获得救赎为前提的。假如它不仅承认人有原罪,而且还要让人永远甘愿生活于原罪状态,并且在道德上永远"堕落"的话,那么,它才是彻头彻尾地主张人性恶的。然而,基督教教义一方面在对人的看法上主张人有原罪,另一方面,它又极力强调人要通过信仰走救赎之路,而且主张通过道德行为而去获得上帝的救赎。它对于人类道德行为以及善行作了如此的强调,这难道不说明:在基督教义中,道德观念是如此之重要,以致成了人获得救赎的唯一之路吗?从这点上说,基督教伦理学之所以提倡爱上帝,是为了替人的伦理道德提供一种超验的说明,而且强调行善是每一个个体的人都能做到,并且应当身体力行之事。但这难道不说明:基督教伦理学理论对于人的为善的自由意志以及道德能力,是有着极高的冀盼吗?对这种对于人可以有为善能力的极高冀盼,不恰恰就说明它从思想深处,是蕴含着人可以行善、人从本质上是善的这种人性论的预设吗?当然,从基督教义上说,它对于人的道德行为是借助于上帝的信仰来达到的。但这只是基督教伦理学的神学理论表达形式。这里,要区分出理论的表面与深层结构。可以认为:从思想实质或者理论的深层结构来看,基督教伦理学是有一种人性善的预设的,否则它无法得出人可以做善事的冀盼,而只会得出人不会去信仰上帝,甚至即使信仰了上帝,也不会去听从上帝的告诫去做善事的结论。因此说,只要承认人愿意信仰上帝,并且愿意按照上帝的旨意而去行善,这种看法就贯穿着人性为善的预设;只不过,从理论的表层上看,它不采取直接承认人性为善,而反过来主张人有原罪的说法罢了。

其实,不仅仅是基督教,纵观人类各大宗教,它们在看待人类的伦理道德问题时,都无不以人性善作为其基本前提与预设,此点尤以儒家为甚。众所周知,在像儒家这样的宗教传统中,就明确强调人性为善。像孟子提倡"良知说",认为人的道德行为发自于人的"四端"。为此,他还区分"由仁义行"与"行仁义"。所谓由仁义行,是指出于自由意志的道德行为,而所谓行仁义,则是遵照社会道德规范去做的道德行动。这两者尽管都属于道德行为的范畴,但前者是宗教性道德,而后者则属于社会性道德。

反过来,社会性道德却包含着人性恶的预设。首先,当我们说社会性道德包含着人性为恶的预设时,并非是说社会性道德理论在明言的层次上肯定人性一定为恶,而是说:当一种道德学说属于社会性道德时,它必然是以人性恶作为思想前提的,否则,它将无法在理论上自圆其说。道理很简单:社会性道德建立在人与人、人与物之不平等的基础之上,是以个人利益为纽带联系而成的道德。由于以利益关系为纽带,而且在这种关系中,每个人看重的是个人的利益,而个体与个体之间的利益难免发生冲突;为了避免这种冲突,或者将这种冲突减少到最低限度,人们才发明了社会性道德。所谓社会性道德非他,无非是为了调节个体与个体之间由于利益的矛盾而产生的冲突。而个体与个体之间会由于利益或利害而引起彼此之间的矛盾与冲突,就说明了人性为恶。否则,假如人性不为恶而为善的话,尽管个体与个体之间以利益关系为连结,也不会彼此相争,而只会相互谦让,至少是会相互容忍。故从社会性道德是为了调节人们彼此之间必然会产生的利益冲突这点来说,可以说明社会性道德的理论前提是人性恶;否则的话,它将不是社会性道德,而只会是宗教性道德。关于此点,明确主张人性为恶的荀子说得很明白。他在谈到作为社会性道德的"礼"的起源时说:"礼起于何也? 曰:人生而有欲,欲而不得,则不能无求,求而无度量分界,则不能不争。争而乱,乱则穷。先王恶其乱也,故制礼义以分之,以养人之欲,给人之求,使欲必不穷于物,物必不屈于欲,两者相持而长,是礼之所起也。"①

其次,从社会性道德推行的手段与方法,也可以说明人性为恶。众所周知,社会性道德具有强制性。这种强制性不同于法律那样的需要借助国家力量来强加执行的强制性,但归根到底也是一种社会的强制。这种社会的强制更多地是通过社会舆论、社会风俗习惯等等来加于个人的一种强制。虽然形式不同,但这种社会舆论或者社会风俗习惯的强制给个体施加的强制力量,并不亚于法律的强制。而社会性道德需要借助于社会舆论或者社会风俗习惯的要求等外力来维系社会道德,并且让作为社会成员的每个个体遵守,也说明了人性为恶;否则,它无须借助或凭持社会舆论与社会习惯等外力,而完全可以通过唤起个体的善的良知而达到使社会道德敦厚的目的。

再次,虽然社会性道德不同于法律,它的道德诉求不是凭借国家法律的形式,而是通过社会教化与社会舆论的监督来实现,而且,这种社会舆论与社会教化最终必得转化为个人的实践。但同为个体的实践,与宗教性道德相比较,却有强调自觉原则与自愿原则之别。就是说:宗教性道德的个体实践依持的个人内在良心的发现,是一种出于人的内在本心的不得不然;而社会性道德虽然也是发于个体的自由意志,但这种自由意志却是像康德所讲的"绝对律命"那样的不得不然。这种不得不然,是基于对于作为道德律令的一种理性认识以后而去自觉选择的不得不然。冯契在比较这种道德的自觉原则与自愿原则的区别时曾指出:"自觉是理性的品格,自愿是意志的品格,二者是有区别的。因此在伦理学说上可以产生不同偏向。"②可见,归根到底,社会性道德基于个体内在的自觉,这种自觉与基于自愿的个体原则不同,是出于对个体内在的恶性的认识与反省,然后在此理性认识基础上运用自由意志将个体的性恶加以压制的结果。对个体中存在的这种性恶倾向,朱熹也有过明确的认识,因此,他才提出所谓的"存天理,去人欲"。假如人性天然为善,那么,他必然一举一动都天然符合社会的道德要求;假如真的这样的话,也就无须去"存天理,去人欲"了。可见,社会性道德基于服从道德绝对律命的一

---

① 《荀子·礼论》。
② 冯契:《中国古代哲学的逻辑发展》(上),上海人民出版社 1983 年版,第 50 页。

种"自由意志",恰恰也说明了人性为恶。

三、两种道德的困境与现代人的道德宿命

以上,我们对两种道德的人性论基础作了探讨。可以看出:这两种道德是人的生存二重性的反映,它们分别有其不同的人性论根据。由于人的这两个生存世界——有与无的世界彼此差别甚大,人们与之打交道的方式也差别甚大,由此导致两种道德的涵义也就不同。换言之,面对有的世界,人们往往以社会性道德来规范与调节自身的道德行为;而在无的世界中,人们则乐意去践行宗教性道德。应该说,这两种道德无论在善恶观念、人生态度、价值原理乃至于道德行为准则方面,都会显示出极大的不同。惟其如此,社会性道德与宗教性道德才又可以分别称之为"低度道德"与"高度道德"。所谓低度道德,是社会上人人应当遵守的社会道德底线,超过了此底线的行为,则是被社会上大多数视之为不道德的。反之,高度道德则不是对于社会上所有成员的一种普遍性道德要求,却是被视之为最高义的道德理想。

看来,低度道德与高度道德的区分,虽然为道德如何能为社会上的人们所履行提供了具有可操作性的方案与行为准则,对社会性道德与宗教性道德的内涵作了更具体的规定,然而,这一说法却也给道德本身带来困惑与疑难,即在社会性道德与宗教性道德之间制造了矛盾与紧张。因为假如说社会性道德仅仅只是一种所谓低度道德的话,那么,这种道德作为道德将会出现许多缺陷:(1) 单调性。由于社会性道德仅只是低度道德,因此,这种道德的涵义不能陈义太高,否则它无法被社会上大多数成员所遵守。而一旦整个社会仅仅被这种所谓低度道德所罩照,则不仅出于宗教性的高度道德会显得"曲高和寡",而且整个道德的内容也将显得苍白,因为它不可能容纳太多的"道德"内容,仅仅是作为社会上人与人能和平共处以及维持社会稳定的低度要求与原则。这时候,道德将更多地会与个人的权利与人际之间的利益关系相联系,从而道德本身会显得枯燥而失去其绚丽与感人的色彩。(2) 被动性。由于是低度道德,要求被社会上大多数所奉行与遵守,因此,它其实也是一种被动性的道德。这种被动性带来的不良后果是:它无法解决道德理论中"德福一致"的问题。按照康德的看法,真正的道德是作为主体的个体自愿选择的道德行为,在这种主体的自愿选择中,可以体现出自由意志,而通过自由意志与"上帝"或者"天命"的合一,人在道德践履中,可以体现到"德福一致",从而获得道德行为所带来的幸福。而社会性道德作为一种被动性的低度道德,却缺乏这种导致"德福一致"的动力与机制。(3) 消极性。更严重的是:

假如道德仅仅是作为一种社会上人人都可以与应当被遵守的道德戒律的话，那么，这种道德必然是消极的。这里的消极性的意思有两个：首先，道德情感的消极性。也就是说：道德既然是社会上人人应当遵守而且必然要遵守的，因此，任何个体的自由意志与自我选择在道德中都不再需要或无能为力；道德的履行就仅仅成为社会规范的某种强制与义务，这也就意味着个人的道德选择失却其意义。其次，道德行为的消极性。由于是低度道德，那么，在社会上人与人相处之中，仅仅履行这种内容不太多的行为规范就可以被视之为道德的，其不良后果是：人们难免于满足这些所谓低度的道德要求与内容，而对超出这些低度道德的道德行为与美德不再欣赏与践行，从而，整个社会的道德内容水平不仅难以提高，而且容易导致人与人之间的冷淡与冷漠，即人们不再期待会有超出社会性低度道德之外的更多、更高的道德行为；即便有的话，也会被社会上的人们视之为"奇迹"，甚至觉得难以理解。

反之，假如认为只有宗教性道德才可以称之为真正的道德，甚至强制性地要求社会成员都去履行宗教性的高度的话，那么，其给社会带来的不良后果将会更为严重。这是因为：正由于宗教性道德是高度道德，这种道德就只能是社会上少数成员所能履行的，难以为社会上大多数成员所自觉或自愿遵守。这种宗教性道德之所以难普及于现代社会大多数成员，乃首先因为它是出于道德的自由意志或良知。但现代社会是一个重视个人权利与个人利益的社会，更何况，现代社会还是一个利益多元与分层的社会。在这种情况下，从良知出发来考虑与践行社会道德往往只成为少数人或者"道德精英"的行为，而大多数人即使要实践道德，也只能是从个人利益与社会利益相协调的角度来加以考虑。换言之，真正在现代社会中能够贯彻与实行的，还只能是社会性道德。其次，虽然宗教性道德发乎于自我的良知，在理论上，它承认有道德良知。但这种道德良知的发现，其实还离不开道德的自省。也就是说：宗教性道德虽然强调道德是出于自愿原则，但这种自愿原则的前提，还在于发明人的道德本心。而道德本心的发明并非一蹴而就的事情，它需要经过道德的艰苦修炼。从这种意义上说，宗教性道德亦是强调道德修养的，而这种道德修养的培养与形成，其艰难程度一点不亚于社会性道德对于道德规范的强行灌输，毋宁说只会有过之而无不及。也正是如此，除了少数个人的天性适合于这种宗教性道德之外，要将宗教性道德强加于整个社会所接受，在现代社会是一个极其艰难的过程。再次，宗教性道德之所以是高度道德，除了其在修养程度上不易达到之外，在道德行为的内容以及范围上，也远比社会性道德要容纳更多更广的内容，其对于个人的行为规范要求更多与更高。从这点上说，它是一种"积极性道德"，其对于道德行为的要求或"准入"也就设定了更高、更难的门槛。更重要的是：它还强调行为的动机，即同样一种伦理行为，在社会性道德看来，可以称之为道德的，但假如它不是出于本然良心，而是出于外在的功利考量或者社会道德力量的强制，那么，它也就不能称之为道德的。从这点上看，现代社会中许多被共认为符合社会道德规范的行为，则无法被宗教性道德所认可，或者至少认为它是有局限的。最后，现代社会不仅是一个利益多样化，而且是一个价值多元化的社会，而任何宗教性道德的基础，都设定了某种先验的道德价值原理。它认为：只有从这种最高的道德价值原理出发的行为，方才可以被称之为道德的，否则，它将不配是道德的。因此，假如现代社会强制性地推行某种宗教性道德，或者从某种宗教的道德价值原理出发，要求社会上所有成员都按照它的道德价值行事的话，可以想见，这将导致道德价值的不宽容，甚至会导致对于个人自由与个人权利的侵犯。历史上，为了强行推行宗教性道德而导致不宽容的例子比比皆是。这也就是为什么17世纪的自由主义思想家洛克要针对宗教性道德写作《论宽容》的原因。假如说，在历史上，由于强制推行宗教性道德会引起宗教迫害以及对于个人自由的侵犯的话，那么，在现代社会多元价值观之树立以及普遍深入人心的情况下，这种强行在社会上推行宗教性道德的做法，就只能是一种开历史倒车的"原教旨主义"的做法，它即便借助国家的强力一时行得通，也难长久为继，更不符合现代文明普遍遵守的尊重个人价值与自由的原则。

通过以上分析，可以看到，无论是社会性道德或者宗教性道德，都有其天然的局限性；在现代社会中，仅仅是强调社会性道德或者宗教性道德，都有其不足与困难。这就是为什么李泽厚会提出有两种道德，并且认为这两种道德彼此无可取代，而可以相互补充的道理所在。

职是之故，在如何调解这两种道德之冲突、使之并行不悖且相互补充方面，人们大致会同意如下的思路，即社会性道德是社会上所有成员都应当遵守的基本行为准则，而宗教性道德则是对于社会上人们的一种期待或希望；后者不要求社会上所有成员都去遵守或践行，而只可作为一种道德理想加以鼓励与提倡。

然而，问题就此解决了吗？应该说，将两种道德加以区分并且"划界"处理的办法，作为一种"现代性话语"，它原本是面对"祛魅化"导致的道德世俗化这一现代社会历史进程，在道德观念方面作出的主动适应与调整；然而，假如将这两种道德的划分加以绝对化，并且将两者的关系予以割裂的话，却也会给人类的社会道德生活带来新的困惑。因为采取这种划界的方式去进行道德实践，很容易看到：在现代社会条件下，占主流的，或者在社会上真正能够实行的,其实还只能是社会性道德。而所谓宗教性道德由于陈义过高,要么是仅仅被人们在口头上承认而成为空谈,而在实践中却束之高阁;要么则流为少数特立卓行的道德高尚之士的个别行为。其结果,在社会中,实际上是用社会性道德取代或湮没了宗教性道德。其实,这也正是现代人在道德问题上的尴尬或普遍宿命。

四、人文性道德何以可能

社会性道德与宗教性道德的分裂,是现代社会的不得不然。两种道德的区分与划界处理方式,固然属于一种社会的进步,使人类社会摆脱了长期以来"政教合一"模式给个体生活造成的禁锢与束缚,使个人的自由权利得以伸张,然而,人类为这种个人自由的获得却也付出了极大的代价。诚如弗洛姆所说:"人类日渐获得自由的过程,与个人生长的过程,有着相似的辩证性质。一方面,这是日益增长力量与统一的过程,这是日益可以控制自然,增长理智,日渐与其他人类团结的过程。在另一方面,这种日益个人化的过程,却意味着日渐孤独、不安全,和日益怀疑他在宇宙中的地位,生命的意义,以及日益感到自己的无权力及不重要。"① 显然,现代社会性道德是建立在强调个人与个人相互区别以及个体化原则之上的,这种道德强调个人权利,将人与人之间的道德关系视之为相互利益的调节关系,并且采取社会公共领域与私人领域的严格二分,这固然从道德层次上肯定了个人权利,个人自由也从而获得了极大保证,然而,它却也带来了道德问题的新的困惑。人们会问:难道道德的存在就是为了,或者仅仅是为了调整社会中人与人之间的利益关系吗?假如仅仅如此的话,那么,在社会中以法律的形式将这种处理与调整人际之间利益关系的方法予以规定与颁布,其做法不是更简单易行吗?看来,社会上需要道德,不仅仅是为了调整人际之间的利益关系,其中更重要的一个方面,还在于通过道德来加强人与人之间的沟通与联系。而这种道德的社会沟通功能要发挥作用,其必借助于人们之间的情感联系。换言之,道德的本质说到底,其实就是一种人际之间情感的交往与沟通。② 从这点上说,现代社会需要以社会性道德为主导,但无论如何,宗教性道德由于重视人际之间情感的交流与互动,却依然发挥着其不可替代的社会功能与作用。甚至应该说,即使承认社会性道德是以调节人际之间的利益关系为主要内容,但它

---

① 弗洛姆:《逃避自由》,上海文学杂志社1986年版,第11页。
② 舍勒认为道德的基础乃人类共通的"情感体验"。参见舍勒:《同感现象的差异》,《舍勒选集》(上),上海三联书店1999年版。

对于人际之间利益关系的调整之不同于法律等其他形式,就在于它首先是"道德"而不是其他。而一旦承认对于人际之间利益关系的调整也属于道德范畴的话,那么,这说明对于人际之间利益关系的调节将不能是基于利害关系而是其他,否则这将陷于自我矛盾;而假如对于人际利益关系的调节不能是利害原则的话,那么,根据道德的定义,它就只能是一种超出利害关系而用以调节人际之间利害关系的更高原则。现在要问的是:这种用以调节人际之间利益关系,而又高于利益关系的更高原则要向何处寻觅?

从前面所论已经看到:人同时面临着两个世界——有的世界与无的世界。在有的世界中,人与人、人与自然的关系以利益为联结,由此产生了社会性道德;在无的世界中,人与人、人与自然的关系是非功利的平等、亲和的关系,由此产生了宗教性道德。而在上面所论中,假如我们说调节人际利益关系的最高原则不能是利益原则的话,那么,这说明仅仅从有的世界中无法演绎出用以调节人际利益的原则。由于人类总是处于有的世界与无的世界当中,当有的世界无法为人际利益关系的调节提供最高原理的话,那么,这说明只能从无的世界中去寻求给有的世界中的人际利益关系提供的最高原理。而这也就说明:对于道德理论而言,无的世界高于有的世界。尽管在有的世界中,处理与调整人际关系的道德原理基于利益关系,这也说是上面所说的社会性道德,但在这种社会性道德背后,其实还寄寓着超越人际利益关系的一种最高原理,而这种最高原理则来自于无的世界。

无的世界可以为有的世界提供的道德最高原理到底是什么呢?我们知道:无的世界的存在以承认人与人平等、人与自然平等为前提。这也就是说:无的世界是一个无差别的世界。在这个无的世界中,人们感受与体验到的是一个人人平等、物物平等、物我平等的状态,从而会获得一种内在的宁静与幸福。这种体验的无差别世界带来的一种内心的平和与满足,也就是人们所说的在宗教皈依以后所获得的内心宁静与满足。所以说,所谓宗教性道德无他,就是在体验与领略到这种宗教的幸福感受以后,试图长久地保留它而去进行的一种道德实践。而这种道德实践既然是建立在对于世界理解为无差别的基础之上,因此,它的道德含义就是"爱"——爱一切人、爱一切物,等等。舍勒认为:爱在本质上是一种在世界之中的营造行为和构建行为;人早在他是思维生物或意欲生物之前,就已经是爱的动物。[①] 可见,爱是人们在无差别世界中自然而然地产生的一种情感;而人由于有了这种爱的情感,又反过来使他更能体会与领略到世界中万物的平等感,也即庄子所说的"天地

---

① 参见叶秀山、王树仁主编:《西方哲学史》第 7 卷,江苏人民出版社 2004 年版,第 399 页。

与我并生,而万物与我为一"①。总之,在无的世界中,人由于体会到万物平等而会去泛爱万物,而通过泛爱万物又反过来加深了他对于万物平等的体验,从而获得一种与宇宙合一的内心平和与幸福,这就是宗教性道德的实质。

然而,我们作为人,毕竟生活在两个世界当中。也就是说:尽管我们知道甚至能体验到在无的世界中的宗教性道德,但同时,我们又生活于有的世界当中,不得不正视有的世界中万物之不平等以及以利益关系作为联结纽带这一事实。但如上所述,我们又希望在有的世界中,人们之间的关系不仅仅是利害关系,而且试图通过道德来对这种利害关系加以调整。此即为虽然是社会性道德,其背后也寄寓着宗教性道德。然而,宗教性宗教本质上属于无的世界,而社会性道德属于有的世界。这是两个不同的世界。现在我们要追问的是:无的世界中的宗教性道德如何对有的世界中的社会性道德产生作用?

本来是作为在无的世界中存在的宗教性道德,要在有的世界中发挥其作用与影响,是通过"感恩"这一形式实现的。感恩这一用语来源于基督教,它的原初含义是人对于上帝创造世界表示感激,它具体体现为对于上帝的祷告中。然而,这个词的更普遍意义在于:它是一种在感受到对方的恩宠以后的一种报答。从而,感恩不仅仅是一种情感,更是一种行为实践;是在感念到对方给予自己恩典以后的一种感激"行为"。在这种意义上,感恩作为一种实践行为与道德发生了关系。以下我们看到:真正的道德行为,无论是宗教性道德还是社会性道德,其实都是一种感恩行为。

现在让我们首先说宗教性道德。宗教性道德要报答的是"神恩"。所谓神恩,是说造物主(在基督教文明是上帝,在儒家传统中是"天",在佛教中是"轮回",在印度教中是"梵天")创造了一个无差别的世界,而我们人类以及人类中每一个个体,都是这无差别世界中的一个成员。由此,我们应当感谢造物主的这种恩典,因为是它赋予了我们以一个生活于无差别世界中的生命形式。因此,可以换一种说法,即所谓报答神恩是报答造物主创造了这样一个无差别世界,其中也包括我们每一个个体与宇宙万物无差别的生命形式。这种报恩作为一种宗教实践,是让我们去履行造物主的意志,去泛爱众生与万物,从而与宇宙合一。②

除了报答神恩之外,道德实践还要求我们去报答"人恩"。所谓"人恩",不是说在有的世界中,我们从某人那里去获得某种好处,而要去回报与答谢,而是说:人终究是既生活于有的世界又生活于无的世界当中。换言之,人作

---

① 《庄子·齐物论》。
② 关于如何报答神恩,无论是基督教还是儒家思想中都有大量论述,此处仅仅点出这点,不作申述。

为有限性的理性存在,其无的世界其实又是寄存于有的世界当中。这也就是说:假如脱离了有的世界,其实也就没有了人的无的世界。从这种意义上说,有的世界与无的世界其实是人的世界的一体两面。因此,所谓报答人恩,从终极意义上说,也就是对于有的世界的报答:正因为有这个有的世界,我们每个生命个体的无的世界才有了挂靠处,才不至于成为"空中楼阁"。因此说,对于人恩的报答不仅仅是说我们从某人那里获得帮助与好处以后,需要给予回报,而是说:只要我们生活于有的世界之中,我们要对我们周遭的宇宙万物和生活世界加以感恩与回报,因为是它给我们提供了本来处于无的世界中的价值形式具有可以在有的世界中得以展开的质料。① 从这种意义上说,报人恩其实是报神恩的另一种方式,是报神恩在有的世界中的体现。

通过以上对于报神恩与报人恩的分析,可以说明:为什么在世俗的社会性道德中可以而且应当寄寓有宗教性道德。反过来,宗教性道德的践行也必须而且可以在世俗世界中进行。这个问题从中观哲学可以很好地得到理解。按照中观哲学,人面对的虽然是有与无这两个世界,但这两个世界的出现是由于人有观,即我们既可以对世界持一种"有观",也可以从无观的角度来看待世界。这也就说明:所谓关于两个世界的区分其实是一种"观"。既如此,作为分别运用于两个世界的道德——社会性道德与宗教性道德,其实也来源于我们看待世界的两种观。而中观哲学认为:无的世界与有的世界的划分是相对的。也就是说:无的世界不能脱离有的世界,有的世界也涵融着无的世界。

一旦以这种中观哲学的观念来看待道德问题的话,我们发现:以往所说的社会性道德与宗教性道德的界限并非是那么泾渭分明的,它们两者的关系其实是相辅相成,即社会性道德为宗教性道德提供了在有的世界中实践的现实可能,而宗教性道德为社会性道德提供了超越单纯用于调节人际之间利益关系的维度。这样看来,社会性道德与宗教性道德其实是整个人类道德的一体两面。其中,社会性道德强调的是人类道德的现实性与经验形式,而宗教性道德则强调人类道德的超越性与理想层面。它们合而观之,方才是人类可欲的道德。

---

① 亚里士多德认为一切事物可以区分为形式与质料,质料是事物生成不可缺少的基质,形式是使质料成为事物之所是的根本原因。在《伦理学的形式主义与质料的伦理学》中,舍勒对康德传统的"形式主义伦理学"作了批判,提出有一门"质料的价值伦理学"来为伦理学作理论奠定。本书认为舍勒将伦理价值区分为"形式的"与"质料的"这一看法是精到的,但不同意他将"质料的价值"视之为"先天的",而主张回到亚里士多德划分质料与形式之古义,即作为伦理价值之本质的"形式"是"先天的",而"质料"则为这些先天的伦理价值之现实化提供了具体的基质。亚里士多德与舍勒的有关论述,详见亚里士多德的《物理学》《形而上学》以及舍勒的《伦理学中的形式主义与质料的价值伦理学》等著作。

五、人文性道德如何可能

关于社会性道德与宗教性道德的合一,不应当只成为理论的玄谈,而应当成为现实中切实可行的道德实践。那么,这两种道德的合一,究竟如何可能呢?这个问题,可以分别从两个方面来加以考察:(1)社会性道德能否转化为宗教性道德?(2)宗教性道德能否体现为社会性道德?前者,我们称之为道德的"下学上达"问题,后者,可以称之为"上智下移"问题。

道德的下学上达之所以可能,首先在于:如前所述,社会性道德的前提乃宗教性道德,也即爱。也就是说:社会性道德虽然是用以调节人与人之间的利益关系,但其作为"道德"得以确定的前提,却仍然是作为宗教性道德核心观念的爱。这种爱是无差别、普及于一切人、一切物的。这也就是说:尽管社会性道德由于现实环境与条件的制约与限制,它的表现形式不是无差别地对待一切人与一切物,而是表现为有差别的对待,但这仅可看作是这种社会性道德的形式方面,而就道德的精神实质而言,它应当是无差别的爱。这也就是为什么孔子在提到作为社会性道德的"礼"时,一方面主张"爱有等差",另一方面,却强调礼的精神实质是"仁",而仁的含义是"爱人"。这样看来,所谓社会性道德要向宗教性道德转化,首先是看宗教性道德的泛爱观念是否作为范导性原理能在社会性道德中发挥作用。

其次,社会性道德要向宗教性道德转化,还必须确立一条重要的实践原则:"推己及人"。所谓"推己及人",简单地说,就是自己所想要的,要考虑别人也需要;自己不想要的,要考虑别人也会不需要。这也就是孔子所说的"己所不欲,勿施于人"①以及"己欲立而立人,己欲达而达人"②。因此,我们哪怕是处于有的世界之中,人与人之间、人与物之间存在着种种利益关系,甚至会形成利益之间的冲突,但假如能做到"推己及人"的话,那么,我们每个人就会不仅考虑个体一己的私利,也会考虑到他人的利益,从而在人与人、人与自然的关系当中,贯彻公平与公正的原则,乃至于最后达到无差别对待。说到这里,有人要问:推己及人在理论上虽然可行,可是,在现实的世界当中,我们每个人都处于人与人之间的利益关系甚至利益冲突之中,推己及人究竟是否可行呢?对此,我们的回答是:推己及人的前提是人需要有"同情心"。所谓"同情心",不是日常生活中的怜悯心,而是指对某事或某物的共同感受

---

① 《论语·卫灵公》
② 《论语·雍也》。

心理,是一种主体间性的情感经验。而按照舍勒的说法,这种"同情心"是人所普遍具有的情感之一。① 这其实也是孟子所说的道德乃以产生的"四端"或"良知良能"。

最后,除了在实践中贯彻"推己及人"这条道德的现实原则,社会性道德向宗教性道德的转化,还有赖于道德的熏陶与教化。所谓道德的熏陶与教化,是将道德首先不是理解为社会的强制要求与规范,而是理解为一种人之所以为人所应当有的"礼仪"。有人说:"人是一个礼仪性的存在。"(a ceremonial being)②礼仪可以视之为人的道德情操的外化。在现实生活中,我们可以观察到这样的情况,即一个有道德教养的人,往往可以通过其外在的言谈举止,甚至风度、气质表现出来;因此说,道德的形式与内容,是具有内在联系的。正因为如此,假如要培养人的道德行为,最有效的方法,莫过于模仿与学习。人是会学习的动物,对于道德的学习尤其如此。也许,正因为我们日常生活的世界是一个有的世界,我们才更需要在生活实践中学习与培养我们的礼仪,从而渐渐地养成自觉追求道德的行为。这就说明:礼仪的学习与操练,为社会性道德向宗教性道德转化提供了具有可操作性的方法。而社会性道德之转化为宗教性道德,就是在这种日常性的礼仪熏习中,通过"下学上达"的过程逐渐完成的。

按照中观哲学,社会性道德向宗教性道德转化是一回事,反过来,宗教性道德也必须下贯于社会性道德。宗教性道德所以能下贯于社会性道德,一方面是由于宗教性道德本身就包含着在有世界中的道德实践。比如说,基督教的宗教性道德本身就有关于在世俗社会中如何履行人伦道德的教诲。另一方面,在有的世界中实践人伦道德,本来就是宗教性道德的内在要求。比如说,基督教宗教性道德的核心观念是"爱上帝",但它同时强调:爱上帝在世俗界的重要表现是"爱人"。也就是说:根据基督教的教义,由于爱上帝,所以必须爱人。

然而,社会性道德毕竟不是宗教性道德,因此,宗教性道德要下贯于社会性道德,需要对以往的以利益为联系纽带为内容的社会性道德来一番改造,此即所谓宗教性道德的"转世"。所谓"转世",不是说用宗教性道德来代替社会性道德,而是说:宗教性道德因袭了社会性道德的形式,但其内容或意向已经转变:将世俗性的人际关系代之以世俗间以仁爱为纽带的情感联系。这时候,从形式上看,在世俗社会中,我们虽然处理的仍然是社会性道德面对的

---

① 舍勒在《同感现象的差异》一文中曾考察了作为人类道德生活之基础的"同情现象"的四种形式。详见《舍勒选集》(上)。
② 芬格莱特:《孔子:即凡而圣》,江苏人民出版社2002年版,第14页。

人际之间的利益问题，甚至于着眼于世俗利益的角度来处理与调解问题，但其解决问题的思路却已经改变，是以仁爱为引导，来达到利益问题的解决。此即孟子所主张的"义高于利"，并由此赋予了社会性道德以宗教性道德的爱的含义。

如同社会性道德向宗教性道德转化并非空谈一样，宗教性道德下贯于社会性道德，是一个不断实践与道德修炼的过程。这当中，仁心的包容与扩充最为重要。所谓仁心的包容，是指仁心不只是高度的道德，它也体现为低度道德。这正如孔子在界定仁的含义时所说的：仁一方面极其高远："回也，其心三月不违仁；其余则日月至焉而已矣。"①而另一方面，能做到"不迁怒，不贰过"②的话，也可以是仁的行为与表现。故衡量是否为仁的标准，不仅仅在其行为方式，更在其姿态与立场。一个人只要是从宗教性道德的仁心，那么，哪怕他是在按照社会性道德行事，也可以是仁的行为。所谓仁心的扩充，是指将宗教性道德落实于社会性道德。这也就是说：宗教性道德的泛爱原则不仅仅适用于无差别的世界，即使在世俗社会的有的世界中，我们也有实践与表现泛爱原则的机会，而一旦这样的机会出现，那么，我们当义不容辞地将它加以实践。总之，无论是仁心的包容或者扩充，它都要求我们在日常的世俗世界中将本来属于无的世界中的无差别原则加以践行与灵活运用，此也即儒家所说的"极高明而道中庸"。它要求做到宗教性道德与社会性道德的贯通。然而，这只能是一个在有的世界中不断进行道德磨炼实践的过程，它强调的是宗教性道德的人间性与现实可行性。诚如舍勒在谈到上帝之爱与人格爱这两种不同的爱之间的关系时所说："在各种共感中，生命性的万物同一感恰好跟植基于上帝之爱的人格爱'两极遥遥相对'。其形式的感受都介于这二者之间。那些想要登上爱的最高阶者，非得循序而上不可；逾阶而上，势必无法如愿。"③这段话移用于社会性道德与宗教性道德的关系，是说假如处于较低层次的社会性道德得不到发展的话，那么，较高级的宗教性道德也就无法得以开展。

通过以上分析，可以看到：社会性道德与宗教性道德其实是可以贯通的。也就是说：社会性道德可以"上达"于宗教性道德；同样地，宗教性道德也可以下移于社会性道德。这种将社会性道德与宗教性道德贯通起来的道德，我

---

① 《论语·雍也》。
② 同上。
③ 转引自叶秀山、王树人主编：《西方哲学史》第7卷，江苏人民出版社版，第415页。

们可以将它称之为"人文性道德"。① "人文性道德"承认道德分别具有两个维度:社会性与宗教性;同时,它还通过"人文"来对道德的社会性与宗教性加以整合。那么,人文究竟是什么含义呢? 这里,人指人性;文指文化修养(包括"文化"的学习以及历史传统的继承等等)。总之,所谓人文性道德,就是强调要通过"人文教化"与历史传承来对人性加以栽培与塑造,从而使人达到自觉与自愿地去追求道德的目的。

为什么通过人文教化与历史传统的熏习,就可以增起人的道德来呢? 这里涉及对于道德的中观理解。按照中观哲学,道德既非仅仅是社会上必须遵守的一套社会性规范,而且还是人对于自我实现的一种追求。换言之,它是社会道德与宗教性道德的结合。既如此,从适应道德的本性的要求出发,人们自然会试图去发明与创制一种如何将这两种道德完美地加以结合的道德,它就是人文性道德。问题是:人文性道德是如何将道德的这两个不同层面加以结合的呢? 这种结合有何根据?

首先要指出的是:将社会性道德与宗教性道德加以区分,不是说有两种内容不同的道德,而是说:同一种道德行为,可以从社会性道德与宗教性道德的层面分别去加以把握与理解。前者,着重点在道德的外显行为,看其是否符合社会的道德规范要求;后者,着重点在道德主体的行为动机,即看其是出于人的内心的自觉自愿要求,还是迫于社会外在的道德规范或者社会习俗的强制。对于人文性道德来说,它的目标是实现社会性道德与宗教性道德的合一,这也意味着,它希望人的道德行为既是符合社会规范要求,而又基于人心的自觉与自愿。而要做到这点,其中关键一点是:要使人心的内在要求自然而然地符合外在的社会性规范要求。对于人文性道德来说,它是通过人文教化来达成这一目标的。由于人文教化要借助历史传统,以及人文教育等一整套文化的学习功能,来培育人的内在的道德情感,才能使道德行为成为人的内在要求,因此说,人文性道德的实践,其实就是一种道德人格的建构过程。

对于人文性道德来说,这种道德人格的建构不是采取道德说教,而是通过一些具体的礼仪实践来进行的。换言之,具有人文性内容的礼仪,才是实践人文性道德的方法与方式。所谓人文性内容,指向道德的意义与目标,它

---

① 人们一般将道德与伦理这两个词语不作区分地使用,如称之为社会性道德或社会性伦理,以及宗教性道德与宗教性伦理。本章也在这种意义上采用"社会性道德"与"宗教性道德"的说法,并认为其中的伦理与道德两词可以互换。其实,这只是一种广义的用法。严格来说,道德与伦理虽有联系,却又有区别。由于伦理着重人与人之间的关系,故社会性伦理这一说法成立,而社会性道德的说法则不太准确;反过来,道德主要指一种个体人格,故宗教性道德的说法成立,而宗教性伦理的说法则欠准确。而人文性道德兼有道德与伦理双重含义,故人文性道德与人文性伦理的说法可彼此替换。

视道德实践为一种精神境界的追求,即人之所以实践道德是为了自我实现的需要;这其中,寄寓着道德的宗教性要求;所谓礼仪,是指符合社会性道德规范的行为举止以及各种仪式活动;将它称之为礼仪,而不称之为社会道德规范,乃是因为它虽然容纳了社会道德规范的内容,然而,它却还有其作为礼仪的一整套形式。而这些礼仪形式,它来自于历史传统以及文明的教养,并且在习礼中使人感受到一种快乐,从而,它是"寓教于乐"的。因此,礼仪作为人文性道德的实践形式,又简称为"礼乐"。

综观世界各大文明,尤其是在各大宗教传统中,都十分重视以"礼乐"作为实施道德教化的手段。而在此问题上,中国的儒家有相当多的论述,并有许多的道德教化经验可供借鉴。可以认为,儒家主张通过礼乐教化的形式来达到"人文化成",从本性上说,它就是一种"人文性道德"。它典型地体现了道德的超越性与现实性的合一,或者说报神恩与报人恩的合一。

儒家人文性道德的超越性,首先在于它提供了一种道德形而上学。这种道德形而上学将"仁"视为宇宙万物的运行原理,而仁的根本特征就是"无差别"地看待世界万物。所以宋儒程颢称"学者须先识仁。仁者,浑然与物同体"①。其次,儒家还认为:仁不仅是宇宙万物的运行原理,而且人还能感应这种宇宙万物原理,从而自觉地去践仁。故而,对于儒家,践仁就是宇宙之最高原理与人的道德实践行为的合一,是天命与人的内在的道德良知的合一。《中庸》将这种天命与人的内在良知的合一用"诚者,人之道也;诚之者,人之道也"来表述。孟子也有类似的说法,称之为"诚者,天之道也;思诚者,人之道也"②。对于儒家来说,所谓道德实践其实就是一种追随与实践"天道"(诚)的行为,它为人的道德实践提供了超越纯粹适应现实性生存的维度。从这种意义上说,儒家之强调道德实践,首先是为了报答上天创造了生生不息的这个宇宙世界的恩典。

然而,儒家人文性道德虽然具有超越或超验的维度,它毕竟是一种道德践行而不是其他。因此,儒家的这种道德超验之维必贯彻落实于人间社会,这就是儒家提倡的"礼"。对于儒家来说,礼作为一种可以现实化的道德规范与实践,才真正实现了道德的超越性与现实性的合一、报神恩与报人恩的合一。

礼的超越性内容体现在:礼是一种"天理"。所以《礼记》云:"礼者,理

---

① 程颢、程颐:《二程遗书》卷二上。
② 《孟子·离娄上》。

也"①,朱熹说"礼者,天理之节文,人事之仪则也"②。由于礼体现了天的绝对律令,因此,人们在践礼过程中,必须怀有对天的谦卑与敬畏之心。换言之,礼尽管是对于社会人伦秩序的种种规定,但这种"执礼"的行为,其旨向不仅仅是为了协调人与人之间的关系,而且是为了"事天"。也因为如此,对于儒家来说,这种礼往往与"礼仪"联在一起。也就是说:在这种礼仪形式中,作为事天的超越性道德内容与作为协调人际关系的现实性内容是密不可分的:事天既体现为对于人间伦理的遵行,而任何人间伦理也是为了事天。

然而,礼作为调节人际关系或整合社会秩序的道德规范,毕竟具有强烈的现实践履性。这种的所谓现实践履性不仅是指它在现实生活中的实践品格,而且是指它必须适应现实社会的实际。换言之,由于现实社会环境与历史条件的不同,礼作为道德规范的内容与含义也会有不同。这就是为什么孔子认为"三代之礼"不同于"三代以后"之礼,并且强调礼有"损益"的缘故。但综观现实社会条件无论如何不同,可以看出:人类历史上所有的现实社会,都是一种有的世界。而按照本文的说法,有的世界其实就是一个有差别,甚至强调差别的世界。既然如此,儒家的礼假如要适应这个现实的世界的话,也就意味着它必须正视这个有差别的世界。事实上,为了适应现存的社会现实条件,儒家的"爱有等差"就是这样一条现实原则。故而,儒家不仅讲爱有等差,甚至对于老幼尊卑等等社会等级秩序都有一整套规定。

问题在于:儒家既承认甚至肯定这种现存的社会秩序是有差别的,而它的超越性维度又要求一个无差别的世界。这两者到底如何衔接?换言之,爱有等差与泛爱众生和泛爱万物是否有结合的可能?对此,孟子提出:"老吾老以及人之老,幼吾幼以及人之幼。"③可见,儒家将社会性伦理向宗教性伦理的过渡,正是应用了"推己及人"这条原则。而这条原则之所以能适用于现实生活,是因为对于儒家而言,爱有等差仅仅是对于现存社会秩序的一种承认,但它只是一个前提条件或逻辑起点,而儒家人文性道德的逻辑终点,却在于泛爱万物,成就一个无差别的世界,也即仁的世界。

如何从爱有差别出发,过渡到无差别的泛爱众生与泛爱万物的世界,这既是礼作为儒家人文性道德所欲达成的目标,也是它作为一种道德实践的根本内容。作为道德实践,儒家人文性道德固然主张"上智下移",另一方面更强调"下学上达"。对于儒家来说,所谓礼乐教化一方面植根于现实的种种社会秩序,但它却要求通过礼乐教化的形式使人超越现实的有差别的世界,

---

① 《礼记·仲尼燕居》。
② 朱熹:《论语集注·学而》。
③ 《孟子·梁惠王上》。

而指向一个无差别的世界。因此,儒家往往礼乐并提,礼包含着乐。在礼乐中,假如说礼更重视现实的差别性原则的话,那么,乐则强调超越现实的无差别原则。而礼与乐合一,则是礼的差别原则与无差别原则的统一、礼的现实性品格与超越性品格的统一。而礼仪作为这种现实性与超越性统一的形式,其内在的精神品格则在于道德的超越性一面;礼的内容之必须借助于礼乐的形式,就在于通过礼仪来达到施行道德的潜移默化。故孔子说:"礼云礼云,玉帛云乎哉? 礼云礼云,钟鼓云乎哉?"①

以上我们以儒家道德思想为例,对于人文性道德何以可能作了讨论。应该说,在历史上,以礼作为现实载体的儒家人文性道德本来是儒家的一种道德理想,但由于历史与社会条件的限制,在社会现实的实践过程中,它更多地表现为道德的理想性对于道德现实性的适应,或者说道德的现实性对于道德的理想性的强制。甚或,在某种历史情境中,它还曾沦为"以理杀人"的禁锢人性的工具。然而,这并非是儒家提倡人文性道德之错,更非儒家人文性道德的必然宿命,而只能归结为儒家人文性道德的实现,在当时历史上还缺乏其实现的现实条件。自近代以来,由于人的工具性理性的过度伸张,人类愈来愈将自己视之为驯服宇宙万物的主人,而将人类之外的万物,包括自然视之为可以任意征服与榨取的对象,于是,本来作为人类生存世界之一面的无的世界退隐了,人类愈来愈生活于一个有的世界之中。而作为道德思想理论,人类也愈来愈强调其作为调节人际之间利益关系的一面,于是,道德的宗教性一面也退隐了,人类的道德完全被社会性道德所取代。从人类的生存境遇看,以社会性道德取代宗教性道德,其实就是以有的世界来取代无的世界,也即以人的有限性来取代人作为理性存在的无限性。然而,这一历史过程是从近代才开始的,从人类的进化来看,它也将只是一个历史的短暂过程。假如将人类近代的历史置于整个人类进化的长河来看,此有限性也终有一日会被克服与超越。原因在于:人的存在从本性上说,终究是有限性与无限性的统一;而且,随着历史有限性的克服,人类会逐渐走向或趋近于无限性。这是因为:从生存来说,人的生物性需求是有限的,终有一日会达到或满足;而人的精神性(非历史性的一面)需求却是无限的;在历史发展进程中,随着人的生物性需求的逐渐或逐步得到满足,人会将愈来愈多的时间(例如闲暇时间的延长)与精力(随着精神文化层次的提升)用于去追求精神性一面的满足。此即在历史中逐渐地或逐步地去迫近那无限性。黑格尔曾将历史视之为"绝对理念"逐渐实现的过程,抛开其欧洲中心论的价值取向不论,这一说法

---

① 《论语·阳货》。

其实揭示了这样一种真谛,即人类的生物性既然是有限的,它的实现或达到也是必然的;而唯有人的精神性存在是无限的;因此,当有限性的生物性追求愈来愈接近其极限时,人离那精神性的存在也会愈来愈近。而在这时候,也只有在这时候,人们会发现:儒家的人文性道德经过历史的冲刷与洗礼以后,其受制于历史社会条件的局限性的一面将逐渐褪色,而愈来愈显示出其适应与符合人性本然要求的光辉。因为作为一种道德实践的思想原则,它提出了人的有的世界与无的世界的合一,人的有限性与无限性的合一这个问题,并且试图加以解决。

第十章　幸福生活如何可能

一、幸福生活进入哲学的视野

当苏格拉底提出哲学的目标是"认识你自己"之后,古希腊哲学就开始了对"人是什么"这一问题的追问;而当他提出"没有经过反思的人生是不值得过的人生"之后,人生的意义与价值问题便凸现了,并且成为古希腊哲学的重要话题。而在思索人生的价值与意义问题时,人们会不由自主地祈求能过一种"幸福的生活"。由此,幸福问题便进入了哲学的视野,并且成为人生哲学要探究的重要问题。可以说,哲学假如不立足于对人生的思考,就不是哲学;而哲学假如不关注生命的福祉问题,也不会是真正意义上的人生哲学。从这种意义上说,古希腊哲学探究的两大主题:政治学与伦理学,其实都是关于人如何可以享有幸福生活的思考:前者诉诸社会公共生活与政治,后者求助于个体德性的完善。而康德道德哲学最后之所以提出"上帝存在"与"灵魂不灭"的公设,也还是为了解答其道德哲学遭到困扰的一个问题——德福一致如何可能的问题。可见,幸福问题,即使不是全部哲学要关心的根本问题,至少也应当成为人生哲学,包括伦理学须关注的奠基性问题。

然而,幸福到底是什么呢? 所谓过一种"幸福的生活",其确切含义如何? 在日常意义上,人们将幸福感理解为对于生活的一种美好感受或感觉;而幸福生活则指能提供这种美好感受与感觉的生活内容。其实,从哲学上看,幸福不仅仅是对于生活的感受,它首先是一种人格概念或者说人格结构;并且是通过这种人格结构与世界结成的某种关系。人与世界的关系有多种,而幸福则是这种种关系中的一种。换言之,幸福是人与世界"共在"的一种"幸福关系"。以往人们大多注意到人类与世界共在的三大关系:真、善与美,①并予以研究。其实,幸福作为人与世界的关系之一种,更需要从哲学上加以探讨。直言之,人们虽然通过与外部世界打交道的方式获得"幸福感",但这种幸福感之形成却无法从外部世界中获得其答案,亦无法纯粹从个体心

---

① 这里的美,是通常美学意义上的审美,而非作为幸福的形而上学基础的美。假如要作区分的话,前者可以称之为"经验美",而后者可以称之为"纯美"。本处讨论的不是经验美而是为幸福作形而上学奠基的纯美。这两种美有着内在联系,故在讨论幸福之美的时候,也会涉及经验美的某些内容。

理获得合理的说明。幸福与幸福感均由人与世界之共在关系所规定。于是，便有了关于幸福的形而上学探究。

二、美为幸福的形而上学奠基何以可能

通常，我们都以为"世界"是可以脱离人而独立存在的，但当海德格尔说"世界决不存在，而是世界化"①时，无疑敲响了传统世界观的丧钟。说没有世界，只有世界化，意味着世界的本质是人的精神，世界之形成属于人类特有的一种精神性事件。动物没有世界，只有自然或环境；唯人有世界，这个世界是以"世界化"的方式呈现的。说世界化，是指世界是人与世界的共在方式。有的人终其一生只有"物"的世界，这些人对世界的看法与动物没有质的差别。有的人除了"物"的世界，还追求一个"伦"的世界。对于这些人来说，他要努力超出自然性的生存，而让生活"活"出一种"意义"来。这种意义的设定，就是康德所说的"人为自然立法"。"伦理立法"是人为自然立法的基本方式，这是康德在《实践理性批判》中探究的主题。在康德看来，人能为自然界立法，说明人是自由的；故人与自然界（包括地球上除了人之外的其他动物、生物）的区分在于：自然界服从必然律，而人则服从于自由律。对于康德来说，人的自由律就是人遵照道德律令行事，具有伦理道德。故在康德那里，自由律其实就是道德律。

康德的哲学建立在人与自然的对立，或者说本体界与现象界对立的基础之上。也只有从本体界与现象界对立的基础上，康德所谓的人的自由律以及道德自由的说法才可以得到理解。然而，这种本体与现象、人与自然相对立的方式就是世界或宇宙万物存在的唯一方式么？假如将"世界"理解为"世界化"的话，那么，伦的世界与物的世界一样，不过是我们建构世界的方式而已。我们既然可以以物的方式或伦的方式建构起世界，当然也可以以其他的方式来建构世界。海德格尔所说的"世界决不存在，而是世界化"，说的就是这个道理。

从这种意义上说：世界与其说是以物质性的方式存在，不如说是以精神性的方式存在更为恰当。说世界是以精神性的方式存在，不是说世界是人类的精神创造的，而是说：世界之所以是"有"，或者说世界以何种方式或样式存在，是以人的精神存在作为前提条件，并且由人的精神所决定的。世界与其说是固定的、有一成不变的样式，不如说是由人的精神加以雕塑才得以成

---

① 《海德格尔选集》（上），三联书店 1996 年版，第 197 页。

形的。故世界是人的精神的雕塑品。亚里士多德将世界规定为质料与形式,这当中,形式对于世界之以何种样式呈现来说是更重要的。幸福作为人类精神雕造或建构世界之方式,有其不同于伦理、科学为自然立法的特点,并且也赋予世界以不同于科学世界与伦理世界的样式,而它是通过人类审美的眼睛来完成的。这也就是说:幸福只存在于美的世界当中。

说幸福只存在于美的世界当中,是指当我们感觉或体验到我们生活的世界是幸福的时候,我们已经与世界结成一种美的共在关系。幸福感源于人与世界之美的关系;而当人与世界结成一种美的关系时,必会产生幸福感。这里,由于美与人的幸福感有着内在关联,我们可以将这种不同于普通审美经验,而与人的幸福感关联在一起的美称之为幸福美,并把这种通过幸福美将人与世界联接起来的方式称为人与世界的幸福共在关系。

下面,让我们先从日常生活中感觉到的幸福开始,对"幸福感"作一番现象学的考察与分析,来看看这种人与世界的幸福共在关系背后的"美"究竟意味着什么。

首先,幸福感的体验是个体性的。就是说,不同的人对于幸福的体验是不同的;遇到同样的事情或事物,它在不同的人心中唤起的幸福感也不相同。其次,幸福有意向性的对象存在。简言之,幸福感不是纯粹主观的,也不是完全客观的,它是人作为主体在与客观存在的世界打交道的过程中产生的心理感受。此外,最重要的是,要将幸福与通常所说的快乐区分开来。快乐是人通常在日常生活中容易感受到的。快乐的感受是短暂易逝的,具有当下性,通常由外部世界的感觉刺激所引起,而外部刺激虽然可以成为幸福的诱导原因之一,但幸福却源于人的内在生命体验,这种内在生命体验不仅当下能够体验,而且这种体验会成为人的一种心理积淀,影响甚至支配其对于整个人生的认识与看法。故而,严格说来,幸福属于人的精神维度,它是人的一种"精神性"的体验。

幸福作为精神性体验之不同于快乐作为一般的心理体验或心理感觉,是因为它们分属于人与世界的不同共在关系。人有各种心理感觉与感受,包括:快乐、烦闷、忧伤、恼怒,等等。它们都是由人与世界的物的或者伦的共在关系中产生的;在这种共在关系中,人接收到外部世界的各种信息与刺激会有快乐或者其他种种的情绪产生。而唯有幸福感,它超出了日常生活中这种人与世界的共在关系。因此,产生幸福感的心理感受与产生快乐的心理感受也就不同:当人快乐的时候,是因为他对外部世界的各种"欲望"得到了"满足",并且他知道这种快乐是由某种对象物所引起的;当一个人不快乐的时候,是因为他从外部世界中没有获得他欲求的东西而产生的一种失望心理与情绪。换言之,快乐或不快乐的感觉是由外部世界能否满足他的"获取性"冲动所引起的;因此说,当人在快乐的时候,他与外部世界的关系是一种"欲求"与"被欲求"的状态。而当一个人体验到幸福的时候,他对周遭世界的关系不是"获取性"与"欲求性"的,而是"感恩性"与"报答性"的。就是说:当一个人被真正的幸福感所笼罩的时候,他与外部世界是"浑然合体"的:他根本不知道何者为我,何者为外部世界,他只知道自己处于一种忘却自我,忘却世界的天人合一的状态之中。这个时候,他会以一种感恩的心情来看待周围的一切。他会说:世界是多么美好,我是多么"幸运"!从这种意义上说,当真正的幸福感降临的时候,人会有一种"高峰体验"的感觉。这种高峰体验,是生命力的极度充沛与沉醉,是主体自我与客观世界的"神交共感"。在此状态中,他再也无须向外部世界有任何的榨求与索取。一个人终其一生都处于极度的幸福感之中是不多见的;但是,我们每个个体,在生命的某一时段甚至某一瞬间,都曾经会有过这种类似于高峰体验的幸福经验:当我们与自己真正相爱的恋人处于热恋之中,并且在品尝那爱情的甜蜜果汁之时;当我们置身于大自然的美景,并且为"天工造物"的本领所震撼之时;当我们在艺术博物馆欣赏某幅绘画杰作时;当我们为天才音乐家的歌声所陶醉时。这时候,一种"忘乎所以"而凌空欲仙的感觉会油然而生;这时候,内心感觉告诉我们:自己是处于幸福当中了。

  以上是从人与世界的共在关系与作为幸福感的幸福来谈幸福。一方面,我们说:幸福是个体性的精神体验,这是从作为主体的个体心理来谈何为幸福。另一方面,我们又说:幸福是人与世界的共在关系。这是从世界之构成的角度来谈何为幸福。这就产生一个问题:当我们说幸福属于人的精神维度的时候,这"精神"究竟何所指?换言之,精神世界到底是我们自身之外的外部世界,抑或是我们心灵主体建构起来的世界?对这个问题的解答,将我们引向美的形而上学。或者说,幸福所寓存的精神世界是一个形而上学问题。何以言之?

  上面,当我们说幸福是个体性的体验,以及说幸福是人与世界共在的关系的时候,其实已预设了一种形而上学观。这种形而上学观就是区分作为能体验到幸福感的主体以及作为提供主体以幸福感的世界或共在世界。其实,当我们这样说的时候,已经是将世界或者说宇宙万物划分为两个世界:主体世界与客观世界的了。尽管我们后来也说:对于幸福来说,本来并无主客的二分,或者说幸福感的降临是主客消失的世界。但所谓主客消失,所谓打破主客二分,都是以主客二分作为前提的,否则,就无所谓打破主客二分或者使主客二分消失。但是,现在,我们要补充说的是:以上关于主客二分或者打破主客二分都只是我们处于现实世界中人的"方便说法"，因为当我们在讨论幸福问题的时候，难免要举日常生活中的例子来加以说明；而我们日常生活的世界都是以主客二分作为前提的。或者说：主客二分是我们人类的生存境遇：我们每个人从一出生以来，就被"抛"入到这个主客二分的世界了。因此说，主客二分的世界是我们每个人无法逃避的生存世界。因此，从现实生活的层面来谈幸福，自然就是以主客二分为前提了。然而，主客二分只是人类生命的一个维度而非全部。人毕竟是"有限的理性存在物"，因此，我们人类除了像自然界其他动物、生物一样以"有限性"的方式存活于现象界，成为宇宙万物"芸芸众生"中的一员之外，还会去追求那无限的自由。这种无限的自由究竟在哪里呢？康德认为只存在于本体界；而本体与现象界是对立的，因此，要获得无限的自由，只有到本体界或物自体的世界那里去找寻。康德的说法囿于本体与现象界之二分。其实，从究竟义上看，世界是"一即一切，一切即一"。或者说，世界既是本体，又是现象。

"一即一切，一切即一"是世界的本然存在方式。这里所谓一，是指宇宙本体，它是一无差别的终极实在；所谓一切，是指分化为形形色色，彼此之间有差别的现象世界。问题是：一就是一，一切就是一切，一无差别的本体怎么可以又是彼此分别的一切呢？看来，这个问题只能从美的形而上学才能得以理解。所谓美的形而上学，是说将美视作宇宙之终极实在，它是一，这宇宙终极实在是美；但是，宇宙之美又呈现为现象界之形形色色、这这那那。就是说：脱离了现象世界之形形色色、这这那那，宇宙之美即不存在。或者说，这形形色色、这这那那作为美的呈现，才体现宇宙之美。于是，终极实在之美与诸多之美合一，本体之美与现象之美合一。也就是说：宇宙最高之美必体现为现象世界之诸美，现象世界之诸美无非宇宙终极之美的呈现。

说宇宙最高之美呈现为现象界之诸美，现象界之诸美体现宇宙最高之美，这也意味着从审美的角度看，一即一切，一切即一。因此说，所谓一即一切，一切即一，其实是一个美的形而上学的问题。也即是说：所谓一即一切，一切即一，只有从审美的角度来看才有意义与可能；否则，一只是一，一切只是一切。一与一切之间永无过渡的可能。

由此看来，在美的形而上学视野中，世界是以一即一切、一切即一的方式存在的。或者说，一即一切、一切即一是一种美的形而上学观。那么，为什么我们在日常生活中，却经常难以发现它呢？原来，在日常生活中，我们总处于现象界与本体二分的世界中，而离开审美的眼光甚远。因此，要看到一即一切、一切即一的宇宙本相，首先意味着要实现形而上学观的转变：从物的形而上学向美的形而上学转变。

美的形而上学并不否认而毋宁说强调现象界形形色色彼此之不同。正是有了这诸多不同,美才有了依附并获得其表现形式。就是说:宇宙之最高美其实是通过现象界之诸美来实现或呈现的。换言之,美不单调而是丰富多彩。这就是为什么谈起美,我们总会想到丰富的色彩,以及形式的多样性,等等。

说美的多样性与丰富性,是就其形式而非质料而言。宇宙万物皆为形式与质料组成。质料有"硬性",给人以质感,这种质感与人的生物性需要密切相关。可以说:宇宙万物之变动,包括人类之生物性存在与活动,皆是通过宇宙万物之形式来进行质料之交换与转移的过程。"能有出入,式无内外"①说的就是这种宇宙万物之变化过程。而审美形而上学或者说美的形而上学则完全忽略了或无视宇宙万物变动过程中之质料,而完全就其形式而言。故在美的形而上学中,宇宙万物只有其形式而无其质料。这也就意味着:对于美的形而上学而言,宇宙万物之流变完全与人的生物性存在无关,这是一个纯粹的审美世界。庄子说:"天地有大美而不言",②指的就是这种审美意义上的形而上学意境。

故而,在美的形而上学中,宇宙万物,包括人自身,皆成为"有意味的形式"。所谓有意味的形式,是说宇宙万物由于具有其形式才获得其存在的合理性。或者说:形式才是宇宙本体之真谛。一个事物,或者一个人,由于具有其形式才成为事物以及成为人本身。有意味的形式与有意义的形式不同:前者是超功利的,而后者是功利的。我们作为人,皆是有意味的形式与有意义的形式的混合体,而从审美形而上学的角度看,一个人能否活得幸福,则意味着他能否从有意义的形式转变为有意味的形式。或者说:他能否舍弃其有意义的形式而保留其有意味的形式。

三、幸福感的两种形式——日神与酒神

人通过对世界的审美观照可以体会到幸福,但是,对于不同的人来说,其体验幸福的方式却有不同。比方说:同样去观赏山河胜景,有人喜欢大海波涛之壮阔,有人则眷念山间之溪流。面对五光十色的外部世界,有人感受到生命力的充盈而喜欢追求生活之多姿多彩,有人却借此得以洞悉本体界的奥秘而沉湎于思维之快乐;对于"幸福"的感受亦然:有人在与风浪之博击中方才体验到生命的活力并有"痛快"之感,有人却愿意享受风和日丽之时光并

---

① 金岳霖:《论道》,商务印书馆1985年版,第32页。
② 《庄子·知北游》。

在其中体验到生命的闲适与安详。这说明:由审美而导致的对于幸福的感受与体验,其实是可以划分为生命类型的。

席勒在谈到审美划分为不同的生命类型时说:"美是从两个对立冲动的相互作用中,从两个对立原则的结合中产生的,因而美的最高理想就是实在与形式尽可能最完美的结合和平衡。但是这种平衡永远只是观念,在现实中是绝对不可能达到的。在现实中,总是一个因素胜过另一个而占优势。……而经验中的美则永远是一种双重的美,在摇摆时可以以双重的方式,即从这一边和另一边打破平衡。"①这两种美,席勒又称之为"溶解性的美"和"振奋性的美"。它们给人所带来的幸福体验是不同的:前者使人感受到生命与世界的和谐与优美,从而处于安闲、沉思的心境体验之中;后者使人感受到生命与世界的动感与对抗,从而使人精神振奋。席勒认为这两种美的产生源自人的两种不同的审美冲动——感性冲动与形式冲动。所谓感性冲动,来自人的物质存在或感性天性,这种冲动渴望变动、新奇、与通常的"秩序"相对立;所谓形式冲动,来自于人的绝对存在或天理理性,它追求有序、和平与永恒。"感性冲动要从它的主体中排斥一切自我活动和自由,形式冲动要从它的主体中排斥一切依附性和受动。……因此,两种冲动都须强制人心,一个通过自然法则,一个通过精神法则。"②

可以看到,席勒所说的这两种审美冲动,其产生的结果,刚好与尼采所说的"酒神状态"与"日神状态"相对应。按照尼采的观点,人在酒神状态下会狂醉烂饮,这是一种因感受到生命力的极度膨胀无法抑制而唤起的激情与因被生命激情俘获无法自拔而引起的狂喜与狂迷。这种狂喜与狂迷导源于在此种状态下,作为个体的自我体验到与外部世界的完全合一:"当人突然困惑地面临现象的某种认识模型,届时充足理由律在其任何一种形态里看来都碰到了例外,这种惊骇就抓住了他。在这惊骇之外,如果我们再补充上个体化原理崩溃之时从人的最内在基础即天性中升起的充满幸福的狂喜,我们就瞥见了酒神的本质,把它比拟为醉乃是最贴切的。……随着这激情的高涨,主观逐渐化入浑然忘我之境。"③但人除了在酒神状态下会感受到幸福感之外,当他处于另一种状态——日神状态时,也会体验到幸福:"日神,作为一切造型力量之神,同时是预言之神。按照其语源,他是'发光者',是光明之神,也支配着内心幻想世界的美丽外观。"④人处于日神状态时,他会发现:在

---

① 席勒:《审美教育书简》,上海人民出版社 2003 年版,第 128—129 页。
② 同上书,第 114 页。
③ 尼采:《悲剧的诞生》,三联书店 1986 年版,第 5 页。
④ 同上书,第 4 页。

我们日常生活和存在于其中的这个现实世界之下,还隐藏着另一个全然不同的东西,因此这现实世界只是一个外观。这时候,他会聚精会神于"梦",因为他要根据梦的景象来解释生活的真义。这种因体验到生活与世界是一场"梦"的感觉,会给他的生命带来快感。尼采说:"事实清楚地证明,我们最内在的本质,我们所有人共同的深层基础,带着深刻的喜悦和愉快的必要性,亲身经验着梦。"①看来,日神状态也意味着人与世界的"合一",但这是不同于像酒神状态那样的与世界合一的另一种方式。通过尼采的论述,我们知道:无论酒神状态或日神状态,均是以审美的眼睛看待世界的方式,而当人用这两种审美眼光来看待世界时,就会感受与体验到幸福。

其实,席勒所说的审美的感性冲动与理性冲动,以及尼采所谓的酒神状态与日神状态的幸福感,都可以通过对心理机制的分析来获得说明。按照荣格的观点,人的各种心理体验以及情感活动,皆由"心灵能"所决定。荣格说,心灵能是使人格的活动得以进行的一种能量。有时候,他也用"力比多"一词来称呼这种形态的心理能量。但不可将荣格的力比多概念与弗洛伊德的力比多概念混为一谈。对于弗洛伊德来说,力比多是一种性的能量,而荣格的力比多是种种欲望——饥饿、性,以及各种情绪的要求与渴望。在意识之中,力比多显现为奋斗、意愿与追求。荣格还指出:心灵能总处于活动或流动的状态,但其流向有"外倾态势"与"内倾态势"的不同。在外倾态势中,心灵能被输导纳入有关客观外部世界的各种象征之中;在内倾态势中,心灵能则流向种种主观的心灵结构及机能。从荣格划分外倾态势与内倾态势的人格动力学概念出发,我们可以建立起一门"幸福人格的动力学"。所谓"幸福人格的动力学",就是从"人格"的角度对"幸福"如何可能进行分析。一旦引入荣格的有关人格动力学的理论,我们发现:通常人们之所以会对某种事物更感兴趣或者更容易产生幸福感,是由其心灵能的流向不同而导致的:当心灵能表现为外倾态势时,人容易对外部的感性世界发生兴趣,这种人的幸福感往往由外部事物的刺激引起;当心灵能以内倾态势形态出现时,人对自身内部的心灵世界中的影像或"原型"发生兴趣,这时候,他的幸福感往往源自对内心世界的体验或反省。可以看出:荣格所说的外倾态势与内倾态势分别与席勒所说的感性冲动与形式相对应。或者说,席勒所谓的审美的感性冲动与形式冲动,其实是由心灵能的外倾态势与内倾态势所引起。不同于席勒的地方在于:荣格的人格动力学不仅揭示了审美的心理机制,而且由于立足于作为审美主体的人格与心理活动的分析,更加突出了审美与心理感受(幸福

---

① 尼采:《悲剧的诞生》,三联书店1986年版,第4页。

感)的内在关联。因为所谓幸福感,从心理分析的角度看,不外是心灵能宣泄的渠道得以疏通;这种心灵能尽情地得以宣泄了,作为情绪体验的主体的人便会从心理与精神上得到满足,此即通常所说的体会到"幸福感"。

从这里可以看出:个体的幸福感之形成与体验,其实与个体的心灵能的流向有关。假如心灵流被导向有关外部世界的象征之中,则个体会获得酒神般的幸福感;假如心灵能被导向心灵世界内在的原型,那么,个体则能体验到日神般的幸福感。这是两种不同的幸福体验。然而,虽然对幸福的心理体验不同,但作为幸福,这两种幸福必然有其共同的某种心理结构。这种心理结构是什么呢?

前面,我们在谈到幸福是人与世界的共生关系时,曾指出:审美属于人的精神维度,人只有在审美的过程中才能体验或享受到幸福。而在审美的视野中,世界是以"一即一切"或"一切即一"的方式呈现出来的。这里的一,即宇宙之最高本体或终极实在,这里的一切,即世界万物之存在方式。故在审美的眼里,世界是最高本体或终极实在与现象界之万物的合一,也即本体界与现象界的合一。本来,对于康德来说,本体归本体,现象是现象,这是两种不同的世界,彼此之间无法过渡,但通过审美,这两个康德意义上不可过渡的世界终于有了可以沟通的可能,并且彼此合一。故而,所谓一即一切,一切即一,对于审美而言,是一门幸福的形而上学;而通过对获得幸福感的个体心理的描述,这种幸福的形而上学理念就借助于幸福的现象学分析而可以获得理解与把握:所谓幸福感不是别的,无非是一即一切与一切即一这两种不同的人与世界的共在方式在个体心理上的反映,并且它们表现为心理机制的不同方式而已。也就是说:假如世界以一即一切的方式呈现,那么,个体的心灵流被导向有关外部世界的象征之中,此即外倾型的幸福感产生之心理原因;假如世界以一切即一的方式呈现,那么,心灵能则流向种种主观的心灵结构及机能。假如用海德格尔的语言来表述的话,前者(一即一切),可以称之为"存在呈现为存在者";后者(一切即一),可以称之为"存在通过存在者呈现"。由此可见,所谓幸福感,不过是宇宙终极实在与现象界之关系在个体心理中呈现方式之不同而引起的心灵能流向或心理机制的不同方式而已。

幸福的人格动力学还告诉我们:幸福之不同于通常所说的快乐,就在于:快乐仅仅是一种心理情绪,它是作为生物性存在的人在被动地接受外部世界的刺激时所产生的,并且始终只停留于现象界之域;而对幸福的体验则是人才有的独特精神现象,它面对的是宇宙终极实在之一与现象界之杂多的关系这一"形而上学问题"。从这种意义上说,尼采的话是对的,他说:"艺术是生命的最高使命和生命本来的形而上学冲动。"①这里,我们要补充的是:幸福是生命的最高使命和生命本来的形而上学冲动,它以艺术审美的方式在生活中得以实现;对幸福的不同体验源自审美心智结构之不同。

四、幸福人格与"游戏精神"

对于能体验或享受到幸福的人来说,世界或人与世界的共有关系是以一即一切或一切即一的方式呈现出来的。然而,就人与世界的共在关系而言,相对于世界之为"一切"来说,世界作为"一"却是更为重要的。这是因为:人作为有限的生物体,天然就存在于一切的世界之中。所谓一切的世界,即形形色色、这这那那的世界。这个形形色色、这这那那的世界可以满足人的生物性生存的需要;人对于世界以一切的方式存在,有一种出乎本能的认识,属于不学而知、不虑而能就可感知到的;而人的各种感觉器官,其最基本的功能就是让人能够接受到这作为"一切"的世界的各种刺激与信息。然而,假如人仅仅停留或满足于这个"一切"的世界,那么,他终究只是一个有限性的生物体,与其他动物无异;人之所以不同于其他动物,是他发现:世界除了以"一切"的方式存在之外,同时还是"一",故而,他才会产生"形而上学的冲动",并且能够从审美的方式来看待世界,从而获得幸福。

然而,问题也由此而来:世界之一究竟是什么呢?假如说世界是一,它为何又会是一切呢?或者反过来:世界本来是一切,为何它又会成为一呢?

要注意的是:当我们说世界是一即一切,或一切即一的时候,是对于人而言的,或者说,只有人,才可以有作为一而存在的世界。因此,所谓世界是一,其实属于人的一种精神建构。或者说,世界之"一",或者说宇宙之终极实在,只有作为人的精神性世界才有意义。因此,要建立起一个一的世界,意味着作为主体的人的精神性建构。这也是说:所谓一即一切,或者一切即一的审美世界作为人的幸福感的来源,最终有赖于人的主体精神世界之完成。

人对于世界作为一之存在的心理或精神建构,是通过"齐物"来完成的。道理很简单:就形而上学而言,所谓世界是一,是指世界是无差别的存在。所谓无差别的存在,并非否定有这这那那、形形色色的现象界,而只是说:这些现象界的万事万物,都仅仅是存在的呈现方式;就终极存在而言,现象界的一切皆一。因此,所谓世界是一,要求人不仅仅看到世界作为"现象"之面相,而且能透过这些现象去洞悉作为宇宙之终极实在的本体。这种对宇宙终极

---

① 尼采:《悲剧的诞生》,三联书店 1986 年版,第 2 页。

实在的把握,与其说是靠人的理性思维,不如说是有赖于人的存在感悟,此也即中国古人所说的"与天同体"或者"天人合一"的存在感悟。自然,说人与天同体或者天人合一,并非是说人生而就与天同体或者就已经达到天人合一,而是说:人作为大自然中的"有限的理性存在物",不会安于像其他动物一样仅仅满足于有限的存在,而想要去追求无限。而天道是"生生不息"之无限,因此,所谓追求无限,也即追求天道,去与天道合一。所以说,所谓天人合一并非是人的存在的一种实然状态,而是人作为体现宇宙之最高价值的一种本然与应然状态。而人只有在这种天人合一的状态下,才能够感受到一即一切以及一切即一的终极幸福。也正是在此点上,我们看到:人的幸福感的获得并非仅仅是个人主观的心理状态,而且是宇宙存在之结构。而所谓幸福,其实就是在进入这种天人同体或天人合一之宇宙结构之后,作为主体的人能体验到的心理感觉与感受。

这种"齐物"或"与天同体"的幸福人格结构,在实践中,具体以爱的形式得以展开与呈现。这里所谓爱,不仅仅是道德的范畴,而是一种幸福人格的范畴。作为道德范畴的爱可以是义务论的,而作为幸福人格的爱却不是基于义务论而是"快乐论"的。换言之,人是因为追随幸福而去实践爱,并在爱的践履中享受与体验到幸福。而通过爱能获得幸福,是因为人在最原初的状态下,本是与物同体或天人合一的。而通过爱:爱万物,泛爱众,则可以实现"天地与我并生,万物与我为一"①,从而达到天人合一的幸福人格之完成。因为幸福无他,就是使植根于人的最内在深处的原型(即天人合一的原型)需要得以满足。

尽管天人合一是人之获得幸福之原型,但在现实的历史条件下,这种天人合一并不容易在实际生活中得以展现。故而,在现实生活中,我们往往可以求得快乐,却不一定会遇到幸福。在日常生活中要与幸福相遇,需要生命的某种特质——对爱的敏感。在日常生活中,我们发现:有的人对爱较为敏感,而另一些人对于爱则较为麻木。或者说,前者的爱心较为发达,而后者的爱心则不那么发达,甚至走向枯萎。从这种意义上说,爱是人格的一种品赋,而对爱敏感的人格更容易获得幸福。就人之天性或潜能来说,每个人都生而有爱之潜能或禀赋,但在日常生活状态下,这种爱心常常也容易沉沦而没法呈现。② 因此之故,如何使爱的品赋得以彰显,与其说是伦理道德的问题,不

---

① 《庄子·齐物论》。
② 孟子认为人生而有"良知良能",这其实是说凡人皆有爱的禀赋。不过这种良知良能不一定随时显现,故孟子提倡要返求本心。孟子的良知良能说与其说是伦理学或道德哲学,不如说是一种关于幸福的形而上学,故他认为人生的最高境界是"知天"与"同天"。

如说是关于现实中的人能否获得福祉的问题。

要使爱在现实中回归,需要有一种"游戏精神"。儿童在玩游戏时是无目的性的,所谓无目的性,是指不是为了达到某种功利目的去做某种事情。通常我们成年人做事情都有某种目的或者目标,而且这种目的或目标往往与"功利"联系在一起。游戏精神是功利精神的反面,游戏不是做事情。虽然我们每个人在日常生活中都必须做事情,这些事情都总有功利方面的考虑,但除此之外,我们作为人,还需要游戏。而幸福,则寓于人的"游戏活动"当中。因为人只有在游戏过程中,他才是"无忧无虑"的。这时候,他玩的游戏尽管属于现象界之事,但他的兴致,却全然是"忘我"的。所谓忘我,就是忘记了他自己,也忘记了他与周围事情的区别,他唯一感受到的,是他在游戏;甚至在尽兴的时候,他也忘记了游戏。这时候,人与游戏完全合为一体。其实,所谓人与游戏合为一体,也即人与万物合为一体。故游戏的世界是一个无分别的世界,也即是"一切即一,一即一切"世界。故而,人只有在游戏中,才获得了真正的审美享受,从而也是幸福的。从这种意义上说,幸福虽属于人的精神领域,却寓于现象界之中。人能否在现象界追求到幸福,取决于我们是否有"游戏精神"。

游戏精神还意味着生活的审美化与趣味化。作为人,我们的日常生活并非都是游戏;但是,作为"游戏的人",我们每个人却可以将日常生活转化为人生的一场"游戏"。这与其说是要我们以游戏的方式来从事工作或做事情,毋宁说:是要我们转变观念,将生活甚至生命本身视之为一场"生命"。一旦以这种游戏的心境来看待人生,我们发现:生活非他,生命非他,无非是一种游戏。而人一旦对生活或生命本身具备了这种游戏的情怀,他就不会将日常生活中一些功利之事看得太重,而会去追求生活中的游戏。对于真正的"游戏的人"来说,生活或者生命本来就是以游戏的方式展开的。当然,这不是说我们每个人整天都沉溺于游戏或快乐之事当中,而是说:无论生活中遇到快乐抑或痛苦,这生活本身就是一场游戏。一旦如此,我们发现:生活中的游戏无非两种:参与式与静观式的。前者意味着我们要当游戏中的"演员":是的,生命无非是一场游戏,而我们的种种人生际遇,无非是这场游戏情节的具体展开而已;因此,就尽情地扮演这生活中的"角色"吧,就在这种生命角色的扮演中,我们会感受到生命的痛快与幸福;而且,我们愈是尽情地扮演,就愈会体验与感受到生命的痛快与幸福。当然,这是一种酒神式的对于生命之酒的畅饮。李白所谓的"人生得意须尽欢"以及"抽刀断水水更流,举杯消愁愁更愁",是这种酒神式畅饮的幸福之最好写照。

当然,生活中的游戏也可以是静观式而非参与式的。这意味着我们要当游戏中的"观众"而非"演员"。所谓游戏中的"观众",是指我们要将世界的一切,包括我们自身的生活及其际遇,视之为一场生命之舞或生命戏剧的展开,而我们个体则作为观众对这场生命之舞或戏剧采取一种静观的态度加以审视。这意味着我们的游戏是以一种"旁观"的而非参与的方式进行的。在这种静观的审美鉴赏活动中,我们会获得一种对于生命以及宇宙之真谛的"大彻大悟",并由于发现了宇宙终极本体之奥秘而产生一种快感与幸福。显然,这种对于生活与生命的"观众"角色的扮演,其幸福感的获得是通过对于生命与宇宙本体的沉思而带来的,它更多地是类似于尼采所说的"日神状态"的幸福。然而,无论作为生活与世界的演员也罢,观众也罢,它们皆是作为"游戏的人"的生命展开方式。正是在这种游戏式的生命展开方式与过程中,我们方才领略到生活的趣味,从而也获致了精神上的幸福。

五、幸福的沉沦、痛苦与崇高

以上,我们展开了幸福的人格内容以及获得幸福的两种类型。然而,这只是一种关于幸福的理论解释与关于如何追求幸福的实践的说明。但幸福的理论与实践的说明不能代替幸福实践本身。就后者来说,它与其说是一个理论的诠释问题,毋乃说是个体在具体的经验层面如何应对生活与生命,并且最终能否与幸福"相遇"的问题。金岳霖说:"理有必然,势无必至。"①一旦如此发问,我们发现:对幸福的追求,包含着极大风险,并且总与痛苦相伴随。何之言之?

幸福之所以会与痛苦联系在一起,是由人作为"有限性的理性存在物"这一本性所规定的。如前所说,幸福属于人的精神现象,但它又呈现与展现为个体人的具体生活实践。这也意味着:对于个体的现实幸福而言,本体与现象本应是合而为一的。或者说,幸福就是将作为精神性的幸福落实到现象界之事。然而,我们在生活中观察到的是:就个体的事实存在而言,人的类型存在与殊相存在、人的有限性与理性、人的现象性存活与本体性存活往往是彼此冲突、很难共存于一身的。这种个体人的类型与殊相、有限性与理性、现象与本体之间的对立与冲突,是人在追求幸福的过程中必然会遭遇到的,它是人之痛苦所以产生的根源。

首先,幸福人格之不完满。以酒神状态与以日神状态出现的幸福,属于现实幸福中的人格类型。既然是类型,则它们难以完满。也就是说:作为酒

---

① 金岳霖:《论道》,第185页。

神的幸福无法包括日神的幸福,反之亦然;不仅如此,它们还常常相互排斥。就是说:假如我们追求酒神状态的幸福,则意味着舍弃日神状态的幸福;假如我们获得了日神式的幸福,则丧失了酒神式的幸福体验。因此,就具体的个体生命而言,作为酒神的幸福与作为日神的幸福是很难共存于一身的。这种幸福类型的分裂,是我们在追求幸福过程中所无法避免的。但对于一个"完整的"人来说,他希望追求的幸福却是一个"完满"的概念。或者说:作为个体的人,我们每个人都希望在享受酒神的幸福的同时,也拥有日神的幸福。但是,这两种幸福之无法同时集于人一身。这对于追求幸福的人来说,不啻成为一种限制。也许,追求完满幸福是人的本性。而且,人的这种追求完满幸福的渴望本身就是对于幸福的渴望。但是,老是追求,它却老不实现。这样下去,人就老处于痛苦之中。

在现实中,为了摆脱这种痛苦,人们常常会在两种幸福当中选择其一。就是说:既然我们无法同时获得两种幸福,那么,就享受其中一种吧;虽然并不"完满",好歹它也是一种幸福。但这种对完满幸福的放弃,却意味着幸福的岐变,即以通常的快乐代替了幸福。因为幸福即使区分为两种类型,它却需要个体生命的精神与肉体、心灵与感觉的共同合作与参与才得以完成。换言之,无论外倾型幸福或内倾型幸福,都内在地包含着个体生命中的心灵与感觉、精神与肉体这两个方面;区别只在于心灵能在它们之中的流向不同而已。而通常的快乐却割裂了精神与肉体、心灵与感觉的联系。质言之,快乐仅仅是感觉与肉体、或灵魂与精神和世界的单独相遇,这就无法同精神与肉体合一、心灵与感觉合一的幸福相提并论。因此,以快乐取代幸福,不仅仅是对完满幸福的放逐,而且是对幸福的叛离。结果是:其"高"者由于偏爱精神与灵魂,个体生命一味地沉湎于思想与精神的"象牙之塔"而抵制感性的幸福,从而其对幸福的体验显得苍白、单调并且缺乏生机;其"低"者,则自甘沉沦于肉体生命与单纯感觉的欢愉,从而其对幸福的体验显得肤浅且容易走向庸俗。这种幸福体验的灵肉二分,与其说是出于对幸福涵义的误解,毋宁说源自我们每个人的独特个体生命的限制,以致在追求幸福的过程中,个体常常各自片面地发展了或是精神和肉身,或是灵魂和感觉的某一方面,以致作为幸福人格之总体的幸福难以实现。

其次,幸福作为理念之纯粹与空灵。人们之追求幸福,是把它作为生活的一种"理想"来加以对待的,然而,幸福作为精神性事件,本来是一种理念。理念与理想之区别在于:完满的理念仅存在于本体界,而真实的理想则属于现实中可能实现之事。而人们要将本来存在于理念中的幸福在现实层面中落实,这注定了作为幸福的理念将变为幸福的理想。而作为理想的幸福虽然是幸福,但不再是像作为理念那样的完满意义上的幸福。换言之,人们一旦在现实生活中获得了幸福或者体验到幸福感,这种幸福感尽管真实存在,但它却已失去了其作为理念的"光环",由之使人们不再将其视之幸福,而视之为快乐。这就是为什么在生活中我们可以观察到许多这样的例子:本来是作为幸福的对象物追求的,但一旦追求到手,却未必感受到幸福,而顶多感觉到快乐;更甚者,对幸福之对象追求到手后,反倒带来的是幸福的反面——失望和痛苦。这说明:真正的、纯粹的幸福本来只存在于本体界,它作为一种理念,本来只可想象与追求,却不可以实现;或者一旦实现,却容易变形。这种在本体论意义上完满,而在现象层面上不完整或变形的幸福,具有空灵的性质。

一旦意识到纯粹幸福之空灵,在现实当中,我们发现:人们从对幸福的追求也许会改弦换辙。质言之,纯粹幸福既然不存在于现实生活之中,那么,就放弃对幸福之追求吧,还是让我们回到一个更实现,也更功利的世界。于是,人们会将生活限制于一个仅仅满足于物质欲求与利益追逐的世界。对于这些人来说,世界似乎并无幸福可言,也无需去追求所谓精神性的幸福。总之,按照这种哲学,为生存而生存才是人类的本性。由于意识到人类从本质上与动物无异,到头来终有一死,因此,就像动物那么地活吧,假如说有精神性的幸福,它也只存在于天国或上帝那里,而与我们凡人无关。这种虚无主义的抬头以及对于幸福的离弃,实同幸福作为理念,但又作为要在现实中实现的理想的这种二元对立的本性有关。

再者,幸福理念与幸福感之"二律背反"。追求幸福之容易产生痛苦,还因为幸福作为理念,意味着永恒。所谓永恒,是指幸福的永久性与恒常性。人愈是希望幸福,愈是希望幸福之永驻常在,不会消失。但事实上,现象界总处于变动之中,一切皆变,而与具体事物相联系的幸福感也常变。就是说:人在此一时感到幸福,到了彼一时未必感到幸福;人对某种事物发生兴趣并且由于审美欣赏而感受到幸福,而到了另一时候却对这种事物失去了兴趣而不会从它那里得到幸福;更多的是:我们无法将幸福感普遍于一切事物。或者说:我们获得某种幸福,常常是以其他种幸福的丧失作为代价的。或者说:在现象界,我们无法获得幸福的全部。而作为完满与永恒的幸福的理念,是必得包含世间一切幸福在内的幸福之大全。于是,对追求包含一切幸福在内的永恒幸福的追求,也就成为我们追求幸福过程中痛苦的源泉。

正因为幸福无法永恒,因此,放弃它吧。对永恒幸福的放弃,不同于对于某种幸福类型的追求,而是从根本上放弃幸福。这种对幸福的根本放弃,也不同于对幸福的不信任,像前述虚无主义的产生那样,而是说:幸福既不常在,那么,就生活在当下的世界吧。于是,一种"及时行乐"以及"今朝有酒今朝醉"的人生观由此产生。这种当下行乐的人生观不同于虚无主义的人生观的方面在于:它以为人生是值得过的,而且是应当快乐地活的;但是,这种快乐,既无对于世界是"虚无"的"精神性"的体验,甚至也不追求某种作为在世"理想"的幸福或快乐。而是说:当下就是一切,当下就是人生,于是,人生既非是追求幸福的,甚至也不是追求某种功利的,却也不是虚无,而是"当下"的。这种当下的世界,有似于混沌漆黑的一片世界。假如某个个体果真彻底地生活于这种当下混沌漆黑一片世界里,不仅其他人难以猜度他心目中的幸福为何物,连他自己也无法知道他想追求的什么才是幸福。

由此看来,对于幸福的理解非同小可,它不仅关乎我们每个个体能否获得幸福,还关系到整个人类社会的生存方式。而对幸福的执着与追求,并非一定能获得幸福,反倒容易引起对幸福的怀疑与放逐。以上所说的以快乐代替幸福、虚无主义以及当下主义的产生,就是人们在追求幸福过程中发现完满幸福、纯粹幸福、永恒幸福之无法实现而导致的失望之后,而找到的对于幸福的替代方案与异化形式。

应当说,尽管形式不一,以上三种方式,无非是人们在寻找幸福的过程中,由于想摆脱其结伴而来的"痛苦"所产生。因此,由此而责备人性的懦弱,无乃说更应当去正视与幸福结伴而来的痛苦。在寻找与追求幸福过程中产生的痛苦,并非是我们通常在日常生活中遇到不顺意之事而产生的心理不适与不快活,它与幸福一样有其形而上学的根基。假如说真正的幸福只存在于人的精神世界的话,那么,与幸福孪生的痛苦,必然也属于人才会有的一种精神性事件。不同于幸福的方面在于:假如说幸福作为一种理念具有空灵的性质,属于"生命中不能承受之轻"的话,那么,追求幸福过程中遭遇到的痛苦,就由于有了人之肉身这一拖累,而属于"生命中不能承受之重"了。然而,无论生命不能承受之轻也罢,不能承受之重也罢,它们都是具体的个体人在追求幸福过程中必须遭遇的精神体验。质言之,痛苦是我们每个个体在追求幸福过程中必须要承担的一种"宿命"。因此,接受它吧,哪怕这是"痛苦"。

然而,假如意识到痛苦是个体在追求幸福过程中的一种宿命甚至"天命"的话,那么,面对这种宿命而"知难而上",生命的意义就发生了一场转变。这不是说:由于意识到痛苦是追求幸福过程中必然要遭遇之事,痛苦因此就会转变为幸福。不是的。痛苦是在追求幸福过程中,体验到幸福之无法获得而产生的"切肤之痛";这种切肤之痛,远超过一般意义上的肉体切肤之痛,它当然不是一种可以给心灵带来"愉悦"的享受,从而也就不可能转化为幸福。然而,对于痛苦的体验与承担,却可以唤起人类方有的另一种情感——崇高。所谓崇高感,是指个体在面对某种超出一般意义的"巨大物"时所产生的一种震撼的心理体验与精神体验。依康德的说法,它也属于"审美"的范畴。但与我们这里所说的为幸福作形而上学奠基的幸福美不同,崇高作为一种精神性体验,更多地是"反思性"的。就是说,当人产生崇高的审美冲动的时候,这种崇高感的感受与其说是情绪式的或当下直接能体验的,不如说更多地具有"理性"的成分。也职是之故,作为理念,崇高较之幸福来说是更为纯粹的。然而,作为精神性的存在,它却与幸福一样,同样是人之作为人最值得期盼与珍惜的天性与禀赋。而当一个人在追求幸福而不达,或者在追求纯粹幸福而不可能,却仍然不放弃这一希望而继续追求的时候,就会在人的心中唤起一种崇高感。这种崇高感的产生同样有其形而上学的根源。假如说幸福感的产生内在于个体面对宇宙所产生的"一即一切,一切即一"的存在性感悟的话,那么,个体在追求幸福的过程中,由于追求幸福之大全而未达,就会意识到个体之渺小。从而也会有一种对于宇宙流洪中"一"与"一切"之间的对立与冲突的深刻存在性感悟。但这种存在感悟并未使他放弃对幸福之大全的向往与追求。作为一种心理现象,他从内心还会升起一种崇高的使命感与对生命敬畏的庄严感:是的,作为个体的人类是渺小甚至微不足道的。但是,在强大和浩瀚的宇宙面前,他又是无与伦比地"伟大的"。这种伟大与其说是物质与生理能力上的,不如说是精神与思想上的。帕斯卡尔说:"人只不过是一根芦苇,……但他是一根能思想的芦苇。"[1]人其实不光是一根能思想的芦苇,而且是一根能以审美眼光来看待世界与自身的芦苇。而这种审美眼光正是人与动物及其他宇宙无生命之物的本质区别所在,也是人作为个体之不同的精神品格之迥异所在。一旦人意识到这点,而且作为一个不放弃对幸福追求的人,他知道,他的生命与精神世界从此注定不会再复平静,因为对幸福的执着追求与追问,必定将他抛至"痛苦"这一深渊之中。但是,他不后悔,毋宁说,这是他自找的。本来,一个人不追求或追问幸福问题,他完全可以安安稳稳地度过一生了,但一旦发现对此追求是一问题,而且永远不可求解,这将注定他的生命是悲剧式的一生,他的精神生命从此要在悲剧中度过了。于是,他发现:人终究是悲剧性的存在。但这种悲剧式的生命存在,是他无法逃离的,是他作为一个追求精神幸福的人体验到的,于是,一种自甘于放逐于悲剧中的生命的庄严感油然而生,这种生命的庄严感使他体验或感受到生命的高贵。是的,人可以追求不到幸福,但人不可以不活得高

---

[1] 帕斯卡尔:《思想录》,商务印书馆 1986 年版,第 157—158 页。

贵。因此，他从追求幸福开始，没有追求到幸福，但却获享到生命的高贵。帕斯卡尔写道："为什么我的知识是有限的？我的身体也是的？我的一生不过百年而非千载？大自然有什么理由要使我禀赋如此，要在无穷之中选择这个数目而非另一个数目。本来在无穷之中是并不更有理由要选择一个而不选择另一个的，更该尝试任何一个而不是另一个的。"①"因为无可怀疑的是，这一生的时光只不过是一瞬间，而死亡状态无论其性质如何，却是永恒的；我们全部的行为与思想都要依照这种永恒的状态而采取如此之不同的途径，以致除非根据应该成为我们最终鹄的之点的那个真理来调节我们的途径，否则我们就不可能有意义地、有判断地前进一步。"②假如说这前段话属于对于生命的悲剧性生存的存在性感悟的话，那么，这后段话，就完全是一种对于生命之要活得高贵与尊荣的赞叹与讴歌了。

切莫小看了这种生命的高贵意识。而生命的高贵意识正是在人的追求精神幸福的体验中感受到并且完成的。高贵不是平凡的对立面，而是与委琐与卑微相对立的。有的人尽管一生平凡，并无所谓奇迹发生，但他活得光明磊落，一生正气，举手投足，大事小事，都显示出生命的高贵与庄严；也有的人终生沉浮于"逐物"之中，由于获取了世间名利而沾沾自喜；或者为了功名利禄而不择手段，更有些人装作正人君子，道貌岸然，内心世界却极其龌龊肮脏，这种人离生命的高贵就相差甚远。这样看来，生命的高贵与尊荣与其说是外在与容貌体态方面的，不如说更多的是精神与品格方面的。由于生命的高贵感内在于追求幸福而体验到的生命悲剧意识，这样的人虽然极度痛苦，但其生命因此而享有了高贵，也可以说是另一种意义上的生命福音。而这种痛苦是在追求幸福的过程中产生的，并因之得以接受高贵的洗礼，从而也就成为生命可以接受的馈赠了。

---

① 帕斯卡尔：《思想录》，第102页。
② 同上书，第98页。

第十一章 美丽生活如何可能

一、日常生活中美丽生活与幸福生活之区分

在生活中,当人们想对一件东西表达其羡慕向往之情时,常常会选用"美好"这个词语来表达。这说明,美好代表一种人人都向往的价值,人们用它来称许和赞美喜欢的东西与事物,更用它来指称一种向往与值得称许的生活。这其中,"美"指美丽,而"好"代表一种价值评判,因此,所谓美好的生活又可以是指美丽而值得向往的生活。所以,当人们感到生活惬意或开心时,常会情不自禁地说"生活是多么美好";而当人们遇到不开心的事物,或者生活中碰到困难与挫折,尤其是当生活处于困苦或危难之中的时候,也常常会怀念以往曾经过的一些美好时光。这说明:美好或者说美丽生活是值得人们向往的。进而之,人们常常会在美丽生活与幸福生活之间画上等号,认为幸福生活就是美好或者说美丽的生活。事实是否真个如此?美丽生活一定是幸福的吗?或者说,幸福生活就一定是美丽的吗?尽管美丽生活与幸福生活彼此之间存在着一定的共同性,而且美丽生活与幸福生活同为人们所向往与值得称许的生活,但细究下去,可以发现:美丽生活并非就是幸福生活,幸福生活也并非一定就是美丽的生活。那么,将美丽生活与幸福生活相混淆的原因到底在哪里?为何美丽生活不等同于幸福生活?要了解这个问题,让我们先从日常生活的经验出发,来对人们心目中的幸福生活与美丽生活作一番考察。

首先,在日常生活中,人们喜欢将幸福与美丽相提并论,这说明,幸福生活与美丽生活不仅有联系,而且彼此具有共同点。幸福生活与美丽生活之所以有共同点,甚至容易彼此混淆,原因在于它们都是审美的生活。所谓审美的生活,是指对生活采取一种审美的观照,而与对生活采取某种实用的,或者功利式的态度相反对。举例来说,当人们在生活中感到自己真正是处于幸福当中的时候,并非由于他对外部世界的某种"欲求"获得了满足,也不是外部世界给他带来某种感觉器官的刺激享受所致(尽管不排除有时候这也是形成幸福感的外部条件之一),而是因为他对生活采取了一种审美式的观照才可以达到。这也就是为什么我们要将幸福生活与通常的快乐区分开来的原因。同样的,美丽生活也是对外部世界采取一种审美的观照态度才可以得到

的。就是说,个体只有在摒弃功利性的考虑之后,方才会进入审美的状态,从而也才可以获得美丽的生活。① 从这种意义上说,美丽生活与幸福生活一样,都是一种审美式的人生。看来,正是审美式的或非功利的生活态度,将幸福生活与美丽生活联系起来,并使它们与单纯的快乐享受相区分。我们知道,快乐的享受并不等于幸福生活与美丽生活。而通常情况下,快乐的情绪或者由外部世界对个体感觉器官的刺激所引起,或者因为个体的"欲望"从外部世界中获得了满足而产生;②但这种心理情绪上的"快适"的出现始终具有被动性(不排除是个体有意识地追求的,但就其由外部刺激所引起或者欲望的被满足来说,却始终是被动的)。而幸福生活和美丽生活却是审美的,具有审美的主体性,即只有当个体能够对生活采取一种审美观照的态度时,他才有可能获得幸福生活与美丽生活。所以说,美丽生活与幸福生活一样,代表着人的审美生活方式与审美式的生活状态。

然而,美丽生活与幸福生活的联系或者说共同点就到这里。假如进一步观察,可以发现,虽然同为审美人生,美丽生活与幸福生活却属于两种不同的审美方式,其审美心理机制并非完全相同。这表现在:

其一,对幸福生活的感受是主观的,而对美丽生活的感受却是客观的。所谓幸福生活,首先是个体的一种内在的主体心理感受。离开了主体的幸福心理感受,无所谓生活的幸福。从这方面说,幸福生活其实是一种对生活的主观体验。主体的审美心理与感受不同,对于外部世界的幸福体验也就不同。而美丽生活虽然是主体对于外部生活的审美感受,但是,这种对外部世界的审美感受却具有客观性。所谓客观性,是指对于生活世界的美丽感受并不由主体的内在心理体验所决定,而取决于外部世界的客观实在。就是说,是外部世界的"美丽"客观实在决定了我们作为主体对审美对象采取了"美丽"的审美方式。或者说:在外部世界中,没有作为客观实在存在的"幸福对

---

① 康德在《判断力批判》中,认为审美是超功利的,并以此与作为"快适的"的快乐和作为"善"的愉快区分开来(见《判断力批判》上,商务印书馆,1964 年,第 39—47 页)。但同为超功利的审美,作为幸福生活的审美与作为美丽生活的审美,康德却缺乏进一步的分梳。而对此两种审美判断作出区分正是本章的论题。至于为什么幸福生活是审美的,见上一章所作的论证。

② 作为快乐的"快适"来源于感觉刺激,但感觉刺激有当下的、直接的与间接的、印象的之分。当下的、直接的感觉会同时性地在接受感觉者的心理上产生"快适"(快乐)。但这种快乐也可能由想象的,或回想的感觉刺激所引起。能引起快适的想象中的感觉刺激属于间接的、印象中的感觉刺激(即不是主体亲身的感觉刺激,而是他人的或他想象中的感觉刺激(例如听别人说起的感觉刺激,或者他回想起他以往曾感受过的感觉刺激;又比如阅读小说时,对书中主人公的感觉刺激的想象与体验,等等)。但无论如何,直接的感觉刺激与延迟的或想象的感觉刺激都属于感觉刺激,它们之间的区别点只是接受感觉刺激的感受主体的不同。同样,出于功利目的或达到实用目的的欲望亦有直接的与想象的区分,但它们作为欲望则在本性上相同。

象物",但却有客观实在的"美丽对象物"。美丽生活的客观性还表现在:不同的个体对于美丽生活的理解虽然并非完全相同,但面对同样的生活情景,尤其是当他抛开个人的情绪因素而去判断他人的生活是否美丽时,却大致会得出同样的美丽判断。这也就是说,假如我们感觉到某人的生活是美丽的时候,并非是由我们自己的主观审美心理所决定的,而是由于某人的生活情景呈现于我们面前,只不过我们以审美的方式去对其加以观照或接受而已。

其二,幸福生活的审美观照伴随着审美主体的情绪体验与参与,而美丽生活的审美却是"静观"的。幸福感有其意向性的对象存在,但是,人们对意向性幸福对象的感受,却有心理情绪在其中起作用。这说明:幸福生活虽然是一种审美性的生活,但是,这种幸福的审美生活却与个体的主观心理体验分不开,甚至是由主体的心理体验所建构的。换言之,个体对生活是否幸福的判定,不仅由个体主观的心理感受所决定,而且受制于主体的当下心境。假如脱离了审美主体的情绪参与及当下心境,他是很难判断生活之幸福与否的。反过来,个体对美丽生活的判断与其说与主体的心理情绪相关联,不如说来自其对生活的审美静观。所谓对生活的审美静观,是指主体对生活的审美鉴赏完全排除了他的主观情绪的影响,并对审美对象采取了一种似乎"置身于事外"的超然旁观的审美姿态,就好比将生活本身当作艺术画廊中的一幅美术作品来欣赏似的。

其三,幸福生活与生活的质料有关,而美丽生活更多地指向其形式。人们对幸福生活的体验与感受脱离不开外部世界的种种质料方面的内容。比如说:可口的食物、田园的风光,精美的艺术品或迷人的音乐,或者与朋友的聊天,等等,它们都构成幸福生活的具体内容,也即属于幸福生活的质料。反过来,人们对于美丽生活的感受却往往注重其生活的形式与风格。这不是说美丽生活可以脱离开具体的生活内容,而是说:当人们评价或判断一个人的生活是否美丽时,并不在意个体生活中的这些具体内容与细节,而注重其与这些生活内容打交道时的行为方式与风格。就是说:面对同样的生活内容,个体与之打交道的行为态势与风格特征却是更为重要的,它决定了个体的生活究竟是美丽的,抑或是不美丽的。这样看来,美丽生活与其说是一种对于生活本身的审美享受与体验,不如说更多地是一种对于生活方式与生活趣味的审美鉴赏。而这种个体的人与外部世界打交道时表现出来的风格样式与审美情趣,从审美的角度看,也即生活的形式。

其四,幸福生活注重的是生活的体验,而美丽生活具有反思的性质。幸福生活的获得不仅取决于个体的主体心理,幸福感的获得与主体的心理体验息息相关,而且对幸福生活的判断也基于主体的心理体验。就是说,只有从主体的心理体验与感受出发,我们才能判断个体的生活是否幸福。故幸福生活的判断与评价属于一种情绪性或体验型的判断和评价。反之,对美丽生活的判断与其说是基于审美主体的心理体验与感受,不与说是反思性的。就是说:人们对生活之美丽与否的看法与评定,并不由审美主体或个体对审美生活内容的主观体验与感受来决定,相反,它却是审美主体对某种生活样式与风格的"静观"与鉴赏;而这种通过对生活样式与风格的静观所作出的审美判断,由于有审美的"理念"在其中起导引作用,因而具有"反思"的性质。①就是说:同样是审美活动,幸福生活的判断是通过对幸福生活内容的感受而获得的,而美丽生活的判断却建立在对生活的样式与风格与作为美丽的审美理念是否一致的基础之上。从这方面说,美丽生活的审美是以审美理念为前提,并以之作为"美丽判断力"之导引的。②

其五,幸福生活是"可欲"的,而美丽生活是"可羡"的。说幸福生活是可欲的,不仅是指幸福生活是人们所愿意追求的生活,而且是指当个体谈起幸福生活的时候,是愿意这种幸福生活能够加以于自己头上的,甚至是愿意为这种幸福生活的实现而付出努力与践行的。故幸福生活作为可欲的生活,常常导致人们的追求幸福生活的实践行为。相比之下,美丽生活虽然值得人们向往,但这种对于美丽生活的向往,却未必一定导致个体对于美丽生活的实践。就是说:人们可以对美丽生活仅仅采取一种静观的、纯粹审美的欣赏态度,却未必一定愿意这种美丽生活会加之于自己头上。③ 从这种意义上说,幸福生活作为一种愿望或理想,具有实践的、能动的性质与感性经验的内容,而美丽生活由于追求其纯粹审美的静观,则属于更具有超验性与更为纯粹的审美层次。

通过以上比较,可知幸福生活与美丽生活同样来自于对生活的审美观照,但却是两种不同的审美方式:前者(幸福生活)的审美更为感性,更注重

---

① 按康德的说法,"反思"是"把一般特殊包涵于普遍之下来思维"的一种特殊心智能力,它在作出判断时,不像通常的那样运用感觉和知性。此外,康德在《判断力批判》中还经常采用了"反思"这个术语,指作出判断时,不依赖于经验的验证或引入其他规律作为依据,而是通过对观念自身进行分析与思考来获致结论的一种思维方法。本章这里所说的反思与康德的意思接近而稍有区分,指运用理性对自身判断的合法性或逻辑根据加以思考而作出结论的判断力。
② "美丽判断力"是本章的新提法,主要是为了与作为幸福生活的审美相区分。在本章看来,康德未能将幸福生活的审美与美丽生活的审美这两种审美的心理机制加以区分,故其对于审美判断力的理解实兼有幸福生活的审美与美丽生活的审美二义。此尤其体现在其对于"崇高"的理解上面。
③ 人之所以未必一定愿意美丽生活加于自己头上,是因为美丽生活未必一定是幸福的。而通常情况下,假如这两者不能兼得的话,人们往往是宁愿追求幸福生活而放弃美丽生活的,这源于人在平常状态上是作为感性存在物,而不是作为理性存在物而存在,故其行为与行动,包括对"好"的生活的选择,都更愿意由感性而非由理性来作出决定。

审美的经验内容,而且伴随着主体的情绪介入;后者(美丽生活)的审美却是更为抽象,排除了任何经验感性的内容,也排除了主体的情绪体验的。从这种意义上说,美丽生活的审美可以说是对于生活的纯粹形式化的审美。所谓纯粹形式化的审美,也即排除了个体生活的质料内容,而就其生命形式加以观照的审美。① 问题是:何为生命形式?为何能对生命形式加以审美观照?其形而上学的根据究竟如何?

二、作为美丽生活的高贵

苏珊·朗格在谈论审美的时候,曾经提出审美活动要达到的是对对象的"有意味的形式"的把握。按照苏珊·朗格的理论,有意味的形式也即能揭示个体生命特质的形式。② 假如一样东西或者一种事物没有意味,仅有其形式,那么,它还不构成审美的对象,它给人们带来的只是视觉的、听觉的等感觉器官方面的外在感觉印象(外在形式)。这就是为什么光有线条、图形或音响等物理的形式还不构成审美的对象,只有当人们从这些物理的形式中获取了某种生命特质之意义时,它才成为审美的而给人带来审美的愉悦与享受。同样地,任何个体的生命活动,或者说其生活方式也有其形式。这种生命形式,不是指个体的身高、胖瘦、面部表情或者性格特点等外在形式或生理特征,而是指其生命或者说生活呈现出来的一种较为恒定的样式或者说风格。虽然这种生命的样式或风格也会通过其具体的行为特征表现出来,甚至还可以呈现为衣着风貌、言谈举止等外显特征,但这些外显特征的叠加无论如何不等于其生命形式。一句话,个体的生命形式体现个体生命的本质或者

---

① "生命形式"是苏珊·郎格提出的一个审美概念,认为审美是对"生命形式"的审美鉴赏:一件东西或物品之所以是美的,是因为它符合与表达了生命形式。她将生命形式归结为:有机统一性、运动性、节奏性、生长性。本章承认审美是对"生命形式"的审美观照,但不同意苏珊·朗格对"生命形式"作出的四种含义的理解,而认为人的生命形式内在地与宇宙生命形式同一,或者说其形而上学的冲动就是追求与宇宙之生命形式合一。而宇宙生命形式就是"一即一切"与"一切即一"这两种宇宙终极实在模式,人的审美活动其实就是体现或实现其个体的生命形式与宇宙生命形式的合一。这是审美活动的形而上学前提。但宇宙的形而上学有质料的形而上学与形式的形而上学之区分,人追求与质料的形而上学的宇宙生命形式合一,是为幸福的审美,以此才可以解释为何幸福的审美会表现为情绪的介入;而人追求与形式的形而上学的宇宙生命形式合一,则有美丽生活的审美。
② "有意味的形式"最先由克莱夫·贝尔提出,苏珊·朗格在《情感与形式》中作了讨论,认为"有意味的形式"中的"意味"是指"普遍的审美情感"。但这种审美情感究竟有何实质含义,综观《情感与形式》,苏珊·朗格的解释还是模糊不清的。按本章的理解,作为审美的"有意味的形式"中的"意味",是指个体在以审美的方式表达其形而上学的冲动时呈现出来的"生命精神"。因此,"意味"其实也就是个体生命形式与宇宙终极实在合一的一种审美体验与审美感受。

说人格特点,而个体的一切外显特征或者行为举止仅只是其生命本质的外化形式而已。

个格的人格可以有多种,而且按照不同学科或研究的需要可以作不同的划分,比如说行为心理学的、社会学的、文化人类学的,等等。这里,从纯粹审美的角度对个体人格的划分,可以将其区分为两类,即高贵与优雅。何为高贵? 通常说的高贵,可能是社会学意义上的,甚至血统论意义上的。但此处的高贵,特指个体看待生命,或者说在个体的生命活动过程中体现或表现出来的一种人格性状,它是排除了任何外在的社会学或者说血统论之意义的。严格来说,这是一种精神学意义上的高贵。精神学意义上的高贵,乃指一个人在精神上的高贵也。但这种精神意义上的高贵同时又要是审美的,甚至说是可以从审美的角度加以鉴赏的。因此说,这种精神上的高贵,最终要以审美的方式加以把握与领会。这也就是说:作为高贵的生命形式,是可以作为一种"有意味的形式"来加以把握,并且给人带来审美愉悦的。这种作为生命形式的高贵,其意味究竟为何? 这里,我们说:作为审美对象的个体生命的高贵,与同样作为审美对象的崇高,具有可比性。或者,我们通过对作为幸福的崇高感的分析,可以对何为生命形式的高贵,以及其与崇高之联系与区别会有一种印象式的了解。

说起崇高,我们知道,这是一种"无形式的形式"。① 康德在谈到作为崇高的对象物时,曾举如飓风、大海之波澜壮阔等为例,说明这种无形式的对象能够在人的心中唤起一种审美感受,其审美机制在于作为崇高之对象是无形式的,由于是无形式,它往往超出了人的知性所可以把握的范围,因此而会在人的心理上唤起一种惊讶甚至恐怖之感。但作为审美之主体的人因为这种引起惊诧和恐怖的对象物并不会真正威胁或危害到他的安全,故经过心理上的延迟作用,由对象物引起的惊诧和恐惧之感一转而在心理上得以放松,从而内心中产生的紧张得以消失而获得"愉悦"之感,这就是为什么物理上的"巨大物"或数学上的"无限大"作为审美的形式,会在人们心中唤起崇高感

---

① 康德认为崇高是"无形式的",其实,从审美之注重"有意味的形式"来看,所谓"无形式"也是一种形式。康德关于崇高是"无形式的"的具体说法,参见《判断力批判》(上),第83—107页。值得注意的是:康德一方面认为在自然物中没有可以称得上是"崇高"的对象物,另一方面,又认为崇高是可以通过自然现象(如海洋飓风等)作为表象呈现出来的。就这后一点来说,康德其实是承认崇高是可以有其自然对象物(自然界的表象也就是一种"对象物")的。对康德文本脉络中的"崇高"与"崇高感"的详细分析不是本章的任务(这应该是另一篇专门分析康德文本的"康德学"文章的话题),因此,本章只是在涉及与论题有关的问题时,才对康德关于"崇高"的观点加以澄清,文中不作太多引证,而是以"脚注"方式标出。总的看法是:康德对于"崇高"的理解多有前后不一致之处,这正是因为他没有将作为幸福的崇高与作为美丽的高贵加以区别所导致的。

的原因。① 从这里看到,崇高感总是与对象物的巨大或无限联系在一起的。换言之,大凡作为审美的对象物以巨大或无限的形式出之,都会在心理上唤起一种崇高的感觉。这里,康德将崇高与对象物的巨大或无限联系在一起,这一看法是精到的。然而,为什么对象物的巨大或无限会唤起人们的审美的崇高感,这里康德的解释却是经验心理学的。事实上,崇高感除了在经验心理学上得以印证之外,作为一种审美类型,其根据更主要的却是精神学意义上的,即它代表着人的形而上学冲动的某种精神生命类型。

何谓"精神生命类型"？假如我们承认人是形而上学的动物,形而上学的冲动代表人的精神本性的话,那么,显然,所谓人的精神生命,也就是体现其形而上学追求的宇宙生命形式。所谓形而上学,无非是对那宇宙终极实在的一种领悟。按照中观形而上学,宇宙终极实在是以"一切即一"与"一即一切"的方式呈现的,也即世界是一个"即本体即现象",或"即现象即本体"的世界。② 而作为宇宙最高本体的"一",从审美的意义上说,即是崇高所把握的对象。或者说,作为审美的崇高感非他,其实是作为审美主体的个体在面对宇宙之终极本体——"一"时所获得的审美感受。也正因为如此,当人们面对不同的对象物,只要其会给人造成一种心理上"巨大"或"无限"的印象或联想,那么,它们都一无例外地可以在人的内心中唤起审美的崇高感。比如说,当我们在夏夜仰望浩瀚无边的宇宙银河体系,当旅行者在埃及沙漠中突然发现一座巨大的金字塔,或者信仰基督教的教徒站在了一座巍峨高耸教堂建筑跟前,乃至于勇敢的登山者来到珠穆朗玛峰山下仰视其最高主峰,这时候,每位亲历其境者的内心中都不由自主地会升起崇高感。③

然而,崇高作为一种审美的形式鉴赏活动,究竟是如何体现出那宇宙之最高终极实在之"一"的呢？我们看到:在自然现象或者无生命现象中,有许多审美对象物是可以直接从其形式的高大或无限中获得审美的崇高感的。比如说:面对崇山峻岭、海洋飓风、火山喷发等自然壮观,或者是某座巍峨高大的建筑物,乃至于像康德讲的力学上与力学上的崇高物,等等,这些都可以在人们心中唤起某种崇高感。这些崇高感可以说是一种幸福的享受,使人获得审美的愉悦和"痛快"。但在对人类生活的审美鉴赏中,同样以"巨大"或

---

① 康德:《判断力批判》(上),第94—98页,第100—104页。
② 关于宇宙终极实在之呈现方式,是一个"形而上学"的话题。本章是从"中观形而上学"的角度对宇宙终极实在作出一种理解。何为"中观形而上学",详见本书前面各章。
③ 康德关于描写崇高之体验的下面一段话更为典型:"高耸而下垂威胁着人的断岩,无边层层堆叠的乌云里面挟着闪电与雷鸣,火山在狂暴肆虐之中,飓风带着它摧毁了的荒墟。无边无界的海洋,怒涛狂啸着,一个洪流的高瀑,诸如此类的景象,在和它们相较量中,我们对它们抵拒的能力显得太渺小了。但是假如发现我们自己却是在安全地带,那么,这景象越可怕,就越对我们有吸引力。我们称呼这些对象为崇高。"(见《判断力批判》上卷,第101页)

"无限"的方式呈现出来的生命形态却可以划分为两种。审美经验告诉我们:对这两种生命形态作审美观照时,其审美观照的机制与达到的心理后果并非完全相同。这其中一种是审美主体通过对这种生命形态的审美观照获得了崇高的审美愉悦,对这种生命形态不仅表示欣赏,而且追慕和想要去体验,甚至于想化为行动努力去追求与实现的。但对生活中以巨大与无限形态出现的生命形态或生活方式的审美还表现为另外一种方式,即虽然从这种审美中获得了极大的审美享受,唤起了审美的愉悦,但却未必想去体验此种生活方式,更未必愿意去效彷的。看来,这是对人之生活样式与生命形态的两种不同的审美:作为幸福生活之崇高的审美与作为美丽生活之高贵的审美。从心理学的角度分析,对幸福生活之审美有强烈的情绪介入之色彩,审美主体在审美过程中有一种想置身于其中"痛快"一把的感觉,这可以说是一种"移情之崇高"。而作为美丽生活的审美虽然也可以通过对这种生活或生命形式的审美鉴赏中获得一种审美的愉悦感,但这种愉悦感并不会引来审美主体试图置身于审美对象物之中想要去体验其中之"痛快"的感觉,其在心理上唤起的,却是面对这种崇高物的极大敬意与生命的庄重感。因此,相对于前者的崇高审美来说,此种崇高审美是排除了情绪之介入的、与其说是想要进入于审美对象之中去体验一把,毋宁说是直面审美对象的一种"静观";在这种对崇高对象物的审美过程中,反思判断力在其中起着主导作用。所以,为了把这两种不同的崇高或崇高感相区别,我们将前者(移情的崇高)定义为崇高,而将后者(静观的崇高)称之为高贵。① 这里,假如同为个体的生命形式作为审美对象,崇高感可以说是幸福的,它意味着审美主体将其作为审美对象加以观照时,是愿意效彷的,故而往往伴随有情绪或情感的介入,②而高贵感可以说是美丽的,它意味着审美主体对其作审美观照时,是采取静观的态度,而力图排除情感的介入的。这两者的区分,或许也可用王国维关于"有我之境"与"无我之境"的说法来说明。他说:"有我之境,以我观物,故物皆著我之色彩。无我之境,以物观物,故不知何者为我,何者为物。"③故我们可以说,同为追求个体生命与宇宙最高本体之合一,崇高感是以"有我之境"的观物方式或审美方式来达到的,是为幸福生活的方式;而高贵感是以"无我之境"的观物方式或审美方式来完成的,是为美丽生活的方式。而其要达

---

① 康德在其早期的美学著作《论优美感和崇高感》中,也曾经提出过"高贵的崇高"这个说法,但这里面的"高贵"只是个形容词,而且指的是对于自然界或无生命现象的审美观照(见《论优美感和崇高感》,商务印书馆,2001年,第5页)。这与我们将"高贵"作为一种美丽生活的审美判断类型来看待,可以说全不相干。
② 关于幸福的心理机制如何会有情绪性的介入,可参阅上一章。
③ 王国维:《人间词话》。

到个体生命与宇宙生命的合一则一。就审美来说,由于"以我观物",故幸福之审美方式伴随有主体的主观情感介入,由于"以物观物",故美丽之审美方式排除了个体的主观情感,是为纯粹静观的审美方式。因此说,虽然这两种对生命形式的审美皆源于个体追求形而上学的冲动,并且具有同样的审美生命形式的"内在生命结构",即与宇宙最高终极本体之"一"的合一。但同样是追求与宇宙本体的合一,审美作为"有意味的生命形式",其获得的审美意味并不相同,其中一者为"崇高",一者是"高贵"。也正因为意味不同,所以我们看到:作为高贵生活的"有意味的形式"中的"形式"不仅仅体现为"巨大"与"无限",而且这种巨大与无限作为形式还给人以"深厚"与"贵重"感,换言之,是一种显示出深厚与贵重之质感的形式美感,而作为崇高生活的"有意味的形式",其形式则由于要突出其形式上的绝对甚至于夸张的"巨大"与"无限",往往会给人以"出乎意料"的惊讶之感,从而会对心理造成强烈的冲动,也由此激发起极大的心理能的活动,并且在心理情绪上得以反映出来。

从这里,我们看到了康德在《判断力批判》上卷中讨论崇高时出现的思想混淆。他一方面从审美心理出发,对形成崇高感之心理以及外部对象物作了很好的刻画,但另一方面,由于受限于仅从经验心理学角度的考察,而过多地关注体现于"巨大"与"无限"的审美对象物的质料内容给个体感官造成的冲击,并且将体现崇高的对象物中的质料内容与其形式合在一块来作讨论,从而抹杀了作为幸福的崇高与作为美丽的高贵的界限。其实,从审美的角度看,这二者背后的形而上学学理是不同的:虽同为对那宇宙终极本体之"一"作审美观照,幸福之审美是对审美对象物的质料内容所作的形式观照与审美鉴赏,①而作为美丽之审美,其审美却是静观的,也即摒弃了审美对象物的质料方面的内容,而只专注于其纯粹形式的审美。但康德在讨论问题时,由于未对质料的形而上学与形式的形而上学作出区分,以至于其对崇高的解释出现了理论混淆并且显得前后不一。② 其实,一旦划分了审美对象的质料内容与形式,可以看到,同为个体追求宇宙终极本体的精神冲动,却表现为两种审美:一为幸福的审美,一为美丽的审美,前者的审美观照指向"一"之质料,是为崇高的审美;后者的审美集中于"一"之形式,是为高贵的审美。也正因为

---

① 所谓质料的内容,是指能作用于感官引起感觉刺激反应的对象之表象,故质料是感觉经验的对象。
② 在这个问题上,康德的说法显得异常之纠结与前后不一。比如说,他一方面提出崇高是理念,没有感性的内容,并从其作为理念方面来加以反复论证,但另一方面,却又多处援引自然界中的现象来说明崇高感是离不开感性经验内容的,而且是具有"质料"的,所以才能给人的心理带来极大的震憾。故从后面这点来看,康德的说法恰恰说明了作为幸福的崇高审美是伴随有情绪性的介入的。康德关于"崇高"的论述见《判断力批判》(上),第83—121页。

如此,较之于幸福审美的崇高来说,作为美丽的高贵审美不仅是更为形式化,也是更为超验的;而作为幸福审美的崇高感对于美丽审美的高贵来说,却具有更为感性与经验的内容。或者说:假如说作为幸福的崇高审美总与对审美对象的感性经验内容有关,对这些感性经验内容的心理体验会有助于幸福审美的崇高感出现的话,那么,作为美丽审美的高贵感之获得,则完全来自于审美对象的纯粹形式。这样说来,作为美丽生活的对象之形式的高大与无限,指的就不是某种外观形式上的高大与无限,而是一种能体现宇宙生命与个体精神生命的高大与无限。这就是为什么在对个体生命的美丽观照中,能够使人获得高贵感之审美愉悦的,不是作为人的躯干之高大,也不是个体取得的某种事功之伟大,更不会是加于个体身上的某种巨大耀眼之"光环"。一句话,个体生命之所以能够显示其高大,或者说可以从审美的意义上唤起人们的高贵感,全在于其精神上的巨大与无限。而这种精神上的巨大与无限,却又得表现或体现为其个体的生命形式或生活样式。说到底,个体的生命形式体现出其精神上之巨大与无限,也即其行为方式与生命形态要体现出作为宇宙之终极实在之"一"。也就是说,只有作为个体之精神生命形式的高大与无限,方才成为美丽生活之审美观照的对象或观照物。从这里,我们看到高贵作为美丽生活的审美与崇高作为幸福生活的审美的真正分野,即作为美丽生活的高贵虽然是纯粹形式,却是包含着生活的理念在内的,从而也就更具精神性。而崇高作为幸福生活的审美虽然也是形式的审美,却脱离不开具体的经验感性内容。从这种意义上说,高贵作为"有意味的形式",其中的"意味"其实是个体精神生命的一种理念(理念处于超验的层次,而非现象界可以经验之物,却是可以精神生命的形式去追求与达到的,因为个体的纯粹精神生命与理念一样同属于超验界之事,是可以超验经验现象之偶然性而获得必然性的)。而崇高作为"有意味的形式",其"意味"则是个体精神生命的理想。而作为理想的生活必须是包含有具体的生活内容,而且是指望其可以实现的。

三、作为美丽生活的优雅

但人除了有追求"一切即一"或者说"最高终极本体"之"一"的冲动之外,其对于形而上学的精神追求还表现为追求"一即一切"并与之合一。这是因为"一即一切"与"一切即一"皆为宇宙终极实在的呈现方式。按照中观的宇宙论模型,假如说"一切即一"指的是"一切存在者归于存在",或者"万殊归于一理",它认为现象界之形形色色的万物(即一切)无非是那宇宙最高终极本体之呈现的话，那么，"一即一切"的宇宙论模型则恰恰相反，是要让那最高宇宙本体彰显为世界之万事万物，这也即"存在通过存在者呈现"，或者说"理一化为万殊"。故"一即一切"如同"一切即一"同样都是体现宇宙之生命形式，而人的形而上学冲动如同追求"一切即一"一样，也追求"一即一切"这样的宇宙生命模式并希望与之合一。不同于前者的方面在于：这种追求与宇宙生命之合一的方式，不是要追求与那最高本体的合一，而是要追求与宇宙终极实在呈现为"一切"或"万有"的合一。这从审美的角度说，也即追求优美。优美是对宇宙世界之多样性与丰富性所作的审美观照，此也即庄子所说的"天地有大美而不言"。当然，这里所谓宇宙之多样性与丰富性不是指世界呈现之纷然万物之"杂多"的多样化，此种多样化还必须是称得上"美"的，也即属于美学鉴赏的美之形式的多样化。并且，这种美的形式的多样化是符合美的规范，从而，它也就是一种完全形式化的东西。那么，作为宇宙万物之优美形式，究竟是如何体现出来的呢？苏珊·朗格将优美的形式归结为：有机统一性、运动性、节奏性与生长性。其实，从优美作为普遍的审美鉴赏来看，恐怕以下的形式美更能体现优美之为优美的属性，并将它与作为崇高的自然美区分开来，即生动性、秩序性、节奏性、和谐性。而且，作为优美的这四种特征之呈现，皆须符合"中"的原理，否则，生动易流为无秩、秩序会成为死板、节奏将演为机械、和谐会显得僵硬，而这就不会给人以美感。可见，正是在种种变化之中显示出变化之条理，而又不给人以死板与机械的形式，讲究"适中"，才能称得上是形式之优美。简言之，任何优美的形式都是要有"分寸感"与把握好"度"，方才能是真正的优美，并由此将其与同样作为形式审美的崇高与高贵区分开来。我们知道，对于崇高审美与高贵审美的形式要求是高大与无限。但高大与无限未必是和谐与有序的，甚至会与后者对立；且崇高与高贵也未必"适中"。这也就是为什么同为审美，优美是有别于崇高与高贵的另一种样式。

　　然而，我们这里讨论的是作为美丽生活的优雅而非优美。与优美既适用于自然现象也适用于人之个体生命的审美不同，优雅作为审美是专门指向人之生命形式的。就是说，它是对个体的生命形式的一种审美观照与鉴赏。跟高贵与崇高有审美类型上的区别不同，对人之生命形式的优雅审美以优美为前提。这也就是说，凡优雅的必是优美的，但优美的却未必是优雅的。但是，作为人之生命形式的审美之称之为优雅，其中必有其不同于仅仅属于优美之形式所在。因为我们看到：就人之个体而言，有的生命形式可以是优美的，却并非是优雅的。那么，优雅的生命形式区别于优美的方面究竟在哪里呢？这就是"雅"。或言之，凡形式不仅仅是优美的，而且必须是雅的，方可以称得上是优雅之个体生命形式。雅者,文雅之谓也。文雅是对优美的加工与提炼。人云:"玉不琢,不成器。"人的精神生命形式正像原始或天然的璞玉须经过良匠之手将其加工与雕琢之后成为精美的玉器一样,方才能以优雅的生命形式得以展现。这种对生命形式的加工并非是外形上的,而是在内在精神气质与涵养上的。因此说,优雅与优美作为美丽之形式,其差别与其说是外形或外观上的,不如说是"气质"上的区别。这就是为什么我们说:有的姣好的面容是可以给人带来优美的愉悦感,却仍难称得上是优雅的道理。较之单纯优美的外形或仪容举止,对于优雅的审美鉴赏不仅更耐人寻味,而且更可以是令人"叹为观止"的。原因无他,因为它不止是外形的秀美或言谈举止之"好看",而且还可以让人能透过这外在形相与得体的举止感受到其内在的精神气度之美。因此也可以说,作为审美鉴赏的优雅中的雅,主要要体现的,就是个体精神生命中的一种精神气质或气度上的美。而这种气质或气度上的美,与其说是有赖于"天成",不如说是要经过"人为"。这就好比一块天然的璞玉须经过良匠反复加工磨研才成为真正的美玉一样:天然玉石虽然美丽,但假如经过琢磨与加工,就会变得晶莹剔透。而且,愈是研磨,就愈显得晶莹剔透,而且其晶莹剔透中似乎会有生命与精神之动感似的,以至于给人以"美轮美奂"之感。从这里看到:区分优美与优雅的根本标准是"气质"。美丽的外形可以使得优雅显得更动人更可爱,但优美却无法代替优雅,因为优雅之美是更为"内敛"与内在的。我们甚至看到:有的个体生命之"气质"是如此之高雅与给人以强烈的印象,以至于使人忘记了要对其优美的形式再加以赞赏。这就是说:从个体精神生命之纯粹审美鉴赏来说,优雅胜于优美,在生活中,有的个体生命仅从外形或外观上看未必是十足的优美,但其出自内在的内敛精神气度之美就令人难忘,以至于其精神气质本身就足以教人将其作为审美对象加以鉴赏。从这种意义上说,一个个体生命的"优雅气质"是足可以弥补其外形或外观上某些不够优美的缺陷的。

但优雅之生命形式是作为人的审美对象才得以呈现并给人带来精神愉悦的。如同对高贵的审美是着眼其"纯形式"而摒除了其质料内容来作审美观照一样,作为美丽生活的优雅的审美鉴赏也因为着眼于审美对象的"纯形式"而与指向审美对象的质料内容的幸福生活之优美区分开来。幸福生活的优美虽然是对个体生命形式的审美观照,但这种审美观照是一种"移情之美",其审美体验还关联着审美对象物中的具体感性经验内容,这种感性经验的内容会让审美主体体验与同审美对象那样地会感受优美之生活,从而似乎可以在精神上分享优美生活中的感性经验。而与这种感性经验相伴随的,是主体的情绪性体验与意向投射。这时候,主体不仅观照到生命形式之优美,而且意欲为优美生活本身,甚至自身设想其为优美的。这种将自身置身于其中的具有临场感或现场感的优美审美体验,作为人的生活经验来说,就是一种幸福感。而作为美丽生活的审美,其对于生活样式与风格的审美观照,却完全地排除了主体的情绪体验,而更多地着意于其形式。因此,其对于审美对象的观照,也就是更为静观与更为纯形式的。所谓纯形式,是说在审美观照中,完全抛离了其审美对象中的感性内容,以及不受审美对象的质料的影响,而使审美对象获得其纯粹形态的审美鉴赏。这并非是说任何以优雅形式呈现的美丽生活方式是可以没有具体内容的,而只是说:在形式化的审美过程中,是要暂时将其具体感觉内容加以抽离,而仅着眼于其生活形式或生活风格作一种静观而已。于是,我们说,同样是作为生命形式的审美,优雅较之于幸福审美的优美来说,其审美方式不仅更为形式化,也是更为超验的。

但我们会发现:任何生活样式或风格,却是在具体的历史与社会环境中形成的,并且受制于某一特定时期的美学风尚与生活习俗。从这种意义上说,优雅之雅,也就有人文教养的内容与意味。也职是之故,优雅固然属于形式美,但对作为美丽生活的优雅的鉴赏,不仅是观其形式,而且往往还要透过对这些形式美之背后的具体社会文化与历史条件的理解,方才能得其真味。这也就是为什么优雅总是对人类的生活而言。我们不会说自然是优雅的,而只可以说自然是优美的。同样,我们不会说动物的生活或其样式是优雅的,而只会觉得它是优美与否的。即使我们有时说某些动物的动作或神态显得很优雅,这也是一种拟人化的说法,是将人的优雅属性投射于动物身上而已。

从这里更可以看出优雅不同于优美的另一种重要区别来:如同高贵是生活理念的形式化呈现一样,优雅也内在地包含着生活的"理念"。这里说优雅包含着生活的理念,并非强调理念之空灵与超验性,恰恰相反,是指这种生活的理念仍然来源于生活。从而,作为优雅的生活理念也就并非是那纯粹抽象或空洞的宇宙生命形式。质言之,作为美丽生活的优雅较之优美更具有属人的性质,其不同于优美生活使人获得幸福的愉悦,而且传达了某种生活的美的理念。就作为生活的美的理念来说,优雅不仅是形式的多样化与丰富性,也不止于是形式上的优美,而且意味着形式美的规范性或典范性,而对这种形式美的规范或规定,则积淀有社会历史与文化的内容。故对于作为美丽生活的优雅之审美与鉴赏,体现了某个特定社会历史时代的某种时代风尚与审美趣味。从这种意义上说,优雅作为一种形式的审美,不止是对自然中"优美"形式的一种模仿,更多地是对于自然美的一种改造或改良。其中体现了人类作为类存在的高于自然之理的主体性,也即作为理念的美。从这方面说,尽管是纯粹形式,此纯粹形式却较之自然之美具有更多的文化学上的内涵。故优美不仅限于人类,也包括其他具有审美能力的自然个体,而优雅则属于人类,而且属于具有教养与教化的个体。当然也可以说,从审美之层次来划分,优美可以是素朴之美,而优雅是经过改造与提炼的美。或者说:自然谓之优美,高于自然而不脱离自然谓之优雅。举例来说,天生丽质的美人,其容貌身段是优美的;但若得受良好人文教养之熏陶,令其变化气质,则会使言谈举止趋于优雅。

四、美丽生活的理念

通过以上分析,我们看到了作为美丽生活的审美不同于作为幸福生活的审美之区别所在,这表现在美丽审美是一种较之幸福审美来说更为纯粹与更为形式化的审美。其实,所谓更为纯粹与更为形式化,都是对人而言。或者说,是着眼于个体的精神生命而言。这也就说明:较之幸福审美来说,美丽审美虽然是静观的,却是更为属人的。所谓属人,是指美丽审美体现的是人的精神之美,人通过美丽生活之审美才发现了人自身精神上的美。那么,这种人的精神生命之美,或者说属人的"意味"到底是什么呢?

自由。美丽生活之审美首先体现了人的精神生命的自由。这也是它不同于幸福生活之审美的区别之一。尽管作为审美,幸福生活的审美也是自由的,即它是超功利的、排除了各种实用的目的而后获得的审美愉悦,这就是为什么幸福生活之不同于通常的快乐享受所在。然而,作为有限性的存在物,任何个体生命虽然有向往与追求幸福的自由,由于幸福的生活脱离不了对宇宙世界的质料内容的感性体验,故而这种幸福生活的获得会受到种种客观的、外在条件的限制,从这方面说,完美意义上的幸福生活又是可遇而不可求的。就是说,任何个体生命对于幸福生活的追求,其实都是有其限制的。我们作为有限性的个体,不可能去获得那真正意义上的完美幸福。完美幸福,作为我们个体生命的一种目标与向往,为我们个体生命的活动提供了精神上的驱动力而已。然而,美丽生活却是个体生命可以实现的。所谓可以实现,是说美丽生活作为一种生命追求,其中包括着生命的理念,既然是理念,则它是超越的,是可以超越任何具体的外部条件,甚至是不受到个体生命的感性条件之限制的。这不是说:美丽生活的追求与实践只是一种可以离开个体感性生命的主观想象,而是说:美丽生活作为生命的精神形式,是可以突破现存的个体生命的种种限制的。这就是为什么我们看到:在任何恶劣的生存环境与外部条件下,都可以看到有精神生命的高贵与优雅存在,而作为幸福生活的崇高与优美的个体生命形式,在极度恶劣的生存环境下却是可望而不可攀的。从这种意义上说,在纯粹德国的奥斯威辛集中营中的苦役犯,很难想象其生活是可以过得幸福的,但这不妨碍这些苦役犯人通过其行为来体现其个体精神生命的高贵。同样,当今日有些"暴富"们在纸醉金迷的糜烂生活中欲显示其生活之高贵与随心所欲的自由时,其精神生活却逃离不了其种种主体因素(包括教养、生存状态,以及先天气质上的)的贫困与穷贱,从这种意义上说,其生活不仅不是美丽的,而且是极度不自由的。对比以上两种情况,可以得出结论:所谓追求美丽生活,就是追求个体精神生命的自由,而且这种对于精神生命的自由,是完全可以由个体自己所掌握,属于个体的主体性,不受任何外在环境的影响,不是外部条件之可以施舍,也不是任何外部的强力所能够将其剥夺的。而人们之所以称许某种美丽生活,也包含着对这种美丽生活中所体现出来的自由精神的审美鉴赏与向往。

尊严。与自由相伴随的,美丽生活之不可或缺的个体精神生命理念是人格的尊严。我们看到,人与万物,包括其他动物的区别所在,就是人有人的人格。而从精神生命的意义上说,人与人之区别,或者说评判个体生命之价值高低,也往往引入人格的概念。当然,这种人格是精神意义上的。精神意义上的人格概念包含内容甚广,而其中,做人的"尊严"是最为重要的,或者说,它构成任何精神人格内容的基础。从这种意义上说,人格尊严就成为对美丽生活进行审美鉴赏与评价之核心内容。换言之,当我们说一个人的生活是美丽的时候,并非指其外部条件之优裕(这些只构成其实现幸福生活之外部条件或保障),而是着眼于其人格尊严之美。这其中,对自我人格的尊重以及对他人人格的尊重是首要的。即使一个人外部条件再怎么优裕,假如他缺乏人格尊严,那么,这种个体生命的形式,也仅仅是外表上的形相,是"虚有其表"罢了。而假如他的外观世界或外部条件是他的个体美丽精神人格的展示或映衬,那么,这种个体之美丽可以说是达到"内外一致",而这种"合内外"之美的前提,是内在人格的庄重与力量。否则的话,没有内在人格之美的个体外部形相无论多么美丽,也仅只是生命的"外壳"。人们是不会将其作为真正的个体精神之美来加以欣赏,甚至会对其外部生活与形相为之"惋惜",可惜这其中缺乏内在的精神之美。从这种意义上说,对于美丽生活的鉴赏,不仅仅是对于个体的自由心灵与自由精神的鉴赏,更是对其个体人格之尊严的鉴赏。这也就是为什么我们看到:对于一个通过卖身求荣而获致种种物质的乃至于权势的好处的人,哪怕他在外表上显得多么"风光"与"尊荣",人们也不会对其生命形式从审美的意义上加以欣赏,却只会"嗤之以鼻",原因无他,因为其作为个体生命的形式,缺乏精神之高贵与人格尊严而已。从这种意义上说,作为理念的精神高贵与人格的尊严皆为作为美丽生活之样式的高贵与优雅所必具,不同的只是其表现或呈现这种精神高贵与人格尊严的生命样式与风格而已。

品位。假如说心灵自由与人格尊严是美丽生活之灵魂的话,那么,美丽生活之所以美丽,则还有它的重要特质所在,即美丽生活离不开品位。我们发现:现实生活中有些人的人格的确可以从"自由"与"尊严"的角度加以评价与欣赏,但不一定可以给我们带来审美的愉悦。或言之,我们可以被它们"感动",甚至表示"敬仰",但却觉得它们缺乏"美感"。这说明:作为审美的美丽生活是不能仅仅归之于自由的心灵与人格的尊严的,它还有超出此二者之所在。这种超出此两者,而又为美丽生活之所必具的精神生命因素,就是品位。品位与品味不同。品味是对审美对象的鉴赏,它由审美主体的一种特殊"审美批判力"所发动。而品位则是这种特殊的审美批判力的审美内容。就对人或者人之生活的审美鉴赏而言,当我们对真正的或者说完美的美丽生活加以评价时,除了从人之精神生活之自由与尊严这两个向度加以欣赏与品评之外,常常还会引入一个可以称之为"品位"的标准,即认为一个人的生活是美丽的话,则它必然是要有"品位"的才行。这种不同于人的精神品格之自由或尊严的作为"品位"的美丽生活,究竟包含什么含义呢? 让我们来作一番分析:就审美鉴赏而言,假如说一个人的生活是美丽的话,我们是应当能从其外在的言谈举止与音容笑貌,乃至于从其行为方式以及生活趣味等外观世界来加以把握与观察到的。这样看来,所谓美丽生活,就其实践意义来说,也就是将一个人的精神生命之"美"加以展示或者说呈现的方式。从这种意义上说,品位不是其他,就是个体精神生命的外在化与形式化,而这种外在化或形式化是要遵照或符合一定的美学规范与要求的。这种美学规范与要求虽然不具有"放之四海而皆准"的绝对普遍性,但就某个特定时代或历史境遇中,作为审美之形式,却是可以获致公认的。质言之,品位之形成一方面有人类对审美形式鉴赏之共同感作为奠基,另一方面,也受限于某时某地的审美习惯。这样看来,它属于康德所说的"主观的普遍性"。品位体现了形式审美的人类共性与文化差异性的统一。它既体现了人性的普遍审美趣味,同时也贯注了具体的历史与文化的内容。就个体而言,品位之养成一方面源于天赋,同时又是一个人文教化的概念。从这种意义上,我们看到:在某一个历史时期与社会环境之中,人们对于体现其美丽生活的生活风格与样式,其审美标准或审美情趣是不同的。但无论这种审美情趣与审美标准彼此之间相差如何之大,其间却有一贯之道,即要求体现出人文的教养。举例来说:在先秦时期,精通"六艺"之学代表着人的品位,而在古希腊时代,对美丽生活的品位要求则以"七艺"来加以判定。当然,除了这些"人文学"①的教养之外,作为美丽生活的品位,更多地还与特定社会与历史时期的美学鉴赏标准有关。此是一个涉及具体艺术审美内容的问题,此处不作深论。简言之,品位是美丽生活不可或缺的原素。假如生活没有品位,则无所谓美丽生活,但可以有其他精神生活的样式。

五、简论:美丽生活与人类历史之"合目的性"

迄今为止,我们是从人的个体生命的角度来谈美丽生活。从以上看到,美丽生活之于人的个体生命来说具有精神论的意义,简言之,美丽生活体现与展示了个体的精神生命与人格,从这种意义上说,美丽生活不仅体现了人追求形而上学的精神本性,而且通过美丽生活彰显了人的本性,以及个体作为个体之可贵价值,即自由、尊严与品位。然而,美丽生活之价值不仅是个人精神生活意义上的,而且是关乎整个人类世界的,也即美丽生活彰显了人作为"类"的本性。或者说,有无美丽生活,成为人类不同于宇宙世界中其他生命体的本质区别所在。因此说,是美丽生活使人成为真正意义上的人。不仅如此,美丽生活还应当成为人之"类"的目标,甚至是整个人类历史之归宿。这话可以从康德提的问题说起。

在康德完成"第一批判"和"第二批判"之后,他就开始了"第三批判"的写作。在此书下卷中,他提出了一个重要问题,即自然的合目的性问题。所谓自然的合目的性,是指整个宇宙自然会有一个最终的目的,这个目的是什么呢?在他看来,这就是"人"。或者说:是有理性的人。人是目的,这是康德在其讨论审美的著作《判断力批判》之下卷中的一个中心话题。然而,康德虽然提出了人是宇宙进化的最终目的这个命题,但他的论证最终是不成功的。这就是他遇到了自然宇宙中的因果律与作为人的自由存在之间难以过渡的问题。也就是说:他发现:假如从自然之进化的角度来看,无论如何也找不到自然宇宙以人为目的的根据。最后,康德只好把问题交给了道德,试图用"道德目的论"来解决这个难题。不过,他承认,诉诸人的道德理性,最后也无法解决这个问题,因此"道德目的论"的论证也只不过是出于一种"权宜

---

① 广义的"人文学"不仅仅指现在通常所说的"文史哲"等人文学科的知识,还包括社会科学,乃至于像数学、几何等等作为自然科学之基础的学科。总的说来,在古典时代,"人文学"其实是一种"自由艺术"(liberal Arts),是使人通过文化的熏陶而养成健全人格的教育。它相当于或类似于现在的素质教育或通识教育的内容,是每一个健全的公民或个体都应当掌握的基本学问与人文教养。关于"人文学"的定义、内容与历史发展,参见尤西林:《人文科学导论》,高等教育出版社,2002 年。

之计",就如同他用"道德目的论"来给"上帝存在"作论证一样,不过是"一种实践的关系上是具有所需要的一切实在性"①罢了。

应当说,康德认为自然宇宙有其最终的目的,并且将人归结为自然宇宙的最终目的,这一见解是深刻的。但是,他提出的运用"道德目的论"的方式来解决这个问题的路径却未走通。康德之所以将这个问题置于人的道德理性这一角度来思考,大概与他写作"第三批判"的原来计划有关,即他写作《判断力批判》,其最初的根本关切,并非是自然宇宙的终极目的这个问题,而是试图调和宇宙世界中自然与自由的对立,将这两者结合起来。在康德看来,统治自然宇宙世界中的自然秩序,与人作为道德理性之自由存在,是可以通过审美的方式获得统一的。因此说,自然与自由之间的如何过渡,成为"第三批判"写作的主题。也正因为如此,所以,康德给自己在"第三批判"中设定的问题,也就并非是如何实现人的主观的形式的合目的性与自然宇宙的客观的实在合目的性相统一的问题。也许在他看来,审美的主观的形式合目的性只能是审美的,充其量只能成为自然律与自由律之间的过渡,无法独立地承担起自然的世界与自由的世界(人的世界)如何合一这个问题。康德的思考也许囿于他对于问题的设计,另一方面,也许在他看来,人的审美判断力从根本上说,就无法承担这一过于重大的使命。这说明:在康德心目中,世界只有自然世界与自由世界之二分,自然世界由自然律统治,自由世界则服从道德律,此外再无其他独立的领域;对于哲学思考来说,假如说审美也可以体现人之自由的话,那也仅仅是从审美鉴赏的意义上谈的,根本无法像道德的自由意志那样成为与自然律相对应的另一自主领域。这说明在康德眼里,审美的自由始终是从属于道德之自由的,至多也是充当自然世界到道德的自由世界之津梁。

然而,康德问题之止步处,却也许正是我们重新思考问题之开始处。从本章对于美丽审美的探究,我们发现了康德提出的自然的合目的性这一问题有其重要意义,也即自然的合目的性与审美的主观的形式的合目的性是可以合一的,这也就意味着:审美不仅仅是人之审美活动,而且是人实现其自由的活动,乃至于人类历史之归宿,因为人类要通过它来实现自然宇宙的最后目的。此何以言之?

从我们前面对美丽生活的审美的分析来看,审美作为自然的合目的性与人的自由存在的合一,是可以通过审美来完成的。因为美丽生活作为人的审美活动,根源于人作为生命个体追求形而上学的本能冲动,也就是追求与作

---

① 《判断力批判》(下),第162—163页。

为宇宙之终极实在的合一。按照中观形而上学,整个宇宙终极实在是以"一即一切"与"一切即一"的方式呈现的,这里所谓方式,是指宇宙终极实在的形式,而非质料。因此,作为美丽生活的审美,也就是与作为宇宙终极实在之形式的或者说宇宙生命结构的合一。这里不是说宇宙的存在没有质料方面的内容,而只是说,从形而上学的角度来考察,自然宇宙如同人之生命个体一样,都是可以从质料与形式这两个方面分别来加以考察。而美丽审美之个体追求与宇宙的合一,就是其个体的生命形式与作为自然宇宙的形式的合目的性的合一。我们看到,假如说宇宙之生命模式"一即一切"与"一切即一"不仅是宇宙生命之结构,而且体现了宇宙进化之形式的合目的性的话(这话应当成立,因此宇宙进化本身没有其他外在的目的,它只以它自身的活动为目的。从这种意义上说,宇宙之"一即一切"与"一切即一"既是它的活动,同时也是它的目的),那么,宇宙进化的"目的"就既是自在又是自为的,即作为宇宙活动与过程有其"内在的目的"。这也就是宇宙之"即活动即目的"的存在论目的。套用中国哲学的话来说,宇宙生命过程是"即体即用",或者说宇宙生命的目的乃"即功夫即本体"。因此,从宇宙进化的目的来说,只要宇宙以"一切即一"与"一即一切"的生命形式展开的话,这一活动本身就构成宇宙的目的,此外,宇宙并无其他终极目标与目的。当然,这里所谓宇宙的即体即用的理解,依然是置于形式的形而上学,而非质料的形而上学来讨论问题的。①

那么,作为个体生命形式的审美的主观形式的合目的性,其"目的"又究竟如何? 根据我们前面所论述的,既然美丽生活是个体精神生命趋于宇宙生命,或者说与宇宙生命合一的审美活动,那么,只要个体实现了这种审美的美丽生活,也就意味着个体的生命与自然宇宙生命的合一。换成康德的语言,此也即在美丽生活中,个体的审美的主观的形式的合目的性达成了与宇宙过程的形式的合目的性的统一。既然如此,还须从其他任何外在的方面去寻找审美活动之符合人的本性,而且符合宇宙进化之本性与目的的根据么? 大可不必。

于是,从审美的主观的形式的合目的性与宇宙的客观的形式的合目的性之统一运动中,我们看到美丽生活应当是人类生活的目标,也是宇宙进化的终极归宿。而且,这种合目的性的活动,赋予人的个体生命以及整个人类活动以存在的意义与价值。在浩瀚无边的宇宙世界中,不仅个体,连整个人类都是那宇宙沧海之"一粟";不仅个体终有一死,从宇宙之演化来看,整个人

---

① 形式形而上学与质料形而上学的区分,见本章前面关于"生命形式"所作的注释。

类也终有灭亡之一日。既然如此,那么,如何去寻找与发现生命的意义?应当说,人类之不同于世上其他动物,就在于他不是一个纯粹有限的生物,而极力要去把握与领悟生命存在之意义。迄今为止,人类也一直在进行着种种的超越个体肉体生命而追求不朽的努力。这其中,美丽生活大概算得上是这种种尝试当中最激动与鼓舞人心的超度方式。因为正是通过审美,人才终于得以将其精神生命形式与宇宙之生命形式合一,从而获得了精神学的意义上的"永生";重要的是:这种超度方式是以审美方式来完成的,这使个体在追求与宇宙合一之过程中还能同时体验与享受到审美的愉悦。也职是之故,此种美丽生活才是值得称羡的。这就是为什么以美丽作为生活方式的人有"福"了:这种幸福或许不像人世间之某种福利或福祉那样由于受制于种种外界的条件与限制而可遇不可求,却也不像宗教信仰中因遇到神之恩宠而带来的超验幸福那样地无法把握。这是一种个体生命既可以实实在享受到审美之愉悦,同时又具有超验性的实实在在的"福气"。因此说,这种美丽生活才是真真正正地值得人类大多数个体生命去追求与践行的。重要的是:这种美丽生活不仅于个体生命来说具有价值,而且应当成为整个人类生活的最终目的。因为如我们上面所看到的,这是既符合人类生命之内在追求,同时也符合宇宙进化之最终目的的。这样说来,追求美丽生活应当是人类的使命。而历史也只有在记录与记载了以往人类在追求与实践美丽生活的活动之事迹与足迹时,方才成为有"意义"的历史。之所以说它有意义,是因此它体现了人类的存在本性,也符合宇宙进化之终极目的。

第十二章 信念生活如何可能

一、纯粹信念的观念

本章是对纯粹信念的研究。这里所谓纯粹信念是指作为宗教信仰或宗教信念之基础与根基的信念。作为宗教信仰的信念不同于我们在日常生活中通常所谓的信念。① 它是一种关于宇宙世界之终极者的信念,即相信整个宇宙世界是由某种最高终极存在者统治的,而且人应当接受和服从这个最高终极存在者的意志与安排,或者说,人生的目标与理想就是追随这宇宙世界之最高终极者。作为宗教信仰的信念不仅为信仰者提供行动的指南,而且表现为某种宗教性心理和呈现出某种宗教性精神气质。② 所以,这里的宗教信仰或宗教信念不是就信奉某种宗教教义和遵循某种宗教仪式来说的,而是指个体体现其人生目的与价值理想的超越性信念。而这种为个体之生命确立意义与价值,成为人之"安身立命之道"的宗教信仰之背后的存在依据与信念,才是我们所说的纯粹信念。这里,还要将历史上具体的、以特殊形态出现的宗教信仰形式与具有普遍性品格的宗教信念区分开来。大凡伟大的、具有活力的宗教信仰必具有普遍性的宗教信念之精神品格,但未必现实中所有被冠以"宗教"之名或具有某种类似宗教仪式的东西都能称得上是真正的宗教信念。本章对于宗教信念之所以成立的根据的研究,不具有对历史上或现实中某种信仰是否可归属于宗教信仰的"判教"的性质,而只是对现存的代表人类各大宗教传统的宗教信念背后之根据的分析。这种研究建立在对人类宗教信念的经验现象的考察之上,但其研究的角度与方法却与一般对宗教现象作实证性的研究有别。即言之,本章对宗教信念之根据的研究是哲学反思性的,而非对现实世界中宗教信念现象之发生原因所作的历史发生学的或社会学的阐明。

其实,人类思想对宗教信仰之基础或根据的思考并不自今日始。自从宗教产生以来,作为宗教信仰之辩护师的神学家们就一直在为宗教信仰存在之

---

① 日常生活中的信念是相信某种事物一定在未来或将来会出现的心理预期,这种心理预期往往与某种实用的、功利性的考虑相联系,而且这种预期的事物限制于现象界之域。
② 假如按詹姆士区"制度宗教"与"个人宗教"的说法,则这里的"宗教信念"相当于他所说的"个人宗教"。詹姆士关于"个人宗教"的说法见其著作《宗教经验种种》,华夏出版社,2008年,第21页。

合理性或合法性进行论证。但除了神学家的立场之外,从哲学的角度来追问宗教信仰之根据者并不乏人。这当中,康德是一位极其重要的人物。作为经受过"启蒙运动"思想之洗礼的哲学家,康德不愿意承认有一个作为宇宙世界之最高统治者的"上帝"的存在。但是,在对人的作为道德理性的自由意志的思索中,他发现:只有将上帝与灵魂不灭作为一种公设,道德理性的终极目标"至善"才成为可能。因此说,康德心目中的"上帝",其实是一种"道德目的论"意义上的上帝。康德虽然从道德实践的意义上对上帝之理念作了肯定,但人的理性却无法把握它,它是只可思议,而不可认识的。有见于康德从道德理性推导出上帝之存在为不可能,舍勒对上帝的论证采取了另一种方式,即诉诸爱。他认为:整个世界是由爱统治着的,换言之,世界的秩序是爱的秩序。而上帝乃爱。因此,只要承认世界是由爱来统治的,那么,也就证明了上帝之存在。① 看来,舍勒只是将康德思考问题的方式作了调整,即将爱直接等同于上帝,而无须从爱的目标上去寻找上帝存在之原因。但为何爱即是上帝,为何爱的秩序即是上帝的秩序,舍勒并没有作进一步的说明。

除了借助于爱或者道德的证明之外,对宗教信仰还可以采取其他一些方法来加以论证。比如说:费希特、谢林、黑格尔等德国古典哲学家,他们一无例外地试图运用思辨的方法来对上帝之存在加以证明;而受海德格尔影响的宗教神学家蒂利希,也试图从存在主义哲学的角度,将上帝视之为人的终极关怀而重新论证。总的看来,这种种关于上帝的论证要么是过于思辨化(如德国古典哲学家),要么是终究难脱神学家的窠臼(如蒂利希)。看来,关于上帝存在的问题,或者说作为宗教信仰之最高终极实在者的问题,还有待于我们从真正的哲学的角度加以深思。

所谓哲学的角度,除了有别于神学家预先确立上帝存在,然后寻找上帝存在之根据或者证明的方式之外,其不同于思辨哲学的地方还在于:思辨哲学对于上帝存在之证明,是从某种先定的"哲学"之公设出发对上帝存在的证明。比如说,费希特对上帝的证明援引"道德秩序"的不证自明性,谢林认为上帝存在之根据在于世界的"同一性"原理,黑格尔则从绝对理念出发来论证有一位作为最高理念的上帝。不能说这些哲学家们的思考没有道理。他们发现:援引经验主义的方法无法证明上帝的存在,既然如此,上帝存在与否,就不是一个经验实证的问题,而只能通过思辨的方式予以探究。对于这些古典哲学家来说,思辨哲学就是对思想观念进行思考或反思。而这种反思

---

① 舍勒说:"爱的秩序是一种上帝秩序,而后者则是世界秩序之核心。"见《舍勒选集》(下),三联书店,1999年,第751页。舍勒关于爱与上帝的说法,见他的有关文章,如《爱的秩序》《爱与认识》《绝对域与上帝理念的实在设定》,等等,此处不赘。

在确立思想起点之后,是通过逻辑演绎或者"辩证思维"的方法来完成的。但是,上帝之存在虽不是一个用经验事实来加以证明的问题(与自然神学那样),却也并非是一个可以完全脱离人的经验世界,而纯粹诉之于思辨就可以解决的问题。看来,像费希特、谢林、黑格尔这样一些德国古典哲学家对宗教信念所作的思考虽然深刻,但"思辨的游戏"到底给人以理论的"凿空"之感。于是我们要问:对于像"上帝存在"这样的宗教信念之根据的探究,采取经验式的方法无法作出说明,运用思辨方法也难以完成,那么,是否还有其他途径可寻?

有的,这就是先验哲学与现象学方法的综合运用与阐明。先验哲学是康德的一大发明。按照先验哲学,作为自然科学之基础的因果律和其他范畴,甚至于像时间、空间这样一些经验世界中普遍要与之打交道的"东西",是很难从经验现象中来寻找其根据的。但康德通过先验方法的运用,证明任何自然现象当中,或者说,人们对于自然现象的任何经验认识,其实都有其先验原理与先验根据。康德甚至还通过对审美活动的研究,发现了作为审美鉴赏之根据的先验原理。应当说,康德对自然科学和审美现象之研究除了以先验哲学作为依据之外,同时是贯穿了现象学之方法运用的。本来,他也可以继续作进一步研究,在对人类宗教现象的考察中,同样运用他发明的先验方法与现象学考察的方法。可惜的是:当他对上帝问题进行研究时,却忘却了运用这种方法。这方面,也许康德是在思考道德原理之应用研究时才想到有上帝存在之问题的。因此,他对宗教信念问题的考察也就无法建立在对人类宗教活动现象的分析与研究之上。所以,康德虽然在对自然科学之基础与审美鉴赏的研究中都曾成功地将先验哲学与现象学方法加以综合运用,但在关于上帝问题的思考上,却始终是裹足不前。可是,我们看到:如同康德对自然科学之原理及审美判断力的分析一样,宗教信念如何可能的问题,是可以而且必须采用先验哲学与现象学分析相结合的方法,方才可以获得解决。职是之故,本章定位于对宗教信念现象的考察,并在肯定人类的宗教信念有其超验的形而上学根基的基础上,追问宗教信仰的先验依据与原理。

所以,本章对宗教信念问题的现象学研究,首先是承认这种现象是实存的,也即宗教信念是人类生活中的经验现象。其次,既然是先验分析,必以肯定有一个与现象界相应或对立的超验界为前提。假如不存在这样一个先验世界,则现象学之分析也就不必是先验分析而只是其他方法的现象学分析。换言之,先验方法之对于宗教现象的研究,其实就是通过对种种宗教信仰现象的研究,去寻找或发现其背后的存在于先验世界中的根据与原理。

从这方面说,作为宗教现象之根据的超验世界或者说超验原理,与其说是先验方法发现的,不如说是通过先验方法加以呈现的。就是说:先验分析以超验世界与超验原理之存在作为条件与前提。假如没有超验世界中的超验原理之存在,也就无所谓现象学的先验方法之运用,更谈不上如何去寻找这种超验原理。那么,这种可以用来解释现实生活中的种种宗教信仰现象,并且作为宗教信仰之根据的超验原理是什么呢?

这种超验原理只能是先天的,所谓先天,不仅是先于经验而作为经验可能之根据,而且是说:人们对于它的认识或把握,是基于先天。这里所谓先天,是无待于运用理性而通过直觉而获得的认识。康德认为人可以有先天知识,像数学、几何学的原理等等,甚至于对时空等等的认识,都来自于先天的直觉。同样,人对于宇宙终极实在,也可以有一种直觉的认识。当然,人对于宇宙终极实在的直觉认识,可能有不止一种图式。但这其中,有一种宇宙图式被用于解释人类的宗教信仰现象,包括上帝信仰等等,是殊有用处的。或者说:关于宗教信念之起源的先验根据,有必要从这种先天的宇宙图式中去寻找"原因"并获得说明。这种宇宙图式,就是关于宇宙是以"一即一切"与"一切即一"的方式加以呈现的中观论宇宙模型。① 这里所谓"一即一切"与"一切即一",是指宇宙世界总体来说只有一个,但它却以多种多样的形态与样式表现出来。或者反过来,宇宙世界之多种多样的形态与样式,都只是那宇宙终极本体之呈现。要注意的是:这里无论是作为宇宙世界之本体的"一",还是作为宇宙世界之形形色色的"一切",都是就其"形式"而言。故"一即一切"与"一切即一"属于形而上学的范畴,而非指现象界之事物形态与存在方式。对于中观哲学来说,这种宇宙图式就成为宇宙自然以及人类种种活动(包括精神活动)的存在根据。或言之,宇宙自然与人类活动的种种经验现象与样式,皆是这种宇宙图式的表现形态与呈现方式。

二、宗教信念的现象学分析

下面,就让我们运用这种中观的宇宙模式来对人类的宗教信仰活动加以研究与分析。我们的考察首先要从对宗教信仰现象表现出来的特征的认识开始。纵观人类历史上作为各大文明传统之精神支撑的宗教信仰的信念,我们发现,它们大多具有如下特征:

首先,超越的、全能的最高终极实在者的信念。任何宗教信仰都是对于超越的最高终极实在者的信念。这个最高终极实在者是宇宙创生之源,并且

---

① 关于中观论的宇宙图式模型的论证与说明,见本书之第四章。

掌握着自然宇宙以及人类的命运。这种关于超越的、全能的最高终极实在者的观念，普遍存在于人类各大宗教传统中。比如说，对于基督教与犹太教来说，最高终极实在者是"上帝"，对于伊斯兰教来说，是"真主"，而在东方宗教，比如说印度教的"梵天"，以及佛教的"佛陀"，在某种程度上也充当了这种宇宙最高终极实在者的角色。①

其次，人必须遵照最高终极实在者的教导行事的信念。人类所有各大宗教都要求信徒服从最高终极实在者的意志，并且按照它发布的律令行事。换言之，遵循最高终极实在者的教导是宗教信仰者最根本的行为准则。所以，不同的宗教信仰和教派各自都有其自成一套的教义与教规。比如说：犹太教和天主教遵从《旧约》，基督教新教奉行《旧约·新约》，伊斯兰教恪守《古兰经》，印度教服从《吠陀经》的权威，佛教也因为遵奉的经典不同而形成不同的教派。但一无例外地，这些内容各异的宗教经典都包含一个核心内容，即教导信仰者要严格服从被其尊之为最高神的权威。

再次，关于最高善的观念。我们发现：人类各大宗教传统，都会将最高终极实在者与"至善"联系在一起。换言之，掌管整个宇宙世界的最高神或"神圣"不仅拥有绝对的权威，而且这最高神是"至善"的。所谓最高神是"至善"，不仅是指他普爱世界万物与人类，而且还要求人服从其意旨去"行善"。故对最高终极存在者的信仰必与个体的善的意志联系在一起：有信仰者必做善事，做善事是信仰最高神的表现。在这种意义上说，衡量一种信仰是否真的宗教，可观其教义与教规是否教人行善而定。

此外，关于最高终极实在者"显灵"的信念。对于宗教信仰者来说，作为最高神明的宇宙终极实在者不是虚幻的，也不是居高在上、深不可测的，相反，信教者可以通过种种方式与之打交道，感到这最高神的"亲临"与"在场"。比如说，在基督教中，上帝往往通过"奇迹"或以"启示"的方式让信徒们感到其真实的存在。印度教也以某种神秘主义的方法让"神灵"显示自身。而在佛教，尤其是大乘各教派中，个人修养的磨炼更是亲证佛陀"在场"的通常方式。②

---

① 关于佛教是否承认有最高终极实在者的看法，学术界对此问题有所争论。本章从比较宗教的角度出发，认为所有宗教信仰都有宇宙世界由某一种"最高终极实在者"所掌控的信念，不同的只是这种宇宙终极实在者的存在方式（比如是人格神的，抑或非人格神的，或者某种神秘力量，等等）。这是从较宽泛的意义上来对作为宗教信仰的最高终极实在者的理解。从这种意义上，像佛教虽然被有些人认为是"无神论"的，但其对于佛陀的信仰，亦可以视之为对于最高终极实在者的信仰。
② 像佛教禅宗的典籍中有大量这样的语录与记载，如"青青翠竹，尽是法身；郁郁黄花，无非般若"（《祖堂集》）。"'问：如何是佛？'师曰：'勤耕田。'曰：'学人不会。'师曰：'早收禾。'"（《景德传灯录》）

最后,信仰高于理性。所有的宗教都认为:学习宗教教理或教义并非是宗教信仰的根本宗旨,真正的信仰是对最高神或神圣的旨意的遵守与服从。这其中,对最高神的"信"是第一义和绝对的。所谓绝对的信,是指对最高终极实在者或最高神的信任是无条件的、无须通过理性去加以质疑的。所以《希伯来书》说:"信就是所望之事的实底,是未见之事的确据。"这种信仰高于理性的立场,也典型地体现在中世纪神学家安瑟伦提出的"我决不是理解了才能信仰,而是信仰了才能理解。因为我相信;除非我信仰了,我决不会理解"的这一神学告白中。对于东方宗教,比如佛教来说,其成佛的方式不是如何去精研教理,而是如何去践行与修行。而对于禅宗来说,一味地钻研佛教经典非但不是皈依"佛门"的最好途径,甚至会成为信仰之障碍。

以上是我们从人类宗教活动现象中归纳出来的几点结论,它们可以作为宗教信仰之是否的一个鉴别标准。现在,我们要问的是:这究竟是如何可能的?或言之,为什么宗教信念会具有这些特征?这背后的原因究竟如何?

要理解这个问题,还须从人的精神生命与精神活动之特质说起。按照康德,人生而具有追求形而上学的本能冲动。而所谓追求形而上学的冲动,其实就是追求与宇宙终极实在合一的冲动。从中观哲学来看,追求与宇宙终极实在合一,也即追求与"一即一切"以及"一切即一"的宇宙终极实在之合一。但人追求与这宇宙终极实在之合一,却可以有多种方式,比如说,认知的方式与审美的方式。这当中,以信念的方式去追求与宇宙终极实在合一,也是人实现形而上学冲动的最本己方式之一。依康德说法,人之所以能以认知的方式去认识与把握世界,是由于人生而具有的"纯粹理性";而人之所以能以审美的方式去体验世界,是由于人具有先验的审美判断力。那么,按照先验哲学的观点,我们可以设想,人之所以能以信念的方式去把握世界,一定也是因为人具有一种先验能力。这种以信念方式去把握世界的能力,我们称之为"定然判断力"。这种定然判断力使人在与世界打交道的时候,会以信念的方式去认识与把握世界。或者说,是定然判断力使人与世界结成一种信念的关系。当海德格尔说"没有世界,只有世界化"这句话的时候,就是强调人对于世界的把握与体会是由人的先验能力所决定的。不同的先验能力决定了人与世界之不同关系。对于定然判断力来说,世界呈现为一个纯粹信念的世界。而这种信念的世界,也即是我们前面所说的具有信念之特征的世界。问题在于:定然判断力只是信念世界之出现的先验条件而已,这种先验能力究竟如何成为个体人的宗教信仰?这其中的心理机制到底如何?这是我们要进一步研究的。

事实上,作为人的一种精神现象,信念之形成必会在人的心理层面上得以反映,于是,研究人的宗教信念的心理现象,也就成为破解人的先验的定然判断力如何作用于人之心理并成为人的宗教信念的秘密之关键。为此,我们必须对人的在先验的定然判断力之支配与运用下的心理作一分析。而这种分析,最好还是与其他先验力,比如说认知的以及审美的先验力引起的心理现象加以对比来彰显其特征。我们看到,对于纯粹理性的运用来说,是通过先验感性形式与先验范畴对宇宙终极实在的把握,而先验感性形式与先验范畴之运用,意味着宇宙世界之条理化与规律化,故认知活动是对世界的各种各样的"规律"的认识,而非对于宇宙世界之"大全"的认识。而且在这种对于宇宙世界之规律的认识过程中,要力图避免主体情感的介入,故纯粹理性的理智运用是纯属客观的,是建立在知性之运用与经验实证之基础上的"价值中立"的认识。审美判断力的运用则是通过"形式"来对宇宙世界的领悟。所谓形式,也即采取一种超功利的、非实用化的方式来看待世界。按照康德的说法,其目的是要获得对对象的一种"主观的形式的合目的性"的把握,故审美判断力的运用不是如认知理性的运用那样纯客观的,是有主体的情感的体验作为基础的。与认知活动中主体对客体保持超然与冷静的客观状态不同,主体通过审美鉴赏会获得心理上一种"愉悦"的感受。尽管如此,但审美判断力之运用却又是无目的的。与认知一样,审美鉴赏总是与宇宙世界的个别事物打交道,而不是将整个宇宙大全作为审美对象。而定然判断力的运用与认知和审美不同,首先,这种判断力之运用是指向宇宙大全或整个宇宙终极实在的。其次,它既非如认知活动那样由于人的认知理性的运用而在与对象物打交道时要采取客观中立的态度,也非如审美活动那样通过审美鉴赏而获得心理的愉悦感受为目的,而是以一种"信托"的方式去追求与整个宇宙世界或宇宙终极实在的合一。所谓信托,也即信任与托付。信任不止是相信对方,还表示对对方的愿意依靠与服从;而托付,则是将自己交付给对方,由于相信和依赖而愿意替对方做一切事情。因此,信托还意味因信任而承担责任,甚至愿意为之"献身"。在基督教这样的唯一神宗教那里,我们看到这种因信托而愿意为之献身的典型方式。对于基督教来说,信仰上帝就是将自己交付给上帝,一切听从与服从上帝的旨意与命令。

看来,正是这种包含着实践意志的信托,将定然判断力之运用与知性判断和审美判断区分开来:假如说知性判断是作为个体心理机能的知性之运用,审美判断是个体之情感之心理机能运用的话,那么,定然判断力之导向信念是实践意志在其中起了决定作用。这自然使我们想起了康德。康德在论证道德律之根据的时候,指出人有一种天然的心理能力,他称之为"实践理性"。所谓实践理性,即人通过自由意志来决定自己的行为,而不是屈从于经验世界之偶然性或对自然律的服从。对于康德来说,这种实践理性就是人的道德行为能力。其实,从康德将实践理性视之为对"绝对律令"的服从来看,康德的所谓"实践理性"也是一种对绝对律令献身的实践能力。正因为这样,在康德那里,作为绝对律令的道德律不含有任何具体的内容。但由于康德已将实践理性等同于道德自由意志的运用,为了相区别,我们这里还是将指向宗教信念的信托称之为定然判断力。

但作为宗教信念之先验基础的定然判断力区别于康行的实践理性的根本点还在这里:对于康德来说,实践理性是人的一种自由意志,所谓自由意志,即人对于道德律的服从是自觉自愿的,而且这种自觉自愿的道德意志是属于人的心理的意识层面的内容。故康德将这种建立在意识层面的道德意志称之为"实践'理性'"。但我们看到:人依据判断力去对宇宙终极实在加以把握与献身,既不依赖于经验的认知,也不凭借理性的运用,同时不为了获得审美的愉悦,那么,到底人是依据何种东西来作出这种认知与献身行为来的呢?显然,这种既非经验,亦非理性,也不能归结为个体的知、情、意(道德意志)之心理活动的对于宇宙终极实在的把握与献身行为,只能是来自于人的无意识或者说潜意识。这点是可以从宗教信仰者的心理经验中得到证明的。比如说我们看到:在基督教的皈依者当中,屡屡有关于其如何皈依信仰的心理体验的描述,这种心理体验不是出于个体的意识,而是出于个体的无意识或者说潜意识中的东西。就是说:当一个人在某一天突然皈然了信仰的时候,他是很难说清楚他自己内心的心理活动的。但是,通过对这种皈依的心理作精神分析,可以知道,这完全是一种来自于个体的"潜意识"中的精神发动。詹姆士在《宗教经验种种》中,对于信仰者是如何通过潜意识的心理活动而感知上帝有异常精彩的描写与分析,并将其归之为"意识的神秘状态"。当然,由于是潜意识的精神活动,不仅个体难以自我意识到这种处于深层的心理活动,而且这种潜意识的精神活动内容具有某种神秘的性质,或者说:它是可遇而不可求的。信教者可能自己也不知道他会在何时何地突然地接受与感悟到上帝之存在,并由此而信奉上帝。但当潜意识一旦发生,其对于最高终极实在者的存在感悟是何等之深刻:他不仅确信这最高神的真实存在,而且会听从它的召唤。詹姆士描写这种潜意识的信仰突然降临的心理活动说:"这种特殊类型的意识一旦出现,神秘者便觉得自己的意志突然停止了,有时,就好像被一个更高的力量所把捉。"①可见,与康德所说的道德理性是因为人对道德律的有意识的自由选择不同,人对于信仰的定然判断力,

---

① 詹姆士:《宗教经验种种》,第273页。

其实是在人的潜意识层面活动的一种精神能力。这种定然判断力的心理机制在于：人是以一种"潜意识"的方式，达到了对宇宙终极实在的领悟与洞见。

由于是潜意识的活动，因此，它遵照潜意识的生命逻辑。迄今为止，我们尚难以理解这种潜意识形成的机理，或许，它来自于人类作为宇宙自然世界中之一个生物种类的古老遗传。① 我们所知道的是：这当中包含着个体生命要回归那宇宙自然母体这一本能冲动，而作为宗教信念的定然判断力则是以信托的方式满足了它的这一原始欲望。由于信托是在潜意识中进行的，它的心理机制与人的处于意识层面的认知活动由理性的逻辑控制不同，它处于人之潜意识深处，是纯然由生命之本能与本性所发动的。通过上面对认知理性与审美判断的分析，我们知道：不仅人的认知活动是由处于意识层面的理性所操纵，即便是像道德行为与审美鉴赏这样的由人的意志与情感所决定的心理活动，其中也离不开人的意识，即是说，它们是处于人的心理的意识层面，并为人的意识所感知与认识。因此可以说，人的认知、道德与审美行为，其实都属于人的意识层面的心理状态，并且能够成为人之理性反思的对象。但唯有人的信念，作为一种定然判断力之发动，不是处于人的意识层面，而处于潜意识的深处，这就是为什么在信念活动中，个体只能感受或体验到某种世界的真实，但这种世界的真实到底是怎么来的，他如何知道其为真，他的认知经验无法告诉他，从他的其他意识层面的心理内容中也无法寻求解答。

于是，我们看到，对于信仰者来说，由于定然判断力的发动，他所感受与接触到的是另一个真实存在的世界———一个超出了通常的感性经验与通常的认知理性所把握的世界。由于超出人的感性经验与理性能力，这就是一个"超验世界"。换言之，定然判断力之不同于人的其他意识中的能力，比如说认知能力、审美能力，就在于它提供给人的是一个不同于一般经验现象界的超验世界。或者说：通过定然判断力的信托方式，一个不同于经验世界的超验世界成为真实的存在。

---

① 潜意识是一个人类的认识理性尚无法进入的人类个体心理之"深渊"。但我们或者可以作这样一种猜测：这种潜意识机制中也许包含着人类作为宇宙自然世界中之一个生物种类的古老遗传密码与原始冲动，即要求与宇宙世界之"本体"结为一体。因为无论从宇宙自然进化史上看，还是从人之个体生命之演化史上看，人本来就是与宇宙自然世界紧密联结成一体的，但人作为个体诞生之后，他就从宇宙自然这一"母体"分离出来了；但从人本来就与宇宙生命结为一体这一宇宙总体生命来看，人之本性总是促使他向这"母体"的回归。

三、定然力类型：他力与自力

人虽然是通过定然判断力达到对超验的宇宙世界的领悟，但由于宇宙终极实在是以一即一切与一切即一这两种不同方式呈现的，因此，定然判断力在追求与宇宙终极实在合一的过程中，或者是追求与达到"一即一切"的宇宙世界合一，或者是追求与达到与"一切即一"的宇宙世界的合一。于是，依据此两种不同方式，定然判断力对那超验的宇宙终极实在的把握也就区分为两种类型。

此中之原因是：作为具有"实践意志"的定然判断力之作用，从潜意识的心理分析来看，是通过心理能量的发挥来实现的；而在潜意识当中，心理能量的发挥首先具有"方向"上的不同：假如定然判断力指向"一即一切"的宇宙世界时，意味着个体的心能活动趋向于"一即一切"中的"一"，这使个体潜意识中出现或者说感知到宇宙世界有一种神秘且伟大的力量，似乎整个宇宙世界都是由它创造的，而且它具有支配与掌控整个宇宙世界之生存法则的绝对力量。我们发现，这种潜意识中的宇宙"本体"意识，就成为宗教信念中的"唯一神教"的"原型"。换言之，作为宗教信仰的唯一神教中的上帝或者其他最高神，不过是由定然判断力所感知与领悟的作为宇宙终极实在之"一"而已。因此，在追求与"一即一切"的合一过程中，这种潜意识的心能活动首先表现为潜意识中的一种"造像活动"，即出现了一个作为"大全"的最高终极者的原型形象，接之而来的，就是这种潜意识中的心能还使个体产生一种要与"一"与之合一的冲动。但我们看到：作为个体的人本是与那最高之"一"分离的（因为宇宙本体是宇宙本体，个体是个体），想要与之合一，但又无法与之合一，在这种想合一而又无法合一的情况下，个体的内在精神是处于紧张状态的。为缓解这种内在的紧张压力，个体的潜意识只能把自己作为这宇宙本体的"工具"加以使用。所谓宇宙本体的工具，也即听令于这宇宙最高本体之命令，将个体自身完全交付给这宇宙最高本体。这种与"一即一切"之宇宙终极实在合一的潜意识冲动，会给个体带来一种独特的宗教体验与情绪。詹姆士称这种欲与"一"合一而尚未合一的状态称为"人格的分裂"状态，并将要经历过这种分裂状态而后才与"一"合一的宗教心理体验称之为"二次生"。故个体在潜意识中追求与"一即一切"的冲动，其实是须经过人格的分裂到重新整合才得以完成的。詹姆士在《宗教经验种种》中，对这种由人格分裂再到人格整合的心理体验有过出色的观察与分析，并认为这与某种心智结构与精神气质有关："二次生性格的心理学基础，似乎是主体天然气质中的不和谐与杂乱性,一种不完全统一的道德和理智结构。"①

但仅仅从人的心智特点或精神气质来对二次性的宗教信念方式作出解释还是不够的。从精神分析来看,所谓"二次生"的过程,其实是个体处于潜意识中的分裂人格上升为意识层面被再整合的过程。所谓救赎,从心理活动来说,就是作为人格分裂之"隐像"的"一切"从潜意识或无意识上升到意识层面成为"显像"被主体意识所把握与克服,而这克服的关键就是如何将分裂的"一切"导向那完整之"一"。对于二次生的救赎方式来说,这一过程通过将"一切"完全交付给"一",也即服从"一"之召唤而得以完成。这里,定然判断力发挥了将个体交付给一,或者说将个体当作一之工具来使用的功能。由于个体是作为"一"之工具,因此,个体得服从与听从"一"之旨意,这种将自身交付给"一",并且完全听从它之召唤的救赎方式,我们称之为"他力型"的信念。对于"他力型"宗教来说,不仅个体的救赎有赖于服从最高神的命令,而且自身究竟能否获得救赎,何时获得救赎,皆取决于最高神的意志,个体自身是无法知道的。因此,作为他力型的宗教来说,其信徒的内心是充满着紧张与不安的。于是,我们看到:渴望救赎的紧张与无法预知能否获得救赎的焦虑,也就成为他力型宗教信仰者的一种常态心理。从这种心理出发,他力型的宗教者之获得救赎,往往是表现为激动与充满激情的。②

但在人的宗教信念之形成中,定然判断力作为信托之运用,还可以采取另一种方式,也即个体追求与"一切即一"的宇宙实在合一的方式。这里,所谓"一切即一"也即宇宙本体通过现象界之万有呈现自身;或者说,现象界中之万有皆为宇宙最高终极实在者之化身。我们看到,假如个体以这种方式追求与宇宙实在合一,则其信仰会呈现为不同于"他力型"的另一种类型。这种类型,按照詹姆士的说法,可以称之为"一次生"的。这种类型的特点是获得救赎或解脱时,定然判断力所起的作用并非是让心能去驱使个体将自己交出或献身于那宇宙之终极本体之"一",反倒是要通过心能的作用将那"一"尽量吸纳于潜意识中作为"万有"之一员的"本我"之中。可以看到,在这种情况下,潜意识中心理能量的流动与二次性刚好是反方向的:不是从"一切"流向"一",而是从"一"往"一切"方向回流。这时候,作为容纳"一"的"一

---

① 詹姆士:《宗教经验种种》,第120—121页。
② 这是就"二次生"的宗教救赎之典型方式来说的。就现实与历史中的宗教信念来说,西方基督教的救赎通常表现为"二次生"的救赎,而东方宗教,包括印度教与佛教等的救赎方式,通常会表现出"一次生"的特点。但现实中的宗教与我们这里作为"纯粹类型"来加以考察的宗教信念,并非是一一对应的关系。也就是说:在基督教的信仰者当中,也会表现出像"一次生"那种方式的宗教信仰心理,而某些东方宗教的信徒在获得救赎或解脱时,也会产生某种类似于"二次生"的宗教心理。此点已为詹姆士在《宗教经验种种》中论及,此处不赘。

切"的个体"本我"心灵的放松与"虚静"是很重要的。惟其在潜意识中使"本我"尽量放松,使其处于虚寂状态,才能容纳那宇宙最高本体;而且,愈是在潜意识中放松"本我",就愈能在潜意识中容纳宇宙本体之"一"。这就是为什么我们看到:在像大乘佛教,尤其是禅宗这种典型的"一次生"宗教中,其宗教修行方式最讲究的是虚与静:通过虚与静的修炼功夫,潜意识中的本我才能放松,也才能容纳那宇宙最高本体之"一"。这里我们看到,与"二次生"的个体在潜意识中感到自己处于分裂与无力的状态不同,一次生由于处于潜意识的虚静状态,非但不感到本我的无力,反倒是感到自我的充实,这时候,一种要将整个宇宙大全完全置于潜意识中的本我的冲动油然而生。故在一次生过程中,不是个体的潜意识中的本我放弃自身而充当宇宙大全之工具而通过二次"重生"来获得那无限性(也即与"一"合一),而是将自己作为那宇宙最高终极实在者之"容器",通过将宇宙大全吸纳于潜意识中之本我来获得那无限性(即一切与一的合一)。这时候,通过潜意识中心理机能的作用,一种不同于像"二次生"那样的新的"上帝"影像在潜意识中出现了。有人对这种心理体验作了如下分析并从信仰的角度加以概括:它使个体感到"万物背后具有无限生命和无限力量的精神,它在此基础上万物中展现,渗透万物。这个万物背后的无限生命和无限力量的精神,就是我们所说的上帝。我不在乎你们用什么词叫他,可以是'仁慈的光',亦可以是'天道',或者'至上灵魂'、'全能者',或者无论什么最方便的名称,只要我们同意这个基本事实。因此,只有上帝充满世界,一切都源于上帝,在于上帝,上帝之外一无所有。他是我们的生命,是我们的生命本身。我们分有上帝的生命。我们与上帝不同,因为我们是个体制的精神,然而,上帝是无限精神,包容了我们以及其他一切事物,所以就本质而言,上帝的生命与人的生命是相同的,就是一个生命。二者没有性质的差别。只有程度的不同。"①虽然这种关于上帝的原型不同于"二次生"心目中的上帝,但无可否认,它却是一种宗教信念,或者说具有"宗教性",只不过是以一个具有泛神论色彩的普遍存在着的"上帝"取代了那作为"唯一神"的最高终极实在者的上帝。但就相信宇宙世界中有最高终极实在者,并且相信整个宇宙世界由这个最高终极实在者所掌控,这点与"二次生"的宗教信仰并无二致。

比较一下"一切即一"与"一即一切"这两种不同的定然判断力之运用,可以发现,这是完全不同的两种心理状态,一者充满焦虑与希望通过重生而获得救赎的不安,一者则充溢着感到个体生命之饱满与充实的喜悦(因为虚

---

① 《宗教经验种种》,第73—74页。

静能容纳万物,包括能容纳那宇宙之大全,故感到充实)。后者不同于前者的方面还在于:这种与宇宙终极实在合一是无须经过从人格的"分裂"到重新整合而一次性完成的。因此,这是基于处于潜意识中的"本我"与宇宙终极实在具有本源的"同一性"的体验。宋代理学家陆九渊对这种以"一次生"方式完成的解脱方式有着极好的体验,他称之为"吾心即是宇宙,宇宙即是吾心"。詹姆士对这种个体生命的解脱或获得无限的心理体验及其解脱过程也有相当精彩的描写,并说它是"通过潜意识,我们已经与神灵合一,无须恩典的奇迹。或者说,突然创立了一个内在的新人"①。这种不同于上面所说的"二次生"的心理体验之所以出现,是因为在这种个体追求与宇宙生命合一的模式中,个体自身作为万有中的一个种类,不必将自身作为那最高终极实在者之工具,而是他已成为最高神的化身,他不仅无所不能,而且可以灵魂不灭。灵魂不灭不是由于他屈从于最高神的意志而受上帝之恩宠所致,而是他通过潜意识中的造像运动,自觉他自己就是神,从而他也就具有了神一样不死之属性。这种不死是精神意义上的,即他通过与宇宙终极实在之合一而获得了精神上的永生。当然,这种永生也以肯定有作为最高终极实在者之"一"为前提。作为可以不死的神,是他由于充当神之"容器"而获得了神的禀赋与属性;假如离开了那最高终极实在者,没有最高神,他仍然无法获得那不死的无限性。但这种无限性的获得虽不必借助于神的权威与服从神的意志,但却仍然要通过他的自我修行。这种通过自我修行方式而让自己获得神的属性的信仰方式,我们称之为自力型的信念。所谓自力,不仅是指救赎与否不依杖于神的旨意与因宠而由个体自己决定,更重要的是修行要靠自律。也职是之故,对于自力型信仰者来说,宗教的修行方法与其说是讲究种种外在的仪式或者礼数,不如说是更注重内心的静养,即如何去培养一种"虚一"的心境。自力型宗教信仰的最好例子莫过于佛教。对于佛教来说,所谓修行就是要让个体生命达到与宇宙生命合一的境界,因此,如何破除自身中的"执著",包括"法执"和"人我执",成为获得解脱之关键。自然,对于作为自力型之最高境界的禅宗看来,包括像他力型中的最高神,也可以是作为"法执"之一种来加以破除的。这可谓是追求"一切即一"的解脱方式之极致。

四、从纯粹信念到宗教信念:超验、潜验与经验

以上,我们讨论的是作为定然判断力如何在潜意识层面导致一种可以称

---

① 《宗教经验种种》,第73页。

之为宗教原型的最高终有实在者出现的心理过程。但这时候,这种定然判断力对个体精神的作用还处于潜意识层面,或者说虽到达意识层面成为心理体验之内容,却尚未成为自觉的宗教信念。也就是说:个体中的这种潜意识中的信托之运用,只是使宗教信仰所指向的宇宙最高终极实在者作为个体心理中的一种"意向性对象"来呈现,而个体尚未能在他生活的经验世界中"见证"那宇宙最高终极实在者。或者说,他还未能自觉地以一个信仰者或信徒的眼光来看待世界和周围的一切。所以,个体假如要形成有意识的宗教信念,或者说要使个体与世界真正地结成一种"信仰"关系,则必须要使处于潜意识层面的这种宗教原型进入到个体心理的意识层面成为"显像"才行。于是,各种宗教教义和宗教仪式,尤其是宗教修行方法应运而生。尽管这些宗教教义、仪式与修行方式形形色色,甚至彼此之间差异甚大,但一无例外地,它们都贯穿着某些共通的方法与理念。而这当中,有两点对于经验生活中的宗教信仰来说最为重要。或者说,假如缺少了它们,则宗教信仰要在人类的经验生活中发挥作用与影响为不可能。这两种对于任何宗教信仰来说都不可或缺的原素,就是象征与爱。

无论在宗教的教义中,或者在宗教的仪式与修行方式中,象征都得到广泛使用。这是因为:以感性经验的方式来把握世界中的"实在",乃出于人的一种本能的需要;而处于潜意识中的宗教原型或"最高神"还只是个体主观心理体验的内容;由于人的意识无法直接去感知个体潜意识中的东西,要将这种潜意识的内容被人的感性经验所感知和把握,就需要经过一番转换,以使它成为现象界中可感知的真实。而这种转换就离不开象征。宗教象征的作用是"以此指彼":用现象界中可以经验的物事来指代本来不可感知、处于潜意识中的东西,以使之可以被个体本人的感性经验所把握,并且可以将之言说和传达。但宗教象征与普通现象界中的象征之运用不同,其形成机制要复杂得多,这就好比弗洛伊德发现的当梦的内容(潜意识的内容)上升到意识层面被人所觉察的时候,其实已经过了"伪装"和"变形",当潜意识中的宗教原型进入心理的意识层面时,也会根据不同的历史与社会情景,尤其是文化语境的变化而采取"伪装"而变形。职是之故,对于经验世界中宗教象征之意义,也必须将其置于它的宗教文化之脉络中才得以理解。就是说,宗教象征扎根于特定的宗教信仰体系之中,它是以"显像"的方式对宗教信念的一种符号化诠释。但无论宗教的象征如何复杂,是象征的运用使潜意识中的宗教信念之"隐像"到达意识层而为人的意识所接受提供了媒介。而各种宗教修行活动,也多有象征之寓意。当然,宗教的修行反过来也成为宗教象征意义得以呈现的方式。也就是说:本来只是以意义或信念方式存在于象征中的宗教信仰者或最高神,通过宗教修行的方式得以确证,并且成为存在的真实。

但除了借助象征之外,爱在宗教信念之精神品格的塑造中所发挥的作用是任何其他东西所无法代替的。这是因为宗教信仰在颇大程度上是借助于人的情感作为其心理载体以及传播载体的。就是说,宗教信念不是说教,与其说它是诉诸人的理性判断,不如说是寄托于人的情感之中。而人类的爱的情感具有普遍性。它也是人与世界联系的最本己方式之一。从这方面说,爱与信念一样,具有它的人学形而上学的基础,即它们都具有"一即一切"与"一切即一"的生命逻辑结构,同源自个体与宇宙之大全合一的精神冲动。就是说:个体之生命冲动在趋向或达到宇宙之大全的时候,会产生爱的情感,正犹如在个体生命之趋于宇宙大全的冲动,是依托于信念一样,而正是在这点上,宗教信念与爱相遇了。它们的不同点在于:对于人来说,爱属于个体的经验现象层面上体验到的一种情感;而信托作为宗教信念的"原型",此处尚处于潜意识之深层。但由于生命结构形式相同,同为趋于宇宙之大全的生命活动形式。因此,作为个体心理的内容,爱之情感则必容易与处于潜意识层面的信托相通,不仅相通,而且容易发生感应。因此,当信托作为宗教信念之原型在某种适当的机遇下上升到人的意识层面时,一种爱的情感会在个体的内心油然而生。这也就是宗教信徒"皈依"时,其心理突然会出现的变化。这种爱的情感使个体会有一种拥抱与接受整个宇宙世界,包括天下万物的感觉与冲动。在这点上说,宗教信仰与爱不仅是相遇,而且是结盟了。也就是说:在宗教原型转化为宗教信念的过程中,爱本身就与宗教信念结伴而来。也正因为爱与信念的这种共生性,以及彼此之间难以分解的性质,我们看到:历史上与现实中所有伟大的宗教传统,无一不将爱融入于其信仰之内核中。这与其说是因为其教义的要求,毋宁说是出于宗教信念之信托需要有它的心理情感之载体的内在要求,而爱较之于人的任何其他情感,由于其影响人之普遍性与深刻性,对于宗教信念转化为人的宗教情感这一点来说,恐怕都是最为适合的。当然,由于爱作为信念之情感载体而运用,这种充当了宗教信念之"化身"的爱,其出发点与作为人之普遍之情感的爱仍然有其不同,即宗教之爱是出于为信仰而爱,或者说,是因为信仰才爱。爱是达到信仰的方法或过程,而信仰则要求信仰者必须爱。这就是为什么我们看到各大宗教不仅提倡爱,而且要强调为信念而爱。或者说为了成就信仰则必须有爱。从这点上说,宗教的本质不是爱而是信仰;而爱对于信念之重要性在于:假如离开了爱之情感,恐怕宗教信仰再也找不到其他比它更适合的和有利于确立人间信仰之形式。即言之,是爱以一种情感的方式将作为一种超验世界中的信仰对象转化为经验世界中的真实存在成为了可能。

从这里,我们也才会发现,康德与舍勒之所以没能解答宗教信念起源之问题,其症结到底在哪里。对于康德来说,他虽然承认有一个超验的世界,但这种超验世界的内容是什么,他对其始终是存疑的,因此,他也就从根本上否定了有作为宗教信念存在之形而上学根基的先天原理或先验的宇宙图式之可能。这种对于宗教信念的形而上学根基的悬置,注定了康德只能从经验现象界中来重新寻找宗教信念之原理,而后者正是他后来写作《单纯理性限度内的宗教》一书之目的。但我们看到:此书与其说是为宗教信念寻找其根据,不如说是试图为现存的宗教(基督教)寻找一种经验主义的心理学上的解释(即引入"德福一致"的经验主义的幸福观)。而这种立足于从人类学角度对于宗教的研究,距离从哲学的角度追求宗教信念之何以然这一问题已远。反过来,舍勒关于宗教信念问题之追问虽然是很哲学化的,并且肯定宗教信念有其先验的形而上学根据,但他却认为爱可以作为宗教信念的先验原理。为此,他千方百计要将本来存在于爱当中的感性经验内容加以剥离。但这样一来,爱已不是原来意义上那种作为经验感性的爱本身,所以,除了将上帝与爱在词语的用法上作了同等化使用之外,舍勒关于上帝的证明并未获得其他方面的更多支持。

从以上康德与舍勒的论证来看,一者借助于人的道德理性,一者诉诸人的爱的能力,他们都试图从人的经验世界出发,来为超验世界的上帝信念寻找说明,但由于无法找到经验世界与超验世界之间相互过渡的办法,最后只好将道德意志与爱当中本来具有的感性内容加以抽空,但这种做法却无助于问题的解决,反倒使超验之上帝与人的感性经验之间的距离显得更为遥远。其实,从我们前面所作的分析来看,宗教信念不仅属于经验世界与超验世界,而且与潜验世界即人的潜意识密不可分,是人的这三个世界共同参与才得以完成的事业。这是因为:假如没有那超验的最高终极实在者,则宗教信念就失去信仰的对象,从而也就不是宗教信念,而成为个体主观的"幻觉"或"幻想"。而假如没有个体心理中的经验内容,则也无所谓宗教信念,因为宗教信念之所以是信念,是内置于个体的心灵,并且能够被个体的意识所觉察的。从这种意义上说,宗教信念是个体心灵对那超验世界的终极实在者之存在的一种经验性心理体验。问题是:个体心理究竟是如何觉察与意识到那超验世界的最高终极实在者的呢?因为最高终极实在者假如只存在于超验界的话,那它是不可感知,而且不可认识的。看来,这个问题的解决必有待于承认有一个潜验世界的存在。从目前心理学的研究来看,潜意识是一个真实的存在。尽管我们无法直接经验到这个世界,但却可以通过精神分析的方法对它有所了解与认识。对于处于潜意识层面的宗教信念的认识也是如此。可以说,由于人的潜意识有感受与领悟那超验世界中的最高终极实在者的能力,而且在这种潜意识中的"宗教原型"可以上升到意识层面而被个体的意识所觉察与认识(因为潜意识与意识两者皆属于个体的心理,作为人的心理来说具有统一性),这样一来,那本来不被意识所认识的超验的最高终极实在者才终于成为人的经验心理的内容而被确证,从而成为现实生活中的宗教信仰。因此,宗教信念的建构逻辑应当是:从超验与潜验到经验。

第十三章 悲悯与共通感

一、问题的提出：基督教中的"爱人"与"爱上帝"

在各种宗教教义中，都有关于"爱人"的信条；对于宗教神学来说，爱人是终极信念的体现，凡皈依者必爱人。换言之，对于宗教伦理来说，是因为信仰某种宗教而爱人，爱别人或者爱邻人是出于对宗教教义的服从。例如，在基督教神学系统中，爱这一宗教观念具有双重意义，首先是爱上帝，然后是因为爱上帝而爱他人。对于佛教来说，爱众生也与对涅槃的渴望联系在一起，即为了获得解脱而泛爱众生。这样看来，无论基督教还是佛教的教义，爱人这一伦理观念都跟对最高终极实在者的信仰紧密联系在一起，即爱人是出于服从最高终极实在者的意志，而非诉诸个体本能的情感或者像康德所说的那种基于实践理性的自由意志。① 这就带来一个问题：为什么对于像基督教这样的宗教信仰来说，爱上帝必然要爱他人？或者说，爱他人为什么会成为爱上帝的一种信仰方式？这里，任何宗教神学对问题的解答都无济于事，因为如上所说，像基督教教义对这一问题的回答都是这样的：假如你爱上帝，你就必然爱他人；假如不爱他人，你就不是真正爱上帝。显然，宗教神学对问题的解答只能是诉诸信仰，即因为信仰而爱。但这种回答只能是一种宗教神学的教义解答，并无任何理论上的强制性。现在，我们要提出的问题是：爱人是否必然借助于宗教神学的信仰？比如说，假如不爱人算不上爱上帝的话，难道爱人就一定意味着对上帝的服从？一旦如此发问的话，用爱上帝来替爱人作辩护这一理由就会有从根本上掏空的危险。因为我们从生活实践中知道，不少有爱心的人并非出于爱上帝或者说服从上帝的旨意才去爱他人。换言之，爱并非是宗教信仰的某种专利。假如说爱人是人类生活中普遍发生的现象的话，那么，这种爱产生的原因可谓多端，而且，人们用之解释爱的道理与根据也多种多样。这就提出一个问题：假如说宗教信仰将爱人作为它的基本教义，那么，它的真正的学理上的根据到底在哪里？显然，这一提问与其说是对宗教信仰的质疑，毋宁说是针对作为宗教信仰的学理根据的神学教义而发，即要从哲学反思的角度追问：爱作为一种宗教信念究竟如何可能。

---

① 关于佛教是否承认有最高终极实在者的看法，参见上一章所作的分析。

为此，首先要从哲学的角度，对基督教教义中"爱上帝"这一说法的存在根据加以阐明。这里，假如将基督教中的上帝普泛化为具有普适性的宗教信念的任何最高终极实在者的话，那么，上帝不限于指人格神的上帝，而是终极大全的代称。换言之，任何宗教信仰都以确立一种终极大全为前提；而所谓爱上帝，其实就是指对终极大全的追求与向往，即意味着作为个体的人希望与终极大全结成一种"合一"的关系，并且听从终极大全的召唤与命令。应当说，人作为有限性的理性存在物，本来就具有形而上学的冲动。所谓形而上学冲动，其实就是追求与宇宙终极大全的合一。个体人的形而上学冲动具有各种形式，包括审美性的形而上学冲动、道德性的形而上学冲动，而宗教性的形而上学冲动亦是其中重要的一种。① 这里要注意的是：同样是终极大全，但在不同的形而上学体系中，作为终极大全的"所指"和具体涵义不一。例如，对于审美的形而上学来说，终极大全是一种唯美境界，对于道德的形而上学来说，终极大全是一种道德境界，它们虽然是对现实的功利世界之超越，其"境界之形而上学"所指向的终极实在却并非与现象界之事物相隔离。而唯在宗教性的形而上学中，终极实在不仅是对世间功利世界的超越，而且指向一个超越且完满的世界。所谓超越的世界，是说它超越于现象界之外；所谓完满，是指它无所不能、无往而不适，属于无限的世界。为了与审美性或道德性的形而上学中所指向的终极实在相区别，我们也可以将这种宗教性形而上学所指向的终极大全称之为宇宙最高终极实在。问题在于：终极大全或宇宙最高终极实在既在现象界之外，而个体人又属于现象界，要属于现象界的个体人与那超出于现象界的最高终极实在合一，这如何可能？可见，所谓与超越且完满的宇宙终极实在合一，对于任何个体人来说，不仅在现实中无法实现，而且永远只能是一种信念。而宗教信念之不同于神话故事等虚构的东西在于，它绝不认为作为终极大全的宇宙最高终极实在是主观幻想或虚构出来的东西，而是代表宇宙之真实。换言之，对于任何宗教信仰来说，它认为有一个超越于人的现象界生活的作为宇宙之终极实在的真实存在，而个体人的生活目标与动力，即在于如何去实现与这宇宙之终极实在合一。

既相信有一个无所不包、无所不能的超越性的宇宙终极实在，又试图去追求并达到与这超越的终极实在之合一，可人又是生活于现象界中的有限性存在，因此，宗教信仰中的这一终极目标本来就包括一种深刻矛盾或者说悖论，即明知追求的目标不可达，却偏偏要去实现它。其实，对于个体人来说，宗教信仰的这一终极目标不仅是一种矛盾与悖论，假如个体人真正要去实践

---

① 关于人的形而上学冲动包括审美性的形而上学冲动、道德性的形而上学冲动与宗教性的形而上学冲动的说明与论证，分别见前面第十、十一、十二章。

它的话,那对于人来说就意味着人的悲剧性命运的降临。他会发现:他在追求与超越的宇宙终极实在合一的过程中,他周遭的一切和他自身在在都构成他实现目标的限制。明知目标之不可达,却依然执著地去追求,可见,对于宗教信仰来说,真实的世界图景与其说是充满爱的世界,毋宁说是一个悲苦的世界。这就是为什么我们看到无论是基督教教义的也好,佛教的教理也好,其间总充满着对人世之不幸与苦难的刻画与描写。换言之,宗教信念对世界的意识是悲苦的意识。这种悲苦,实源自于对那无限的完满的世界之向往,即认为存在有一个无限且完满的世界,而个体人要追求这无限且完满的世界却不可达,故有悲苦。悲苦意识是个体人在确立了有一个完美世界或最高终极实在之信仰之后才出现的。总而言之,对于基督教来说,从"爱上帝"这一信念中除了得出世界是悲苦的这一看法之外,实难以得出"爱人"这一结论。那么,作为基督教信仰来说,爱上帝为什么又意味着爱人呢?基督教信仰中的爱上帝与爱人之间,究竟存在着何种关联?这是需要深究的。

二、爱 的 分 析

这里,在对基督教或其他宗教信仰中关于"爱人"的含义加以说明之前,有必要对通常我们所说的"爱"与"爱人"的用语作一番语义的澄清。通常,人们在谈到爱的时候,总是指对美好的或者说有"价值"的东西或事物表示好感或喜欢。在这种意义上,爱与"喜爱"同义。喜爱一件东西或事物,总会是因为它美好或有"价值";假如一件东西或事物不好,就谈不上喜爱;假如一件东西或事物是好的反面甚至于丑恶,那么,它给人带来的感觉就是喜爱的反面即厌恶。从这里可以看出:喜爱总是指向美好的东西,是因为一个东西或物品有值得喜爱的正面价值才会发生。这种喜爱或者出于或蕴含着功利的目的,或者是源于审美的欣赏和鉴赏。但无论功利也好,审美的鉴赏也好,总是因为从喜爱的对象上发现了有我们能欣赏或者认可的价值,我们才会被它所吸引而生出爱的情感。这种喜爱也发生在对人的感觉上:假如一个人有值得我欣赏的或者说美好的价值,那么,我会对这个人产生出"好感",也即表示出对这个人的喜爱;假如一个人身上有我并不欣赏的毛病,那么,我很难生出对他的好感;而假如一个人身上的东西是丑陋的甚至于丑恶的话,那么,我非但不会喜欢他,而且会对他产生一种"厌恶感"。可见,在这种意义上,喜爱一个人总是因为爱他的正面价值,是这个人身上正面的价值吸引了我,才让我产生出"好感",我才会说喜爱这个人。

但是,我们发现,除了在上面这种通常意义上的喜爱之外,爱人却还有另外一种含义,即虽然这个人身上并没有什么值得我欣赏或喜欢的优点,但是,我却依然爱这个人。在这种意义上,爱人不是指爱他的优点或者因为他身上有值得我欣赏或者说吸引人之处,反过来,即使这个人很平常,甚至于有"缺点",或者有我感到不舒服甚至"厌恶"的东西,但是,我却仍然会爱他。可见,在这种情况下,爱一个人不是爱他身上的东西或"价值",而是爱他这个人本身。那么,我们可以反思一下:既然一个人身上没有任何值得我喜爱的地方,但是我仍然爱他,这说明:这种爱不仅与功利无关,而且是超出审美与价值欣赏的。这种既与功利无关,而且超出审美与价值欣赏(包括道德鉴赏在内)的对一个人的爱之产生,假如再仔细分析下去,我们发现:乃因为这个人是与我存在着某种"关系"。这种因对方与我存在某种关系,而使我对之生发出来的爱,我们称之为"关爱"。

关爱有许多种,最为常见的有亲情之爱、友谊之爱、恋人之爱,等等。这些爱不同于通常喜爱的地方在于:我们对一个人的爱,并非一定因为他身上有某些优点而起,而乃因为这个人与我有某种关系而起。这种由于关系而引起的爱也可及于人之外的其他一些东西或物品,像我收藏的古董或字画,我养的宠物,等等,由于它们属我所有,与我存在"被我所有"的关系,也会为我所钟爱。这种关爱不同于前面所说的喜爱的方面在于:像我们之爱亲人、友人与恋人,并非因为他们身上一定有可以吸引我们的优点才爱他们,而是因为所爱的对象与我存在某种关系而让我爱。关爱的表现不同于喜爱的地方在于:对于喜爱的对象,我们不仅产生喜爱的情感,而且这种喜爱通常还会生出一种想要"占有"或"拥有"的愿望,即因为喜爱,所以我希望对方为我所有。但关爱不同,真正地关爱一个人与其说是想对对方的占有,不如说是想成全对方,即一心一意地替对方着想。比如说,真正地关爱一个人,会在乎对方的感觉,会从各方面去"照顾"好对方,等等。还有,喜爱一个人是因为看到这个人身上有为我欣赏或喜爱的价值(功利的或审美意义上的,甚至是道德意义上的),而关爱的对象不同,哪怕他身上的一些东西不被我喜爱,我仍然爱他,不仅如此,我还希望他更美好。故关爱一个人不仅是成全,还意味着包涵与容忍,即不仅愿意为对方着想,而且爱他身上的一切,包括优点与缺陷。当然,包容对方的缺点不意味着对对方存在的缺点的喜爱,而是因为爱对方这个人,所以才对对方身上的缺点加以容忍,而作为关爱者来说,是希望被关爱者身上会去除掉这些缺点而表现出更多更好的优点与价值,故真正的关爱常常还包括对被关爱者的期待;而且,愈是爱之深,则愈是望之切。这也就是为什么同样是对一个人身上优点或缺陷的心理反应并不相同:喜爱一个人是因为被他身上的价值所吸引,故只会喜爱他身上的优点,不会喜爱他身上的缺点或缺陷;而关爱一个人固然爱他身上的价值与优点,也会包容他身上的缺点与不足,并且更愿意成全他,希望被他爱的这个人变得更美好,故关爱其实是对被爱者的"关心"。

但我们发现:除了以上所说的喜爱与关爱之外,个体对他人的爱,还会表现为普爱或博爱。所谓普爱或博爱,就爱一个人来说,既非这个人身上有我喜爱的优点或价值,也并非与我存在某种关系,我之所以爱这个人,仅仅就因为他是一个人。所谓他是一个人,即意味着他与我是"同类"。

爱一个人,乃因为我们本属同类,显然,这里普爱或博爱只对人而言,而不像喜爱和关爱那样除了对人之外,也可以指向人之外的其他东西与物体。虽然在用语上,有时我们也会说"普爱一切",即将普爱的对象推广得很广,包括天地万物,如自然风光、世界上人以外的其他一切生物、动物,等等,但可以看到,这种泛爱一切的说法,只不过是一种"拟人化"的表达,或者说是喜爱或关爱的换一种说法而已,即当我们对这些在人之外的事物表示"普爱",乃出于我们喜欢或者欣赏它们的价值,或者因为它们和我们人类存在着某种关系。比方说,我们普爱大自然,这是因为自然风光常常成为我们审美的对象;我们现在从生态伦理的角度提倡对自然环境与地球的普爱,是因为人类的生存离不开它,我们与自然结成一种共同发展的"伙伴关系",而地球是我们人类的"家园",等等。而像海洋飓风、火山喷发这些给人类造成重大灾害的自然现象因对人类来说并无正面价值,则我们无法对它表示喜爱,除非我们将其"距离化",作为审美对象来鉴赏时则另当别论。

讲到这里,这种对人来说的普爱或博爱的确切含义是什么呢？在现实生活中,对人的爱或者说爱人其实是一个相当复杂的概念。这其中,既包括我们所说的普爱或博爱,同时也包括虽属于同类之中,但除了是因为同类之外,还加上了或是出于个人价值上的偏爱,或者因为有其他原因(比如与我存在着某种关系)而对某些个体或特定群体的人的爱。而这里我们所说的普爱或博爱是不考虑这些个人好恶以及特殊之关系等特定因素,而对所有人"一视同仁"的爱,即对于那些我们不认识的人,以及不在我的亲情范围以及与我并非有某种关系的人,我会爱他们。不仅如此,我之爱他们,并非因他们身上有某些优点或值得我珍惜的价值而爱。相反,哪怕这个人身上并无优点,甚至有许多缺点与缺陷,我依然会爱他。可见,这种对他人的爱是绝对意义上之无条件的,仅仅因为他是一个人而爱他,这才是我们这里所说的普爱或博爱。宗教信仰中,像基督教与佛教所提倡的爱,就是这样的普爱或者说博爱。现在,我们要问的是:这种宗教意义上的"爱人"观念,其究竟从何而来？

显然,无论是从实利的、价值论的或者亲情伦理的角度,这种普爱都很难得到恰当的说明。或者说，从满足人的世俗生活的需要，或者说从人的世俗性的动机，甚至从人的审美的冲动中，都难以寻觅到一种合理的解释。既然如此，我们只好放弃这诸般努力而另觅他径。一旦如此思考，我们发现：人的这种普及于所有人的爱，恐怕从人的宗教性形而上学冲动方面才能寻得根据和获致说明。人的形而上学冲动包括人的宗教性形而上学冲动、人的审美性形而上学冲动以及道德性形而上学冲动。而人的宗教性冲动不同于审美的或道德的形而上学冲动的地方在于：这种冲动之所指向是作为个体的人与那超越且无限的宇宙终极实在之合一。如前面所看到的，人既无法与这超越且无限的宇宙终极实在合一，却渴望并且追求这种合一，故人生有悲苦。而宗教信仰的普爱即来源于人有普遍的悲苦意识这一事实。此中的精神学发生机制在于：当人在追求与宇宙终极实在合一的过程中出现悲苦意识时，这种悲苦会触发他产生"普世意识"。所谓普世意识，即他会意识到这种悲苦不仅仅是他个人的悲苦，而实在是属于整个人类的苦难。从而，他会对整个人类的苦难在一种"感同身受"的切肤之痛和同情，由此而对整体人类之苦难与悲剧命运产生悲悯。可见，追求宗教性形而上学的冲动本身就会触发人对于人类苦难的深切同情与悲悯。故对于宗教信仰来说，爱就是悲悯，爱人就是对遭受苦难的同胞或同类的悲悯，或者说是对这些陷溺于悲剧性命运中无法自拔的整个人类的悲悯。

　　这里，要将这种对人类的悲悯之心与通常由于感受到他人的不幸或痛苦而产生的普遍同情心区分开来。通常，当我们个体看到他人遇到不幸的事情时，比如遇到困难，患有疾病，甚至突然发生车祸这样不幸的情况时，内心中对于遇害者的同情会油然而生。这也属于一种因为"本是同类"而自然而然产生的人类的一种具有普遍性的情感。舍勒将这种因为他人遭遇不幸或灾难而产生的同情感称之为"参与某种情境的同感"，这种同情感或"同感"源自于对他人痛苦或者灾难的"感同身受"，它的前提是对于他人的这种痛苦或者说灾难要有感知，其次，他不仅能感知他人的痛苦与灾难，而且希望这种痛苦与灾难会有消失的可能。即言之，他相信这种痛苦或灾难之降临于某人，具有偶然的性质。从这点上说，对于他人的这些痛苦或灾难的同情，都是着眼于现象界之偶然性的。也就是说：这些痛苦或灾难发生于某人身上，不具有必然性。正因为如此，当这种偶然的灾难降临于某人身上的时候，我们内心中会产生同情，并且希望这些痛苦或类似的灾难会消失或以后不会重演。但对于人类之悲剧性苦难的体验与感悟却非如此，因为这种人类的苦难产生于个体人追求与宇宙终极实在的合一，是属于有限与无限的冲突。这种冲突属于个人的深切体验，却具有普遍性，即普遍发生于所有人身上，无论是对那些现象界中获得快乐的人也罢,对那些本来就生活于痛苦或灾难中的人来说也罢,任何人作为个体人都会在追求与那终极实在合一的过程中体验到这种有限与无限之无法调解之对立从而对人类之苦难产生悲悯之情。这里,为了与在现实中遇到的某些痛苦或灾难而引起的同情心相区别,我们将这种由对人类的悲剧性生存困境的存在感悟所引发的情感体验称之为悲悯。显然,悲悯与个体人在现象界遭受的具体痛苦或灾难无关,也与个体人在现象界中体验的荣辱哀乐无关。对于悲悯来说,大凡生活于现象界的任何个体,都一无例外地处于这种悲剧性生存之中,故而,悲悯是对包括所有人在内的人类之悲剧性命运的同情与怜悯。

悲悯与通常的同情或怜悯之不同还表现在:同情或怜悯的对象固然指向他人,但这种对"他人"的同情,我们常常并非是"一视同仁",其中有价值判断在发生作用。比如说,同样遭受到偶然的痛苦或灾难,假如我们知道的这个人是所谓"好人",或者说假如他在我看来具有更多的正面的价值,那么,这些正面的价值或者说人格的优点会增加我对他遭受痛苦或灾难的同情;反之,假如是一个"坏人"或者说"作恶"的人遭受了痛苦与灾祸,尤其是当我知道这些痛苦或灾祸是因为他做坏事甚至犯罪时才加诸于他头上的,这时候,对他的恶行与坏事的认知,往往就会降低或减少我们对他所遭痛苦与灾祸的同情;而在某种情况下,当我知道一个人是犯了"十恶不赦"之大罪时,我甚至于会认为他遇到的痛苦与灾祸实属"罪有应得"。但悲悯并不如此,其"同情"的对象及于所有人,包括犯有"罪恶",甚至于对犯有严重罪行的人也会生出悲悯。因此,假如说宗教的爱乃是一种悲悯的话,则这种悲悯不仅仅是对人类普遍的苦难与灾难的同情或怜悯,更主要地是对人类之无可逃避的悲剧性命运的怜悯。于是,我们接下来就有一个问题:为什么人会产生悲悯?这种悲悯对人来说意味着什么?

三、论 悲 悯

前面,我们对悲悯的特征作了描述,并将其与通常的人伦之爱以及同情之不同进行了对比,现在,让我们来对悲悯的本质作进一层的分析。

首先,悲悯是对人的缺陷或罪恶的悲悯。上面,我们指出了悲悯之不同于普通的各种人伦之爱以及通常的人类同情心之所在,从中可以看到:无论是人伦爱也好,同情心也好,它们都与主体之价值尺度有关,即对对象之爱内在地包含有价值意义上的评判与诉求,无论这种价值诉求表现为先定的或前定的价值认可(如喜爱某人乃因为喜爱某人身上的某种正面价值),抑或表现为后来的对某种价值的期望与冀盼（如关爱一个人包括对希望这个人有更多美好价值的期待）。而对于悲悯来说并非如此。悲悯不仅与个人的亲疏关系无关，而且也与指向对象身上之价值或优点有无无关（假如这两种情况出现的话，其爱即表现为人伦之关爱或有价值取向的喜爱），情况反倒是：完全与主体之价值取向无关的，甚至愈是与主体之价值取向相背离的对象（即对方身上表现的缺陷或不足愈多的），就愈会引起我们的悲悯。这样看来，悲悯绝不是通常意义上的一种人伦之爱，也不是对于正面价值或者说人类之优点的喜爱。从严格的意义上说，它是指向个体或人类之缺陷、不足，甚至于"罪恶"的。但它也不同于人类之另一种情感——宽容。通常来说，宽容也是针对人之缺陷或罪恶来说的，但宽容包含着原谅的意思，即我认为你不好，也不喜爱你，但我对你的行为或罪行不予以追究。因此说，宽容只是对自己不喜爱的人或行为表示不追究或谅解，故宽容与爱无涉。而悲悯不同，作为悲悯的主体尽管意识到悲悯之对象是在作恶甚至犯罪，但他与其说是在对对象之犯罪之事实或行为表示谅解，不如说是对犯下恶行的这个人表示怜悯，即为对象之犯下如此之罪而替这个人感到"可惜"，即这个人本不该犯下如此之罪，却犯下了如此之罪，因此是值得"同情"的。总而言之，认为对象犯下之罪而非但不责怪对方，不是出于原谅，而是认为对方犯罪是一种不幸，因而产生悲悯之心，这才是真正意义上的悲悯。可以看到，悲悯与其说是指向我们熟悉或爱戴的人，不如说是指向那些不熟悉、与我们无关的人；与其说是指向那些有人格优点或品格高尚的人，不如说是针对那些人格有缺陷，甚至犯罪之人。这就是为什么我们在《圣经》中屡屡看到有"爱罪人"的教诲的缘故。这里，对于宗教信念来说，所谓悲悯，主要是针对罪人与世间之"恶"的宽恕与悲悯。

悲悯是对整个人类苦难的悲悯。上面，我们是从作为对象的个体来分析悲悯这种心理体验，其实，严格来说，悲悯之出现，乃是对整个人类而言。也就是说：对于任何宗教信念的悲悯，都是对整个人类悲剧性生存状态而发的悲悯。这不是说宗教之悲悯对个别人或人类当中发生的个体悲剧事件无动于衷，而是说，它认为人类之悲剧，包括个别人身上的悲剧以及生活中屡屡发生的个别性悲剧事件，不仅是整个人类的悲剧性命运的具体呈现与反映，而且它还认为：这些悲剧性事件之发生与其说是因个别人行为的错误甚至恶意而产生，毋宁说，它根源于人类生而有之的"罪性"或"原罪"，因此说，任何宗教性的悲悯，都是指向人类之总体或整体的。或言之，在宗教的悲悯看来，人类的苦难不是指人类的某个个体或者某个种群在某一时期或某一特定时空中发生的，而是遍布于整个人类，而且伴随着整个人类的发生与进展的。换言之,无论何时何地,人类都会遭逢灾难与不幸:不是这种灾难,就是那种灾难。或者说,苦难是整个人类无法逃离的宿命。因此,所谓悲悯,其实是对遍布于整个人类的苦难的悲悯,而非仅仅指向某些历史时期以及某个特定的个体与群体,虽然这种某种个体与群体的苦难命运也不可能被悲悯所漠视或忽视,但它却不是就事论事的,而是将其上升为整个人类的普遍性苦难来加以理解与透视。换言之,任何个体或群体人的苦难,在宗教信念的悲悯来看,都无不是人类悲剧性命运的呈现与表现。

悲悯是对人类的精神性苦难的怜悯。尽管任何宗教信念都关注人类的普遍性苦难,这普遍性苦难既包括物质性的、生理上的、心理上的以及精神上的,但是,从本质上说,宗教之悲悯却是指向人类之精神性的。这是因为:在宗教的救赎观来看,虽然人类在各种生存境遇中会遭到种种物质性、生理上乃至于心理上的缺失或缺陷,而因这些缺失或缺陷会给人类带来各种苦难,但这些由人的外部世界造成的苦难,却总有一天会因外部世界的改良或外部环境和条件的改善而得以消失或缓解,而唯有人的精神性的缺失或缺陷给人造成的苦难或灾难,却是人类所无法改变,并且永难消除的。这是因为:按照宗教信念,只有像上帝(或其他)这样的最高终极实在者才是完美的与全能的,而任何个体或人类作为整体在上帝或最高造物主面前,其精神都是不完美或者有缺陷的,否则他就是上帝。也正因如此,人类遭遇的苦难从根本上说就是精神性的不完美所导致的。这样看来,假如不从根治或对人的精神性加以诊断或医治的话,任何仅试图从外部世界的改良入手来医治人类之疾病或消除人类之苦难的做法都会于事无补,而且还可能"缘木求鱼"。就是说,人类虽然可以消失外部性缺陷所造成的苦难,但它永无法代替人类在精神上的疾病与痛苦;相反,情况往往是:外部性苦难的消除,可以反倒加剧了新的精神性苦难,或者又带来新的精神性苦难。从这点上看来,人类的精神性苦难不仅无法从根本上消除,而且人类会永远纠结于此种精神性苦难中而无法自拔。

悲悯内在于人的存在结构,反映了人的精神性本性。假如说苦难是人类永远无法摆脱的命运的话,那么,任何个体在面对或正视人类的这种悲剧性命运时,都会产生悲悯。这不是说:在日常生活中,我们每个人随时随地都生活于不幸与苦难之中,也不是说我们平常总是对人间任何事物和事情都表示怜悯,而是说:悲剧命运是人类生存之本相,而人作为个体对人类的这种悲剧性存在的本总会有所觉解而产生悲情。另一方面,既然人能够对其自身的悲剧存在有所觉解与认识,这也说明悲悯属于人的存在本性。所谓存在本性,也即人的精神性。因人只有从精神学的意义上才能对人自身的这种悲剧性命运有感悟与体认,并能从本质上对人类的生存状况或本然面目加以透视。从这点上看,人虽然不具有像上帝那样的精神完满性,却仍然是一种精神性的存在,是这种精神性赋予他可以超越像动物那样浑浑噩噩的生存状态而会对人类之生存境况作总体性的反思,认识到人的种种不足与限制。这些限制既包括外部世界加诸于他的,同时也包括他与生俱来的,甚至是精神性方面的。从这个意义上可以说,假如说悲剧性命运或人的有限性代表人的生存本质的话,那么,对人自身的这种生存本质的觉解就代表了人的精神性存在的本性,它与人的有限性和悲剧性命运一样,同样内在于人的生存结构之中,对个体人来说具有它的普遍性。或言之,悲悯具有它的人性的先天结构或先验的存在基础,当这种先验的人生结构面对人类的悲剧性生存困境时,则必生悲悯。悲悯与人的悲剧性存在是人的生存之"一体两面",实内在于人之本然生存结构之中。

四、悲悯与共通感

通过以上分析,我们看到,悲悯乃由对人类悲剧性生存的存在感悟所引起,由于体验或感悟到人的悲剧性生存,故有悲悯。问题是:这种悲悯究竟是只发生于少数人,比如说具有宗教信念的个体身上,抑或说,它也属于人类普遍具有的共通感? 对此,我们首先要对"共同心理"作一分析。共同心理的说法其实颇具模糊性。人们发现:有些心理现象虽然发生在个体身上,但它并非只属于某个个体,比如说,面对某些特定情境,不同的个体会有同样的心理感受,这就是人们常说的共同心理。而在这些共同心理中,像同情心常常被人们提到,即认为同情心是人类普遍具有的心理。然而,我们从前面的分析知道,指向个人的同情心由于对同情对象带有价值贬褒的色彩,故不同的人对同一个同情对象的心理感受并非完全相同。即便是承认面对同一种境况,不同的人会出现相同的心理反应,如"见孺子将入于井,皆有怵惕恻隐之心",这也就是中国儒家心目中人类所共有的普遍同情心。但是,这种同情心为每个个体所具有,却还不是我们这里所说的"共通感"。共通感除了是每个人都会有的共同心理感觉之外,更重要的特征是它的"可共感性",即人们能通过这种可以普遍感受的心理而彼此相互感应,从而成为一种从精神意义上得以维系的共同体。故共通感起着将不同个体从精神上加以联系和沟通的作用,不同的个体通过共通感而相互得以认同,即知道彼此属于同类。通常,人们还认为共通感就是具有"共同的心理感受"。为此,舍勒在《同感现象的差异》中作了专门分析。他指出"同感"(共同心理)现象至少有四种,即 1. 直接的同感,如'与某人'共同感受同一种悲伤。2. "参与某种情境的同感":"为"他的欢乐而同乐和"与"他的悲伤而同悲。3. 单纯的感情传感。4. 真正的体验性感觉。显然,按照舍勒的说法,通常的"人皆有同情心"中的同情心,属于上述的第二种同感心理。但抛开所有这些同感现象彼此的差别不论,它们作为心理现象可以同时在不同的个体身上呈现,故也可以说是具有普遍性的共同心理,但它们作为同感或共同心理,只是人们在与经验事物打交道时出现的共同心理,是不同个体在面对同一情境或相同环境中作出的相同心理反应。而对于悲悯来说,它作为人类的一种更内在、更深层的共通感,与其说是面对经验现象界之事物时会普遍发生于所有人身上的,不如说是由个体在直接面对某种"临界关头"时才会遇到的。或言之,这里的所谓共通感是指所有个体在面对人的精神生死抉择时所呈现出来的共同心理体验。它类似于舍勒在讨论"宇宙同一感"时所说的印度佛教式体验的那种"同一受苦"的"宇宙的同一感"。① 为了与以上提到的同情心或其他各种的"同感"心理现象相区别,我们将悲悯这种不仅具有相同内心感受,而且可以彼此相互感应的心理现象称之为共通感。

人为什么会产生这种叫做"悲悯"的共通感？这是因为:悲悯作为人类的一种共通心理现象,存在于人的精神本性之中。这里所谓人的精神本性,是指人是形而上学的动物,而非仅具有生物本能的自然属性。人的形而上学本性,即人虽然是自然界中有限的存在物,却会有着超出纯粹生物性的存活的追求形而上学精神冲动。而按本章前面所说的,人的所谓追求形而上学冲动,也即追求与最高终极实在合一的冲动。但作为有限的存在物,人却无法达到宇宙终极实在合一,老在追求与宇宙终极合一,老是不达,故会感觉到痛苦。这种痛苦与生俱来,而且是任何时候都无法化解的。因此说,只要人是形而上学的动物,并且人要去追求与终极合一,就必然会遇到这种与生俱来的生存痛苦。这种痛苦是如此之强烈与深重,以至于超出了任何其他心理体验给他带来的精神冲击与震撼,这会让他感悟到这绝非只是个体偶然不幸所带给他的痛苦,而其中实承载有整个人类的悲剧性命运的重担。故而,人面对终极实在时体验到的悲苦实在是整个人类的悲苦,任何个体在追求与终极

---

① 在《历史的心性形态中的宇宙同一感》中,舍勒将世界不同宗教与文化传统的宇宙同一感意识作了分类,指出"基督教的、无关宇宙的、精神神秘之爱同印度以及古希腊那种与'受苦的'或'极乐的'宇宙动物的同一感形成了极端对立"。本章同意舍勒关于印度的宇宙同一感属于"同一受苦"的同一感的说法,但不同意关于基督教的宇宙同一感与印度式的同一感有本质的差别。相反,认为基督教的关于"精神的神秘之爱"同样来源于"宇宙同一受苦"的意识,这正是本章要论证的。舍勒的说法见《舍勒选集》(上),上海三联书店,1999年版,第325页。

实在合一而不达时都必然会感受到这种悲苦,而由于此种悲苦具有共感性,从而他意识到他的悲苦其实也就是整个人类的悲苦。看来,正是这种对人的生存苦难的感受的彼此感应,使个体能感受到他人的悲苦,并通过他的悲苦体验而对处于悲苦中的他人产生悲悯。乌拉穆纳对个体的这种悲悯之爱作了很好的心理描述与分析。他说:"以精神相爱即是怜悯,并且怜悯愈深,爱就愈深。人对于邻人所引发的慈善火花,乃是因为触及他们的悲苦、他们的虚饰(表相)与他们的空无的最深处,并因而把新张开的眼睛投注到他们的伙伴,看到他们也是同样悲愁、虚饰、注定一无所有,因而怜悯他们,爱他们。"①这段话解释了为什么悲悯会产生人的同类之爱,此乃因为个体通过他自己的痛苦体验,反观他人,知道他人也会遭遇到同样的不幸与痛苦,因而去怜悯他人。所以,乌纳穆诺得出结论:"因此,怜悯是人类精神爱的本质,是爱自觉其所以爱的本质,并且使之脱离动物的、而成为理性的人的爱的本质。爱就是怜悯,并且,爱越深,怜悯也越深。"②看来,真正的爱不是别的,乃是由人类的这种天生而具有的怜悯之心所产生出来的。

  悲悯之心虽然为人类所天生具有,但要它产生或呈现出来,需通过痛苦。正是个体在追求与宇宙终极实在合一的过程中体验到深刻的痛苦,才使他体验到不仅仅是他,而且还有像他一样的"他人"也在历经这种任何办法都无法排解的人类生存性痛苦;由此他才感受到:不仅仅是他一个人在遭受痛苦,而且还有许多其他人像他一样也在经历这种无法化解的痛苦。从这种意义上说,生存性痛苦是每一个人向往宇宙终极实在合一的人都必然遇到的,而由对这种痛苦感受引起的悲悯更具有普遍性,也即悲悯属于人类所普遍具有的共通感。悲悯的意义在于:正是通过悲悯,我们才发现我们不仅仅是单独的个体存在,而且是作为群体而在。换言之,在茫茫宇宙与世界上,我们每个人并非是孤立的,而是由痛苦维系在一起,从而不仅感受到自己的痛苦,而且会感受到他人与整个人类之痛苦。

  由此,我们理解了人类苦难对于悲悯之意义。悲悯之产生乃源于人类具有的痛苦,而且这种痛苦具有普遍性,是普遍于所有人,包括我亲近人与我不认识的人,包括好人和坏人,甚至也包括罪人与有恶行的人在内的。由此,这种悲悯也就不仅是他对于自己所感受到的痛苦的悲悯,而是普及于他物,乃至于世界上一切存在者的悲悯。或者说,悲悯是对整个人类世界,甚至宇宙万物的悲悯。悲悯什么?悲悯何以人类世界总会有如此之不幸与灾难,宇宙世界何以如此不完满,包括上帝创造的人自身何以如此之缺陷。这种悲悯之

---

① 乌纳穆诺:《生命的悲剧意识及其超越》,上海文学杂志社,1986年版,第80页。
② 同上书,第81页。

产生,首先是源于对与宇宙终极实在合一的追求,假如无与宇宙终极合一的追求,则无法感受这种无法与宇宙终极合一的悲悯。其次,对无法合一的痛苦感受愈强烈或愈深切,则这种悲悯感也愈深。再次,我们发现,正是这种悲悯之产生,使他与其他人维系在一起。这是因为:人发现:在追求与宇宙合一的宇宙过程中,他并非完全孤立的一个,而是有着无数像他一样的个体。换言之,是千千万万像他一样的个体。也正是在这种意义上,可以说,是悲悯而非其他,从形而上学或者说精神的意义上,将个体与个体联系起来而成为人之总体或者说人"类",而且会在这种寻求与宇宙终极实在合一的过程中相互扶持与支撑。这种彼此不认识的无数个体与个体之间在处于困境或者遇到灾难之时的相互扶持与支撑,就是我们这里所说的具有宗教信念意义的普爱或博爱。

这里,比较一下宗教信念之爱与审美之爱这两种不同的爱之方式是有意义的:应该说,具有形上意义的追求与宇宙终极实在合一的冲动除了宗教性冲动之外,还可以经由其他形式,比如说审美性冲动而达到。审美性冲动同样也可以使人体验或感受到普遍于人类与整个宇宙世界的普爱或大爱。但这两种达到爱的方式之实现机制不同:假如说爱皆产生于对于宇宙终极实在合一之向往,而所谓与宇宙终极实在合一即追求与宇宙终极实在之本体"一即一切,一切即一"合一之精神性体验的话,那么,对于审美来说,世界之一即一切或一切即一,是在审美的观照与审美体验的愉悦中完成的;这种一即一切或一切即一,是在审美状态中的天人合一,是一与一切的和谐与统一。①而悲悯的精神爱之完成,是经历过一与一切之冲突与无法调解之深刻痛苦体验之后,一与一切达成的新的和解。这种和解与其说是天人合一式的,不如说是超天人合一的。也就是说,对于悲悯之爱来说,本然之世界应当是一与一切之统一,但作为现象之世界却难以实现这种一与一切之统一,那么,就让处于现象世界中之我们,在痛苦中承认并且承担起这种世界与宇宙之悲剧性存在之命运吧;而我们作为宇宙之中的个体,也与宇宙同样,接受这种造物主安排的悲剧命运:既然我们每个个体与他人,包括宇宙万物,甚至宇宙本身,都处于这种悲剧性之处境之中,那么,就让我们同悲苦,共同承担此无法逃离的悲苦命运吧。正是在这种共同承担悲苦命运的过程中,我们才与他人,以及万物结成了一种不仅超出个体之单纯功利,而且超出审美鉴赏的精神之爱。这种精神之爱,才是我们这里所说的具有宗教信念的或者说宗教意义上的普爱或博爱。

---

① 关于"审美的形而上学合一"之机制,参见本书第十章所作的分析。

五、宗教信念与救赎之意义

　　值得注意的是：虽然悲悯具有共通性，并且是每个个体在追求与宇宙终极实在合一的生命探索过程之中都能体验到的，但是，这种内在悲悯最终能否转化为一种爱的能力或爱之实践，还决定于个体作为主体的一种主体能力，即信。这里蕴含的潜台词是：悲悯属于人的心理体验与内在感受，而爱除了是一种心理体验之外，还包括一种行为的能力与实践意志。质言之，任何真正的爱都应当表现或呈现为个体自觉自愿的行动，其中包含着行为意志；否则，则它仅仅是一种爱的情感。这里，我们发现，如果说悲悯作为爱属于人类的一种普遍性情感体验的话，那么，在将这种普遍性的情感转化为具有实践意志的爱的行为中，信念起到了关键的或者说是不可替代的作用。

　　通常，人们在谈到爱作为人的实践行为的时候，都看到了实践行为背后的人的实践意志，从而将人的实践行为与盲目的本能冲动区分开来。这里，所谓盲目的本能冲动，是指人的不出于其主体意志，而纯粹由他的自然本能所驱使的行为，比如说，人在酒后出现的反常行为，甚至在某种"激情"状态下的过激行为等等。假如排除了这些盲目的冲动之外，真正的人的实践能力或者说实践意志究竟是如何形成的呢，或者说它是由何种因素所决定的呢？这里，人们会首先想到理性与情感的作用。所谓理性，通常是指人对于外部世界的认识能力，而情感，则指人的内在的情绪活动。但我们发现：除了理性与情感之外，对于人的实践行为起作用的，还有另外一种主体能力，即信的能力。这里所谓信，不是指经由理性的分析以后，对外部世界的某种事态或者情况表示"相信"的判断，也不是指出于对某个人的好感或者说信赖而产生的对某人所作判断的"信任"，而是指既无须对客观事物加以理性分析与思考，也不是出于个人情感之好恶而产生的相信，这里的信，是对于某种事物或某种行为之无条件、无保留的服从与信赖。或言之，假如一个人的爱的行为不由他对于事物或环境作出了理性判断而定，也不由他个体当时的好恶情感所决定，而是由于听从某人或某种最高命令而作出的行为的话，那么，我们才可以说：这种爱就是一种出于信的行为。可见，这种信，相当于康德所说的对于某种"绝对律令"的信。当然，对于康德来说，他的绝对律令的含义是特指的，是指对于道德的自由意志的服从。其实，抛开康德赋予其中的道德意志的意味，他的绝对律令的说法就相当于我们这里所说的信。人的实践行为，包括爱的行为，假如说既不由人的理性所决定，也不被人的情感所左右，更不被人的盲目的本能冲动所决定的话，那么，假如说它还可以有其他的人的主体能力所决定的话,那么,我们发现:这就是信。这里所谓的信,其实就是宗教信念意义上的信。我们知道,大凡宗教信念都以确立有一个最高终极实在者为前提,而宗教信念,就是对于这最高终极实在者的信念,即不仅相信有这最高终极实在者,而且听从这最高终极实在者的召唤。从这里可以看到:虽然宗教信念背后蕴含着的是对宇宙终极实在的信念,这是我们在本章一开头就谈到的,但宗教信念背后的宇宙终极实在信念还不能完全等同于宗教信念。对于宗教信念来说,它除了蕴含有对于宇宙终极实在的信念之外,还包含着人生的行为原则与实践原理,或言之,包括一整套的"宗教伦理"。而宗教信徒的行动准则或者说行为指南就是对最高造物主的戒律或者宗教先知发布的"预言"的服从,姑无论这最高造物主是基督教的上帝、佛教的佛陀,抑或其他。

于此,我们看到了宗教之爱与人的宗教性形而上学冲动的内在关联:假如说人的悲悯之爱由人的宗教性形而上学冲动所引发,具有它的人学形而上学根基的话,那么,宗教之爱则通过一整套教义与教规将人的这种悲悯之爱进一步"合理化"与"合法化",即视之为宗教信仰者必须遵守的绝对律令,这样,那本来只属于人的宗教性冲动所产生的悲悯之情也就被纳入宗教信念的"通道",并且得以仪式化与规范化;进而之,在历史形成的过程中,这种宗教律令还通过制度与仪典的作用代代得以延续和强化,以至于在信徒的心目中,它被视为是超出个体的主观心理期望与个人意志的,是来自那超验的最高造物主所要求我们每个人所必须去执行的绝对命令。这也就是为什么我们看到:在任何的宗教伦理中,爱上帝都会与爱人联系在一起,换言之,爱上帝必然要求我们爱人,而爱人则成为体验对上帝之爱的方式。从这里我们也看到:宗教信仰之存在依据,与其说它对于有一个终极实在者的承诺,毋宁说在于它设定的这个全能的上帝还命令我们爱人,从而满足了我们每个个体在追求与宇宙终极实在合一过程中体会与感悟的对于人类共同体与整个世界的悲悯之心,从而在我们的内心获得呼应与共鸣。

但假如说宗教信念之确立仅仅因为它满足了我们对于人类的悲悯之情并且获得呼应与共鸣,则这还不是问题的全部。应当说:假如说宗教之出现是由于它满足了个体人之悲悯之心的心理期待的话,那么,宗教一旦出现,又反过来塑造了"人"——一种具有宗教信念的人。这种宗教人之不同于普遍人,也不同于仅仅出于追求与宇宙终极合一而产生的原始宇宙悲悯之心的悲悯人。换言之,皈依于宗教信念的人,还是一个具有宗教信念的人。这意味着他的行为不仅仅由他的各种个体人的主体能力,包括理性能力、情感能力而定,还由他的宗教人格而决定。而所谓宗教人格,就是他会追求宗教信念。

这里的追求宗教信念,不仅是他信仰有一个全能的上帝,而且他以服从上帝的召唤为其使命,而对于爱的实践来说也是如此。

或许,在这里,我们才终于得以窥见宗教信念及其救赎之意义。假如说爱出于人的各种动机,包括人的生存本能、欲求本能,以及情感本能等等,都会生发出爱的情感,并且也可以出现爱的行为的话,那么,恐怕只有一种爱,即本章所说的普爱或博爱是所有其他诸种爱所无法代替的,这种爱出于信念,故在爱的实践上,它会采取不同于其他爱的方式。比如说,出于生命本能的爱通常是为了满足个体的生物性存在的需要,故这种爱往往是与获得与攫取联系在一起的;出于诸种情感的爱,也往往与爱欲联系在一起,由于与爱欲联系在一起,这种爱的对象往往有指向性,难以普遍于所有人类,而且对爱的对象有某种价值的期待。而唯有信念之爱,不仅是普及于所有人的,而且这种爱与其说是对爱的对象的欲求、渴望与期待,不如说是彻底的奉献。所谓彻底的奉献,不仅仅是指不求"回报"的关心与爱,更主要的是指:这种爱意味着宽恕与牺牲。这是作为宗教信念的爱所要求于我们的。之所以说要宽恕与牺牲,乃因为我们面对的是一个残缺的,甚至于丑陋的世界。由于世界包括人类从本性上或终极意义上来说是不完满或有限性的,因此,我们之所以爱这个世界或人类,并非它有某种可爱之处值得我们去爱,而实在是由于它的不完美或残缺,引起我们的悲悯,故我们才去爱。故爱乃悲悯,悲悯之爱的行为准则是宽恕与牺牲,这才是宗教信念的爱。我们看到:无论是基督教还是佛教这样的以悲悯为怀的宗教,都将宽恕与牺牲作为其宗教伦理之最高信条,道理也在这里。

第十四章 纯粹历史何以可能

历史是什么,这是人们普遍关心的问题。但是,迄今为止,人们或者就历史文本是如何形成的来谈论历史,或者从历史上发生的事件如何认识的角度来谈论历史,前者属于历史书写的方法论问题,后者是如何了解与理解历史的历史认识论问题。这两者无论在内容与具体问题上有何差异,关心历史的方法论与认识论甚于对历史本身的关注,是其共同的思想主旨。笔者提出:历史是什么的问题首先是关于历史本体的问题,然后才是其他。换言之,对于历史如何书写以及历史如何认识的问题都以如何理解历史之本体作为依据,历史本体论问题直接决定了历史的书写以及历史如何认识。为此,本章试图对历史的本体地位加以澄清,并在此基础上提出有"纯粹的人类历史",以为理解人类历史之意义与价值提供标准。

一、前论:关于人的精神实在问题

历史之本体问题就是究竟有无客观真实的历史之实在的问题,因此,对问题的探究也就要从何谓实在的问题谈起。通常,人们所说的实在是经验实在。这里的经验实在,是指借助于人的感觉经验可以去认识与把握的现象界的具体存在。举例来说,我们周围的树、房屋建筑、动物和人等等,由于这些现象界中的具体存在可以被我们的感觉经验所把握,因此,我们认为它们是"真实存在"的。除了这些可以被人的感觉经验所把握的具体存在物之外,还有一类东西也是"真实存在"的,比如说人的心理实在。人的心理实在虽然不像人的外部世界中的事物,比如说树、房屋等那样可以被不同的人的感官所把握,但同样也是现象界中的真实存在,只不过它呈现为个体人的心理内容而已。对于这两类存在物的真实性,大概人们是不会怀疑的。然而,除了这两类属于现象界中的真实存在之外,还有一种真实存在是超出于人的感觉经验之外的,或者说,说它们是真实的存在,却无法被人们的感官经验所把握,甚至也无法通过人的心理感受与体验所获得,但它们却成为人类思维的对象。这种超出于现象界之外的真实存在,我们称之为"观念的实在"。

显然,关于"观念的实在"是否属于真实的存在,在哲学上是颇有"争议"的。这种争议说到底,是关于哲学立场所引起的争论,哲学立场不同,对于观念的实在是否真实,或者说是否存在观念的实在的看法也就不同。比如说,从唯物论的哲学立场上看,观念并非是真实的存在,它只不过是人的心理现象之呈现而已;而从观念论或者客观唯心论的立场上看,观念是绝对真实的,像柏拉图就持这样的观点。假如抛开哲学立场不论,仅仅从逻辑的角度来看问题的话,那么,我们既可以采取唯物论的立场,同样也可以选取观念论的立场。就逻辑的立场上看,唯物论的否认观念的客观真实存在的说法与观念论的承认有客观真实存在的观念实在的看法是等价的。既然如此,我们既可以站在唯物论的立场上否认观念的真实存在,当然也可以采取柏拉图式的承认有观念的客观实在的立场。对于柏拉图式的观念实在论来说,不仅被感觉经验所把握的一棵棵具体形态的树是真实的存在,以观念形态存在的"树"也同样是客观真实的存在;而且与感觉经验所把握的现象世界相对立的,还有一个超出人的感觉经验之外的"理念世界"。

　　然而,除了以上所说的人的感觉经验所把握的经验实在,由人的各种心理活动内容所构成的心理实在,以及由观念和理念所组成的观念实在之外,我们发现,还有一种实在是既不能被简单地归约为经验实在,同时也不同于像心理实在或观念实在那样的客观实在,这种实在我们称之为"精神实在"。精神实在是指人作为"精神存在物"而非一般物质性存在的客观实在。精神实在是对人而言,是指人除了具有其物质性存在的客观存在属性之外,还有其不同于人的物质存在的精神属性。这种人的精神属性从本体论意义上说,是区别于人的物质属性而独立的客观存在。这是我们从人类的精神性生活可以不受限于人的物质性存在而自有其独特的、不同于人的物质性存在的内容与形式而可以窥见的,也是我们从人的精神性存在可以"自主地"对人的物质性存在,以及对世界的其他各种客观存在(感性存在、心理存在、观念存在)产生"作用"而证明其是一种具有客观功能性的独立存在。总之,无论是从人的精神性活动的"独立性"或者从其对世界其他客观实在发挥的功能性作用来看,我们都可以证实这是一种不同于经验实在、心理实在和观念实在的具有本体论意义的客观存在。当然,说人的精神性存在是一种真实的客观实在,不等于说它可以脱离开人的经验层面或与现象界之生活无关的,相反,它不仅可以被人的感性经验或者观念思维所把握,而且往往通过人的经验实在、心理实在和观念实在的方式得以呈现。从这种意义上说,人的精神性实在并非是"不可捉摸"或"空洞无物"的,而与人的现象界生活及其感性经验有着密切的联系;但这些现象世界中的任何具体的经验内容却又不能等同于精神实在本身,它们只是人的精神性实在的"现实化"或"呈现",这就好比海德格尔说的"存在通过存在者呈现自身""存在者呈现存在"一样,人的精神性实在与人的其他感性存在、心理存在以及观念存在的关系,属于"被呈现者"与"呈现"的关系,或者说是一种"存在"与"存在者"之关系。

说到这里,我们可以明白:说有客观真实的精神实在,是指人的精神性存在是区别于人的其他存在形式,比如说物质性存在以及心理存在,而又不同于像观念实在那样的一种可以超出于人的存在方式的客观实在。之所以说它是真实的,不仅是说它的这种不依赖于人的感觉经验实在、心理实在的独立性,而且是指它能够通过其他存在方式,严格来说,是通过转化为其他存在方式或以其他存在的呈现方式来对人的生活以及客观世界产生功效。总之,无论从其本体意义上的独立性,以及其在经验世界中的功能性,都可以说明这是不同于感觉实在、心理实在以及观念实在的真实存在;而人们对于这种精神实在之客观存在的体验之真实,也一点不亚于对于感觉实在、心理实在以及观念实在的体验之真实。①

二、"历史的人"

以上,我们谈的是作为人的精神性存在的客观实在,而且指出:人的精神性是通过人的其他存在方式,比如说感觉实在、心理实在、观念实在而呈现出来。而以上这四种存在方式,似乎都同"人"的存在有关,假如没有人,则没有这四种客观的实在。从这种意义说,动物既没有感觉实在,也没有心理实在,更没有观念实在,当然也谈不上有"精神性"的实在,它们只有自然环境。就是说:对于动物来说,它还没有从它生活的周围环境中"分离"开来,它只"属于"而不能认识这个它生活于其中的世界。而任何生物只有当它认识到它生活于其中的世界之后,才可以说它有"世界",故有四种实在的说法其实是人认识世界的结果,动物由于不能认识"世界",故也就没有我们以上所说的这四种实在。四种实在只属于人,是对人才呈现出来的世界。

于是,我们这里要提出这样一个问题:什么是"人"? 为什么"人"才会有以上这四种世界? 对此,我们可以说:人之所以会有这四个世界,是人具有反思能力,故认识世界就是能够对世界或周围的生活环境加以反思。从这种意义上说,四种世界虽然是客观的存在,却又是因人而出现的,或者说,是人对其生活于其中的周围世界进行"反思"的结果。否则的话,世界就是"混沌"的,或者说既无人可以感觉的感官世界,也无所谓人的心理世界、观念世界,

---

① 弗兰克也曾提出有四种"实在"。见弗兰克:《实在与人》,浙江人民出版社,2000年版,第1—37页。本章关于四种实在的说法并不完全与弗兰克关于四种实在的划分相对应,但他论证四种实在的方法却可以用来为本文提出的有四种实在作论证。

更不会出现人的精神世界。从这种意义上说,"世界"是由于有了"人"然后才出现的。或者说,世界是一个有"人观"的世界。也可以这样说:所谓"世界"或者世界的四种存在方式都是对人而言的;动物没有以四种存在方式呈现出来的"世界"而只有"环境"。海德格尔用"世界化"一语来代替"世界",其意思也在这里。

然而,假如事情只说到这里,那么,对于人是什么的回答,还只完成了一半。因为以上的分析很可能会得出这样的结论:既然人的世界意味着四种实在,而四种实在仅仅对人而言,假如没有人就没有四种实在,那么,也可以说:有了人才有这四种客观的实在,或者说人的世界就是这四种实在。这种说法并不为非,但并不是问题的全部,因为它毕竟还没有回答人是如何出现的问题或者说人的本体存在的问题。这里的问题是:虽然这四种实在都是人的呈现或存在方式,离开了这四种存在,也就没有真实的人,但不能反过来将人归结为这四种存在。就是说,人虽然以这四种方式存在,或者人的世界必呈现为这四种实在,但人却仍然有它的本体性存在。人的这种本体性存在并不依存于这四种实在,而毋宁说决定着人的其他存在方式或人的四种实在。而人的本体或本然性存在方式又是什么呢?这里我们先说一句透支的话,人是以历史的方式存在的,或者说,历史性是人之存在的最本己方式。因此,历史对于人来说具有本体论的地位。人从本然的角度来看,首先是一个历史的人。

通常,人们在谈到历史的时候,总会预先假定有一种"属于"人的历史,或者说先有了人,然后才有历史,于是,历史不仅依附于人,由于人而存在,而且认为人是一种先于历史的存在。这种说法貌似有理,仔细考察一下,可以发现,这是一种形而上学的偏见,即预先假定有一种可以脱离历史的人,然后才肯定或承认有人的历史。然而,在讨论人与历史的关系上,我们有什么理由或前定的根据要假定人在历史之先呢?从逻辑上说,我们可以认为:假如说历史是指人的历史的话,那么,没有人,则不会有人的历史。从这种意义上说,史前人的历史并不是人的历史。因此说,讨论人的历史,可先对"人"作出一种规定。这种对于人的规定,不是关于有一种抽象的人的假定,而是对于人的定义的设定,即我们在何种意义上才将一种看来很像猿猴而无毛的并且习惯行走的动物称之为人。显然,这种对于人的规定只能从哲学的意义上说,而不能从经验科学上说。就是说:关于人的定义,是不可能像动物学家那样通过对像人这样的动物的行为的观察,也不可能像比较行为学家那样,仅仅从人之不同于其他动物的行为特征或心理性状,来得出一个关于"人"的定义的。哲学上关于人的设定,只能从人对于他自身的理解或看法中得出。那么,哲学上关于人的看法或设定是什么呢?我们发现:哲学上关于人是什么的看法林林总总,但我们说,还是康德关于人的说法最为经典和深刻,这就是所谓"人是有限的理性存在物"。然而,康德的说法还需要进一步分析。这一说法虽然由康德提出,可是,人何以是有限的理性存在物,这一关于人的规定的确切含义如何,康德本人却并没有专门地加以辨析。但从康德哲学的思想脉络中,我们可以知道,所谓人的"有限性",指的是人是"现象界之物";对于康德来说,时空虽然来自于先验直观,但凡现象界中之物必表现为时空中的存在,因此也可以说,人的有限性意味着人是在时空中的存在;或者说,人是通过在时空中的活动来呈现其作为有限性的一面的。但人除了是有限性的之外,又是理性的存在物。按照康德的看法,说人是理性的存在物,意味着人能够超越自身的有限性而去追求处于本体世界之中的"理念",①这样看来,作为研究"人是有限的理性存在物"的学科假如存在的话,其学科之目标就应当是研究人如何在具体时空中去体现其对于无限的理念之追求。从这里可以得出结论:应当有一种经验学科是以这种有限性的理性存在物作为研究对象,并在研究角度上将它与其他学科,比如说仅仅研究具体时空中的人,或者仅仅研究理念中的人的学科区分开来。事实上,我们已经有了以研究具体时空中的人的学科(自然科学意义上的人类学或考古人类学以及以人的社会行为作为研究对象的社会科学),又有了以研究超具体时空的处于理念世界的人作为研究对象的学科(哲学形而上学与宗教神学),那么,假如说现在还需要一门以将人的具体时空中的存在与以理念方式存在的人结合在一起来研究的学科,而我们要将它加以命名的话,那么,这门学科就只能是"历史学"了。于此看来历史学作为一门研究人的学科,其意义之尤其重大,因为它是唯一一门既关注人的具体存在方式(时空中的人),又关注人的绝对本体存在方式(理念人),同时致力于将这两者结合起来加以研究的学科。从这种意义上说,历史学,也只有历史学,才是以完整的人,或者说真正意义上的人作为研究对象的学科。而所谓历史,不仅是指人在具体时空中的活动与行为的历史(假如这样看待历史的话,动物也有它的"历史"),而且是指人通过具体的时空活动来追求无限之理念的历史。

然而,通过以上的辨析,问题并未完全解决,反倒似乎显得复杂起来。因为假如将历史定义为研究具体时空中的人的存在,这个问题可能简单得多,并且容易解决,而一旦引入了"理念的人"的概念,则问题就变得困难。因为

---

① 对于康德的"人是有限的理性存在"这一说法,学术界也有不同的理解,比如说,有人把这句话的意思解释为"人的理性的有限性",此种看法为本章所不取。这里,本章同意牟宗三对康德这一命题的解释,即认为人是有限的存在,却又追求无限。本章认为只有这种理解才是关于康德命题的"哲学化"解读而非实证经验的说明。

在这里,我们遇到这样一个棘手的问题:具体的时空如何转化为理念,或者说理念如何表现为具体的时空"现象"。对于哲学来说,这个问题不难解决,像海德格尔这样的哲学家已将这个问题作了阐明,认为具体的时空作为存在者,可以呈现属于本体界的存在,或者说,本体的存在可以通过具体时空中的存在者加以呈现,此也即"存在者呈现存在,存在通过存在者呈现自身"。然而,我们说,这种说法只是一种"哲学式"的解答,它解决了"历史学何以可能"这个历史学的存在之根据的问题。然而,历史学何以可能的问题不能代替历史学如何可能这个问题。也许,较之前一个问题,后面这个问题才是作为一门现实的历史学能否存在,或者如何存在的依据。也就是说,只有这个问题解决之后,作为一门以研究"有限性的理性存在"的人的学科之基础才能获得真正的阐明。

三、历史的"记忆"

在历史学科中,人的具体时空中的存在得以转化为人之理念,是通过"记忆"得以实现的。

说起具体的时空,人们往往会想起时间的流转与空间的变化,的确,人们在日常生活中也是这样来理解"以往"的世界之变化的。这也是为什么人们往往会从常识或者说朴素的经验实在论观点出发,将以往发生过的时间变化与空间变化中的人的活动理解为历史,认为所谓历史,就是对以往过去的事件进行客观的叙事。说历史是对在过去的时间中发生在特定空间中的人类生活事件的叙事,这话从原则上讲没错;然而,何为"过去的时间",何为"特定空间",此中却有深究的必要。

说到这里,先要对时间与空间的呈现方式作一下分析。时间和空间究竟如何呈现,我们如何感知时空,有没有客观的时空,这些都是哲学本体论要涉及的基本问题。与过去的哲学家们都认为时空是独立的存在不同,康德视时间和空间是人的接受客观存在的"先验直观方式",即时间和空间与人的主体性存在状态有关。从这里可以引申出的看法是:假如人的主体性存在方式不同,那么,人对时间与空间的感受与理解也就不同。这一康德的引申式说法在现代物理学上可以获得证实,即时间与空间其实都是可以变动的,而并非如牛顿物理学所说的那样只有所谓绝对不变的客观时空。现代物理学还验证了这样一个事实:时间与空间是可以相互转换的。因此,本章对时间的讨论同样也适用于对空间的理解。这里我们主要讨论时间问题。我们发现,作为把握世界的先验形式,康德将时间意识理解为人的"内感知"问题,即人类对时间的感受其实是对于外部世界之"变化"的一种内在的直觉心理体验。这样看来,对时间的体验其实与对"变化"的感觉联系在一起。假如世界是不变的话,那么,人类就无所谓"时间"的观念。从这种意义上说,时间其实是"人"这种动物把握与理解变动不居的世界的根本方式。与时间一样,"空间"观念也是把握与感知世界万物之变动的先验方式,假如世界万物不处于变化之中,则人类也就无法运用像空间这样的先验方式来感受万物之在空间的移动与变化。于是,我们可以说,正由于人类有一种感受世界万物之变化与变动的先验感知方式,我们人类才会知道世界万物,包括我们人类自身无时无地不处于变动之中;而所谓变动,也即"现在"的一切皆会消失或"逝去"。但人类与地球上任何其他动物不同,它又有一种追求世界之永恒,尤其是人类自身之永恒存在的愿望,此也即前面所说的人要在有限的存在中追求无限。对于人来说,这种以有限之身来追求无限的冲动,其实是通过对处于变动不居中的存在者之人的"记忆"来实现的。换言之,人类突破时空之有限性的方式,就是凭借于"记忆"。

于是问题成为:人类为何要"记忆",记忆对于人来说意味着什么?上面讲过,世界之经验性存在,包括人的经验性存在,都处于时间与空间的变动之中,人类为了达到永恒("永恒"也即"现在"永远不会成为"过去"),才需要把这些处于时空变化中的现象以记忆的方式保留下来,这样"过去"的,或者说处于变化之中的世界之现象或者说"事件"一旦以记忆的方式保存在人类个体或群体(如"种族的记忆")之中,人类就从"精神学"的意义上获得了"永恒"。我们说,这种"永恒"只能是精神学意义上的。这不是说人类通过记忆从此而可以"不死"或在肉体上不再消失,而是说:人作为一种具有精神性意义的动物,从此就超越了其肉体的短暂性或"有限性"而知道"世界",包括人类的业绩以及某些历史人物,可以在精神意义上永久地不会消失。比如说,我们看到古埃及留存下来的金字塔,会想起几千年前的埃及文明之辉煌,这是因为我们有关于古埃及文明的历史记忆;又比如,阅读关于孔子的历史记载以及阅读《论语》,我们能够感知到中国古代的这种"圣贤人格"的永恒存在。总之,无论是古代历史或者现代历史,无论是古人还是今人,无论是作为群体还是个体的人之存在,都只有进入人类之"记忆"中,才能成为"历史";否则的话,它们无论曾经在历史上如何辉煌,却也会随着那"过去"的时间与空间之流逝而消失,这种消失不是说它们作为历史会被人们所忘记,而是说:由于它们从来没有成为人类之记忆,或者说没有经过"记忆化",也就从来没有成为"历史"。从这种意义上说,成为历史就是被人类所记忆,或者可以作为历史之留传物而被后人所"想起"。记忆是人类突破处于偶在之时空中的世界与人类生活而使其得以永久存在的根本方式。或者可以这样理解：世界之万物存在皆处于时间之流的变化之中，只有通过记忆，原先处于变动不居的世界之中的事物或事件才得以突破它的变动性与暂时性，而成为供人们所理解的历史。于是，在这里，时间（有限性、短暂性与变动性）与记忆（永恒性、无限性与凝固性）在历史中获得了统一。或者说：什么是历史？历史就是人类对于发生在以往之时空流转中的世界之变化以及人类之活动的记忆。这不是说人类的生活或存在必得以"记忆"的方式才得以存在或发生，而是说：世界以及人类的存在从来都是在具体时空中的存在，但只有进入记忆之中的人类这样的偶在时空存在方才成为人类之"历史的存在"。从这种意义上，我们可以说：人类事实上有两种不同的时空观念，一种是表现为具体的现象界之变动的时空观念，另一种是进入了人类之记忆的时空观念，而后者方才成为历史的时间。或言之，一切历史事件都只有作为记忆中的时间才得以呈现。时间如此，空间也如此，人类的生存活动表现为现象界之变动中的空间活动，而这些活动只有以记忆的方式得以保留或"沉淀"下来，方才成为"历史"中的人类活动。

这样看来，就人类来说，历史无非是对以往偶在的人类的种种活动或生存现象之记忆。但以往之人类活动形形色色，生存百态，历史作为"记忆"，不可能将人类以往之种种活动与事迹都记载下来。事实上，假如人们将人类的这些以往活动与事迹都事无巨细地记载下来的话，它们也未必就是"历史"，而只是人类在以往的时空流转中作为"现象物"曾经"存在"过的印痕或印记而已，就如我们通过动物志或者动物考古学知识知道像"恐龙"以及其他一些史前动物当初曾经布满过我们生活于其中的这个地球及其后又消亡了而已。于此，我们发现：历史不仅是记忆，而且还有一个历史"记忆"了什么的问题。

对于历史的"记忆"来说，不是指历史的书写已记载下来了些什么（此点下面要谈），也不是指人类的生理记忆能力曾经记起过和能够记得起什么，而是指作为人类之历史来说，历史记忆是如何形成的。一旦如此发问，我们认为，所谓历史的记忆就是人类的自我认同问题。我们发现，在以往的时空流转当中，人类的生活世界中会发生许许多多的事情，但这些在时空流转中的生活片断未必都进入"历史"之中。换言之，当我们将它们称之为历史，或作为历史来看待的时候，是经过记忆之"过滤"的。所谓记忆的过滤，是指作为历史的记忆不会将人类以往经过的种种事件都事无巨细地都保存下来，真正能进入历史之记忆当中的东西，其实是经过历史的记忆"处理"过的。或言之，历史之记忆认为凡称得上是历史的东西，才值得并可被保存下来，否则保留下来的只是人类在时空之流转中的一笔"糊涂账"(王安石称之为"断烂朝报")。那么,什么是历史之记忆中认为是值得保留下来的东西呢?这就是"人"作为"精神"而非像世界上任何其他动物或事物那样所体现出来的价值。换言之,历史是关于人的历史,这里的人,首先是指具有精神向度与精神价值的人,而非仅仅作为工具,或者像机器那样看待的人,也不是像其他动物那样的纯粹生物学意义上的人。从这种意义上说,历史所记忆的是人的精神生活或者说对人类之精神生命发育至关重要的东西或事件,而历史之记忆正是以这种标准来将以往时间流转中的人类种种生活与事件加以鉴别和筛选,以发现人之生存及其活动与其他动物究竟有何区别。也正因为如此,这种记忆不仅在内容上有选择性,而且其记忆的方式也有别于一般生理学意义上的记忆。生理学的记忆很大程度上得自于生物性遗传,记忆什么和容易记忆什么在很大程度上由生物的遗传性因素所决定(对有些东西有某种特殊的记忆,如对有危险性的东西,或者喜欢的东西的特殊记忆,这种记忆的选择性来自于动物"趋利避害"的本能);而且,与动物的"记忆"相似,生理学记忆往往属于"工具性"的记忆,即基于某种实用的目的,尽管这些实用的考虑有程度高低、范围大小的不同,记忆在内容上有深浅、精确度有差异,甚至于其对实用的目标有长远或者短期打算的区别,但为了达到实用的目的而去记忆则是一样的;此外,尽管人的这种生物性或心理学记忆由种族的生物性遗传所决定,但不同的个体之间,这些记忆的内容却差别很大,因为它们同时还受到文化、环境、爱好与趣味方面的影响。而作为历史的记忆不同:第一,它们来自于人类的文化遗传,而非生物性习得的行为,如历史中记忆的东西不同于自然科学的、博物学的、地理学等方面的,更多地是属于人文内容的,是以"人"为对象,或以"人"为中心的。其二,它们是群体的或种族的,甚至人类整体的记忆,而非个体偶然性的记忆。历史记忆的内容不是个体的,而是有关人之群体或者人类整体的,虽然从内容上说它也许是关于个别人或者某些人的,但这只是从记忆中之内容说的,而就记忆之本质或目的以及内容选择之标准来说,它却是非个体性的;而且,即使历史的书写是个别历史学家的行为,但他书写的内容却不是纯粹根据他个人的主观好恶或兴趣,而是将它视之为"社会的记忆"来书写。其三,更重要的方面在于:历史之记忆出于人的自我认同的需要。这种"认同"是精神学意义上的,而非文化学意义上的,更不是生物学或心理学等等方面的,否则它就不是历史的记忆而只是其他方面的记忆。而关于精神学意义上的认同,是指人认识到或认为他自己是什么。比如说,人即使认为自己是"动物",甚至是"狼"或者具有"狼性",也是着眼于其精神的意义,即认为人在精神与价值上是什么,此也即康德所说的"人应当是什么"。从这点上说,历史学与哲学都是关于人应当是什么的学问。即言之,历史的记忆既不是实用性和工具性的,也不是什么习惯性或文化性的,而是出于人的自我认同的需要的关于人类的"身份"的记忆。其四,历史关于人的记忆的内容不是抽象的观念,而是具象的,甚至是有故事与"情节"内容的。在这方面,历史与文学有相似之处,不同的方面在于:文学作品描写的情节是人主观想象或"虚构"出来的事件,而历史记忆保留下来的是人类在以往时空流转中经历的"实事"(关于何为"实事",后面再说)。

总之,历史作为人类的一种总体记忆与社会记忆,最主要的特点在于其精神性,是为了解决人的精神上的"认同"问题。人之不同于其他动物,最重要的就是他有"自我认同"的意识,无论个体的人或者群体的人均如此。人对于自我认同的需要丝毫不亚于追求食物和求生的需要,而不同的人之间的区别也并不在于其是否有自我认同的需要,而在于其如何认同,以及认同什么而已。从这方面说,一切关于人的"定义",其实都是关于人的"自我认同"的定义。

四、人作为"精神性存在"及其意义

尽管历史认同属于人的精神学意义上的认同,不同的人包括历史学家在内却有其不同的对人的精神向度的理解(如认同"人是狼"也是从精神学意义出发对人的精神的理解,只不过是把人的精神理解为"狼",并不是指人在生物本能方面像狼)。看来,人们在如何理解人的"精神性"方面存在着分歧,历史学家对人的精神性的看法也是如此。那么,对于人的精神性的理解有没有一种标准呢?

有的。既然我们将人的精神性理解为人之不同于其他动物的特质,那么,所谓人的精神性就应当是指人的"人性"。当然,对人性的理解也人解人殊,而且人性也不是一成不变的,它本身就处于历史的演化之中。但按照雅斯贝尔斯的说法,至少从公元前500年前后,随着"轴心观念"的形成,人类作为整体的自我认同的"人性"观念就已经出现,并且这种关于人性的思想自始之后就规定与制约着人类对于自身的理解,因此,轴心时期形成与确立的关于人的观念也就成为衡量与判断人之为人的人性尺度与标准。从这种意义上说,轴心观念的提出不仅对于人类思想之发展来说具有重要意义,而且对于真正意义上的"人"之出现具有"分水岭"之意义。雅斯贝尔斯正是根据这一点来将轴心时期视之为"人类历史"之开端的。这不是说在轴心期之前,人类还没有出现;也不是说在轴心期以前,人类没有它自己的"文化"或

"文明",都不是的。虽然人作为一种在生理学或生物学意义上的"人类"这个物种在地球上出现的年代非常久远(大约几十万年前就在地球上出现),那时候,人类不仅在生物学性状方面与地球上许多其他动物(如黑猩猩)区分开来,而且在生活习惯、思维方面也与其他动物区别开来,这就是人类能利用"火";火的利用对于改变人类的生活方式与生活环境带来了极大变化,从此人能够避免自然的残酷恶劣环境,第一次获得了掌握与征服环境的本领。按理说,假如从"人是利用或制造工具的动物"来对人定义的话,工具的发明,包括火的利用,的确使人从被动地适应自然而变为能主动地利用和改造自然的动物。从征服自然之能力上看,这的确是人不同于其他动物的一个重要特点,但这能否就作为人与其他动物区别开来的根本分水岭呢?在雅斯贝尔斯看来,不是的。且不说人的制造工具和改造自然的本领,即使是人类能够创造出不同于自然环境的人类文明,比如说:高度的工艺制作水平、繁复的人力组织系统(如修造巨大的水利工程所需要的庞大人力组织与分工,以及庞大的"帝国"管理体系),雅斯贝尔斯认为哪怕这些代表或象征人类文明繁荣的"物质文明"以及"制度文明"已经出现,甚至于在这方面取得了相当的"伟业",他也并不把它们视之为人类历史的开端。这样看来,雅斯贝尔斯关于人类历史究竟从何时开始,或者说标志着人类历史之开端的人类活动或事件,根本就不是任何关于人类之征服自然力之大小的概念,也不是关于人类物质文明之成就,甚至也不是社会工程或社会组织之水平的概念,而是一个关于人类的精神性生长的概念。换言之,只有待人类的精神出现一种"质变",这种质变的程度达到将它与以前的人类的精神性维度完全分开来的时候,也只有在这个时候,我们才可以说,真正意义上的人类历史方才开始。而这种人类精神质变的出现,是在公元前5世纪左右的"轴心时期"。

  之所以称为"轴心时期",是因为在这个时期出现了影响人类精神生活至为深远的"轴心观念"。雅斯贝尔斯将"轴心时期"和"轴心观念"之意义概括如下:1. 人类开始具有了"反思的自我意识",2. 人类开始自觉地寻求生活的目标,3. 人类作为"类"从"精神"上开始相互认同,4. 轴心时期为直到今天的人类提供了思考世界的基本范畴(包括宗教观念)。①

  从这里可以看出:雅斯贝尔斯将"轴心时期"定为人类历史的开端,意味着只有当人实现了它从"史前人"和"文明人"到"精神人"的转变之后,它才成为一种真正意义上的"人"或者说具有了"人性"。质言之,即使人类在利用和改造自然方面取得了极大的进展,以及物质文明甚至一般的文化艺术方

---

① 此是对雅斯贝尔斯这一观点的概括。雅斯贝尔斯的具体阐述文字见其所著《历史的起源与目标》,华夏出版社1989年版,第8—9页。

面都有辉煌的创获,但只要它在精神上还没有成熟,还未有出现关于"人的观念"的精神上的"突破"的话,那么,它从究竟义上说就还没有脱离动物世界的水平。动物世界中某些物种的生存本领很强,甚至利用自然条件与环境作为工具的本领远高于人类(如某些鸟类利用树叶筑巢),还有些昆虫(如蜜蜂和蚂蚁)组织群体分工的本领及其完善程度,也为人类所不及。但唯有一样本领或特长,是人类所具有,而任何其他动物所不及的,即人是有"理性"的。这里的所谓理性,包括反思理性与道德理性。而人类的这种超出于其他动物的理性能力之出现与成熟,是"轴心时代"才开始的,它自此之后成为人类的共同精神财富。正是在这种意义上,雅斯贝尔斯认为,不仅在前轴心时代的人类还未有真正意义上的历史,即使在轴心期以后,有些民族和地区没有出现轴心观念的突破,而又没能从其他民族那里接受轴心观念的精神遗产的话,那么,哪怕它们在社会财富和工程技术方面取得了惊人的成就,但从精神意义上说,它们还是"未开化"的,用雅斯贝尔斯的话来说,它们还不是"历史的民族",也即不能进入人类之历史。这里,我们注意到:雅斯贝尔斯的"轴心观念"是对人类整体来说的,而非只属于某些特定的民族或地区。一些当时没有出现或产生轴心观念的民族和地区,假如接受了轴心时代的精神遗产和采取了轴心观念,则它们也就从此有了自己的历史,并且其历史也成为整个人类历史的组成部分。这方面,雅斯贝尔斯以西方世界为例:按说,以雅利安人为代表的西方民族在人类早期历史上曾是一个"蛮族",这个种族长期生活于现在的北欧、西欧一带,轴心观念并不在这里出现,但当人类历史出现轴心期的突破之后,正是这些西北欧一带的种族接过了轴心时期的精神遗产,并且后来成了轴心观念的传人。就是说,当轴心观念在其原生地业已消亡的时候,这些民族通过它们自己的文化与文明将轴心时代的精神文明进一步发扬光大,从而推进了整体的人类历史进程。反过来,一些曾出现过轴心观念的地区,其轴心观念后来并没有被该地区的民族所接受,或者其轴心时期的精神遗产显得"花果凋零",则这些地区的人类历史从此就显得"黯然失色";而还有一些地区和民族不仅没有产生过轴心文明,而且一直没有被代表人类精神文明的轴心观念所照亮,那么,这些地区与民族也就从来没有进入人类历史之中,雅斯贝尔斯称这些民族为"原始民族",也即从精神意义上说,它们是从未开化的民族。

今天看来,雅斯贝尔斯将人类"精神"发生质变的时期定在公元前500年前后,这一观点在学理上或者有可以推敲之处;而且,他认为代表人类精神性成果的"轴心观念"只出现在当时地球上的少数几个地区和区域,这一看法似乎亦有过于武断之嫌,但他从人的"精神性"或"人性"的角度出发对人类历史的界定,这一见解却何其深刻。因为人类通过世代的进化好不容易才酝酿出了为地球上任何其他物种都不具有的精神文明,并由此而确立了它的不同于其他物种的精神性生存方式,但人类虽然获得了这种精神性的存在却并不意味着它不会失去,相反,与更为深刻与古老的人类之生物性本能的遗传相比,人的这种精神性存在或者说真正的"人性"的遗传本领要"脆弱"得多,因此也就随时可以丢失。而对于像雅斯贝尔斯这样的历史哲学家来说,之所以将人类的历史开端定在人类自觉地确立起其精神性存在的"轴心期",就是让人们不要忘记人类是从什么时候开始才成为真正意义上的"人"的,并且希望通过"历史的记忆"不要让它丢失。

五、历史的"真实"如何可能

以上,我们谈的是雅斯贝尔斯关于历史的见解。但我们发现,这与我们平常所理解的关于"历史"的看法大相径庭。关于历史,人们通常有两种不同的理解,一种是指以往历史上的人类活动及其事迹,一种是指历史学家或者人们所记载下来的关于以往人类活动的事件。姑且不论这两种关于历史的看法如何不同,但要求历史的记载有其"真实性",这似乎是历史学家们的共识。然而,从以往许多历史学家和历史哲学家们的争论来看,我们发现:如何保证或者证明历史的"真实",这对于历史学来说一直是一道难题。有感于此,当代一些历史哲学家,像克罗齐、柯林武德等人,干脆放弃历史有其"真实性"的说法,宣称"一切历史都是当代史"或"一切历史都是思想史",即强调所有历史都是人们从当代观点或视角出发对以往人类历史上发生过的事件或活动的反思。当然,也有人从坚持历史之真实性的目标出发,为了防止历史书写者个人的主观成见对历史真实造成的"干扰",干脆将历史学的目的确定为对"史料"的收集和整理。然而,我们发现:历史作为叙事来说,不仅是史料的选择与运用,更重要的是对各种历史事件的组织和编排,而经过这种史学方法的加工过程,任何历史叙事都体现了历史书写者主观的意图,从这点上说,历史的书写顶多只能保证其在史料运用上的"真确性",却无法保证其历史叙事的"真实性"。即使抛开任何历史的记载是否非得以一种历史叙事的方式出现不论,且按照"史料学派"的标准,将历史等同于史料的收集和整理来说,在这种意义上要求历史的完全"真实"也是难以做到的。这里且不说对于史料的选择与鉴别难以避免史学家的眼光和见识所造成的"偏见",即使为了达到完整地保留历史之真面目,试图不对原始史料进行筛选和甄别,而以"史料汇编"的形式代替历史文本的书写,仔细审查一下,它们的所谓完全保留"历史之真实"的目的能否达到也可存疑,因为我们怎么知道我们所收集到的这些"史料"就是前人保留下来的史料之全部呢？退一步说,即使我们有能够穷尽目前所发现的所有历史资料与文献,并且将它们全部都收罗于"汇编"之中,它们也不能称之为完全真实的历史,这是因为:以往人类历史上曾经发生过的许多事件(包括重大事件),并非全部或完整地被当时人或后人记载。从这方面说,克罗齐和柯林武德等人否认有"客观真实"的历史是有道理的。然而,从史料之不完备或对史料之鉴定和运用无法排除个人的主观成见以及历史叙事不可避免地有历史书写者本人的成见在其中起作用,可以得知纯粹客观的历史之不可能,不等于真实的历史之不可能,而这种真实的历史又无法从"客观"的历史史料中获得,那么,关于历史的"真实性"问题的症结到底在哪里呢？

看来,问题出在如何看待历史本身。应当说,就历史作为人类以往发生的活动或"业绩"之记载或者作为历史之书写来说,有两种"历史",①这两种历史都是关于"人"的历史;然而,就历史之本质或者说历史书写之"目的"来说,这两种历史彼此之间却有重大差别。这种差别主要还不在如何去选取、运用和安排史料的区别,而是在如何看待历史书写之意义与目标的区别。在这个问题上,历史的书写或记载不外表现为两种不同的方向与路径,其中一种是将人类以往历史上发生过的事件或活动尽量客观和如实地记载下来,甚至不惜以"史料汇编"的方式将所能见到和收集到的前人关于历史的文献资料都加以保存和整理,以呈现人类以往历史活动之"真实"。但我们通过前面所述看到,这种历史即使放弃历史之"叙事"这一要求不论,都首先会遇到一个原始史料如何保证和检验其"客观真实性"的问题;更何况,历史学家不会满足于仅仅对史料进行汇编,而总是试图对之加以整理,并将各种不同的人类以往活动过程和事件的记载加以组织到一个史学系统中去,以见这些人类活动与事件发生之间的联系和脉络,甚至寻找出其中带有规律性的线索和因果律,即达到他们心目中关于历史书写的目的。从这种意义上说,这种历史研究与以自然为对象的自然科学的研究极其相似,即将历史中的人的行为与活动作一种"客观化"和"对象性"的处理,其寻求的是人作为现象界之物的各种活动及其相互关联。在这种意义上,这种历史学本质上与以人为对象的其他一些学科,比如说人类学、社会学、经济学、法学等学科无异,即将人视之为纯粹的现象界之物,不同点在于人的这种活动与行为是在不断变动的时空中进行,因此它所记载或保留下来的也只能是以往的人类历史活动之

---

① 关于有"两种历史"的说法,除此处的论述之外,还可参见本书"附录"《哲学的中观视域》里"中观哲学与人的符号世界"一节中有关"历史与传统"的内容。

"迹"。这种以人之现象界存在方式为对象的研究,可以增加人们对于人类作为"现象界之物"的存在状况及其规律的知识性了解,我们可以将它称之为关于"人之知识"的历史。而这种"人之知识"的历史无论对以往人类的行为与事迹的记载如何详细,其研究无论如何细微和"深入",只要它还不触及人类的真正精神性存在这一"历史实事"①,用雅斯贝尔斯的话来说,它们还称不上是真正意义上的人类历史,而顶多是关于以往人类曾经如何存在过的种种"历史事件"的详细记录而已。

但除了以人的现象界之生存状态为对象的历史研究之外,还有一种历史是以人的精神性存在为对象的。这里所谓以人的精神性存在状态为对象,严格来说,是以人的本真的或者说"应然"状态的精神性存在作为对象,就是说,这种所谓人的精神性存在状态不仅是特指的,而且是属于理想范型的。这种关于人的精神性的历史不仅会告诉人们历史上的人类的精神性存在曾经如何,而且还会对历史上的人之精神性存在何以如此作出解释,并且告诉人们应当去追求与实现何种意义上的人类精神生活。从这种意义上说,这种历史与其说是关于人类历史上曾经发生过什么事情的记载,不如说是人类的精神性生命究竟是如何起源以及如何发展和演变的说明与理解。为了与以上所说的仅仅记载人类历史上的活动与事件的知识性历史相区别,我们可以将这种以人类的理想精神性存在方式为目标与导向的历史记载称之为关于"人的认识"的历史。关于人的认识的历史与关于人的知识的历史不同,后者作为历史记载只能获得关于人类以往活动与业绩的客观性记录,却无法保证其真实性;或者说,对于这种历史来说,所谓历史的真实性其实就是历史记载的客观性:只要记载的东西和事情是在历史上曾经发生过的,它客观地记载下来,那么,这也就保留或回答了历史的真实性问题。而对于后者来说,它要"记录"下来的是人类精神性生命的"真实"。从这种意义上说,作为历史之书写,它与其是去追求史料的真实,不如说更关心的是作为人类精神性存在的真实。就是说,并非所有以往人类历史上曾经发生过或出现过的事情或事件都代表人类精神性生命之真实,而只有那些影响或促进了人类之理想的精神性存在的人类活动和事件,才构成为历史书写的内容。从这种意义上说,这种关于人的"认识你自己"的历史属于一种"人文教化"之学。作为人文教化之学的历史不以给人们提供尽可能多的关于历史上人类如何生存的知识而自诩,却以接续以往的人类精神性生命为鹄的。对于这种历史来说,

---

① 本章分别用"实事"与"事件"来指代"人之认识"中的历史事实与"人之知识"中的历史事实。按照本章的看法,"实事"是指"历史事实"经过"现象学还原"之后呈现出来的人之精神性存在的历史真实,而一般未经过现象学还原的历史事实在这里则称之为"历史事件"。

历史书写的真实不仅可能,而且能够确证,这是因为:人的真正的精神性存在本来就是作为人的客观真实的存在,而历史之书写不过是将这种本真的人之精神性存在以历史记忆的方式保留与传承下来而已。为了将这种关于人之认识的历史书写与关于人之知识的历史区分开来,我们将关于人之认识的历史叙事称之为关于人的"纯粹历史"。

说"纯粹的历史"是关于人的精神性存在的历史叙事,那么,这种历史究竟是如何构成的呢?换言之,纯粹的历史如何才能将人之精神性存在以"历史的记忆"方式加以呈现?应当说,"纯粹的历史"虽不是关于人类以往的各种活动与事迹的事无巨细的"实录",却也离不开对历史上人类种种行为与活动的细节描述,而这种关于以往人类之活动的历史叙事要呈现以往人类的精神性生命之真实,则它必须把握好如下三个问题。

首先,纯粹的历史必须确立历史叙事的"尺度"。这种历史叙事之尺度不以对以往的人类活动与行为是否"确实"存在作为标准,而是寻求对这些人类活动和行为的"意义"的理解。因此,历史之构成的标准就是看作为历史记忆的内容是否能体现人之精神性存在以及如何能将人的精神性生命加以呈现。这也就是说:人的精神性存在应当成为历史叙事的核心内容。由此出发,在如何组织与安排历史"线索"这个问题上,它既不是历史学家像亨佩尔所提出的为追求历史事件之真实的"复盖定律"①,也不是对这种复盖定律加以修正的追求连续事例、概念解释和可能解释的修正标准,当然也不是韦伯为解决历史叙事之真实问题而提出的"理想模型"。作为历史,它建立的唯一标准或历史叙事的根据在于人的理性。换言之,纯粹的历史叙事将理性之存在作为人之精神性存在的根本。这里的理性,包括人的反思理性和人的道德理性,前者(反思理性)视人类历史是按照反思理性之方式运行的,也即通过历史的叙事可以发现人类历史是一种反思理性的发生和发展的过程,而后者(道德理性)视人类历史为体现人的德性理性,或者说是按照德性理性之发生与发展而开展的。从这种意义上说,"纯粹的历史"其实是关于人的理性发生与发展的历史。

---

① 作为逻辑实证论者,亨佩尔认为普遍规律不但在历史中起到与自然科学中十分相似的作用,而且也是历史研究所必不可少的工具,但由于历史事件大多带有概率性质,为此,他提出了一种可以称之为"覆盖定律模型"的理解方法来对传统的机械论因果模型进行修正,但他看待历史的根本立场依然是科学主义的,即认为在方法论上,历史学与自然科学是统一的,并且强调历史学是一门科学。由于在解释历史之"规律"时,亨佩尔的覆盖定律模型难以复杂纷纭的历史现象加以覆盖,故接着有德雷等人对"覆盖定律模型"作出的修正。关于亨佩尔的覆盖定律模型与德雷提出的若干修正模型以及围绕此一问题的争论,可参见张广智、张广勇:《史学,文化中的文化——文化视野中的西方史学》,浙江人民出版社1990年版,第258—271页。

其次，纯粹历史的"道义原则"。纯粹历史虽是关于人的真实精神性生命发生与发展的历史，并不等于它只以记录或记载具有崇高精神性的人类个体或群体的事迹为限，假如这样的话，它就仅仅是人类之"精神史"或"圣贤人格"的历史，而非关于整个人类或者人之群体的历史。这也就意味着：纯粹历史的叙事不仅是关于以往人类各种活动与事迹之叙事，其中还包括而且必得包括人类以往与人之真实的精神存在相悖的活动与行为的叙事，而这当中自然也涉及历史上人类曾经发生过的种种"丑行"与"暴行"。那么，关于人类之丑行与暴行的历史如何可以成为表现人类之精神性的历史？这当中，检验纯粹历史之真实性与否涉及一个道义的标准。就是说，关于以往种种人类之活动与行为的叙事与其说是追求纯粹的"客观描述"，不如说更强调对包含在这些人类活动与行为中的善恶评价。而这种善恶评价的标准就是"道义原则"。换言之，纯粹历史是根据道义原则来对保留在人类精神记忆中的各种"史料"进行清理、甄别与筛选，然后加以组织并且加以评价。从这种意义上说，纯粹历史书写的不仅是人类的精神性记忆，而且是从"道义"出发对人之精神性的自我评价与反思。

此外，人类历史之"未完成性"。应当说，人的精神性存在代表人之真实本性，但是，人之精神性却是未完成的。这不仅是说由于人性的未完成性会使人的历史过程呈现出的种种罪与恶，而且它还意味着人性可能出现的种种退化和"返祖"现象，这是我们从既往的人类历史中所一再见到的。这样看来，纯粹历史不仅是关于人的精神性存在的历史，同时也是人的精神性生命未完成或尚未完全"实现"的历史。这也就意味着纯粹历史固然要表现以往历史上人性之崇高与庄严之一面，同时也不要讳言或忌讳暴露以往人类活动与行为之丑陋的一面。对历史上人性之丑陋之暴露并不是对它的容忍，而是对人类的精神性存在与人性可能失去的提醒。即言之，虽然人之精神性生命出现之后，人类就开始了它自己的真正意义上的关于"人"的历史，但不意味着人的这种历史就已完成。对于纯粹历史来说，人类的历史固然有了开端，并且呈现为一种"过程"，但这过程不是必然直线式的向前进化的，也包含随时退化甚至毁灭的可能。从这种意义上说，纯粹的历史与其说是告诉我们人类未来的确切答案，不如说是要告诫人们：人类以后的历史将如何发展，完全决定于现在的我们而不是我们的过去。

行文至此，我们可以这样来回答"历史究竟是什么"的问题：纯粹的历史并非是以往历史上发生过的种种人类事件与活动的事无遗漏的"实录"，而只能是关于人的自我认同的精神性记忆。历史书写的真正目的与其说是将人类以往的事迹记录下来以便后人像了解"文物"或者"古董"一样来认识，不如说是要以历史叙事的方式来将人类自身的精神性生命加以延续和提醒。

附　　录

一、哲学的中观视域①

（一）哲学的追问方式

（1）希腊式的与海德格尔式的

近百年来,关于中西哲学比较的话题不息于耳。然而,中西哲学比较的合理性何在？本文认为:进行中西哲学比较可以给我们提供关于哲学思考的视野与方法,这才是最为重要的。

说中西哲学比较可以提供哲学思考的视野与方法,严格来说,是说它是一种追问哲学的视野与方法。这种哲学追问对于哲学研究本身来说,是根本性的。故进行中西哲学比较研究,其实就是在进行哲学的追问。为什么这样说呢？这里涉及哲学的传统问题。要言之,过去都是将西方哲学的视野与方法作为唯一的或主要的哲学研究的视野与方法,其实,进行中西哲学比较,可以使我们知道,进行任何哲学化而非哲学的思考（见海德格尔的区分）,②至少可以区分为两大传统:中国传统与西方传统。因此,提倡中西哲学比较,就是要我们学会同时运用这两种传统来进行哲学化的思考。

这里,首先遇到一个问题,即中西哲学与一般哲学的关系。按理说,要知道什么是中西哲学,首先要追问什么是哲学;因此,讨论中西哲学或进行中西哲学比较,其前提应当是先搞清楚哲学的定义。但我们认为:要搞清哲学是什么这个问题,首先要将中西各自不同的哲学传统辨析清楚才行;否则就有可能落入某一种哲学传统的误区。为什么呢？因为前者是将中西哲学视之为哲学下面的分支,是首先明确了或采取了某种关于"哲学"的定义,然后采取种加属差的概念分类方法,将中西哲学分别归属于哲学这棵大树之下,这也就是我们通常所熟悉的逻辑思考方法。但从哲学化的思考来说,应是先有了中西哲学,然后才有哲学。这就如同海德格尔在讨论存在问题时,认为存

---

① 此文原载《西南民族大学学报》2008 年第 11 期。
② 海德格尔对"哲学化的"与"哲学的"作了区分,认为对于"什么是哲学"这个元哲学问题来说,哲学化的思考较之哲学的思考是更本源的。也即我们只有采取"哲学化的思考"方式,才能深入到"哲学是什么"这个问题的探讨。详见《海德格尔选集》（上）,上海三联书店,1996 年版,第 599 页。

在只能是以作为存在者的存在来呈现一样。哲学到底是什么,只能是通过中西哲学这样的存在者来呈现。假如我们不透过中西哲学,而仅仅从西方哲学来思考哲学,就只能是从某种既定的哲学立场出发来进行的哲学思考,而非真正的哲学化的思考。

尽管如此,由于哲学一词来源于西方,因此,关于哲学是什么,首先还是从西方传统说起。

海德格尔在《什么是哲学》一文中,对西方哲学传统的产生与形成,作了详尽的回顾与深刻的反省。他指出:"'哲学'本质上就是希腊的;'希腊的'在此意味着:哲学在其本质的起源中就首先占用了希腊人,而且仅仅占用了希腊人,从而才得以展开自己。"①又说:"哲学本质上是希腊的,这话无非是说:西方和欧洲,而且只有西方和欧洲,在其最内在的历史过程中原始地是'哲学的'。这一点为诸科学的兴起和统治地位所证实了。因为诸科学就来自最内在的西方—欧洲的历史过程,即来自哲学的历史过程,所以它们今天才可能对全球的人类历史打上一种特殊印记。"②这里,海德格尔强调:哲学从起源上说就是希腊的;谈论所谓哲学,也只是在谈论希腊式的哲学;这种希腊式的哲学后来一直成为西方—欧洲的哲学传统。从历史上,我们可以观察到:这种哲学传统是以科学方法密切联系在一起的,并且它后来导致了西方式的科学的诞生。按照韦伯的观点,甚至可以认为:这种哲学传统催生了西方—欧洲的资本主义与政治自由主义的产生。

这种希腊式的哲学,其基本特征可以一言以蔽之,就是主客二分的思维方式。所谓主客二分的思维方式,就是将宇宙间的一切,都一分为二:人作为认识主体是一方,认识对象与人相对立(客观世界),是另一方。这种主客二分方式是希腊式哲学的最重要特征,希腊式哲学也用它来审视哲学自身。从这种主客二分的思维方式来看待哲学,其结果就是将存在者误当作存在本身。对于西方哲学传统来说,这种存在者可以是本质、共相、各种唯一者,但无论它们可以是什么,它们都是以作为对象的实体方式存在着的。

在海德格尔看来,这并非是对存在的真正的思考。要了解对于存在的真正思考,必须返回到前苏格拉底时代,并且重新挖掘哲学一词的古义。哲学的古义或者说原始意义是什么呢?海德格尔认为:在前苏格拉底时代,哲学指的是"道路"。他说:"如果我们现在不再把'哲学'当作一个用滥了的名称来使用,而是从其源起处来倾听'哲学'这个词,那它就是 φιλοσοφία。'哲

---

① 《海德格尔选集》(上),第591页。
② 同上。

学'一词现在说的是希腊语。这个希腊语作为希腊词语乃是一条道路。这条道路一方面就在我们眼前,因为这个词语长期以来就已经先行向我们说话了。另一方面,这条道路又已在我们后面,因为我们总是已经听和说了这个词语。因此,希腊词语 φιλοσοφία 是一条我们行进于其上的道路。但我们对这条道路还只有十分模糊的认识,尽管我们能够拥有并且能够讲出一大篇关于希腊哲学的历史知识。"① 但是,按照海德格尔的理解,后来的希腊哲学,包括整个西方—欧洲的哲学传统,却偏离了这条大道,而走上了歧路。因此,海氏认为他要做的工作就是拨乱反正,对于哲学一词的本义来个正本清源。

海德格尔最后要达到的结论是:哲学从其本义上说,就是思想。他说:"赫拉克利特和巴门尼德还不是哲学家。为什么不是呢?因为他们是更伟大的思者。这里,'更伟大'并不是对一种成就的估价,而是显明着思想的另一度。赫拉克利特和巴门尼德之所以'更伟大',是因为他们仍然与 Λόγοs (逻各斯)相契合,亦即与 Ἕν Πάντα [一(是)一切] 相契合。"②

看来,海德格尔通过对哲学一词进行"正本清源"的结果,还得出了一个惊人结论:在前苏格拉底时代,哲学的古义包含有"一即一切"的意思。哲学的词源义是"爱智之学",希腊语是 φιλόσοφος。他说:"这个 ἀνὴρ φιλόσοφον 热爱着 σοφόν,赫拉克利特这个词的意思很难翻译。但我们可以根据赫拉克利特自己的解释来解说之。据此,σοφόν 说的是:'Ἕν Πάντα 即'一(是)一切'。这里,'一切'意指:Πάντα τὰ ὄντα,即存在者之整体、总体。Ἕν 即一,意指:一、唯一、统一一切者。"③

通过以上的分析,我们看到,海德格尔关于哲学的看法,与中国哲学有诸多相合之处。中国传统学问中本没有哲学,但有思想。中国传统哲学中最核心的概念是"天人合一"。所谓天人合一,也即主客浑然、物我交融,这不就是一即一切的另一种说法么?可见,经过海德格尔的整理与研究,西方哲学传统在长期的徘徊与歧出之后,应当返回到前苏格拉底的时代。而在这里,中西方哲学传统是不期而遇了。可以说,读海德格尔后期的著作,就如同读中国传统哲学的文本;海德格尔的后期思想,乃实与中国传统哲学相通。

(2) 从中西哲学传统到中观思维

后期海德格尔经过对西方哲学传统的反思,发现两千多年来的西方哲学都走错了路,这当中自有其深刻的洞见,但对西方哲学传统的全盘否定,毕竟过于极端。应该说,西方哲学自苏格拉底以来,一直是以主客二分为主旋律

---

① 《海德格尔选集》(上),第590页。
② 同上书,第596页。
③ 同上书,第595页。

的,这种主客二分有其缺陷与不足,却也有其合理之处。这就是说:这种主客二分也是人类看待世界的一种方式。假如用海德格尔的话说,主客二分虽然不是人类唯一的在世方式,却也是人的在世方式之一种。我说这话的意思是说:人的在世方式不必像海德格尔所说的那样:要么是主客二分,要么是"此在"的。① 应该说,主客二分与"此在",都是人的在世方式的不同表现形态。它们可以并行而不悖,就看我们是如何去对待。而为了理解人如何会有这样两种不同的在世方式,以及它们为何可以并行而不悖,让我们从海德格尔返回到康德,看看康德是如何来思考的。

大家知道,康德哲学的一个基本观点,就是将人类面对的世界划分为两个世界:一个是现象界,另一个是本体界,或者说"物自体"的世界。对于康德来说,现象界是由因果律支配的世界,而本体界则是自由律在起作用的世界。康德之所以要将世界划分为两个,是有感于人的生存的两重性,即人是有限的理性存在,它一方面生活在自然世界里,作为有限的存在,受因果关系的制约与控制;但另一方面,人又具有道德理性,在道德上服从于"自由律"。可见,两个世界的划分正是有感于人的生存的二重性。② 人的生存的二重性虽然说明人的生存处境从根本上说具有悖论的性质,但这种生存悖论恰恰构成人的本质。它也说明:人的有限性与无限性、人的生存的必然律与自由律,其实是共存于人的一身的。惟其如此,康德哲学关于现象界与本体界的划分,其思想才有其深刻之处。但是,对于康德来说,人的生存以自然律与自由律相对立的形式存在,并且形成悖论。他尚没有进一步去说明:人的生存状态为什么会形成这种悖论?故对于康德来说,他的哲学是充满冲突与内在张力的。

沿着康德思路对人的生存处境问题作进一步思考的是牟宗三。有见于康德关于人的生存悖论的论述的内在冲突甚至矛盾,他提出了"一心开二门"的思想,试图解决康德哲学中的这种冲突。他说:人的本体本来只有"一心",但在现象中不得不开出其生灭门,而在超越界却保持其清静门。这里,牟宗三除了分别用生灭门与清静门的说法来代替康德的现象界与本体界之外,与康德思想的重要区别是强调以"一心"来统辖二门。故而,牟宗三的

---

① 此是前期海德格尔的说法。前期海德格尔试图用"此在"来打破西方长期以来"天人相隔"的思想传统;后期海德格尔放弃了对于"此在"的探讨,而代之以"道言"与"人言"之说。
② 长期以来,人们将康德的现象界与物自体的区分的观点视之为认识论的。海德格尔则认为,康德之所以划分"两个世界",乃着眼于人的生存世界,故康德的根本哲学出发点乃生存论的。详见海德格尔:《康德与形而上学问题》《论根据的本质·第三版前言》(1949),载《海德格尔选集》(上)。本文同意海德格尔从生存论角度对康德哲学的把握,但不同意他将康德的生存论仅仅理解为指"人的有限性",而认为按照康德,对生存论的理解应着眼于人的生存状态的"二重性"。

"一心开二门说"避免了康德说法的矛盾,它标志着在思考人的生存问题上,一种"后康德式思考"的到来。这种后康德思考不是像海德格尔说的那样,用"此在"来完全取代康德的两个世界;而是在承认康德关于两个世界的基础上,用一个更高更总体性的观念来统辖之。这种思考,无疑已接近了中观式的思考。所谓中观式的思考,是以承认现象界与本体界的划分为前提的;然而,它又不满足于仅仅承认这两个世界的冲突与对立,而试图加以调和之。也就是说,中观式的思考以康德哲学作为思考问题的起点,然而,它又要对康德关于两个世界的说法加以超越。

然而,牟宗三提出"一心开二门"的说法本来是想超越康德的,最后却未能超越。这是因为:"一心"开"二门"的说法过于突出"一心"的重要性,反而将"二门"的对立又过于看淡了。换言之,在牟宗三哲学中,一心是一个高于二门,或者说更优位于二门的观念。这样看来,牟宗三的哲学也可以说是用一心来取代二门:不仅二门由一心开出,宇宙万物也由这一心开出。因此,说到底,牟宗三的哲学其实是一个"一心"的世界。

看来,真正从思想架构上称得上中观思维的,是大乘佛教的空宗。龙树菩萨著有《中观论》,其中说:"众因缘生法,我说即是空,亦为是假名,亦是中道义。"①这里提出空假的对立,但指出空如同假一样,也是假名。智顗大师进一步发挥"中观"的观点说:"若一法一切法,即是因缘所生法,是为假名,假观也。若一切法即一法,我说即是空,空观也。若非一非一切者,即是中道观。"②所以,在大乘空宗看来,空、有的对立,或者俗谛与真谛的对立,其实是人为的(假名);只有既承认空,又承认有,既否定有,同时又否定空,才得其"中道"。这里,中道是应用中观思维的结果;或者说,通过中观思维会达到对事物的一种中道看法。所谓中观,其实是认为世间法无所谓空、有的对立,空、有的对立即是人为,因此,中道也就是既有既空、即有即空、非有非空、非非有非非空……的看待世间事物的方法。

虽然如此,大乘佛学之提出中观,其目的还是为了证明空的超越性。换言之,虽然承认空、有并非截然对立,而且两者相互转化,有中有空,空即是有,但是,大乘空宗的这种中道观,最后仍然是落脚到空,只不过是假有而显空相而已。或者说,对于大乘空宗来说,空并非可以脱离有而纯粹的、绝对的空,空就在有中。所以,中道其实也就是通过有来显示空。青原惟信所说的

---

① 龙树:《中论·观四谛品》。
② 智顗:《摩诃止观》。

"见山不似山见水不似水"①的境界,典型地说明了这种方式。其实,不仅大乘佛学,而且整个中国哲学,包括儒家与道家,都分有或共享了这种中道式的中观思维。它与我们现在所讲的中观还不是一回事。对于我们的中观思维来说,有并非仅仅作为空的显相而存在,有也有其独立的地位。故而,我们所说的中观,不是以有来显空或衬托空,而是通过它来否定空;空也并非非要借助有来显现,空之存在是为了与有对立。总之,我们的中观论虽然借助了大乘佛学的中观方法,其宗旨却与它迥异,是在中西哲学传统比较下对于传统大乘佛学中道观的重新发现与审视。它吸取了大乘佛学的方法,而将其置于中西哲学传统下来重新观照。

也正因为如此,这种中观思维方式不仅来自于中国大乘佛学,还同时接续上西方古希腊的哲学传统。

可以看出,抛开其以有显空的思想旨趣不论,大乘这种中观式的思维,具有两个特点:1. 否定。它是既否定绝对的有,又否定绝对的空,甚至也否定非非有,也否定非非空的。总之,它是绝对的否定。2. 过程。中观的绝对否定,说明中观思维是一种过程:它刚要肯定某物或某事,马上就要去否定之;它刚要去否定某物或某物(这里否定也是肯定的另一种表现形式,是否的肯定),马上就又去肯定之。总之,中观的否定是一种永不停止的过程。因此,假如我们用西方哲学的语汇述之,中观思维可以说是一种否定的辩证法。

这种否定的思维辩证法,正是返回到古希腊哲学的原义。按照海德格尔的说法,哲学是动态的,是动词。他称之为"响应":"哲学就是那种特别被接受并且自行展开着的响应,对存者之存在的劝说的响应。唯当经验到了哲学如何以及以何种方式成为哲学,我们才认识和知道哲学是什么。哲学以响应方式存在,响应乃是与存在者之存在的声音相协调。"②问题在于:既然是响应,这种响应就会有方式、方向上的不同,大致说来,响应的方式无非分为两种,一种是站在对面的,另一种是在存在之内的。这两种响应都是人的生存方式。假如要说统一的话,它们统一于响应本身,而且在响应过程中相互转化:假如用大乘佛教空宗的说法,它是一个从有到空,又从空到有,复从有到空的不断往复的过程。也许,正因为是空、有之间不断往复的过程,因此,它从根本上说,不会给自己确立一种审视万物的绝对不变的观"点",是"无'观'之观"。而且,对于这种"无观之观",它自己又是既肯定又否定,既否定而又肯定。故而,这种无观之观亦是相对于某种绝对不变的观点而说的,这

---

① 《五灯会元》第十七卷云:"老僧三十年前未参禅时,见山是山,见水是水;及至后来亲见知识,有个入处,见山不是山,见水不是水;而今得个休歇处,依前见山只是山,见水只是水。"
② 《海德格尔选集》(上),第 605 页。

本身也是一种"观",只不过这种观是游离与变动的。①

这种中观的哲学观,虽然突出了过程与变动,并且是从海德格尔返回到希腊古义,其问题却承接康德而来。这就是:它的问题意识来自于人的生存处境。康德将人的生存处境视之为一种"悖论",中观论则试图超越之。依中观哲学的法眼观之,人的有限性与无限性之间的冲突与其说是一种悖论,不如说正是人的生存真实性。在中观哲学中,人的有限性可用有来表示之,人的无限性可用空来表示之。因此,离开了空与有,就无所谓人的生存。故此,依中观哲学,人的悖论与其说要消除之与化解之,不如说应予以肯定之与合法化。这里,空与有已不复是悖论之间的冲突,而成为人的中观存在的两极。换言之,中观式生存是以人的有限性与无限性的这种两元结构作为前提条件的。对于中观思考来说,人的有限性与无限性不仅不相矛盾,相反,它们相辅相成:离开了人的有限性,无所谓人的无限性;而仅仅有人的有限性,也不等于人的无限性;等等。因此可以说,中观哲学讨论的仍然是康德关于人的两重性问题,不过,它是以中观的思考方式加以思考并解决之。

(二) 存 在 之 谜

(1) 康德与海德格尔对存在的思考

迄今为止,对于真正搞哲学的人来说,都认为哲学就是形而上学。言下之意,形而上学构成哲学理论大厦的基础。然而,什么是形而上学?自亚里士多德的著作中出现"形而上学"一词以来,对它的看法五花八门。可以说,哲学发生与发展的历史,就是一部形而上学产生与发展的历史。

目前,人们达到的普遍看法是:传统的以实体为对象的形而上学思考已经过时;而自海德格尔以后,人们终于抛弃了在场的形而上学的思考问题的方式,认为形而上学其实与人的生存状态密切相关。正是在这种情况下,生活世界的观念开始走到哲学的前台上来。假如说以往哲学的研究以形而上学为基本对象的话,那么,现在,人们进一步发现了形而上学之所以存立的根据——生活世界。于是,对生活世界的关切普遍取代了对于传统形而上学的兴趣。生活世界也就在这种意义上成为哲学思考的起点。

然而,哲学的探究虽从生活世界开始,哲学思考的中心却指向存在问题。也即是说,存在问题依然是哲学形而上学的母题。然而,存在究竟是什么?这个问题却总不好回答。但从观入手,我们总算获得了一个可以进入对这个问题进行思考的门槛。这就是:我们将观视之为哲学的第一公设。即认为一

---

① 中观的"否定辩证法"具体展现为"中观五式",详见拙文:《从中西哲学比较到中观哲学》,载《文史哲》2008 年第 1 期。

切哲学的思考都离不开观,而且人理解以及与万物打交道的方式也离不开观。由于观是哲学的第一原理,因此,笛卡儿思考哲学的初始命题应改为"有观故我在"。从这种前提出发,我们现在来探究"存在之谜"。

对于存在问题的考察,首先还是从海德格尔的看法说起。

海德格尔区分了存在与存在者,认为传统哲学是用对存在者的思考代替了对存在的思考。为此,他写了《存在与时间》这本洋洋数十万字的鸿篇巨作。但后来,海氏自己发现,《存在与时间》对存在问题的探索又返回到他要批判的对象的老路上去了。因为他为了反对旧的形而上学将存在孤立化、静止化、绝对化的倾向,提出对存在的揭示离不开作为实践主体的人的此在(时间性)。而此在的说法,其实也没有从根本上突破主客二分的传统思考模式。为此,海德格尔后期思想发生了变化,对存在之谜的考察转为对语言的思考,提出"语言是存在之家"。这一看法,对于他的前期说法来说是一种根本性的转向。

但是,后期海氏虽然摆脱了主客二分的思维模式,其关于语言是存在之家的说法却又走向另一个极端。这与他对"哲学"以及"形而上学"的看法有关。他认为:"哲学之发展为独立的诸科学——而诸科学之间却又愈来愈显著地相互沟通起来——乃是哲学的合法的完成。哲学在现时代正在走向终结。"①但"哲学终结之际"之后,对于形而上学的思考并没有终止,只不过发生了方向的转变,即从寻找现象背后的终极实在转为"面向事情本身";而语言则通过"解蔽"的作用而使存在之"澄明"得以开显,由此走到"哲学终点之际思想的任务的规定的道路上去"②。然而,尽管语言与人有着密切的关系,但并非通常人们所认为的那样是人说语言,而是"语言在说"③。但海氏心目中的语言只有一种,这就是与传统的哲学语言(科学语言、概念语言)相对立的语言。这种语言是什么呢?就是"诗"的语言。④虽然诗的语言不限于诗歌语言,但主要还是诗性的。所以他指出,真正对存在的把握要借助于诗。但为了与作为艺术的诗歌相区别,他又引入思的概念,认为哲学是思与诗。这里,一方面思与诗的分界与联系很不清楚,最严重的是:科学语言,甚至技术世界由此与存在走向对立。从后期海氏的思想逻辑来看,他批判技术与现代工业文明是情理当中的。因为科学世界在他的存在世界中找不到地位(虽然他提出了"座架"之说,但很勉强,与其哲学系统的联系是外在的,因而

---

① 《海德格尔选集》(下),第1245页。
② 同上书,第1251页。
③ 同上书,第990页。
④ 海德格尔认为只有"诗"才能体现作为"语言说"的语言的特点:"纯粹所说乃是诗歌。"见《海德格尔选集》(下),第986页。

显得支离)。

但海德格尔毕竟为我们进一步思考存在问题指出了一个方向:对存在的探究必须追问语言。后期海德格尔达到的结论是:存在是通过语言才得以揭示或呈现其自身。现在我们要追问的问题是:究竟有哪些语言?

前面,我们对中观哲学观作了一番大体的透视,知道观有两种:有观与空观。其实,这两种观的出现,正是与语言联系在一起的。换言之,观的问题就是语言的问题。① 这样说的时候,我们可以引述一下海德格尔关于语言是存在之家的另一种看法:在写于1935年的《形而上学导论》这篇文章中,他对存在问题的追问就是从对早期希腊语中语言现象的分析开始。他发现,早期希腊语中,名词与动词是不分家的。如"去"(名词)与"去"(动词)。同样,"存在"这个词最初的用法,也是名词与动词的意思合在一块的。其意是说:事物通过存在者呈现自身。《形而上学导论》这篇文章对这个问题有很详细的讨论。比如说,pragma与praxis这两个词,前者是事情,是我们要做的事情;后者是行动与最广义的作为,此广义也包括poiesis(诗歌诗歌创作,创作)。这些词都有一种双重属性。"此双重情况是deloma pragmatos(onoma),事情的开展,和deloma praxeos(rhema),作为的展开。"②只是到了后来,亚里士多德才把onoma作为semantikon aneu chronon(不带时间的符号)与rhema作为prossemainon chronon(带着时间的符号, de interpretatione c。2-4)加以区别。③

总的来说,在早期希腊语言中,名词与动词是一回事,其用法彼此还没有分离。从这一语言现象,我们可以得到启发,即在早期希腊语言中,事物是通过在时间中(动词用法,动词有时间性),也即通过具体的存在者来呈现或敞开自身。而对于存在在时间中,或存在凭借具体存在者(存在者就是在时间中的存在)来显示自身的言说,中国哲学中也有类似的说法,如老子所说的"道可道,非常道"。其中第一个"道"(名词)指称存在,第二个道字(动词)应当作"道路"的"道"解,是"道"自己走的意思,是"道自道"。而一旦道自道(现象)出来,才可用"人言"去"响应"。④ 在这种意义上,我们才说:语言是存在之家。

但对于这种道自道的言说,不像后期海德格尔所说的只有一种方式(道

---

① 这里所谓"语言"是指"道言",详下。
② 同上书,第496页。
③ 同上书,第497页。
④ 关于"人言"与"道言"的关系,海德格尔在《语言》一文中作了讨论,认为:"人之说作为终有一死者的说并不是以自身为本根的。终有一死者的说植根于它与语言之说的关系中。"《海德格尔选集》(下),第1002页。

言),更不是如后来西方哲学所宣称的那样:将逻辑等同于逻各斯,进而用逻辑代替了语言。在这种意义上说,存在与语言,或存在与思维是合一的。①但这种合一却表现为两种形态或两种方式,这是因为我们人类生来就受"观"的支配与限制:这种观决定了我们"观察"世界的总体态度与"立场"。②这种态度与立场无非两类,即"以我观物"与"以物观物"的态度与立场。而观则呈现为语言。因此,观与语言是一回事,有观必以语言表达之,有语言必蕴涵某种观点。这里先说点透支的话,即"我观"与"物观"均是"人观";透过这两种观,世界在人面前呈现出不同的样式,即"有的世界"与"空的世界"。或者说:从观者的角度来看,可称之为"我观"与"物观";而从观的结果来说,"有的世界"与"无的世界"也不妨称之为"有观"与"无观"。以后的行文中,为统一起见,我们就一概采取有观与空观的说法了。

用语言来表达这两种不同的观,必须要有两种不同的人类语言,对于有观,我们采取的是概念语言,对于空观,只能采取意象语言。这不是说语言作为符号会有两种不同的形式,而是说在运用语言来言说世界的时候,我们可以有两种不同的语言类型。这两种类型在语言元素的运用方面,彼此之间有极大的不同。③

但这里,我们主要讨论的,还不是这两种语言的用法问题,而是要问:它们与存在的关系究竟如何? 在这个问题上,我们发现:无论是康德还是海德格尔,都强调语言与存在的关系,并且认为对于存在的把握必须借助于言说,但在如何用语言去把握存在的路径上,他们思考问题的方式与方向却有区别:

前期海德格尔:人的存在领悟("此在")——形而上的存在者(可名之为"纯有")——形而下的存在者(科学世界,可名之为"万有")。

后期海德格尔:存在("大道")——道说("道言",存在的"呈现")——人言(人对存在的言说,"诗"与"思",可名之为"万空")。

康德:人的存在领悟(感觉经验与知性范畴)——物自体观念(兼有"科

---

① 关于存在与思维合一的思想,黑格尔也有过类似的看法。但他的所谓合一是将存在与思维归并于逻辑,在逻辑的基础上合一。这里的合一与黑格尔的说法迥异。
② 说人受观的支配与人采取观的立场,这两种说法并不一样。前面的意思是说:人从根本上说无法摆脱观的限制,故人从生存论上说就是"有观"的;而后一说法则肯定人有运用与支配观的能力,从而人是可以主动地去采取某种观的立场的。虽然这两者达到的后果是一样的,即最后都是人观,观要通过人才起作用,但就人与观的关系而言,前者强调观的先在性,后者则强调人的先在性。这两者的区别,正如海德格尔所说的"语言说"与"人说语言"的区别。
③ 概念语言与意象语言的区分及其不同使用方式,参见拙文:《从言道方式看中国哲学的未来》(《学术月刊》2006 年第 3 期)以及《自本体与对本体:中西哲学的诠释学基础》(《孔子研究》2005 年第 3 期)

学本体"与"道德本体"之意)。①

比较一下,可以看出,在《纯粹理性批判》中,康德从人的存在领会出发,通过对科学语言的考察而去逼出现象界背后的最高本体——物自体,但却将两种物自体(一为科学之基础,一为道德本体)混为一谈;后来又试图通过人的"自由意志"去把握道德的最高本体。康德虽然提出了"人是有限的理性存在"这一命题,但它与他建构整个哲学体系的思路是游离的。换言之,"人是有限的理性存在"仅仅是他思考哲学问题(包括三大"批判")的思想前提与预设,而没有成为他建构其整个哲学思想体系的逻辑起点。前期海德格尔用"此在"的观念去把握最高实在,并以此解决康德为科学世界奠基的问题。后期海德格尔直接从存在出发,试图通过"思"与"诗"去把握终极实在,最终却抛弃了科学世界。

而按照中观哲学,通过语言去把握终极存在的思路应当是:

人的存在领悟(观)——两种世界(有与空)。

故中观哲学对存在问题的理解看来是海德格尔与康德之合。于是,"世界"在中观哲学中呈现为这样的一个样式:两个世界(有与空)——两个世界的形形色色("万有"与"万空":科学大千世界与人文大千世界)。

(2) 存在的中观视域

以上,我们是从语言与观入手,来谈两个世界的出现。现在还要追问的是:为什么只能或必得出现这两个世界?这个问题没有落入海德格尔的视野,而康德的回答纯粹是生存论的。然而,对于中观哲学来说,两个世界的问题不仅是生存论的,而且是存在论的,是生存论与存在论的合一。而对于这个问题的思考,有必要返回到中国哲学传统来谈。

1) 存在与存在者"同出而异名"。我们先来看《老子·第一章》:"道可道,非常道。名可名,非常名。无,名天地之始;有,名万物之母。故常无,欲以观其妙;常有,欲以观其徼。此两者,同出而异名,同谓之玄。玄之又玄,众妙之门。"②在这段话中,"道"与"名"并列,说明道与名分属于两个世界(超名言世界与非名言世界)。此点对于理解老子的"存在领悟"相当重要。过去皆将这里的"道"理解为一个对于"名"来说的上位概念,认为道属于形而上世界,而名作为形下世界是从道的形而上世界派生出来的。道与名虽然分属形上世界与形下世界,但它们二者不是派生与被派生的关系(也即不是上位概念与下位概念的关系),而是并列关系。假如将它们理解为派生与被派生的关系的话,那么,紧接着下面"无,名天地之始;有,名万物之母"的这段

---

① 此是指康德《纯粹理性批判》一书从感觉经验出发去把握形而上学的思路。
② 《老子·第一章》。

话将会显得难以理解(因为在这段话中,"无"与"有"明显是并列关系,从文法上看,它们分别与上文的"道"与"名"对应,是对上文说法的具体补充与展开。其实,在老子哲学中,道与名、无与有都是相对应的一对范畴,故接下来才有下面这段话:"故常无,欲以观其妙;常有,欲以观其徼"更会显得不知所云。而对于老子来说,无论可道之道也罢,可名之名也罢;或者说,无论无也罢,有也罢,它们都属于有了"人观"以后在人面前呈现的两个世界。所以,这段话最后会以这样一段话作结:"此两者,同出而异名,同谓之玄。玄之又玄,众妙之门。"

2) 对于"人观"而言,生活世界不仅展开为"无—有"这二元的世界,而且呈现为"象",而象通过语言符号得以诠释。这样看来,海德格尔关于"语言是存在之家"的说法,其实是省略了"象"这个相当重要的中间环节。王弼说:"夫象者,出意者也;言者,明象者也。尽意莫若象,尽象莫若言。言生于象,故可寻言以观象;象生于意,故可寻象以观意。意以象尽,象以言著。故言者所以明象,得象而忘言;象者所以存意,得意而忘象。"① 其意思是说:对"象"的把握须借助于语言,对"意"(对道的把握)的理解须求助于象。也即,人对世界的把握是展示为这样三个环节:

意——象——言。

这当中,我们发现,"象"这个哲学元素其实相当复杂:就作为连接意与言的"桥梁"来说,它一端指向"意"这个宇宙终极实在,另一端则与语言符号相联系。就"象"所表达的内容来说,它是客观世界的"摹写"。而这"摹写"其实是对客观实在的能动把握,其中既有客观实在作为"对象",又体现了作为主体的人的能动性与主体性。故而,它是人与生活世界打交道的过程中,客观实在性与主观能动性的统一、"物象"与"心象"的统一。

应当指出:正是由于有作为主体的人的参与,或者说,由于体现了"人观"的作用,因此,象在人面前呈现为两大类型:一类是作为无的世界的具体表象,我们简称之为"人文象";一类是作为有的世界的表象,我们称之为"科学象"。人文象与科学象不是指称两种完全不同的"对象";而是说:当我们看同一个"对象"的时候,由于"观"之不同,它会对我们或以人文象的形式呈现,或以科学象的形式出现。将象区分为人文象与科学象,这是中国哲学的

---

① 王弼:《周易略论·明象》。

传统。此种划分,在作为中国哲学之源头的《易传》中已见其滥觞,①在中国哲学中,还用"太极图"符号来将象的这种二重性加以表达:"太极"由阴与阳两种弧形图案构成,它们分别代表有的世界(科学世界)与空的世界(人文世界);但要注意的是:阴与阳的此种分立是相对的,它们又是可以相互转化的;而且,阴与阳合起来组成一个圆形图案,这就表示整个宇宙的最高终极实在——"道"。

这也就是老子所说的此两者("无"与"有")"同出而异名"之意。在这无与有的世界中,有形形色色,这这那那。但它们无非两大类:不是人文象,就是科学象。这也就是说:无与有的世界必得通过"象"得以呈现,这也是作为"这个"世界的真实存在。总之,"同出而异名"中所谓"出",乃"现象""显象"的意思;道一旦自己走出来,就成为两种道:无的世界(阴)与有的世界(阳)。这当中,阴与阳既是道的一部分,又可以分别代表道。所以《易传》才说:"一阴一阳之谓道。"

从这里可以看到:在老子哲学中,无与有,可以说是代表空的世界与有的世界的最高概念。前者,我们称之为"纯无"或"唯无";后者,可称之为"纯有"或"唯有"。为了行文统一起见,我们这里将"纯无"简称为"空"。但纯无或空的世界并非一无所有,相反,它们是大千的人文元素构成。为了与纯无与空相对应,这种由纯无或空派生出来的种种人文世界的具体内容,我们称之为"万无"或"万空";而纯有或唯有也不意谓着有某一种最高实体,相反,作为"有"的存在由诸种有构成;与纯有或唯有相对应,这诸种有,我们称之为"万有",这万有的存在,就是诸种科学所乃以成立的基础;正如那万无或万空是诸种人文学科所乃以成立的基础一样。

总括以上,我们可以提出如下的关于宇宙构成的中观解释模型:

道——两种道(有与空)——两种世界(万有与万空)。

从以上这种中观宇宙构成的观念模式出发,很可以解释:为什么历史上曾发生过那么多关于"存在"到底是什么的争论。其实,这些争论的产生大多缘于混淆了讨论存在问题的层次性。例如:

---

① 后人研究《易经》,或重科学象,或重人文象,前者成为"象数派",后者成为"义理派"。当年王弼也发觉到这两种对于易经的研究在诠释思路与研究策略上有极大不同,并站在义理派的立场上对象数派以"科学象"来取代"人文象"的思想倾向如此抨击:"是故触类可为其象,合义可为其征。义苟在健,何必马乎?类苟在顺,何必牛乎?爻苟合顺?何必坤乃为牛?义苟应健,何必乾乃为马?而或者定马于乾,案文责卦,有马无乾,则伪说滋漫,难可纪矣。互体不足,遂及卦变;变又不足,推致五行。一失其原,巧愈弥甚。纵复或值,而义无所取。盖存象忘意之由也。忘象以求其意,义斯见矣。"(王弼:《周易略例·明象》)

(1) 以科学万有作为最高实在(此为科学实在论以及一般人的常识见解);

(2) 以纯有作为终极实在(此为西方思辨哲学,如黑格尔为代表);

(3) 以万空作为最高实在(此为宗教原教旨主义与各种价值一元论的见解);

(4) 以纯空作为终极实在(此为道家、佛教,以及后期海德格尔的见解)。

如此等等。

(三) 中观哲学与人的符号世界

中观哲学有体与用。如果说中观哲学之体(本体)源自于人的生存本性的话,那么,中观哲学之用(运用)则是人与其周遭世界打交道的具体方式。我们周遭的世界是什么世界？西方传统哲学认为:人的外部世界是现象界;而中国传统哲学则认为:人生活在一个天人合一的世界当中。依中观哲学,我们人类生存的世界既非纯粹的外部现象世界,亦非纯粹的天人合一的世界,而是一个既空既有、非有非空、即空即有的世界。这样一个世界并非是实体性的,而是在人的眼里呈现出来的功能性的世界。用卡西尔的话说,这种功能性的世界其实是一个"符号化"的世界。卡西尔说:"如果有什么关于人的本性或'本质'的定义的话,那么这种定义只能被理解为一种功能性的定义,而不能是一种实体性的定义。"[①]"一种'人的哲学'一定是这样一种哲学:它能使我们洞见这些人类活动各自的基本结构,同时又能使我们把这些活动理解为一个有机整体。语言、艺术、神话、宗教决不是互不相干的任意创造。它们是被一个共同的纽带结合在一起的。"[②]又说:"哲学思维揭示出所有这些创造物据以联结在一起的一种普遍功能的统一性。神话、宗教、艺术、语言,甚至科学,现在都被看作同一主旋律的众多变奏,而哲学的任务正是要使这种主旋律成为听得出的和听得懂的。"[③]假如将这些话中的"人的本性"改为"人的生活世界"的话,那么,用中观哲学来理解人的生活世界是更好懂的。

(1) 科学世界

科学以主客二分为前提,其对象是一个"有"的世界;依中观理论,此有的世界之出现乃由于人的有观,只是宇宙最终实在向人呈现出来的一种面

---

① 卡西尔:《人论》,上海人民出版社 1985 年版,第 87 页。
② 同上。
③ 同上书,第 91 页。

相。尽管如此,主客二分对于科学来说有其合理性与必然性,是人类掌握与控制自然之不得不然。在这个有的世界中,人类不仅运用科学与技术作为理解与运用自然的工具,而且从中也发现了人的力量与存在之意义,即人是作为一个自然的改造者、管理者与守望者,在尽其宇宙中之一员的责任。也就是说:人作为有的世界中的一员,他不仅要利用与征服自然,而且要保护好自然,要协调自然世界中人与物、人与人之间的关系。而人类一旦要担负起保护自然与协调好自然关系的责任,这也就意味着:他不仅仅是被动地适应环境与主动地利用自然,而且还要关爱自然。而人一旦发现了自己对于自然的责任与关爱,也就意味着他不仅仅将自然视之为榨取与利用的对象,而开始会超越其以纯粹二分法来看待自然与周围世界的方式。这意味着科学世界将会向人文世界过渡;确切地说,人文的因素将被纳入科学世界的视野。

(2) 宗教世界

与科学世界对立的另一极是宗教世界。在纯粹的宗教世界中,人与人平等,人与物平等,物与物平等,因此,最高的宗教世界是一个纯粹"空"的世界。从究竟义看,人类只有在最高的宗教境界中,才能发现人类生存的终极意义,求得最后的"安身立命"之所。也许,人类追求终极完满与无限性的冲动必指向宗教境界,因为它来自于人的空观。严格意义的宗教往往承认有一个绝对的最高神。最高神虽然超越于现象界,似乎不可言说。然而,它的显示却也常常要借助于现象界种种的"神迹"。这说明:宗教境界并非完全与世俗世界无关。事实是:人们不仅在现象界的经验生活中,可以感觉到有最高超越者的存在,而且对于宗教的追求与实践,就体现于人的日常生活当中,并渗透与影响着人的日常生活行为。这说明:对于宗教而言,有的世界恰恰成为无的世界的呈现与显示方式。

(3) 伦理世界

伦理世界横跨于科学世界与宗教世界之间,因此,传统的伦理学理论被划分为社会性伦理与宗教性伦理两种。社会性伦理从形下之域获得其成立之依据:二分法不仅以承认差别,而且以强调差别为前提。然而,假如任由这种差别无限扩大,其结果将导致物与物、人与物、人与人,以及人与社会之间关系的瓦解。为了将这种差别保持在一定范围之内,使人类社会共同体以及人与自然的关系不至于彻底破裂,作为调节人与人、人与物、人与自然之间关系的社会性伦理应运而生。然而,社会性伦理以承认与保持差别为原则,它充其量只能是一种低度道德,无法满足人们对于"最高善"的向往,因此,宗教性伦理的出现成为必然。宗教性伦理追求一种人与人、人与物、人与自然完全平等的极乐世界,并且认为只有通过道德实践才能向这种一无差别的世界回归。从这种意义上说,宗教性伦理是一种高度道德,它能满足人性中追求"完满"的深刻冲动与渴望,是一种建立在人性的"自我实现",而非功利性生存需要基础之上的伦理诉求。然而,人毕竟是二元性的动物,无法完全脱离形而下世界相互竞争的生存法则。因此,真正完美的宗教性伦理之完全实现,只能是一种理想,一旦落实于世俗生活当中,它不得不适应现实的社会条件而产生变形。换言之,在现实世界中,任何宗教性伦理也必须与社会性伦理相衔接。如何使宗教性伦理适应世俗化社会的需要,同时又在社会性伦理中融注入宗教性伦理的超验情怀,这是一种"中观之智"。

(4) 艺术与审美世界

康德将艺术与审美作为沟通形下世界与形上世界、自然律与自由律之间的津梁。这说明:艺术与审美本身就具有两重性。故而,较之科学、伦理与宗教等,艺术与审美更能体现人的生存本性。然而,艺术与审美不仅仅是人类生存本性的体现,其更主要的功能是对于人类生存境况的审美观照。审美观照的特征是"静观"。由此,艺术与审美才与人的功利性境界拉开了距离。依中观理论,艺术对于人生的审美观照可以采取两个维度:一者是对于人生有限性的审美观照,一者是对于人生追求无限性的审美观照。前者表现为崇高美,后者是优美。典型的崇高美将人生境况的有限性表现得淋漓尽致,"悲剧"与"史诗"是其典型形式;纯粹的优美是对人生追求无限性境界的诗性想象,其经典形式是"小夜曲"与"抒情诗"。然而,真正的崇高美不仅是写实的,而且是想象的与超越的:它要以"伟大"与力的形式对于人生的有限性加以克服与超越,从而,作为崇高美之代表的悲剧也有其无限性的一面。同样,抒情诗与小夜曲寄托着人类追求美好与无限的情怀,然而,这种对于美好的追求却屡屡诉诸人生的悲欢离合,需要凭借对于人生有限性的感悟来加以诠释与传达,这说明:对于优美而言,真正的无限性的追求其实正寓于人生的有限性之中:如何在有限性实现无限,这才是作为审美的优秀的真正主题。这也就是我们为什么常将寻常可见,却又极其短暂的鸟语花香作为"优美"的象征来加以观照的原因。与之相比,作为崇高之代表的悲剧更强调人生有限性与无限性的对立与冲突。虽然对于现实的人生来说,这种对立与冲突也许无法调解,然而,它们却以审美的方式得以超越之。

究极言之,无论优美还是崇高,它们都是康德所谓的"无目的的合目的性"。不同者在于:对于崇高美而言,这种无目的的合目的性体现为对立与冲突;而对于优秀而言,只有调和与稳定才是无目的的合目的性的表现形式。然而,对于中观审美而言,它们两者只是对于人的二重性生存境况的不同审美观照而已。

(5) 历史与传统

人是历史与传统的产物。这不仅是说现实的人总受制于历史与传统,从历史与传统中吸收经验与智慧,而且是说从人的本性上说,人就是"历史—传统"。何以言之?人是记忆的动物。假如人没有记忆,他将无法追问这样的问题:"他"从何处来,又往何处去?故对于人是什么的追问,这一问题本身就蕴含着以承认"人"具有"同一性"作为前提。否则,我们无法追问"人"的一切问题,也包括"人"的"存在"问题。然而,人的同一性又不是既定的,而来自于人类的"记忆"。而历史与传统则在形成人类关于自我的"记忆"方面起着重要作用。可以说,历史与传统的作用,就是通过"记忆"来形成人的同一性,从而使人认识自己。

离开了记忆,无所谓人的历史。这也就意味着:人类的以往历史,只存在于人类的记忆之中。为了形成与保留这种以往的记忆,于是才有了"历史"。从这种意义上说,历史不只是记忆,而且是通过历史的书写而得以形成与保留的人类记忆。然而,人类如何书写它自己以往的经历与遭遇?从中观的角度来看,无非两种:一种是强调人的有限性存在,也即生物性存在的一面,从而,将历史主要视之为人类为了争取生物性的存活,以及为了争取生物性的生存而不断奋斗的历程。这种争取生物性生存的活动表现为人类征服自然以及与同类相互竞争的行为。将人类的这些生物性生存的经历与经验记载下来,于是,我们有了各种各样的通史与专门史。

然而,人类除了关心与保存他自己关于生物性生存的记忆,也力图记录与保留他作为理性存在物的记忆。这也就是说:人也希望通过历史的记忆来获得它作为"理性存在物"的认同。从而,除了以上说的记录人类生物性生存的历史以外,我们还有了记录人的精神性存在的历史。这里所谓人的精神性存在,不是说人类为了追求有限性生存而发展出来的理性思维与工具性思想,而是指人类在追求无限性的冲动而发展出来的精神。这种对于无限性冲动的追求,表现为人类历史上的种种活动,诸如审美、宗教,乃至于道德实践,等等。于是,对于以上这些人类超越自身生物性生存而实现无限的追求的记录与保留,也就成了历史。

比较一下以上这两种历史,可以看出:前者是人类的物质生产与生存过程以及服务于物质性生存而发展起来的各种思想的记录,而后者是人类的精神性追求以及围绕这些精神性追求而发展出来的各种人文学历史的记载。这两种历史面对的都是以往的人类活动,但是,它们关心与记录的人类活动的对象与内容并不相同。而且,后来的人们在阅读这两类历史书写时的感受与经验也并不相同:前者由于充满人类生存的冲突与苦难,给人以悲剧感;后者使人体现到人类精神的优美与完满,从而给人以愉悦。从这种意义上说,真正的历史有似于艺术审美。这是由于历史毕竟属于过去,它与人们的当下生活有了时空上的距离;正是这种距离感,使人通过阅读历史获得了一种审美体验。而人通过历史阅读而获得的自我同一性,正是通过这种历史阅读而慢慢地形成。从这种意义上说,与其说历史接近科学,不如说更像是一门艺术。

总括起来,以上所有这些人类种种活动与生活世界的样式,无一不是人的符号的创制,是中观之用而非中观之体。然而,中观哲学告诉我们:存在通过存在者显示自身,人类必借助于这些方便说法方才得以理解与观照自身,并由此发展出人类的文化。中观哲学还告诉我们:这些方便说法(符号)虽具有功能性的作用,而人作为存在者之存在,只能是存在自身;但惟其存在必得通过人的种种符号创制活动才得以显示自身,故通过人的符号活动,人的本体存在与功能性存在于是合一。

人之活动作为存在者之存在,也因此体现了中观之道。

二、康德与海德格尔哲学的中观之维[①]

纵观西方哲学史,关于何为"形而上学"的讨论层出不穷。本文认为:这种种纷争的出现,乃是由于混淆了形而上学思维与形而上学问题所致。由于不同的哲学家各自有其不同的存在领悟,这导致了他们会有各自不同的形而上学立场。站在各自不同的形而上学立场上,讨论的只能是形而上学问题而非形而上学本身。关于何为形而上学的追问其实是一个形而上学思维的问题。从中观哲学的立场看,形而上学的思维方式无非两种:二分法思维与非二分思维。这两种形而上学思维方式何以可能,也只有纳入中观形而上学的思想框架中才能得以理解。依此,本文先从考察西方形而上学的发展史开始,然后对康德与海德格尔的形而上学思维方法加以厘清,并说明以中观的方式对康德与海德格尔哲学加以融会与贯通的可能。

(一) 何为形而上学

1. 形而上学的问题史

自从亚里士多德的《形而上学》一书出版以后,围绕"形而上学"的争论就迭出不穷。可以说,西方哲学史既是一部形而上学的解释史,更是一部形

---

① 此文原标题为"中观作为形而上学何以可能",载于《社会科学》2008 年第 10 期。

而上学话语权的争夺史。关于形而上学的解释是如此地歧异,并且已经出现了如此之多的"答案",也许,在探究何为形而上学这个问题上,与其说是在形而上学仓库中再去存放多一个形而上学的品种,不如说是先去对目前已有的形而上学诸种解释作一番清理要来得更为恰当。这样做并不意味着我们将从某种形而上学立场出发去对这诸种形而上学思想加以评判,而是说:应当去考察提出这诸种形而上学学说的思想预设,看看它们究竟是在何种语境下,针对何种问题而发表其关于形而上学的看法的。应当说,较之形而上学的言说来说,为何如此言说形而上学对于理解形而上学来说,是一个更为重要的"先行领悟"的问题。然而,关于形而上学的话语是如此纷繁,为了简明起见,只能选取一些有代表性的形而上学话语加以分析。在此,让我们先对形而上学话语的历史作一番简要的巡礼。

既然"形而上学"这个名称首先来自于亚里士多德的《形而上学》一书,因此,对于形而上学的讨论,就从亚里士多德的这本书开始。众所周知,在亚里士多德这本书中并没有出现"形而上学"这个概念,是后人在编纂亚里士多德的著作时,将他的一些论著收集起来,置于他写的另一本书《物理学》之后,因此才有了"形而上学"(物理学之后)的名称。可见,从起源上说,"形而上学"本来是个编纂学的命名。但是,这一编纂学的命名后来如何成为哲学上的专门名词的呢?原来,在《形而上学》中,亚里士多德讨论了"第一哲学"的问题,认为"物理学"不是"第一"的,提出"如今有一些不动的东西,当在(物理学之)前,为'第一哲学'"①。然而,在讨论第一哲学时,亚里士多德给出了两个而不是一个定义。一方面,他将第一哲学定义为哲学的分支,它研究的是事物的第一因或初始因;另一方面,他又将第一哲学定义为关于"存在本身的科学"②。正是这样两个内容完全不同的主题,给后世制造了关于"形而上学"究竟以什么为对象的纷争话题。可以说,西方哲学史上关于形而上学的话语,基本上是围绕着《形而上学》中这两个不同的向度展开的。

在中世纪,关于形而上学的讨论被纳入神学的范围。或者说,有关形而上学的讨论是围绕着上帝存在这个问题而展开的。其原因在于:在亚里士多德的形而上学思想中,第一因既被认为是万物得以存在的终极原因,又被视之为最高的存在实体,这正好与基督教对于"上帝"的看法相符合,因此,关于形而上学的论证演变为关于上帝存在的证明。这当中最有名的是所谓

---

① 转引自宋继杰编:《Being 与西方哲学传统》(下),河北大学出版社 2002 年版,第 683—684 页。
② 参见(美)因瓦根:《形而上学》,北京大学大学出版社 2007 年版,第 6 页;又参见海德格尔《康德与形而上学问题》中有关论述,见《海德格尔选集》,上卷,上海三联书店 1996 年版,第 86 页。

"上帝存在的本体论证明"。安瑟伦是这样证明上帝存在的:大前提:上帝是一个无与伦比的概念。小前提:无与伦比的概念中包括存在。结论:所以上帝存在。① 之所以说这是一个关于上帝的本体论证明,是因为在亚里士多德的本体论思想中,"存在"("是")是一个绝对完满的概念,从中可以派生出其他种种概念,而在基督教神学中,上帝也是一个绝对完满的概念,由它创造出宇宙万物;因此,亚里士多德思想体系中的存在与存在者的关系,就对应于基督教神学中上帝与宇宙万物的关系。这样,亚里士多德的形而上学或本体论思想就完全可以用来作为上帝存在的论证。而且其论证所运用的方式也来自于亚里士多德的逻辑体系。

近代之后,西方哲学史上对于认识论的兴趣普遍取代了对于基督教神学的兴趣。这时候,探求事物发展的普遍规律或者第一原理的认识论探讨,代替了对于上帝存在问题的探讨;而且即使对于上帝存在的证明,也要从认识论的角度加以论证。这当中,最有名的是笛卡儿关于"我思故我在"的问题。作为怀疑论者,他认为世界万物的存在皆可怀疑,而唯一真实的是"我思"。他论证如何由"我思"推导出世上万事万物存在以及上帝的存在时说:我能够思到我自己的不完满,说明必有一个完满的观念为前提,这个完满的观念就是上帝,故由"我思故我在"可以证明上帝存在;同样,完满中包含着不完满,故由完满的上帝的存在可推知宇宙万物存在。② 除笛卡儿之外,近代另一位有名的认识论哲学家是休谟。同为怀疑论者,与作为唯理论者的笛卡儿不同,休谟是一位经验论者。他认为一切皆为怀疑,唯有人的感觉经验是无可怀疑的。这样,他试图从感觉经验发出,推导出外部世界的存在。这方面,他强调"因果性"对于外部世界的重要,认为人们所能感觉的外部世界都是通过因果律相互联系起来的。然而,因果性的证明却是一个难题。由于从感觉经验出发,因果律的客观普遍有效性无法得到证明,这终于动摇了休谟关于宇宙万物中存在"第一因"的信念。可以说,正是从休谟开始,自亚里士多德以来的传统的关于"第一因"的信念遭到了哲学上的扫荡。

休谟关于因果性问题的论证将康德从形而上学的"迷梦"中惊醒。他意识到:关于形而上学的证明,不能再走传统的认识论的老路。然而,他对于传统形而上学的摧毁廓清却是从考察自然科学如何可能这样的传统认识论问题开始的。在《形而上学导论》这本他视之为《纯粹理性批判》的入门性著作中,他说:"自从洛克《人类理智论》和莱布尼茨《人类理智新论》出版以来,甚至尽可能追溯到自从有形而上学以来,对于这一科学的命运来说,它所遭受

---

① 参见俞宣孟:《本体论研究》,上海人民出版社1999年版,第360页。
② 参见上书,第376—379页,本文对此书中的看法作了些引申。

的没有什么能比休谟所给予的打击更为致命。……休谟主要是从形而上学的一个单一的然而是很重要的概念,即因果连结概念(以及由之而来的力、作用等等派生概念)出发的。"① 他概括《纯粹理性批判》所做的工作时说:"因果连结概念决不是理智用以先天地思维事物连结的唯一概念;相反,形而上学完全是由像这样的一些概念做成的。我试图确定它们的数目,我如愿以偿地成功了,我把它们归结为是来自一个原理的;然后,我就对这些概念进行演绎;这些概念,我已确知它们不是像休谟所害怕的那样来自经验,而是来自纯粹理智。"② 这说明:以往人们将康德的《纯粹理性批判》视之为关于认识论的著作,至少是"为科学奠基的形而上学"是有充分理由的。③ 然而,后来的研究者们往往又认为康德思想是对传统形而上学的一种颠覆,道理何在呢? 这是因为:康德经过对数学与力学的考察,发现任何自然科学理论都有其形而上学的根基,他称之为"理智世界"(intelligible Welt)。但对于"理智世界"的认识却超出了人类知性的限度。职是之故,康德在《实践理性批判》中重新开辟了一条探索形而上学的思路,即求助于人类的实践理性来解决。比较一下《纯粹理性批判》与《实践理性批判》,我们可以看到有两个康德:前者代表的是作为探讨认识论的形而上学基础的康德,而后者则是对存在问题进行探究的康德,惟其如此,康德在《实践理性批判》中才提出将自由意志、灵魂不灭、上帝存在作为形而上学的三大预设。看得出:前一个康德关注的是亚里士多德意义上的形而上学的认识论问题,即着眼于对于事物第一因的讨论;后一个康德关注的则是亚里士多德意义上的形而上学的存在论问题,即作为存在者的人类如何达到存在本身。

自康德以后,关于形而上学的讨论终于一分为二:逻辑实证主义着眼于

---

① 康德:《未来形而上学导论》,商务印书馆1982年版,第5—6页。
② 同上书,第10页。
③ 关于《纯粹理性批判》的主题,向来仁者见仁,智者见智。有人将其视之为是讨论"认识论"问题的,有人视之为是对旧的形而上学摧毁廓清之作,或者是"作为科学的形而上学"奠定基础之作(如作为"道德形而上学"的奠基之作),更有人(如海德格尔)认为它关注的是人的此在的生存论问题。这些说法各有其道理,是从不同角度对《纯粹理性批判》的某种解读。然而,本文认为,将它理解为认识论的著作,可能更符合此书在论述问题时展开的逻辑结构。换言之,《纯粹理性批判》用大量的篇幅对传统的认识论问题作了讨论与澄清,不同于传统认识论的方面在于:它提供了关于认识论的全新的范式(如"先验范畴"等等)。但将其理解为讨论认识论问题的著作,或者严格来说,是一部"为科学形而上学奠基"之作,并不排除这本书蕴涵的其他问题指向。此点,康德本人就已明言。事实上,《纯粹理性批判》的主题并非如康德本人所言的那么明朗,其论述的主题也并非那么地单一,正因为这样,这就为历来的康德研究者提供了极大的阐释空间,也引发出关于《纯粹理性批判》的主题到底是什么的争论。因此,本文提出《纯粹理性批判》是为认识论提供形而上学基础(此亦"形而上学"中之一种,见本文的论述)之作,一方面固然与认识论问题的讨论在此书中占有主要篇幅有关,还与本文的研究视角与研究思路有关,此点详后。

现象界的认识,发现传统的形而上学,无论是所谓事物的第一因,还是存在本身,都是一个虚假问题,因此将它们排除于哲学讨论的范围之外;另一方面,欧陆哲学家却保留了追问存在的深刻兴趣。这方面最有代表性的是海德格尔。后期海德格尔宣称:西方两千多年来关于存在的探讨走错了路,是误将"存在者"作为"存在"。他还宣称:存在必须通过存在者呈现自身;反过来,存在者必体现存在。这样一来,海德格尔就颠覆了西方哲学长久以来一直沿习的本体与现象二分的传统,这意味着形而上学探究在思考问题路径上的一种转向;然而,他关注的问题却仍然没有超出亚里士多德提出的形而上学的范围,即认为形而上学是对于存在的追问。

在当代,即便有不少哲学家,如罗蒂等人宣告形而上学(包括哲学)已经死亡,更有人宣称:当代人类已进入"后形而上学时代",要求将形而上学加以"悬置",然后,形而上学却像一个挥之不去的幽灵,始终在人类的思想领域,包括哲学思想中盘恒。可以认为:虽然经过历史上不止一次的对于形而上学的猛烈扫荡,即便在人类已进入"后现代"的今天,人类正处于消解一切(主体、价值、中心、观念,等等)的时代,在历史上有许许多多曾经占据甚至主宰人类脑海的思想观念都已灰飞烟灭,但唯有形而上学,却历经各种磨难与颠覆而不败。这正应验了老康德的那句话:"形而上学是人类理性的自然天性。"的确如此,人类纵然可以不思考形而上学本身,其思想深处却尊坐着"形而上学之神";人类对于宇宙、自然、社会与人生、历史的种种思考,都有其形而上学作为预设。从这种意义上说,人类离不开形而上学,人类思想永远受到形而上学的指引或限制。

2. 形而上学思维的两种传统

纵观历史上,人类对于形而上学虽然经过长久的讨论,并且提供了种种关于形而上学是什么的答案。这些探索展示了人类思考力的深刻与敏锐,这些答案也包含着许多的真知灼见。然而,关于形而上学的思考,迄今为止仍然存在一个误区,即将对于形而上学问题的追问错认为是形而上学。从以上可以看到:历史上关于形而上学的讨论之所以如此纷争,关于形而上学的定义之所以如此歧异,在很大程度上,是由于人们心目中关注的形而上学问题不同而引起的。比如说,有人说,形而上学是关于世界本原以及事物本质的研究。这种对于形而上学的理解,不过说明研究者心目中关注的是关于现象界的知识背后的本质,它不过是亚里士多德关于形而上学是关于事物"第一因"或者"初始因"的研究的说法的翻版而已。又有人认为:形而上学是关于"宇宙本体"的学问;或者说,它应当以"终极实在"为研究对象。这里抛开对于宇宙本体或者终极实在的具体解释不论,这种关于形而上学的定义,说明研究者对于形而上学的理解就不再以现象界背后的本质、第一因的讨论为限，而进入了关于追寻终极实在或者宇宙本体论的层次。而这种关于形而上学的定义，仍然不出亚里士多德对于形而上学定义的范围。

事实上，西方哲学史上关于形而上学的讨论，就是这样的一部关于形而上学的问题史。从将形而上学理解为形而上学问题这一思路出发，我们看到：在古希腊时代，人们关注的形而上学问题是：世界为什么会"变化"？事物有没有不变的"本质"，构成宇宙的最终"实体"是什么，等等；在中世纪，形而上学的研究与神学紧密联系在一起，形而上学家们关注的问题是：上帝是如何创造世界？上帝与世界是分有还是"溢出"的关系？基督教的"三位一体"如何可能？等等。近代之后，尽管认识论的兴趣取代了对于神学的兴趣，但这不等于可以将形而上学问题简单地归结为替科学寻找奠基的问题，对于宇宙终极实在以及神学的兴趣并没有完全从人们的视线中消失。正因为如此，第一次给形而上学提供一个完整定义的近代德国哲学家沃尔夫才认为：形而上学包括如下几个部门：心理学、宇宙学、自然神学、本体论。而20世纪德国哲学家海德格尔宣称两千多年来西方的哲学一直是在歧路上走，并且试图改写西方哲学地图，然而，他对于形而上学的理解，仍然是着眼于形而上学问题而并非形而上学本身，即认为形而上学是对于存在本身的探究。

然而，形而上学的探究除了是对于形而上学问题的探索，却还代表一种思想传统。思想传统由于与一般的哲学思想传统有别，可以称之为形而上学的思维传统。相对于形而上学问题的研究与探究来说，这种形而上学思维传统才是一种更先行的对于形而上学本身的"存在领悟"。为什么这样说呢？从以上所列的情况可以看到：历史上的形而上学问题之所以林林总总，五花八门，都是由于历史条件以及社会环境的不同，使人们将现实社会中关注的一些问题纳入形而上学的视野，或者将其视之为形而上学问题的结果。而随着时代的变迁与社会环境的变化，一些原先曾经激动过人心的形而上学问题"淡出"了，不再能激发起形而上学家们的思维兴趣，而一些新的形而上学问题却出现了，并且引起人们激烈的争论与讨论；还有的情况是：在某些历史时刻，由于某些社会新因素的出现，引起人们对于以往思想观念的深刻怀疑，因此有人提出要清除"形而上学"。然而，所谓"清除形而上学"命题的提出，仍然是由于传统的形而上学问题的"虚假性"而引起。

从以上可以看出：假如将形而上学的探究仅仅着眼于它的问题的探讨，那么，形而上学确实是一直在变化之中。从这种意义上，很难对形而上学下一种完满的、足以涵括既往的形而上学历史的定义。然而，假如不是立足于形而上学问题，而是从思维方式着眼，我们发现：迄今为止出现的形而上学思维只有两种：一种是"对本体"思维。另一种是"自本体"思维。对本体思维是从"二分"的观点来看待宇宙万物，也就是说将世界上万事万物"一分为二"。比如说：现象与本体二分、主体与客体二分、心与物二分、经验与超验二分，等等。这种二分法思维也表现在其对于形而上学问题的思考当中。形而上学向来以"本体论"作为重要内容，或者说，形而上学要追问本体到底是什么。但按照二分法思维，本体的含义有二：一是指它与现象相对待；二是指它与主体相对待。就是说，在对本体思维当中，本体是一个超出于现象界，并且与作为主体的人相对待的客观实在。从这种思路出发，对本体思维发展出一套研究形而上学的特有的方法论逻辑，具有它自己关心的形而上学话题，并且形成了它自己的一套学术话语与研究规范。比如说：变化与不变、个体与性质、因果性、共相与殊相、本质与现象，等等，而对于这些形而上学问题的思考，采取的也是二分法思维逻辑，也即通常的二值逻辑或形式逻辑。

然而，除了从二分的观点来看待世界之外，人们也可以从非二分的观点来看待世界。所谓非二分的观点，就是不将世界视之为现象与本体、主体与客体、心与物、经验与超验的对立。问题在于：这如何可能？我们说：从二分法来看待宇宙万物与世界，是我们人类长期以来形成的一种思维态势或思维定式。假如要打破这种二分法思维态势，就必须引入或者采取一种全新的思维态势——自本体思维。说自本体思维是一种非二分思维，是从消极方面说的，指的是它不将世界作"一分为二"的处理。既然我们不再将世界作一分为二的处理，也就是说我们不再采取传统的二分法思维带给我们的话语来言说世界，那么，我们如何言说世界呢？这方面，海德格尔铸造或提炼出一套特有的词汇与言说方式，比如说：在场与不在场、存在与存在者、道言与人言，等等。表面看来，这些话语中的每一种表述都包含有相反的两极，似乎仍然采取的是二分法，然而，对于自本体思维来说，每一种这样的表述当中相反的两极，是一种"对应"而非"对立"的关系。即是说，虽然我们提到在场与不在场、存在与存在者、道言与人言，等等，但它们其实是一种相互呼应或者说相互替代的关系。比如说：不在场要通过在场展示出来，在场会显示出不在场；存在要通过存在者揭示自身，存在者揭示或显示存在，人言言说道言，道言通过人言体现，如此等等。从这种非二分思维出发，自本体思维关心的形而上学问题，就不是传统的形而上学那样的本体论问题，而是探究存在之本身。按照后期海德格尔的理解，存在要通过存在者来呈现自身，而世界上任何存在者又揭示了存在本身。因此，自本体的形而上学问题可以归结为："存在者呈现存在自身何以可能？"

综观哲学史，可以看到，尽管以往关于形而上学的讨论五花八门，答案林林总总,但从思维方式看,它们要么是归入对本体思维,要么就是采取自本体思维。而从形而上学的历史来看,对本体思维一直在西方形而上学史上占据着主导地位,这种形势直到海德格尔哲学出现以后才被打破。海德格尔哲学的意义与其说是它提供了一种观察与理解世界的新的哲学方式,不如说是开启了一条新的形而上学思维传统更为恰当,这就是自本体思维。

(二)"一即一切":康德的形而上学及其限制

1. "一即一切":康德"第一批判"的主题

从很早开始,"一即一切"就成为西方形而上学话语的主题。对于一即一切可以作两种理解:其一,用"一切"来指称现象界的一切事物,而一则指现象界万事万物背后的最高原理或第一因。这就是亚里士多德在《形而上学》中关于"第一哲学"的第一种定义,即第一哲学是关于事物"第一因"的研究的学问。其二,用"一切"来指称现象界的一切事物,但一则指宇宙的终极实在。这里的宇宙终极实在与事物的第一因的含义不同:后者是"作为存在者的存在者"(海德格尔语)的知识,它关注的是现象界中的科学知识的"根据"问题,而前者则超出了现象界。康德是在这两种意义上同时使用"一"这个观念的,在康德哲学中,"一"称之为"理智体"。可以认为,康德的"三大批判",就是在以上两种意义上讨论"一即一切"何以可能的问题。

然而,就"三大批判"来说,其思想体系并非首尾一致。这点已为不少学者所指出。构成康德哲学体系内在矛盾的,是因为康德对于形而上学的看法不止一种。在《纯粹理性批判》中,康德给自己确立的任务是探究"作为科学的形而上学如何可能"。为了解决这一问题,康德首先从探讨作为自然科学的数学与力学开始。之所以如此,是因为在康德看来,数学与力学作为自然科学中最精密、严格的科学,与形而上学作为科学具有可比性。或者说,在康德看来,科学的形而上学之建立,应当具有像数学与力学那样的严谨性与科学性。康德认为,只要找到了数学与力学之所以具有如此严谨性与科学性的根据,也就为"作为科学的形而上学"提供了一种地基。① 康德考察的结果,发现无论是数学还是力学这样的自然科学,都有其不来自于经验的先验范畴

---

① 关于康德如何考虑从对数学与力学原理的考察开始而进入形而上学问题的探究,海德格尔对这一形而上学思想传统有过明确的说法:"形成学院的形而上学概念的另一个根本动机则涉及形而上学的认识方式和方法。由于形而上学把一般存在者和最高存在者作为对象,对于这种对象'每个人都会产生关切'(康德),形而上学就是具有最高荣誉的科学,是'诸科学的女王'。这样一来,就连它的认识方式也必须是最严格并具有绝对约束力的方式。这就要求形而上学是'数学'知识。数学是在最高意义上的合理的先天的知识,因为它脱离了偶然的经验,亦即成了纯粹的理性科学。对一般存在者的知识(一般形而上学)和对其各个主要领域的知识(下属形而上学)就这样成了一种'出自纯理性的科学'。于是,康德便坚持这种形而上学的意图,他甚至还把这种意图更强化地置于下属的形而上学中,把这种形而上学称为'真正的形而上学'、'最终的形而上学'。"《海德格尔选集》,上卷,第89页。

作为依据。既然作为精密科学的数学与力学如此,那么,作为科学的形而上学也应当如此。然而,我们发现:康德将作为科学的形而上学与作为科学的数学与力学相提并论或进行类比,其实是思想上"犯"了一个严重的错误,①即将仅适用于经验世界的科学——数学与力学的范畴体系套用于超验的本体世界。本来,按照康德哲学,世界是可以而且应当划分为现象世界与本体世界的。这两个世界有各自不同的范畴与理念,而且这些范畴与理念只能应用于不同的世界:前者(数学与力学范畴)只适用于整理现象界的知识,后者(形而上学范畴体系)只适用于本体世界。然而,康德试图通过对数学与力学范畴的研究得出这样的看法:任何自然科学都有某种先验的范畴为其提供基础。换言之,自然科学知识体系不来自于对自然现象的归纳,而是运用某些先验范畴整理经验材料的结果。在"第一批判"中,康德着重研究了因果性、必然性、质、量等基础的科学范畴。

不能说康德提出的有先验范畴的说法没有道理。任何自然科学(也包括作为严格科学的数学与力学)的基本范畴都有其超出经验本身的先验来源。这点不仅为康德所证明,也为自然科学知识体系之建立所证明。这里康德的错误在于:尽管承认自然科学与形而上学都有其先验的范畴,但是,这些先验的范畴及其思想体系是什么?自然科学与形而上学却不具有可比性。换言之,自然科学(比如说数学与力学)的范畴不同于形而上学的范畴,自然科学的范畴体系也不同于形而上学的范畴体系。于此,对于自然科学素有研究的康德当然认识。但是,由于要借助从自然科学(数学与力学)的范畴分析思路来考察形而上学的范畴体系,其结果是:康德虽然认识到形而上学的范畴体系与自然科学的范畴体系不同,却无法避免将自然科学的范畴体系移入形而上学的范畴体系之中。这表现于在"第一批判"中,所谓"理智体"或"物自体"是个始终厘定不清的观念:从自然科学范畴体系出发,物自体或理智体是事物之本质或第一因;从形而上学范畴体系来考察,物自体或理智体则是超验的终极实在。按照康德划分两个世界的看法,前者属于现象界的物自体,而后者则居于本体界或形而上学世界。这是两个不同世界中的物自体或本体,怎么可以将这两个不同世界的物自体归结为同一个物自体呢?但是,假如我们考虑到康德试图通过对自然科学知识体系的范畴出发,来探究

---

① 康德"犯"这个错误也许是有意为之,即故意地从作为精密自然科学的数学与力学开始,来为形而上学寻找基础,然后证明这种照搬自然科学研究范式来处理形而上学问题之不可能。见康德本人对这个问题的说明(如《纯粹理性批判》)。同样的海德格尔的那段话后,接着对于康德这一思路作了如下说明:"然而,存在论的这个内在可能性难题却包含着对一般形而上学的可能性的探讨。为下属的形而上学奠基的尝试本身就把自己推回到对一般形而上学的本质的探讨。"(《海德格尔选集》,上卷,第89—90页)

形而上学的物自体的形而上学思路,这种混淆了两种物自体的做法当可理解。

当然,作为一位思想细密的形而上学家,康德并非看不到仅仅通过自然科学的范畴体系的分析来建立科学的形而上学会遇到的困难。如果说,康德通过自然科学范畴的分析是要强调形而上学范畴与自然科学范畴一样具有先验性的话,那么,到了《纯粹理性批判》这部书的后面部分,他终于通过"先验幻相"的分析,证明了假如将这些先验范畴运用于本体世界,将会遇到它不可克服的疑难,即产生"二律背反"。康德认为:"二律背反"的出现不仅说明自然科学的范畴不适用于本体世界,而且依据自然科学范畴分析方法而得来的任何其他范畴,也将不适用于本体世界。因为本体世界毕竟有它自己的一套特有的范畴体系及其话语方式。在康德时代,这些形而上学体系与话语包括:上帝存在、自由意志、灵魂不灭,等等,它们分别属于如下形而上学部分研究的内容:宇宙论、心理学(灵魂学说)、自然神学。康德既然认为这些形而上学的范畴体系无法通过像考察精密的自然科学(数学与力学)的范畴分析方法来加以建立,他终于不得不改弦换辙,转而考虑采取其他思路来对形而上学的本体重新探究,是为"第二批判"的主题。换言之,综观"第一批判"与"第二批判",这两个康德探究形而上学之路并非相同:前一个康德("第一批判"的康德)走的是试图从存在于经验世界中的知识体系(数学与力学)来发现与建立形而上学的思路。假如我们将经验世界中的各种事物与知识体系称之为经验世界中的"一切"的话,那么,这个康德思考形而上学的方法与思路是从分析经验世界中的知识范畴(一切)开始,最后归结为一个最高实体(一),用一个最高范畴来对经验现象的万事万物加以综合与概括。这种将现象界的种种事物与知识体系归结为一个最高实体或第一因性形而上学思考方式,在这里,我们将它称之为"一即一切"。这其中,一切代表现象世界中的万事万物,而一指最高本体。而在第二个康德中("第二批判"中的康德),康德已经否定了可以从经验世界达到对于本体界的认识,认为相对于经验世界而言,本体界的范畴("自由意志""灵魂不灭""上帝存在")是一种"公设"。康德认为从这种公设出发,我们可以为道德建立一种基础。这种关于形而上学的研究思路,我们也可以称之为"一即一切"。

显然,对于康德来说,这两种形而上学是集于一身的;然而,就形而上学观念来说,它们在康德的形而上学思想体系中却显得无法调和。这种无法调和既表现于"第一批判"与"第二批判"中形而上学运思方式的不一,更表现于"第一批判"中,一即一切中的一具有两种不同的意义,它既指事物的第一因,是现象的本质,又指超验的物自体,是宇宙的终极实在。在"第一批判"

中,康德既试图从自然科学的范畴分析来得出这样的物自体,最后又予以放弃,并且求助于实践理性的运用("第二批判"的主题)来加以解决。

2. "一即一切"的形而上学之限:对本体思维运用于形而上学之谬误

以上所论表明:康德在《纯粹理性批判》中所探究的形而上学,是"一即一切"这样一个主题。这样一种研究思路与主题,走的是探索事物第一因的形上思路,而非探究最高终极实在的形上思路。然而,康德心目中的"物自体"除了可视为自然现象的第一因之外,还代表宇宙的最高终极实在。就对于后者的认识而言,康德抱着探究"作为科学的形而上学如何可能"的目的开始,结果却发现了人类运用理智要达到对于"作为科学的形而上学"的把握之不可能,而最终只好抛弃了这种运用理智探究形而上学的方式,而走上了探究"实践理性"的道路。这当中原因何在呢?

康德的"第一批判"探究形而上学之误谬,从根本上说,在于它混淆了人类面对的是"两个世界":现象世界与本体世界。应当说,同样是人类经验的世界,现象界与本体世界的根本区分,就在于这两个世界各自有其最高原理或者说终极实在。这种最高原理与终极实在虽然都可以称之为"一",但这"一"的含义却完全不同:对于现象界来说,"一"是事物的第一因,或者说本质;而对于本体世界来说,"一"却是超越于经验现象的最高终极实在。这两种"一"在哲学中,都被冠之以"本体"之名。其实,同称之为"本体",这却是截然不同的"本体"。为了避免问题的混淆,这样,我们将前者(作为事物第一因的本体)称之为"对本体",而将后者(作为宇宙之最高终极实在的本体)称之为"自本体"。这两种本体不仅在含义上完全不同,而且研究它们的形而上学探究之路也完全不同。① 显然,康德"第一批判"的失误在于:他不仅没有对这两种本体加以区分,而且错误地将探究对本体的方法运用于对自本体的探究。由于采用的是对本体的研究方法,因此,康德在《纯粹理性批判》中不得不对现象世界的各种范畴加以处理与分析,这种思路不仅未能达到对于自本体的把握,反倒离康德原先设定的为形而上学奠基的目标愈来愈远;而《纯粹理性批判》之被后人理解为"认识论"的著作,其原因亦在于此。

然而,问题并不在这里打住。假如进一步深究,我们会问:任何哲学形而上学都以追求最高"本体"(尽管对于这本体的内涵的理解可以不同)为目标,而这最高的本体是"唯一",而现在通过对康德形而上学的分析却发现有

---

① 亚里士多德的《形而上学》中其实也蕴含着两种不同的探究形而上学思想进路,而且对于"本体"有两种不同的理解。如此书的第 4 卷、第 7 卷可以说是对于"本体"的一种"对本体"理解与探究,而第 12 卷,尤其是其中的后 5 章,可以说是对于"本体"的一种"自本体"解释。然而,亚里士多德关于本体的这两种解释,与本文对于"对本体"与"自本体"的理解与含义并不相同。

两个本体(对本体与自本体)或两个"唯一",那么,这两个唯一者的关系究竟如何,它们与作为最高本体的唯一的关系又是如何?

我们说:"一"或"唯一"作为宇宙之最高终极实在,只有一个(说唯一又说有两个唯一,在语义上是自相矛盾,不能成立)。然而,这不妨碍这最高终极实在在人类面前呈现为两个不同的终极实在。这也就是说:人类之所以会有"两个世界",并且发现在这两个不同的世界当中各有其最高终极实在,是因为它是对于人类才呈现出来的宇宙与世界。换言之,两个世界的出现是由于人类有"观"的结果。或者可以反过来说:人类有两个世界,必须意味着人类在审视宇宙万物或者与宇宙万物打交道的时候,有两种观。这两种观,我们分别称之为"有观"与"无观"。有观的世界是一个可以区别出形形色色、这这那那的世界。而无观的世界是一个无差别、万物齐同的世界。我们知道,这两个不同的世界也就是我们通常所说的现象界与本体界。①

假如再进一步深究,可以发现:人类在面对这两个世界的时候,在观察事物、思考问题的方式方法上都有根本上的不同。这种差别,我们将它称之为"二分法思维"与"非二分法思维"的差别。甚至可以说:有观的世界与无观的世界之所以在人类面前得以呈现,是我们分别用"二分法"思维与"非二分法"思维来观察宇宙万物的结果。因此,对本体与二分法思维、自本体与非二分法思维其实有着对应的关系。二分法与非二分法皆适用于观察宇宙万事以及宇宙本体,由于本文的讨论仅涉及关于本体的讨论,这里,我们将二分法与非二分法运用于本体论问题时的思维方式分别称之为"对本体思维"与"自本体思维"。简言之,从二分法思维来思考宇宙本体,我们会得出有"对本体"的结论;从非二分法思维来看待宇宙本体,我们会得出有"自本体"的看法。这两种本体皆为本体,也都是"一";不同之处在于:它们当中,一者处于现象界,一者处于本体世界。现象界本来是形形色色、这这那那,但人类尽管采取二分法思维,却不妨碍它运用这二分法思维去探究现象界的最高原理,是为现象界之"一";同样,从无观的角度来看,本体世界本来是无差别的世界,但这不妨碍它运用非二分思维去看待与思考现象界的形形色色、这这那那。这两种对于宇宙与世界的探究都是哲学形而上学的探究之路,前者,

---

① 按照康德以及西方传统哲学的思维方式,现象与本体截然二分,而且本体世界是人所不能认识的,因此说人能同时面对现象世界与本体世界似乎是"不通"的。但承认人可以同时有两个世界,而且通过"观"可以达到这两个世界,恰恰是中国哲学非二分思维的特点。中国哲学不仅承认有两个世界,而且认为人通过"智的直觉"可以把握本体世界。其实,康德也并非认为本体世界完全不可达,只不过认为它不为人所认识,但却仍可"意会"。这也意味着:康德也承认人其实是可以达到本体界的,只不过不通过"理智"(知性),而是通过实践理性。这其实也就是康德《实践理性批判》讨论的主题。

就是我们所说的"一即一切";后者,就是"一切即一"。所谓"一即一切"是说现象界万事万物皆有"一"作为最高原理或者"本质";所谓"一切即一"是说最高终极实在("存在")必然体现或呈现为现象世界中的形形色色。虽然都用"一"来表示,但它们的含义完全不同:有观的"一"("对本体")是现象界的最高原理,无观的"一"(自本体)是本体界的终极实在或者"存在"本身。这两种"一"皆为置身于生活世界的人类所必须:前者提供现象界的先验原理,后者提供现象界的超验原理。①

(三)"一切即一":海德格尔的形而上学及其限制

1. 海德格尔对存在的探究

在探究宇宙最高终极实在这个问题上,康德所未能完成的工作,由海德格尔得以完成。海德格尔的哲学探究既是康德思想的逻辑结局,同时也意味着康德形而上学思路的改弦换辙。在《存在与时间》这部早期著作中,海德格尔开始还想沿着康德开启的思路将问题加以推进,从现象界入手对宇宙的终极实在这个问题加以探究,因此,他将康德的"第一批判"称之为"为形而上学奠基"的工作。但最快,他发现此路不通。因此,《存在与时间》是一部未完成之作。在后期,海德格尔放弃了早年从"此在"入手探究存在问题的思路,直接追问存在本身。

海德格尔对存在的追问是从分析古希腊语"σοφόν"一词开始的。他发现:作为"哲学"的原初定义的"σοφόν"一语,在古希腊语中的原初意义是"一即一切"。他说:"这里,'一切'意指:Πάντα τὰ ὄντα,即存在者之整体、总体。'Έν,即一,意指:一、唯一、统一一切者。但一切存在者都是在存在中统一的。这个σοφόν是说:一切存在者在存在中。更明确地说:存在是(ist)存在者。在此,'是'当作及物动词来使用,其意如同'聚集'(versammelt)。存在把一切存在者聚集起来,使存在者成为存在者。存在是聚集——即Λόγος(逻各斯)。"②海德格尔在这段出名的论述中,指出了探究终极存在的一条新路,这条新路不同于康德探究物自体的思路的地方在于:它既不同于康德在"第一批判"中从经验世界出发,去寻找现象界背后的最高本体或第一因的形而上学之路,也不像后来康德在"第二批判"中那样的抛开人的纯粹理性能力,而去诉之于实践理性能力的探究。换言之,后期海德格尔认

---

① 本文认为:人类的"生活世界"既包括现象界,又包括本体界,是两个世界的合一。用本文的话来说,也即"一"与"一切"的合一。而这其中,"一切"指现象界,而"一"则有作为现象界的"一"(现象界的先验原理)与作为本体界的"一"(现象界的超验原理)之分。

② 《海德格尔选集》,上卷,第595页。

为:尽管从现象界出发,无法去把握终极实在,但人通过理性思维,仍然可以去达到这个宇宙最高终极实在。问题在于:这如何可能?

后期海德格尔解决问题的思路是承认有"道言"。所谓道言,就是道(终极实在,或者说"存在"本身)自己"走"出来。他认为在古希腊早期的语言中,"逻各斯"就是这个意思。而人类之所以能够借助理性的能力去把握这个道,就在于人类有语言。但人类的语言并非是人类在"说语言",而是语言在"说"。因此,人言的本质就是对于道言的响应。人言对于道言的响应又能可以名之为"倾听"。这样看来,人言其实是依附于道言的:没有道言,就无所谓人言;人言唯一的功能就是对于道言的响应。现在,我们要进一步追问:道言究竟是何种意思呢? 或者说:道是如何自己"走"出来的呢? 这里,涉及后期海德格尔的一个核心观点。他认为,所谓道言,就是作为最高终极实在的"存在"在现象界中的展现。或者说,所谓道走出来,是说道通过现象呈现出来。这里所谓呈现,并非是说道原先是看不见而隐匿于现象界背后的东西,而是说:道本身必须通过现象界才得以表现自身。或者说:道走出来这一过程,或者说道在现象界中呈现这一过程,才是道本身。关于这点,后来海德格尔说得相当明白:存在通过存在者呈现自身,存在者呈现存在。

通过以上分析,现在,我们终于看到了海德格尔在形而上学问题思考上与康德的根本不同:对于康德来说,物自体(包括两种意义上的特自体)要么是隐藏在现象界背后的,或者说是超越于现象界的;而对于后期海德格尔来说,存在者呈现存在,存在通过存在者呈现。这里不仅仅是对于形而上学关注问题的不同:对于康德来说,他关注的形而上学问题是现象世界与本体世界的关系,而对于后期海德格尔来说,他关注的形而上学问题是存在与存在者的关系;更重要的是,从这里我们看到:康德与后期海德格尔在思考形而上学问题上在方向上根本不同:前者采用的是二分法思维方式(现象与本体二分),而后者则是非二分思维方式(存在既是存在者,存在者亦为存在)。

对于海德格尔来说,由于存在者呈现存在,存在本身也必然通过存在者呈现。这里,假如将存在者称之为"一切",而将存在称之为"一"的话,可以看到,后期海德格尔形而上学的思路是"一切即一"。比较一下康德关于"一即一切"的形而上学思路,可以看出:康德在"第一批判"中解决的形而上学问题是如何从现象界出发发现其背后的终极实在或者说"第一因";[1]这里,

---

[1] 将康德《纯粹理性批判》中的形而上学问题区分为关注问题与解决问题的不同,也许更有助于对于《纯粹理性批判》主题的理解,即此书解决了的形而上学问题是亚里士多德意义上的"第一因"如何可能的问题,而他原先想给此书所设定的形而上目标或者说关注的形而上学问题是宇宙之终极实在问题,也即亚里士多德意义下的存在本身的问题。

康德关注的其实是现象界的问题,用本文的话说,沿着康德"第一批判"的思路,要探究的是现象界的第一因。这个现象世界的第一因对于万事万物是唯一的最高实在,故可以名之为"一";但由于它对于现象世界才有其意义与价值,我们在这里可以名之为"有一"。反之,对于后期海德格尔而言,他关心的是作为存在本身的"一",这个"一"虽然呈现为现象界之万有,但作为唯一者,它虽然通过现象界呈现,却不能简单地等同于现象界,而也不是现象界背后的最高实在,这个"一",我们这里可以称之为"无一"。于此,我们看到康德与海德格尔形而上学探究之路的区别:对于康德来说,"一即一切"是关于现象界或"有的世界"的形而上学命题,其"一"是指现象界万有背后的终极实在,它构成现象界万有之成立的形而上学根据。而对于海德格尔而言,"一切即一"揭示的是关于存在或者本体世界的究竟存在问题,它的含义是:无所谓存在与存在者的截然二分,存在既体现为存在者,存在者亦表现存在。这里的"一切即一",是指宇宙之万有("一切")必然体现宇宙之终极实在("一")。

2. "一切即一"的形而上学之限

后期海德格尔抛弃了前期从"此在"入手探究存在的方式,直接从"存在"入手追问存在之何以然,这意味着对于西方传统的形而上学研究思路的一种突破与颠覆。西方哲学史自亚里士多德(其实更早可追溯其源头至柏拉图甚至巴门尼德)以来,一直是以这种方式来思考存在问题的。尽管哲学史上,对于存在或者说终极实在究竟何所指的看法不一,如它可以是现象界背后的"第一因"、本质、理念、上帝,等等,说法尽管不一,但对于这种终极实在的探究,走的都是二分法思维路径。而康德则是这种二分法思维的集大成者。通过前面的分析,我们看到,采取这种探究路径,仅可以获得关于现象界的最高实在的认识(第一因),而无法获得关于超验的本体世界的认识。有感于此,后期海德格尔才另辟新径,走上了一条从存在入手,探究本体世界的形上之路。然而,这不意味着后期海德格尔最终就一劳永逸地解决了所有的形而上学问题。从前面的论述中,我们看到:人类面对的世界本来并非一个,而是同时面对着两个世界。这两个世界都各有其形上本体。"有的世界"的本体是为"对本体",而"无的世界"的本体是"自本体"。如果说康德的"第一批判"是对于有的世界的形而上学思考,解决了对本体何以可能的问题的话,那么,对于"自本体"何以可能的问题,"第一批判"却未能提供答案。同样,后期海德格尔关于"道言"的思考是对于无的世界的形而上学探究,这种思考解决了无的世界中的自本体何以可能的问题,但现象世界的对本体却不在其视野之内。换言之,后期海德格尔对于现象界的对本体是采取排斥态度的。这是后期海德格尔的形而上学之限。

将现象界的对本体清除出形而上学的视域之所以不可取,不仅在于它有违于哲学史上的形而上学探究之史实,有将两千多年来人类在形而上学的探究之路上取得的思想成果都判之为谬误的危险,从根本上说,它有悖于人类之所以担当形而上学的使命与要求。当康德说"形而上学是人类的自然天性"的时候,这不仅是说人类具有探究形而上学的自然冲动,而且是说这种形而上学就是人类的本性。因此,否定形而上学,也就是对于人类本性的否认。那么,人类的本性究竟是什么呢?这就是:人是二重性的存在。所谓二重性的存在,是指人既处于现象界之中,是现象界中的有限存在;同时,人又是超现象界的本体存在。人的这种二重性存在本性表现为人类对于形而上学的探究之中。由于人类注定是二重性的存在,因此,它对于形而上学的探究,也就必然具有两个维度:一者指向现象界之本体(对本体),一者指向本体界之本体(自本体)。这两种本体都存在于人类对于形而上学的探究天性之中;对于形而上学的探究,其实是对于人类本性的探讨。

既然如此,我们看到:后期海德格尔的形而上学关注的,其实只是人的形而上学的一个维度,尽管这是相当重要的一个维度。但是,同样不可抛弃的还有人的另一个形而上学维度——对本体的维度。这两个维度都为人类所需要,都是人类本性的体现。那么,这两个维度,或者说这两种形而上学,究竟是一种什么样的关系呢?或者说,有没有一种形而上学,能够将这两种形而上学维度都包括于其中呢?有的,这就是中观形而上学。

(四) 中观作为形而上学何以可能

所谓中观形而上学,并非是说在以上两种形而上学维度之外,又增加一种新的形而上学维度。中观形而上学虽然以对于本体的探究作为使命,然而,它并非是在对本体与自本体之外,再提出一种新的本体。应当说,中观形而上学探究的其实是作为现象界的形而上学(对本体)问题与作为本体界的形而上学(自本体)问题之关系。究极言之,它要探究的中心话题是:对本体与自本体的关系究竟如何?

由于对本体与自本体都为人类所必需,它们都是人类本性的形而上学表现形式。从这种意义上说,它们都内在于人的本然天性之中,隶属于"人"这一最高人类本体。然而,这只是对本性与自本体通过人这一最高宇宙物加以联结的方式,对本体与自本体必须通过人这一中介加以联结,但这种联结对于对本体与自本体来说,终究是一种外在性的关系。现在要问的是:作为一种形而上学思想体系,对本体与自本体之间的理论逻辑关联究竟如何?这是我们下面要分析的。

首先,中观本体的厘定。中观形而上学以肯定对本体与自本体为前提。即是说,中观形而上学涵摄的内容既包括对于宇宙万事万物的第一因或"本质"——对本体的研究,同时亦包括对于宇宙之终极实在——自本体的探究。其原因在于:对本体与自本体皆是中观形而上学的不同方面与表达形式。反过来说,假如仅仅只有其中的一种,无论是对本体或者是自本体,皆不足以言中观形而上学。因此,从究竟义看,中观形而上学中的"中观本体"是对本体与自本体之合。就中国哲学的话语而言,中观形而上学的中观本体可名之为"道",假如将事物的第一因作为最高实在的对本体形而上学中的对本体以"阳"来表示之,将本体世界中的自本体作为最高终极实在的自本体形而上学中的自本体名之为"阴"的话,那么,"一阴一阳合而为道",大概是中观形而上学可以涵盖对本体与自本体的哲学表达。

其二,中观形而上学不仅是指对本体形而上学与自本体形而上学之合,而且强调"开显两边"。所谓"开显两边",是说对本体与自本体作为本体不仅包含于中观形而上学之本体之中,而且中观本体非得通过对本体与自本体方才得以呈现。而这种呈现的方式由于具体场所与境况之不同,它又可以分别呈现为如下不同方式:(1) 中观本体既以对本体的,同时又以自本体的形式呈现。假如套用前面中国哲学的术语来表示的话,此即"一阴一阳同时为道"。(2) 中观本体有时以对本体方式呈现,有时又以自本体方式呈现。也就是说:对本体与自本体虽然合而为道,但它们是在不同时点分别呈现。用中国哲学的术语表达,此即:"一阴一阳分别为道"。

其三,不落两边。中观形而上学一方面要"开显两边",另一方面,又强调"不落两边"。所谓不落两边,是指不拘泥于"两边"。假如说"开显两边"是中观形而上学之"立"场的话,那么,"不落两边"则代表中观形而上学之"破"的立场。这种"不落两边",用中国哲学的术语来表达的话,可称之为"一阴一阳皆不为道"。

其四,转化两边。所谓"转化两边",依中观的观点,是指对本体与自本体这"两极"可以相互转化。假如套用中国哲学的术语来表达,即"阳即阴,阴即阳"。转化之所以可能,在于思维方式的转化,即从阳的立场看阳即为阳,而从阴的角度看阳却为阴。此也即庄子所说的一方面"物无非彼,物无非是",而另一方面则"是亦彼也,彼亦是也"[1]。

其五,"时中"。时中是中观哲学之运用的一个极其重要的观念。因为

---

[1] 《庄子·齐物论》。

以上几点，表面上似乎是自相矛盾的，其实，这种所谓自相矛盾，是将中观的以上几种模式固定化与僵死化的结果。中观形而上学的中观本体究竟以何种形态呈现，从究竟义看，是由形而上学的境况所决定的。换言之，中观形而上学不承认有既定不变的形而上学模式，也不承认有固定不变的本体。对于中观形而上学而言，本体或为对本体，或为自本体，或为对本体与自本体之合，或为对本体与自本体之否定。中观本体之究竟义如何，一依于探究具体的形而上学问题而定。

从这里可以看到，中观形而上学与其说是对于本体的一种言说，不如说是对于本体如何可能的一种特有的思维方式。这种思维方式的特点是"否定"，是无立场的立场。所谓否定，是说依中观思维，当它刚对于本体为何物有一种看法时，旋又加以否定；但是，任何否定也意味着另一种形式的肯定，因此，当它对这种否定加以肯定时，旋即对此又加以否定。因此，肯定，否定，肯定，否定……就成为中观思维的辩证法。对于形而上学的追问而言，中观思维认为本体既是对本体，又是自本体，既不是对本体，又不是自本体。……等等。表面看来，这似乎是一种矛盾，其实，所谓矛盾仅适用于形式逻辑；而在形而上学的领域，本无矛盾可言，但却有"悖论"。以上中观本体之呈现的方式，与其说是表面的矛盾，不如说是实质性的"悖论"。而中观形而上学不仅不去消灭这种悖论，反倒是去承认与肯定这种悖论。因此在中观思维看来，形而上学正是通过悖论的形式才得以言说与表达的；或者说，悖论才是形而上学对于人的开显形式。

说到这里，我们不妨以海德格尔的话语作结：当海德格尔提出"在场呈现不在场""不在场通过在场呈现"时，他无疑已经揭示了形而上学以悖论形式方才得以展开之真谛。诚如海德格尔所言，向来的形而上学都是所谓的"在场形而上学"。海德格尔试图颠覆这种在场的形而上学而直面"存在"本身。而通过我们的分析，可以看到，假如说传统的西方形而上学之所以是"在场的形而上学"，乃因为它是将"存在者"误作为"存在"本身加以追问的话，那么，海德格尔心目中的形而上学可以名之为一种"不在场的形而上学"。然而，同样根据海德格尔的说法可以推论：在场的形而上学可以而且应当呈现为不在场形而上学，而不在场的形而上学亦可以通过在场的形而上学得以呈现。假如这样的话，那么，此乃中观之形而上学。然而，海德格尔没有将他的说法应用于对于形而上学的思考，仅仅是将它用来颠覆传统的西方形而上学。海德格尔将这种颠覆性的形而上学发展到极致，从而形成与在场形而上学对立而非相融涵的不在场形而上学。从这种意义上说，海德格尔是颠覆了长久以来支配西方形而上学的传统，而创造了另一种形而上学传统。然而,海德格尔对于形而上学的思考至此为止。

海德格尔之止步处,却正是中观形而上学之起步时。从这种意义上说,中观形而上学是接过了海德格尔的话语,而且又回归到康德哲学。中观形而上学既是对于海德格尔与康德形而上学的超越,却又正是海德格尔与康德形而上学之汇通处。

三、中国哲学的中观思维①

关于中国哲学的特征,向来仁者见仁,智者见智。目前学术界较流行的看法是将"天人合一"视为中国哲学的最主要特点。此外,也有人将中国哲学,主要是儒家思想,用"内圣外王"一语来概括。然而,无论是"天人合一"也罢,"内圣外王"也罢,虽然它们可能是对中国哲学与儒家思想的特征的很好概括,但这些提法却依然没有能对中国哲学为什么会形成这些特质作更深入的阐明。

相对于天人合一与内圣外王之类的表层说法,对中国哲学的思维特征的把握是一个更深层次的问题。这个问题的解决,不仅有助于丰富中国哲学的内涵,而且有助于理解中国哲学为什么会主张"天人合一",以及儒家思想为什么要强调"内圣外王"。因此,本文立足于思维方式的角度,对中国哲学的基本特质作一番重新清理。必须说明,所谓中国哲学的思维方式,是相对于西方哲学而言的。就是说,要谈中国哲学思维的特点,首先必须确立西方哲学这个"他者"作为参照系。众所周知,西方哲学的主流,是以二分法思维为特征的。所谓二分法思维,就是强调主观与客观的二分,以及强调现象与本体的二分,等等。反过来,中国哲学则是采取非二分法思维的。

中国哲学的这种"非二分法"思维,本文用一个词来表达,称之为"中观"。它不仅说明中国哲学思维是非二分法的,而且还要指出:中国哲学在何种意义上是非二分法思维的。换言之,"中观思维"一词才是中国哲学这种非二分法思维的具体形态。

(一)"中"的含义与中观思维的起源

"中"这个字出现很早。在甲骨文与金文中,它写作"", 表示一根旗杆的中央位置,其意思有两个:其一,中部是旗杆的要害处,只有加固了中部,旗杆才不至于会被大风折断。其二,不让旗杆折断,是为了让很远的人都能看

---

① 此文原载《中国人民大学学报》2008年第3期。

到旗杆上两边系着的旗带的飘扬。① 结合这两者,可见"中"是指把握住一个适当的"中"点,才能立于不败之地的意思。甲骨文与金文中关于"中"的这种原始义,后来转变成一个哲学名词——"执两用中"。要"执两",必须"用中";而"用中"的目的是为了"执两"。故"执两"就是"用中";"用中"也意味着"执两"。执两与用中构成问题的一体两面,假如用后来中国哲学的话来说,也可以认为:用中是"体",执两是"用"。执两是用中的表现,而用中也必须通过执两来实现。

如果说中的原始意义是"执两用中"的话,那么,中观则是这种方法论的自觉运用。观字在甲骨文中写成"🐦"或"🐦",意即猫头鹰在夜间将两眼睁得大大的。猫头鹰在夜间将两眼大睁着,含有一种寓意,是"警觉"或"专注地审视"之意。这与哲学在西方文化中是一种"警觉"或"夜间的沉思"的原始意义也暗合。当黑格尔说"涅瓦河上的猫头鹰夜间才起飞"时,这个"猫头鹰之喻"就包含有这个意思。总之,在远古的中国哲学那里,大概哲学思考就是如猫头鹰在夜色中警觉地注视着的那样一种审视或沉思活动。故而,从远古流传下来的中国哲学经典《易经》中,就出现了"观卦"。《易传》谈到"易"的起源时说:"(圣人)仰以观于天象,俯以察于地理,是故知幽明之故。"(《系辞上》)《易传·彖》释《观卦》说:"大观在上,顺而巽,中正以观天下,观。"这里的"中正以观"即中观,由于它是认识宇宙万物的根本大法,故称之为"大观"。

中观以分别"两边"为前提。按照中观思维,任何事物都由对称的两个方面组成。这里是说对称而非对立。从对称而非对立的观点来看待事物的态度反映在中国人的日常生活中,最明显的例子莫过于中国的对联。对联讲究用字对称,比如天与地对,春与秋对,日与月对,等等;但这种对称中所对的字并非一成不变的,而要根据具体情况灵活选用。在区分对称两极的前提下,中观思维还强调对称两极的相互联系与转化。以东与西作为对称极为例:其中东可以是西,西也可以是东;或者东可以转化为西,西也可以转化为东。《易经》中的乾、坤可以相互转化是表达这种中观思维的极好例子。《易传》将这种乾坤可以相互转化的道理称为"一阴一阳之谓道"。而太极图则是这种阴阳既对称,同时又相互包含与转化关系的极好图解。后人将"周易"中的"易道"概括为三原则,即变易、简易、不易。这当中也贯彻着中观原理:其中的变易与不易是对称的两极,而以中贯穿其中,故谓之简易。由于这

---

① 《说文解字》说:"中,内也,从口,上下通。"《汉字源流字典》(谷衍奎编,华夏出版社 2003 年版)说:"中,本义为氏族社会的徽帜。古代有大事,先在旷地立中,群众望见则从四方会聚于中。"将此两说结合起来,可知"中"之古义。

简易的中观之道既囊括天地万物,又可用以解释宇宙万物的种种生成与变化,故被称之为"弥纶天地之道"。

在中国,中观作为一种思维方法早在文字产生以前就已出现。在远古时代,中国古人就发明了两种基本符号——阳爻(——)与阴爻(— —),用来表达宇宙万物的生成变化,这可以说是中国古人最早的一种中观思维。在"八卦"中,世界上一切事物与现象都可以用阴、阳爻的不同组合符号来表示。而作为宇宙构成的符号象征系统的《易经》,其中的卦象更具有丰富的含义;卦象的相互演化与搭配等等,亦体现了中观思维。但要看到,在《易经》中,中观思维以卦象的形式出现,这还属于一种朴素的表达方式。只有到《易传》出现以后,《易经》中的这种以卦象符号形式反映的中观思维才获得一种明晰化的哲学解释。《易传》不仅给中观下了定义,而且明确了在具体境况中如何应用中观思维的方法论原则。

除《易经》中以卦象形式表达的中观思维之外,早期的中观思维还反映在"三代之际"对于德治思想的理解中。中国远古的政治是一种神权政治,但这种神权政治并非绝对的神权统治,其中也容纳有某些德治的内容,即强调统治者要为人民谋福利并且在道德上以身作则,如:"皇天无亲,唯德是辅。"(《尚书·蔡仲之命》)"民之所欲,天必从之。"(《尚书·泰誓》)"天视自我民视,天听自我民听。"(《尚书·周书》)这种关于神权与德治相结合的早期哲学思考,表现为当时就提出了"建用皇极"的观念。按后人的解释,这当中就包含有朴素的中观思维,即在神权统治与德治之间保持某种平衡。① 西周初期,将这种神权政治向人间性的德治转化的著名人物是周公,他提出了"礼治"。礼治是以周礼为用。周礼一方面是对前朝礼制的继承,另一方面又对前代礼制有所增益,强调礼要与时俱进,这就体现了中观"时中"的内容。此外,周公还主张礼与乐并用,其中礼为体,乐为用,这更是中观思维在治国方略中的具体运用。总之,周朝统治天下八百年之久,这与它采取礼制,而且强调中观思维在礼治中的运用是分不开的。

(二) 先秦时期儒家与道家的中观思维

先秦时期,学术思想异常繁荣,诸子百家蜂起,史称为"百家争鸣"时代。西方思想史家雅斯贝尔斯称这个时期为"哲学的突破"时期。其实,无论是

---

① 如方东美认为,《尚书·洪范》中"皇极"观念的提出反映了当时人的这么一种看法,即理想的神权政治,表面上是神权,事实上操持神权的是最高的道德原理;而到了汉代,"皇极"干脆被译为"大中",代表"无偏无党,无偏无陂"的中道原理。见方东美:《原始儒家道家哲学》,台湾黎明文化事业公司1983年版,第59—62页。

百家争鸣也好,哲学的突破也好,这些不同的哲学学派与思想家,都对一个哲学的中心问题发表自己的看法,这个问题就是中观思维。这其中,既有主张与强调中观思维的,亦也反对与非难中观思维的。而作为先秦思想之主流的儒道思想,则是中观思维的代表。然而,同为提倡与应用中观思维,儒与道的中观思想却不相同。

儒家的中观思想直接继承周代礼治思想而来,如孔子强调周礼,主张礼乐并用。不同于周公的方面在于,孔子给礼注入了"仁"的内容。于是,仁与礼的关系如何?如何在不同的具体情境下运用礼并且体现仁?这些现实的社会治理与伦理问题,孔子用中观思维来解决。《论语》中很少出现"中"字,仅见一处:"中庸之为德也,其至矣乎!民鲜久矣。"(《论语·雍也》)这不是说"中"这个观念不重要,而是说给它下定义难免有僵化之嫌。于是,孔子退而求其次,对中的问题不作形而上的讨论,而着眼于它的实践运用,这就是"时中"。在孔子看来,中与时是联系在一起的,或者说,中要在时间性中体现出来。而时间性也就是一个历史性或当下性的问题。故孔子认为,无所谓抽象的中,只有当下的或历史境遇中的中。这意味着中要灵通运用,要因地制宜。所以,弟子问仁,孔子总是根据不同情境给予具体的提示,而很少给仁下一个明确的定义。除了当下指点仁是什么之外,孔子谈论具体道德纲目的时候,使用了好几种语式,如"(尽美矣,)又(尽善也)"(《论语·八佾》)、"(雍也仁)而不(佞)"(《论语·公冶长》)、"不(仁者),不(可以久处约),不(可以长处乐)"(《论语·里仁》)、"(君子之于天下也),无(适也),无(莫也)"(《论语·里仁》)、"非(礼)勿(视),非(礼)勿(言)"《论语·颜渊》)、"不(迁怒),不(贰过)"(《论语·雍也》)、以及"(乐)而不(淫),(哀)而不(伤)"(《论语·八佾》)……这些语式,无疑已揭示出中观思维的几种典型思维形态。① 时中作为一个时间性的观念,表面上好像不讲原则,随意而定,实际上,它要求的是根据不断变化的情况将原则应用于具体的境遇。所以,孔子举例说:"逸民,伯夷、叔齐、虞仲、夷逸、朱张、柳下惠、少连。子曰:'不降其志,不辱其身,伯夷、叔齐与!'谓'柳下惠、少连,降志辱身矣,言中伦,行中虑,其斯而已司马迁。'谓'虞仲、夷逸,隐居放言,身中清、废中权。我则异于是,无可无不可。'"(《论语·微子》)这种无可无不可,就是孔子心目中的中观思维的实践原则。

继孔子以后,孟子对中观思想的提倡不遗余力。孟子将仁与义并提,提出:"仁,人心也;义,人路也。"(《孟子·告子上》)"仁,人之安宅也;义,人之

---

① 中观思维的几种典型语式在后来的中国大乘佛教中得到充分的体现,详后文。

正路也。"(《孟子·离娄上》)要求人们"居仁由义"。这就是从中观的思路来把握仁与义的关系,认为仁与义都属于人的美德,它们不是彼此隶属的关系,而是内隐与外显,或者说体与用的关系。孟子还进一步突出了孔子的"时中"思想,他认为伯夷是"圣之清"者,伊尹是"圣之任"者,柳下惠是"圣之和"者;此三人作为圣者皆有所执;唯孔子是圣人之"集大成者",原因在于孔子因时而动,可清,可任,可和。有意思的是,孟子还运用经权的理论来阐发"时中"的观念。在孟子看来,中观在具体境遇中的应用其实是一个如何处理经与权的问题。他说:"子莫执中。执中为近之。执中无权,犹执一也。所恶执一者,为其贼道也。举一而废百也。"(《孟子·尽心上》)这里的经是指原则,权是指权变;这段话的意思是说:经要通过权表现出来;假如拘泥于原则,不顾及具体情况,一味地拘守原则办事,其实只是执一,而执一并非真正的中。此外,孟子还通过"嫂溺于水援之以手""舜背其父逃亡"等具体例子说明如何处理好经与权的关系。孟子关于经权问题的看法对于宋明儒的中观思想影响深远。

然而,孟子思想中最值得注意的方面,还在对于儒家哲学的核心观念——天人合一与内圣外王思想从中观的角度作了阐明。对于孟子而言,所谓天人合一要解决的就是个人的德性如何上达于天心,以及如何知天与事天的问题。这方面,孟子提出"诚者,天道也;思诚者,人之道也"(《孟子·离娄上》)。意思是说:诚本是天道,但它要通过人道体现出来;而人通过道德践行就可以实现与体现天道。故天道与人道可以合一。这种"天人合一"的思想是一种典型的中观思维。正是由于孟子对于天道与人道关系的中观式思考,才为人的道德践行确立了形而上学的根据,并且解决了在道德实践中德福一致如何可能的问题。宋明儒的道德形而上学思想体系即承接孟子这一思想而来。与天人合一相联系的,孟子对于内圣与外王的关系亦从中观的角度作了透视。内圣指个人的道德修养,外王指社会政治的管治,具体来讲就是行王道。依孟子的中观思路,在政治哲学上讲,内圣不仅仅是个人的道德修养之事,而是为了达到外王;而外王不纯粹是行王道,行王道要以个人的道德做基础。孟子说:"故推恩足以保四海,不推恩无以保妻子。"(《孟子·梁惠王上》)言下之意,内圣必得体现为外王,而外王必落脚于内圣。孟子这一内圣外王的思路被后来的儒家所弘扬,并且被视为儒家政治哲学的不二法门。

作为先秦诸子学的集大成人物,荀子一方面继承了孔子的礼学思想,另一方面又强调对道家、前期法家等学派思想的吸收。因此,荀子的中观思想,从消极方面来看,是要防止思想的片面性:"圣人……无欲、无恶、无始、无终、无近、无远、无博、无浅、无古、无今,兼陈万物而中县衡焉。"(《荀子·解蔽》)而从积极方面看,则是主张综合与融和,这就是他所说的"主一"。荀子将"一"提到空前高度,认为圣人"其道出乎一","百王之道一是矣"(《荀子·儒效》)。"虚一而静,谓之大清明。"(《荀子·解蔽》)他还强调,所谓"一"其实就是要通过"一"来把握对立的两个不同方面。由于中观主要涉及作为对称极的两个方面,荀子具体论述了如何通过"一"来把握"两",认为"并一而不二,则通于神明"(《荀子·儒效》)。他还主张"中行""中事""中说":"先王之道,仁之隆也,比中而行之。"(《荀子·儒效》)"事行失中谓之奸事,知说夫失中谓之奸道。"(《荀子·儒效》)在他看来,这种强调一的中行就是"道":"道者,古今之正权也。"(《荀子·正名》)"从道而出,犹以一易两也,奚丧!"(《荀子·正名》)他还从这种"以一行万"的中观观点来观察与评说诸子百家,认为它们都各得一偏,离开了中观之大道:"万物为道一偏,一物为万物一偏,愚者为一物一偏,而自以为知道,无知也:慎子有见于后,无见于先。老子有见于诎,无见于信。墨子有见于齐,无见于畸。宋子有见于少,无见于多。……《书》曰:无有作好,遵王之道。无有作恶,遵王之路。"(《荀子·天论》)荀子不仅在理论上对中有很多深刻的论述,而且用它来理解各种社会政治问题。比如说,他提出"法先王"与"法后王"相统一的主张,其中就贯穿着他的中观思想原则。

与儒家一样,先秦道家亦将中观作为其哲学思考的方法论原则。老子提倡"多闻数穷,不若守于中"(《老子·第五章》)。道是老子哲学中的最高概念,但对道的把握,却离不了中。而中的意思,就是要在具体纷纭的事物变化中把握住不变,以不变应付万变。这种不变之道不是说有一个固定的不变点,而是说要以"虚"制"动":"至虚,恒也;守中,笃也。"(《老子·第十六章》)除了以虚制动之外,中观思维很重要的一个方法论原则是要避免极端与片面,故老子哲学中有大量关于"物极必反"的论述:"物壮则老,谓之不道。不道早已。"(《老子·第五十八章》)但他同时又认为:否定之否定是事物运动的客观辩证法,它不以人的意志为转移。因此,所谓中观并不是要为事物立定一个绝对正确或固定的尺度,而是因势利导,使事物顺其本性的发展,自然而然地走向反面。这就是他所讲的"福祸相倚、正反相承"的道理。不仅仅如此,老子还运用中观来进行形而上学的思维,在中国哲学史上第一次提出有与无的辩证法,认为道是"有""无"的对立统一:"无,名天地之始;有,名万物之母。故常无,欲以观其妙;常有,欲以观其徼。此两者同出而异名,同谓之玄。玄之又玄,众妙之门。"(《老子·第一章》)

与老子相似,庄子也认为"中"是宇宙万物运行的根本原理。不过,他将老子的虚的概念发展为"环中"。他说:"枢始得其环中,以应无穷。"(《庄子·齐物论》)他从中观的观点对大与小、生与死、是与非等问题作了深入考察,提出了著名的"齐生死""齐是非"的中观之论:"可乎可,不可乎不可。道行之而成,物谓之而然。恶乎然?然于然,恶乎不然,不然于不然。物固有所然,物固有所可;无物不然,无物不可。"(《庄子·齐物论》)他还将这种中观思想具体应用于对人生问题的思考,他的人生哲学,可以说就是一部中观人生哲学论。他不仅主张齐生死,而且强调要顺世,即追求在世中的出世。这种中观的人生观,他用一个词——"游"来表示之。在他看来,游是唯一可以摆脱与超越人生的生死对立、是非对立,以及有与无对立的最佳生活态度与生活方式。

(三) 先秦以后的中观思维方式

在汉代,中观作为一种思维方式获得极大发展,其集大成人物是董仲舒。董仲舒哲学主要是一种人生哲学与政治哲学。就人生哲学而言,他要解决的问题是人的现实性生存与人的超越性生存能否合一的问题。他解决这个问题的思路是天人合一,其根据即在于"中",他说:"中者,天下之所终始也;而和者,天地之所生成也。夫德莫大于和,而道莫正于中。中者,天地之美达理也,圣人之所保守也。"(董仲舒:《春秋繁露·循天之道》)这种中和理论有其形而上学的依据,这就是天地乃中与和。而所谓中和的含义,是指作为天地运行的阴阳二气既相互区分而又相互依存。一方面,他认为"阴阳不得俱出"(《春秋繁露·阴阳出入》),意即阴是阴,阳是阳,阴与阳不可能同时在一个时空点上俱在、并出。"天之常道,相反之物也,不得两起,故谓之一,一而不二者,天之行也。阴与阳,相反之物也,故或出或入,或右或左。"(《春秋繁露·天道无二》)但另一方面,阴阳又相反相成:"独阴不生,独阳不生,阴阳与天地参,然后生。"(《春秋繁露·顺天》)"无使阴灭阳,阳灭阴,不顺于天。"(《春秋繁露·止雨》)而且"阳兼于阴,阴兼于阳"(《春秋繁露·止雨》)。董仲舒不仅提倡阴阳相合,而且具体运用"五行"的原理来对这种阴阳相合的过程进行研究,揭示了其中的一些规律性现象,提出诸如位次顺逆与"比相生、间相胜"的思想。总之,到了董仲舒,从先秦开始的儒家中观思想进一步系统化了,并且演变为一个庞大的"阴阳五行相生相克"的理论结构。

正是从这种中观的宇宙论与认识论出发,董仲舒进而提出了如何运用阴阳五行理论来解决社会政治管理的问题,而其思想的要枢仍然是"用中":"天有二和,以成二中。岁立其中,用之无穷。"(《春秋繁露·循天之道》)"是故能以中和理天下,其德大盛;能以中和养其身者,其寿极命"(《春秋繁露·

循天之道》)等等。

魏晋时代是玄学大为流行的时代。"玄学"是儒道思想合流的结果。儒道之能否结合,以及如何结合,要解决的关键问题就是如何调和儒家的入世与道家的出世、儒家的强调"有为"与道家的强调"无为"的对立。王弼所谓的"圣人体无,无又不可以训,故不说也。老子是有者也,故恒言其所不足",可以视之为从中观角度对解决这一问题的尝试。不仅调和儒道对立,魏晋玄学对于中观思维的思考也作出了很大贡献。这就是:它提出了一系列的理论范畴,来探讨中观思维的结构,其重要者有"本末""体用""母子"等等。魏晋玄学集中讨论的中观问题有:(1) 本体论上的有无之辨。有无之辨是魏晋玄学讨论的重要问题,其中,何晏、王弼主张"以无为本",郭象则反对无能生有,主张"有为自主""万有独化",裴頠则有"崇有"之论。(2) 价值论上的有情无情之辨。圣人无情本是汉魏之间流行的学说,如何晏即以为"圣人无喜怒哀乐"(《三国志·魏书·钟会传》注引《王弼传》)。自王弼出,首倡圣人与常人同有五情,然圣人之情"应物而无累于物"(《三国志·魏书·钟会传》注引《王弼传》)于是"圣人有情"说成为魏晋玄学主流。(3) 方法论上的本末体用之争。魏晋玄学将宇宙本体称之为体与本,而对于现象界的认识则是用与末。如何通过现象界的知识而进入本体界的认识,此一问题引起方法论上的本末之争。王弼主张"崇本息末"。其中崇本与息末是相即不离的关系,而非对立的关系。换言之,是以息末显崇本,以崇本又反显息末。此外,王弼关于本末问题还有一个更重要的提法,即"得本以知末""守母以存子"。这就是说:本末不仅不相离,而且要通过守母、崇本的方法去存子与举末,而重点是在"体无用有"。王弼这一思想是对老子崇无思想的发展,并对老子的中观方法论从理论上作了总结。

魏晋时期也是佛学传入中国并开始在中国流行的时期。到了南北朝时期,佛教的中国化开始了,与此同时,围绕着有与无、空与假的中观问题也受到极大注意,并根据不同的学派观点,出现了所谓的"六家七宗"。僧肇发挥印度龙树菩萨《中观论》中的思想,作《不真空论》,认为真谛所言的非有,正是俗谛所说的非无,真俗不二,有中看无,非空非假,不落两边,这才是大乘中观般若学了别世界本来面目的认识论原则。而贯穿这种"不落两边"的思维方法,则是中观所特有的"非非式"思维:"言其非有者,非谓是有,非谓是非有。言其非无者,非谓是无,非谓是非无。非有非非有,非无非非无。"(僧肇:《答刘遗民书》)这种"非非式"思维假如用名言来表达有与无的关系,它可以有如下几种语式:1. 既有既无,2. 或有或无,3. 非有非无,4. 即有即无,5. 即非有非无,等等。这其中"即"字最为奥妙,它表示既肯定而同时又否定的意思。

到了隋唐时期,中土佛学思想达到鼎盛。而中国大乘佛教思想的核心思想,就是调和空、有对立的中道观。这其中,以天台宗与禅宗的论述最为有名。天台宗的智𫖮大师云:"若一法一切法,即是因缘所生法,是为假名,假观也;若一切法一法,我说即是空,空观也;若非一非一切,即是中道观。一空一切空,无假中而不空,总空观也;一假一切假,无空中而不假,总假观也;一中一切中,无空假而不中,总中观也。即《中论》所说不可思议一心三观。"(《摩诃止观》)这是用空、假、中三观居于一心的"一心三观"来对中观思想作出阐明。至于禅宗,则强调中观思维本质上是一种反形式逻辑的思维方法:"若有人问汝义,问有将无对,问无将有对,问凡以圣对,问对以凡对。二道相因,生中道义。"(《坛经·付嘱品》)而后期禅宗,更从修行方法将中观思维发挥到极致,提出"青青翠竹,尽是法身;郁郁黄花,无非般若"(《祖堂集》)之说,彻底消除了凡与圣、俗与僧之间的对立。

有宋一代,儒学思想复兴,是为"理学"。宋代理学兴起的一个重要思想背景,就是消化佛道思想,以重建先秦儒学的主脉。因此,宋明理学的一个极大成就,就是引入了佛学的中观思想,重建了儒家的形而上学。因此之故,理与气、道与器、心与性、天地之性与气质之性,等等重要思想观念,都得以一一展开,成为宋明理学讨论的重要内容。而贯穿这些讨论的思想主旨,则无一例外是中观,也即努力调和这些表面上对立范畴间的紧张与对立。不仅如此,宋明儒对于中观思维本身也有许多精辟的论述,而论述的焦点则集中于如何看待"一"与"两"的关系。如张载提出"一物两体"论云:"两不立则一不可见,一不可见则两之用息。"(张载:《正蒙·太和篇》)强调一与两其实是"中"的一本两面。而程颐更是别出心裁地提出有"三"之说,认为:"有一便有二,才有一二,便有一二之间,便是三,已往更无穷。老子亦曰:'三生万物'。此是'生生之谓易',理自然如此。"(《二程遗书》卷十八)看得出来,这里的"三"其实是"中"的别名。到了朱熹,更将中观上升到本体论的高度来加以认识,认为"凡天下之事,一不能化,唯两而后能化。且如一阴一阳,始能化生万物。虽是两个,要之亦是推行乎此一尔。"(《朱子语类》卷九十八)

程朱理学与陆王心学的对立,表面上看,是主张以理为本还是以心为本的对立,但在这表面对立的背后,却有着更深一个层次的思想对立问题,即在中观问题上,是强调两还是一的问题。朱熹既强调理在气先,又主张不能舍气而言理,无疑是要照顾到理与气的对立,因此突出的是"两"。反过来,陆王心学则强调"一"更甚于"两",因此理气之辨转为心物之辨,认为"心外无理",主张"即心而言理",实际上是认为可以用一心来涵盖性与心、气与理,以及形上与形下的对立。而到了明末清初的王船山,则又提出"一之体立,故两之用行"(王船山:《张子正蒙注·太和篇》),"天下之变万,而要归于两端,生于一致"(王船山:《老子衍》),试图重新调解程朱与陆王在中观问题上的对立。

明清之际,方以智著《东西均》一书,提出"一而二,二而一"的命题,认为:"一不可量,量则言二,曰有曰无,两端是也。……尽天地古今皆二也。"(方以智:《东西均·三征》)这说明:他已明确指出:一与二是宇宙事物变化的辩证法,而有与无则是这宇宙辩证法的展开与具体表现形式。有意思的是,他还强调"三",认为"两中一贯,举以明三"(《东西均·开章》),又说:"一不住一,故用因二之一,以济民行;因二剖三,而实非三非二非一也。"(《东西均·反因》)这里用"三"来对一与二的关系作进一步的概括,说明一与二是相互转化的动态过程,因此"三"又是宇宙本体的另一种表述形式(已包含"一"与"二")。总而言之,《东西均》将"一"与"二"专门作为哲学的最高范畴来加以把握与讨论,并且对中国传统的儒道佛中的中观思想作了融会贯通,在此基础上建立了一个系统完整的哲学思想体系,它可以说是中国古典哲学的中观思想之集大成。

(四) 中国哲学中观思维的特性

(1) 玄有性

以上,我们对中国传统哲学中的中观思维理论作了简要的回顾。可以看出,中观思维贯穿中国哲学的始终,而在不同的历史阶段,其关注与讨论的问题又不完全相同,例如,先秦哲学是中观观念的孕育期,这一阶段对于中观思想的讨论还处于比较朴素的阶段,对于中观观念主要是结合具体的伦理道德观念以及政治哲学的内容来展开。魏晋时期,对中观思想的讨论开始上升到较为抽象的水平,对体用、本末、有无等中观的基本观念作了理论探讨。自魏晋南北朝以后,中国传统哲学,尤其是中国大乘佛学吸收了印度佛学中的中观思想,提出了中国自己的佛教中观思想理论,其中天台宗以及禅宗可作为其代表。而宋明理学,则是中国传统哲学的中观思想之集大成,其主要思考的问题是如何解决本体论上的形上世界与形下世界,以及道德哲学中的天地之性与气质之性的对立问题,并在此基础上,不同学派的哲学家都提出了其关于中观的独特思路与理解。

尽管如此,那么,在这两千多年的中国传统中观思想中,有没有可以贯穿其中的一条主要思想线索呢?有的。这就是:中国的中观哲学始终关注的是无与有的辩证法,即认为有可以是无,无可以是有;但最后其落脚的重点却在于无,主张以无驭有,以无为本,以有为用。等等。这种重无更胜于重有的中观思想,可以称之有它的"玄有性"。这种玄有性贯穿于中国哲学对于种种具体哲学问题的思考之中。

以儒家为例,在社会政治哲学中,"内圣"与"外王"分别对应于"无"与"有",而它虽然提倡内圣与外王,但却以内圣为主,外王为辅。甚至认为可以从内圣推导出外王。因此,孔子主张德治,孟子心目中的"王道"的思想核心是"推恩足以保四海"(《孟子·梁惠王上》)。到了宋明儒,更将《大学》中从"格物致知"到"修齐治平"的由内圣而外王的政治哲学思想发挥至极致。至于儒家的人生哲学,亦是重无胜于重有。尽管从表面上看,儒家提倡事功,主张积极入世与对于社会责任的承担,但在更深层次上,却认为这种外王仍然是落实到内圣。换言之,儒家的人生哲学与道德哲学包括"为己"与"为人"两个层次,称之为"为己为人之学",但分解地看,"为己"是更为根本的,而"为人"是为了成就自己,是为了个人的道德的自我完成。这就是为什么孟子反对"行仁义",而主张"由仁义行",并且认为道德践履的最高目标与思想境界是"知天"与"事天"的道理。至于宋明儒,更将先秦儒家的这种为己之学发展到登峰造极的地步;整个宋明理学,其思想的重心就落脚于对于"道德形而上学"的论证,这说明对于宋明理学而言,具体的道德实践是必须体现其道德形而上的终极关怀的。

道家对于无的重视更是一目了然。所谓"有生于无""无能生有"等等,本是道家思想的基本主题。道家不仅强调无胜于有,甚至将有划归为无。如老子的政治哲学强调"无为而无不为"(《老子·第三十七章》)。这里的无为是体,有为是用;只有无为,才能达到有为。在人生哲学上,道家讲究"虚其心"(《老子·第三章》),主张"为学日益,为道日损"(《老子·第三十七章》),认为道德实践的目标与方法就是要归于无。而脱离了无的有不仅无益,而且有害,因此老子提出"五色令人目盲,五音令人耳聋,五味令人口爽,驰骋畋猎令人心发狂"(《老子·第十二章》)等等,它要求人们"返璞归真",回复到婴儿的无知、无欲状态。庄子虽然讲"游世"与"游于方内",但游世与游于方内只是手段,其目的仍在方外。故庄子与老子一样,提倡无欲、无用。

中国的大乘佛学虽然调和空与有的对立,但其思想实质,仍是用空来消化有。因之,在最高观念层次上,佛教是主张空的。中国佛教各宗,如天台宗、华严宗、禅宗中,代表无的涅槃世界都是其最高的境界,因此,佛教在现世的各种修行办法,都是为了成佛与进入涅槃境界。在中国佛教中,禅宗调和有与无的对立最为彻底,而恰恰也是禅宗,就以无来消化与克服有而言,也最高明与最彻底。这是因为:尽管中国的各个佛教宗派都试图走调和有与无对立的路线,但其佛教理论上大多还主张涅槃是最高境界。而只有到了禅宗,它提出"菩提即是众生""地狱即是天国""平常心是道""担水劈柴即是道"等等,可以说是完全将有融化于无之中,是以无来对有的彻底改造。

(2) 人间性

除了以无来消化与改造有之外,中国哲学的中观思维还表现出强烈的人间性。所谓人间性,就是对于有的世界的重视。中国哲学的中观之所以既强调无,又要将这种无落实于有,就是由这种人间性的品格所决定的。由于提倡人间性,因此中国哲学的思维虽然强调无的世界,但其无的世界却难以精确地定义,其含义也具有模糊性。这与西方哲学将现象世界与本体世界严格划界,以及基督教主张此岸与彼岸的对立是截然不同的。惟其如此,中国哲学,无论是儒家、道家还是释家,其心目中的最高境界并不一样,如儒家是圣人,道家是真人,佛教是成佛,但都强调在现世中的修行。这种修行不仅不是不食人间烟火,而恰恰是要食人间烟火。甚至成仁、成真人与成佛与否,都依其是否能在人间修行而定。这也就是儒家为什么强调为己之学与为人之学是一回事。老子哲学尽管提倡无,反对物欲,却仍然主张"和其光,同其尘"(《老子·第五十六章》);庄子也提倡"游世"。这也是中国佛教,无论是禅宗,还是大乘其他各宗,都主张修"世间法"的道理。

(3) 践履性

与人间性相联系,中国哲学的中观思维还有强烈的践履性。所谓践履性,是强调实践的重要性。由于强调践履性,因此中国哲学,无论是儒、道还是佛,都提倡修行,并且都各有一套细密的工夫论或修养论。也由于强调践履,因此中国哲学并不太过重视哲学思想体系的建造。换言之,对于中国哲学来说,所谓哲学从来不是抽象的概念思辨的游戏,而是道德的实践与修行。反过来,仅仅从概念出发,对于哲学问题的思考是不得要领的。这也就是为什么中国哲学不重视形式逻辑,不重视逻辑推理,而强调身体力行的体会与证悟。对于中观思维中的有无之辨的理解与把握也是如此。

(4) 机用性

中国哲学的中观思维还有极强的机用性。所谓机用性,是指中观思维不是教条,而具有极大的灵活性;这种灵活性的最大特点,是当下指点,讲究的是因地制宜。以儒家为例,像孔子所谓的仁,孟子所说的义,宋明理学提倡的天理,其除了要讲求实践,在实践中证悟之外,这种证悟还具有随机的性质。因此,中国哲学的哲学范畴很少能下一个明确的定义,更多的是当下指点。以孔子的仁为例,《论语》中关于仁的说法有多种,但其中并没有哪一个可以作为定义,它们都是孔子在不同场合下,根据不同的对象问仁,而有针对性的对于仁的提示。对于中观思维的方法论的把握来说也是如此,因此,儒家从孟子开始,就重视经与权的讨论;道家讲究"两行"或"可与不可";佛教讲究"方便法门",等等。这些都表明:中国哲学的中观思维本质上不仅是实践性,而且是当下性的。

以上,我们从玄有性、人间性、践履性、机用性这四个方面对中国哲学的中观思维的特点作了讨论。应该说,中观思维作为一种思维方式,它不只属于中国,而是人类思维的"共法"。在不同民族与文化传统中,都有其中观思维的表现。但唯有在像中国这样的东方民族中,中观思维发展为较完熟的形态,并且构成哲学思考的根本方式。只有从中观思维出发,中国哲学的其他基本特征,如"天人合一",以及儒家的"内圣外王"之道,才能得以更好地理解其内涵以及其所以然。此外,中观思维也是中国哲学与其他西方文化传统得以区别的根本特性之一。因此,破解中国哲学的中观思维的密码,了解其形成的机制,对于进一步深化中国哲学的研究,以及对于中西哲学的比较研究,都有其必要。本文仅通过中国哲学的历史发展线索来对中国哲学的中观思维的特点进行勾勒,有关中国中观哲学的其他细节与进一步展开,则有待于另文。

参 考 文 献

一、古典文献类

《十三经注疏》,阮元校刻,中华书局,1980年。
《说文解字段注》,成都古籍书店,1981年。
《周易集解》,李鼎祚撰,九州出版社,2003年。
《论语注疏》,何晏注,北京大学出版社,2000年。
《孟子正义》,焦循撰,,中华书局,1987年。
《帛书老子校注》,高明校注,中华书局,1996年。
《庄子集释》,郭庆藩辑,中华书局,1961年。
《荀子集解》,王先谦撰,中华书局,1988年。
《春秋繁露义证》,苏舆撰,钟哲点校,中华书局,1992年。
《论衡》,王充撰,上海人民出版社,1987年。
《文心雕龙注释》,刘勰撰,周振甫注,人民文学出版社,1983年。
《经典释文》,陆德明撰,上海古籍出版社,1985年。
《张载集》,张载撰,中华书局,1978年。
《二程集》,程颐、程颢撰,中华书局,1981年。
《朱子语类》,朱熹撰,中华书局,1994年。
《四书章句集注》,朱熹撰,中华书局,1983年。
《王阳明全集》,吴光等编校,上海古籍出版社,1992年。
《船山全书》,王夫之撰,岳麓书社,1998年。
《戴震全书》,戴震撰,黄山书社,1994年。
《〈东西均〉注释》,方以智撰,庞朴注释,中华书局,2001年。
《大乘起信论校释》,真谛译,高振龙校,中华书局,1992年。
《中论》,龙树撰,中国书局,2007年。
《龙树六论》,龙树撰,民族出版社,2000年。
《坛经》,慧能撰,山西古籍出版社,1999年。
《五灯会元》,普济撰,中华书局,1984年。
《古尊宿语录》,赜藏主编集,中华书局,1994年。

二、近人著述类

王国维:《王国维文集》,燕山出版社,1997年。
王国维:《人间词话》,人民文学出版社,1960年。

太虚:《法相唯识学》,商务印书馆,2004 年。
《熊十力全集》第 2 卷,湖北教育出版社,2001 年。
《朱光潜美学文集》,上海文艺出版社,1983 年。
《梁漱溟全集》第 1 卷,山东人民出版社,1989 年。
冯友兰:《贞元六书》,华东师范大学出版社,1996 年。
冯友兰:《中国哲学史》,中华书局,1961 年。
方东美:《原始儒家道家哲学》,台湾,黎明文化事业公司,1983 年。
金岳霖:《论道》,商务印书馆,1985 年。
金岳霖:《知识论》,商务印书馆,1983 年。
张东荪:《知识与文化——张东荪文化论著辑要》,张耀南编,中国广播电视出版社,1995 年。
牟宗三:《四因说演讲录》,上海古籍出版社,1998 年。
牟宗三:《智的直觉与中国哲学》,中国社会科学出版社,2008 年。
牟宗三:《中国哲学的特质》上海古籍出版社,1997 年。
牟宗三:《中国哲学十九讲》。上海古籍出版社,1997 年。
牟宗三:《心体与性体》,上海古籍出版社,1999 年。
唐君毅:《中西哲学思想比较论文集》,台北,学生书局,1988 年。
刘鄂培主编:《张岱年文集》,清华大学出版社,1990 年。
李泽厚:《历史本体论》,三联书店,2002 年。
冯契:《中国古代哲学的逻辑发展》,上海人民出版社,1983 年。
张世英:《天人之际——中西哲学的困惑与选择》,人民出版社,1995 年。
张世英:《进入澄明之境——哲学的新方向》,商务印书馆,1999 年。
蒙培元:《理学范畴系统》,人民出版社,1989 年。
蒙培元:《心灵超越与境界》,人民出版社,1998 年。
傅伟勋:《从西方哲学到禅佛教》,三联书店,1989 年。
俞宣孟:《本体论研究》,上海人民出版社,1999 年。
刘培育选编:《金岳霖学术论文选》,中国社会科学出版社,1990 年。
徐友渔等:《语言与哲学——当代英美与德法传统比较研究》,三联书店,1996 年。
李健:《比兴思维研究》,安徽教育出版社,2003 年。
贡华南:《味与味道》,上海人民出版社,2008 年。
张广智、张广勇:《史学,文化中的文化——文化视野中的西方史学》,浙江人民出版社,1990 年。
谢地坤主编:《西方哲学史》第 7 卷(上),江苏人民出版社,2004 年。
宋继杰编:《Being 与西方哲学传统》,河北大学出版社,2002 年。
汪子嵩等:《希腊哲学史》第 1 卷,人民出版社,1988 年。
汪子嵩等:《希腊哲学史》第 2 卷,人民出版社,1993 年。
汪子嵩等:《希腊哲学史》第 4 卷,人民出版社,2010 年。

汪子嵩:《亚里士多德关于本体的学说》,人民出版社,1983年。

三、西方人著述类

《新旧约全书》,中国基督教协会印,1982年。
色诺芬:《回忆苏格拉底》,商务印书馆,1984年。
柏拉图:《巴门尼德斯篇》,陈康译注,商务印书馆,1982年。
柏拉图:《理想国》,商务印书馆,1986年。
亚里士多德:《物理学》,商务印书馆,1982年。
亚里士多德:《形而上学》,商务印书馆,1959年。
亚里士多德:《尼各马科伦理学》,中国社会科学出版社,1999年。
奥古斯丁:《忏悔录》商务印书馆,1982年。
帕斯卡尔:《思想录》,商务印书馆,1986年。
维柯:《新科学》,人民文学出版社,1986年。
休谟:《人性论》,商务印书馆,1983年。
休谟:《人类理解研究》,商务印书馆,1982年。
洛克:《人类理解论》,商务印书馆,1983年。
莱布尼茨:《人类理解新论》,商务印书馆,1982年。
康德:《道德形而上学原理》,上海人民出版社,1986年。
康德:《未来形而上学导论》,商务印书馆,1982年。
康德:《纯粹理性批判》,人民出版社,2004年。
康德:《批判力批判》,商务印书馆,1964年。
席勒:《审美教育书简》,上海人民出版社,2003年。
黑格尔:《哲学史演讲录》第1卷,商务印书馆。1958年。
黑格尔:《哲学史演讲录》第2卷,商务印书馆,1960年。
黑格尔:《哲学史演讲录》第4卷,商务印书馆,1978年。
黑格尔:《小逻辑》,商务印书馆,1980年。
文德尔班:《哲学史教程》(上卷),商务印书馆,1987年。
施太格缪勒:《当代哲学主流》(上卷),商务印书馆,1986年。
周辅成编:《西方伦理学名著选辑》(上卷),商务印书馆,1964年。
周辅成编:《西方伦理名著选辑》(下卷),商务印书馆,1987年。
卡西尔:《人论》,上海人民出版社,1985年。
卡西尔:《人文科学的逻辑》,上海译文出版社,2004年。
狄尔泰:《精神科学引论》第1卷,中国城市出版社,2002年。
严平编选:《伽达默尔选集》,上海远东出版社,2003年。
伽达默尔:《真理与方法——哲学诠释学的基本特征》,上海译文出版社,1999年。
保罗·利科:《活的隐喻》,上海译文出版社,2004年。
苏珊·朗格:《情感与形式》,中国社会科学出版社,1986年。

雅斯贝尔斯:《历史的起源与目标》,华夏出版社,1989年。
尼采:《悲剧的诞生》,三联书店,1986年。
克罗齐:《历史学的理论和实际》,商务印书馆,1982年。
克罗齐:《作为表现的科学和一般语言学的美学的历史》,中国社会科学出版社,1984年。
克罗齐:《美学原理·美学纲要》,外国文学出版社,1983年。
柯林武德:《历史的观念》,商务印书馆,1997年。
田汝康、金重远选编:《现代西方史学流派文选》,上海人民出版社,1982年。
张文杰等编译:《现代西方历史哲学译文集》,上海译文出版社,1984年。
伊格尔斯:《二十世纪的历史学——从科学的客观性到后现代的挑战》,辽宁教育出版社,2003年。
胡塞尔:《经验与判断》,三联书店,1999年。
胡塞尔:《哲学作为严格的科学》,商务印书馆,1999年。
胡塞尔:《逻辑研究》,上海译文出版社,1999年。
胡塞尔:《纯粹现象学通论》,中国人民大学出版社,2004年。
洪谦主编:《逻辑经验主义》,商务印书馆,1982年。
洪谦编:《现代西方哲学论著选辑》(上册),商务印书馆,1993年。
孙周兴选编:《海德格尔选集》,上海三联书店,1996年。
海德格尔:《存在与时间》,三联书店,1987年。
海德格尔:《形而上学导论》,商务印书馆,1996年。
刘小枫选编:《舍勒选集》,上海三联书店,1999年。
列维·布留尔:《原始思维》,商务印书馆,2004年。
马斯洛等:《人的潜能和价值》,华夏出版社1987年。
马尔库塞:《爱欲与文明》,上海人民出版社1987年。
马丁·布伯:《我与你》,三联书店,2002年。
佛洛姆:《逃避自由》,上海文学杂志社,1986年。
维特根斯坦:《逻辑哲学论》,商务印书馆,1962年。
杜威:《哲学的改造》,商务印书馆,1989年。
蒯因:《从逻辑的观点看》,上海译文出版社,1987年。
希拉里·普特南:《理性、真理与历史》,上海译文出版社,2005年。
托马斯·E·希尔:《现代知识论》,中国人民大学出版社,1989年。
欧内斯特·内格尔:《科学的结构》,上海译文出版社,2005年。
瓦托夫斯基:《科学思想的概念基础——科学哲学导论》,求实出版社,1989年。
加斯东·巴什拉:《科学精神的形成》,江苏教育出版社,2006年。
弗兰克:《实在与人》,浙江人民出版社,2000年。
因瓦根:《形而上学》,北京大学出版社,2007年。
何光沪选编:《蒂里希选集》,上海三联书店,1999年。

詹姆斯:《宗教经验种种》,华夏出版社,2008年。
托伦斯:《神学的科学》,中国人民大学出版社,2003年。
艾伯林:《神学研究》,中国人民大学出版社,2003年。
拉辛格:《基督教导论》,上海三联书店,2002年。
麦格拉思:《基督教概论》,北京大学出版社,2003年。
卡尔·白舍客:《基督教伦理学》,上海三联书店,2002年。
汉斯·昆:《论基督徒》,三联书店,1995年。
渥德尔:《印度佛教史》商务印书馆,1987年。
芬格莱特:《孔子:即凡而圣》,江苏人民出版社,2002年。
威尔弗雷德·坎特韦尔·史密斯:《宗教的意义与终结》,中国人民大学出版社,2005年。